THE GROWTH
AND REGULATION OF
INVESTMENT IN CHINA

中国投资的
增长与调控

刘立峰 著

企业管理出版社
ENTERPRISE MANAGEMENT PUBLISHING HOUSE

图书在版编目（CIP）数据

中国投资的增长与调控 / 刘立峰著. —北京：企业管理出版社，2024.2
ISBN 978-7-5164-2711-8

Ⅰ.①中… Ⅱ.①刘… Ⅲ.①投资—研究—中国—1949-2022
Ⅳ.① F832.48

中国版本图书馆 CIP 数据核字（2022）第 169928 号

书　　名：	中国投资的增长与调控
作　　者：	刘立峰
责任编辑：	郑小希
书　　号：	ISBN 978-7-5164-2711-8
出版发行：	企业管理出版社
地　　址：	北京市海淀区紫竹院南路17号　　邮编：100048
网　　址：	http：//www.emph.cn
电　　话：	编辑部（010）68414643　　发行部（010）68701816
电子信箱：	qiguan1961@163.com
印　　刷：	三河市东方印刷有限公司
经　　销：	新华书店
规　　格：	170毫米×240毫米　16开本　31.5印张　495千字
版　　次：	2024年2月第1版　2024年2月第1次印刷
定　　价：	128.00元

版权所有　翻印必究·印装错误　负责调换

前言

中华人民共和国成立之初，我国基本建设投资只有40多亿元，改革开放之初，全社会投资不足1000亿元，到2022年已经提高到58万亿元。1952—2022年，投资（可比价）年均增长11.3%，高于同期GDP年均增速2.3个百分点。70年间，全社会投资（2022年价格计算）合计达到764万亿元，其中99%是改革开放以后完成的，70%是党的十八大以后完成的。现价固定资产投资率由1952年的14%提高到2022年的48%，1953—2022年的平均投资率为31.2%，改革以后的平均投资率上升到38.6%。投资为我国城镇化和工业化提供了重要支撑力，也是中国式现代化的主要推动力。

70多年来，我国经济规模不断扩大，综合国力与日俱增，国际地位和影响力显著增强。从结构单一到百业兴旺，产业结构持续优化升级，三次产业发展趋于均衡，经济发展的全面性、协调性和可持续性不断增强。基础产业地位不断巩固，基础设施加快建设，为经济社会持续发展提供了坚实保障。城乡区域协调发展呈现新格局，不同地区比较优势有效发挥，从东到西、从南到北旧貌换新颜。社会事业全面繁荣昌盛，科技实力显著增加，重大成果不断涌现，文化服务能力不断增强，医疗卫生体系逐步完善，环境保护日益加强，人民群众获得感显著提升。这其中，投资发挥着不可替代的重要作用。

中华人民共和国成立以来，投资一直是经济增长最活跃和带动作用最强的因素。投资具有双重效应，作为支出中的一个重要且容易变动的部分，通过对总需求的作用而影响短期产出水平，又通过对资本形成的作用影响潜在生产能力和总供给，左右长期产出水平的增长趋势。投资是经济繁荣和衰退的决定因素，投资没有达到应有的水平，需求可能因此收缩；如果投资规模过大，则会导致通胀和过热，适时调控投资是经济稳定发展的重要手段。投资也是长期经济增长的决定因素，投资带来资本积累，以及建筑物和设备存量的增加，能提高一国或一个地区的潜在生产能力，促进长期经济增长。

在经济发展的不同阶段，结构性矛盾会频繁显现，既可能存在国内需求不足的情况，也可能导致有效供给不足的问题。今天的经济结构现状是由过去的投资结构形成的，而未来经济结构变化也取决于当今的投资结构，所以投资结构的动态发展是实现经济结构演进的最基本手段。从改革初期为满足基本生活需要大力发展轻纺工业，到入世以后的加工贸易由小到大、由弱变强，到随着收入增加和内需扩大，房地产和汽车产业的发展，再到基础设施超常和优先发展带动的重化工业增长，以及新一代信息技术推动人工智能、量子技术、空天信息、绿色低碳产业发展，投资结构调整都是主要的推动力量。

近年来，中央政治局会议、中央经济工作会议反复提到，积极扩大有效投资，优化投资结构，提高投资效率。实现有效投资是加快构建新发展格局、着力推动高质量发展的必然要求，是推动经济实现质的有效提升和量的合理增长的重要举措。有效投资的基本内涵就是：有质量的投资、有效率的投资和有回报的投资，具体来讲是要实现资源和要素得到合理有效配置的高效投资；不断聚焦补短板、强弱项、扬优势的精准投资；能够推动实现供求体系动态平衡的协调投资；具有战略眼光和长远考虑的适度超前投资；既体现创新精神又能减少犯错概率的审慎投资；能够合理控制债务风险、实现可持续发展的稳健投资。

一位经济学家曾经说过：投资意味着牺牲当前的消费以增加未来的消费。人们现在不进行更多的消费，而是将储蓄用于增加新的生产能力，为的是将来能实现更多更好的消费。这阐明了投资和消费的动态关系，即一方面，投资的目的终究是为了服务于消费；另一方面，要实现更多更好的消费就必须扩大有效投资。要在扩大投资中保障消费供给、改善消费环境、提升服务功能、扩大消费潜力，以投资促消费，以消费带投资，实现投资与消费的良性互动，创造更多的国内需求。要积极寻找投资与消费的结合点，推动消费带动作用强的投资项目建设，围绕促进消费的领域扩大投资。

根据第四次全国经济普查公报的数据，到2018年年底，我国交通、水利、通信等基础设施存量资产总量达70万亿元，公共管理、科技、教育、卫生、文化等公共领域存量资产总量达60万亿元，这都是历年投资积累的结果。通过资产重整和资本运营，实现存量资产的功能活化和高效利用，提升项目和区域的整体价值，可以为城镇化和工业化提供新的资金来源。应聚焦重点领域，重点盘活存量规模较大、当前收益较好或增长潜力较大的基础设施项目资产，统筹盘活存量和改扩建有机结合的项目资产，有序盘活长期闲置但具有较大开发利用价值的项目资产。聚焦重点区域，推动建设任务重、投资需求强、存量规模大、资产质量好的地区，以及地方政府债务率较高、财政收支平衡压力较大的地区，加快盘活存量资产。

经过几十年大规模投资，我国城市建设由"增量扩张"转向"存量更新"，城市建设的模式也在发生显著的变化。通过大拆大建获得丰厚土地收益和融资便利的时期已经过去。要综合利用土地资源，优化空间结构，提升区块价值，实现项目整体盈利。发展跨区域平衡、多项目捆绑平衡、近期远期平衡、建设运营平衡等模式，综合施策、合理搭配，统筹更新片区内资源配置和产出效益。做好开发建设和产业导入的结合，围绕产业结构调整、商业业态优化、营销模式创新、区域品牌塑造等进行全方位改造升级。引入优质产业，促进活化利用，在发展新业态、新场景、新功能中打造"微利可持续"的商业模式，提供一体化推进的"全链条"和"全周期"服务。

从改变一穷二白面貌到建设社会主义现代化，各级政府都具有强烈的使命感和责任感，都渴望发挥更多更好的作用。从年度计划的角度讲，各级政府习惯于按照预设的经济增长目标倒推需要的投资增长率，因此，投资行政化、工具化特征明显。当前，我国的投资早已过了追求速度的阶段，在政府调控层面更是如此，投资不应也没有能力再成为经济增长的兜底因素，否则只会加剧投资主体的行为扭曲、供求结构的失衡以及债务风险的积累扩散。对于新阶段的投资需要有新的功能和定位，首先，由于投资在供需两端的作用相互制约，不应过度强调投资对需求扩张的作用；其次，由于政府行为不规范，投资作为调控手段的功能应受到限制。

近几十年间，我们进行了长时期、高强度的投资，干成了许多大事、难事。但是，也不能忽视在不少行业、地区存在的过度投资、无效投资、失败投资等浪费现象，包括传统甚至新兴产业过度竞争导致的重复建设和产能过剩，新区新城盲目扩张导致的土地资源和市政设施长期无法发挥效益，地方官员为追求政治上的升迁推动实施的费用高昂、用途不大的"形象工程"，以非市场化手段和恶性竞争方式进行的招商引资，部分地区的基础设施过度超前导致的闲置和冗余现象。在投资领域也应有过苦日子、紧日子的观念。要减少资本性支出，腾出空间保刚需、保民生。要扩大政府投资负面清单，明确政府投资的优先顺序，满足最紧迫公共投资需求。收缩战线、有取有舍、有保有压，让有限资金尽早发挥效益。

我国地方政府债务问题已经到了不得不加以认真解决的地步。主要还是两个方面的关系没有处理好，第一，政府与市场的关系，政府职能缺乏明确的界定，手中又控制大量公共资源，无所不能且无所不为，举债行为不受约束，债务膨胀不可避免；第二，中央与地方的关系，事权和支出责任缺乏清晰界定，"中央点菜、地方买单"成为普遍的方式，地方政府只能通过大规模举债才能完成上级交办的投资任务。上述两方面关系处理不好，地方政府债务风险化解难有出路。要把政府投资活动严格限制在应有范围内，什么是不应该投的要有明确的法律规定，防止政府投资不合理扩张。要解决事权和支出责任下沉的问题，中央政府要求地方政府落实的事项，要提供相应的资金保障。

我国投资体制改革是体制改革的短板，而投资决策体制改革又是投资体制改革的短板，这其中包含着权力结构与利益关系的重大调整，遇到的阻力也极大。由于我国官员的政治晋升和公共资源获得很大程度上来自于上级政府，对下级政府的激励和约束更多也来自上级政府，而不是当地居民和市场主体，因此，地方政府投融资决策，包括债务融资决策过程主要依赖"自上而下"的权力制衡，可能忽视"自下而上"的民众参与和利益表达过程。又由于政府以及政府背景企业数量众多，中央政府没有能力对地方政府投融资活动进行有效的监管，管不了也管不好；与此同时，当地人大、社区和民众缺乏话语权以及相应的制约能力，导致地方政府投资决策行为并不受约束，债务规模扩张同样也不受约束。要有管用的制度设计，使地方政府官员的决策权力受到制衡，引导官员眼光向下，关注老百姓的所需所想，走正道、走大道。

1949年之后，通过没收官僚资本、保护民族工商业、发展合作经济，确立了社会主义公有制投资主体；改革开放后，通过积极推进国有企业改革以及鼓励支持个体、私营和外资经济发展，培养壮大了新的市场投资主体。当前，面临世界百年未有之大变局，以及国内改革发展风险挑战增多的情况，一些投资主体的"健康"出了问题：有的优质企业陷入债务困境，企业尝试各种办法仍无力应对，只能选择"躺平"；政策反复无常，契约精神缺乏，承诺难以兑现，投资主体信心受到伤害；资本要素更多向央企和地方融资平台集中，投资领域的贫富差距不断拉大，大量民营主体只能在狭小的空间中拼命打价格战。需要实施新一轮的投资主体再造行动，少出一些文件，多给一些资源；少一些束缚，多一点空间，鼓励各类市场主体敢为天下先，勇于实践，大胆尝试，激发内生增长动力活力。

投资调控是一个复杂的过程，需要统筹发展与安全，但是，只强调本部门的调控职能、强调风险防控的"独狼式"调控，反而不断催生出新的更大风险和次生灾害；投资调控也是一个规范管理的过程，需要设置一定的"红线""阀门"约束主体行为，但是，到处都是禁区、不留空间的"窒息式"调控，只会扼杀来自于基层的创新活力和动力；应对重大冲击时的投资调控力度要足、强度要大、效率要高，但是，不顾内部条件和外部环境变化、不确定难预料因素增多的事实、不达目的决不罢休的"赌博式"调控，只会给长远发展造成巨大代价和隐患；投资调控是一个灵活施策的过程，"不让出事、无人做事""过度问责、无人担责"的"谨慎式""挤牙膏式"调控，则会使投资调控效果大打折扣，付出成本大幅增加。

本书将对中华人民共和国成立以来的固定资产投资历史进行回顾，对中国式现代化进程中投资的趋势与规律进行分析。本书是在前人研究的基础上，对我国投资的历史和未来的一次全新的梳理和认识过程，具有较好的史料价值。感谢中国宏观经济研究院投资研究所以及中国社会科学院研究生院投资系的领导和同事，是他们给了我参与和主持课题研究以及为研究生授课的机会，并为我提供了宽松自由的研究环境和条件；我在研究机构和地方政府工作的经历，使我对投资与经济发展的特征有了不断深化的认识和逐步丰富的积累。感谢父母对我的无私付出和养育之恩，把我领上了学术研究的道路，始终如一地鼓励与支持我，让我感受到其中的乐趣和成就感。本书的出版得到了企业管理出版社的大力支持，在此表示衷心的感谢！

刘立峰

2024年2月于北京

目录

第一章 国民经济恢复时期的投资（1949年10月—1952年） ... 1

第一节 投资的基础和条件 ... 2
一、遭到战争严重破坏的经济基础十分薄弱 ... 2
二、前进道路仍有诸多困难和矛盾亟需解决 ... 3

第二节 投资主体的培育 ... 4
一、没收官僚资本企业以及确立国营经济领导地位 ... 4
二、保护并有限制地发展民族资本主义工商业 ... 5
三、发展合作社经济 ... 6

第三节 集中统一的投资管理体系 ... 7
一、建立经济和投资的管理机构 ... 8
二、集中统一的财政和经济管理体制 ... 9
三、实施经济和投资计划管理 ... 11
四、初步建立基本建设管理程序 ... 12

第四节 根据恢复为主原则进行重点投资 ... 15
一、交通运输业的恢复和发展 ... 16
二、水利工程的修复和建设 ... 17
三、工业投资的恢复与发展 ... 19

第五节 国家投资为主的资金来源 ... 20

第六节 投融资的成就、经验和教训 ……………………23
    一、主要成就……………………………………………23
    二、经验和教训…………………………………………24

第二章 社会主义工业化初步建立时期的投资（1953—1957年）……………………………………………27

第一节 过渡时期总路线与新的投资主体形成 ……………28
    一、过渡时期总路线的实施……………………………28
    二、"三大改造"和新型投资主体形成…………………29

第二节 高度集中统一的计划经济和投资管理体制 ………31
    一、高度集中统一的计划经济体制……………………31
    二、基本建设计划管理体制的强化……………………34

第三节 "一五"计划的实施和"156项工程"的确定 ……36
    一、"一五"计划的编制和实施…………………………36
    二、"156项工程"的加快推进…………………………39

第四节 投资增长与波动 ……………………………………44
    一、投资实现快速增长…………………………………44
    二、投资增长的波动较大………………………………45

第五节 投资结构与重点 ……………………………………47
    一、"一五"时期的投资结构变动………………………47
    二、优先建设基础工业和国防工业……………………50
    三、兼顾轻纺工业的投资………………………………55
    四、积极推动基础设施投资……………………………56
    五、改善公共服务和进行城市建设……………………58
    六、建设新的工业基地…………………………………59

第六节 投融资的经验和教训 ………………………………60

第三章 "大跃进"时期的投资（1958—1960年）············63

第一节 社会主义建设总路线与三年"大跃进"········64

第二节 计划层层加码导致投资规模失控········65
  一、决策与计划的层层加码................65
  二、投资规模膨胀与结构失调................68

第三节 重点行业和领域投资急剧扩张········70
  一、以钢铁为中心的重工业建设................70
  二、机械工业投资加快推进................71
  三、汽车行业呈现遍地开花局面................72
  四、能源工业的突破发展................73
  五、基础设施建设规模大幅扩张................74
  六、轻工业和城市建设没有得到重视................75

第四节 "二五"计划的制定及投资的安排········76
  一、"二五"计划的最初制定................76
  二、"二五"计划的调整................79

第五节 投资管理权限的下放与调整········81
  一、经济和投资管理权力下放................81
  二、经济和投资管理权限的调整................82

第六节 投融资的成就和问题········84
  一、主要成就................84
  二、主要问题................85

第四章 经济调整时期的投资（1961—1965年）············88

第一节 实施"八字方针"和国民经济的调整········89
  一、"八字方针"的初步实施................89

二、国民经济的全面调整……………………………………90

第二节　"全国一盘棋"和压缩投资规模………………… 92
　　一、重申"全国一盘棋"方针………………………………92
　　二、坚决压缩投资规模………………………………………92
　　三、停建大量项目……………………………………………93

第三节　调整优化投资结构………………………………… 95
　　一、投资的产业和地区结构变动明显………………………95
　　二、加快农业、支农工业的建设……………………………97
　　三、推动轻工业的加快发展…………………………………97
　　四、调整重工业内部结构……………………………………98

第四节　重新恢复集中统一的投资管理…………………… 101
　　一、收回基本建设项目的审批权和计划权限………………101
　　二、重建基本建设投资的规章制度…………………………103

第五节　投资调整的成效和启示…………………………… 105
　　一、调整时期的成效…………………………………………105
　　二、调整时期的启示…………………………………………108

第五章　"文化大革命"时期的投资（1966—1976年）… 110

第一节　经济和投资运行的曲折历程……………………… 111
　　一、全面内乱与经济衰退……………………………………111
　　二、"三个突破"与经济调整………………………………112
　　三、在持续动乱中进行整顿…………………………………112

第二节　投资的结构变动及经济再次失衡………………… 114
　　一、投资结构的变动…………………………………………114
　　二、经济结构的再次失衡……………………………………115

第三节　"三线"建设的实施过程………………………… 116

　　　　一、"三线"建设决策出台 116
　　　　二、"三线"建设的推进与成就 117
　　　　三、"三线"建设的问题 121

　　第四节　再次建立"块块为主"的计划体制 125
　　　　一、重提建立地方的工业体系 125
　　　　二、重建"块块为主"的计划体制 127
　　　　三、投资管理正常秩序遭到破坏 127

　　第五节　投融资的主要教训 128
　　　　一、计划编制草率和盲目冒进 128
　　　　二、积累与消费结构比例失调 129
　　　　三、地区投资布局严重失衡 129
　　　　四、项目投资效益明显下降 130

第六章　经济恢复和调整时期的投资（1976—1978年） 131

　　第一节　"文化大革命"的结束与经济的恢复 132
　　第二节　"左"的政策的继续与经济"洋跃进" 135
　　第三节　利用外资的急于求成与投资膨胀 137
　　第四节　投资结构处于严重失衡状态 140
　　第五节　经济和投资体制的探索 141
　　第六节　投融资的经验与教训 143

第七章　社会主义市场经济体制初步建立时期的投资（1979—2000年） 144

　　第一节　社会主义市场经济体制初步建立与新的主体培育 145
　　　　一、改革开放与中国特色社会主义的开创 145

二、社会主义市场经济体制建立与经济高速增长..............147

第二节 投资增长过猛和反复膨胀..............152
 一、投资的初步调整..............152
 二、投资的反复膨胀..............155
 三、投资在治理整顿中发展..............156
 四、经济再次过热与投资调控..............158
 五、亚洲金融危机与积极财政政策..............162

第三节 国债投资的基本情况和实施效果..............165
 一、国债投资的进展..............165
 二、国债投资的效果..............168

第四节 投资结构调整和新的结构失衡..............170
 一、投资结构性变动的基本特征..............170
 二、不同阶段投资结构变动情况..............173

第五节 城镇化由慢到快过渡阶段的投资..............178
 一、城镇化的阶段性特征..............178
 二、城市建设投融资状况..............179
 三、城市建设和城市更新..............182

第六节 市场化探索和改革时期的金融投资..............183
 一、银行体系初步建立与商业化运行..............183
 二、探索成长时期的资本市场融资..............185

第七节 投资体制的市场化改革逐步推进..............189
 一、市场取向改革起步和全面推进时期的投资体制..............189
 二、市场取向改革制度初步建立时期的投资体制..............199

第八节 投融资的经验和教训..............209
 一、主要经验..............209
 二、主要教训..............211

第八章 社会主义市场经济体制逐步完善时期的投资（2001—2011年） 213

第一节 在转型发展中推动全面建设小康社会 214

第二节 投资运行及其调控 216
一、2001—2002年，经济和投资增速平稳回升 216
二、2003—2007年，经济和投资从偏热走向过热 218

第三节 国际金融危机与4万亿投资计划 222
一、政策出台背景 222
二、内容与成果 224
三、实施效应分析 226

第四节 城镇化快速增长阶段的投资 230
一、城镇化的阶段性特征 230
二、城市建设投融资状况 231
三、城市建设和城市更新 232

第五节 市场化和国际化深入推进时期的金融投资 235
一、金融改革红利释放和银行业的高速发展 235
二、规范发展时期的资本市场融资 238

第六节 市场化融资成为投资的动力源泉 241
一、确立市场化主体地位并为民间投资松绑 241
二、融资平台成为政府投融资的重要主体 247
三、土地财政成为政府融资体系的重要引擎 253

第七节 投融资的成就、经验和启示 261
一、主要成就 261
二、经验和启示 267

第九章 中国特色社会主义新时代的投资（2012—2022年） 271

第一节 投资在应对风险挑战和疫情冲击中发挥重要作用 272
一、经济新常态下的投资调控 272
二、深化供给侧结构性改革中的投资调控 274
三、高质量发展新阶段的投资调控 276
四、全力应对新冠疫情冲击的投资调控 277

第二节 投资优化供给结构作用明显增强 279
一、投资发挥关键作用，支撑经济平稳运行 279
二、受经济转型和疫情影响，投资增速进入下行通道 280
三、产业投资优化升级，投资结构更趋合理 281
四、区域投资统筹推进，促进经济社会协调发展 282
五、高水平开放成效显著，双向投资向纵深发展 283
六、基础设施投资有序推进，民生相关投资成效显著 284
七、内生动力持续增强，投资新动能积聚发展 285

第三节 实现产业链供应链安全稳定发展 286
一、美国封锁打压对我国产业安全的影响 287
二、我国产业链供应链展现强大活力和韧性 290
三、我国产业链供应链安全面临风险和挑战 292
四、牢牢掌握产业链供应链安全的主动权 293

第四节 城镇化高质量发展阶段的投资 295
一、城镇化的阶段性特征 295
二、城市建设投融资状况 296
三、城市建设和城市更新 299

第五节 方式转变和风险防控时期的金融投资 303
一、走向高质量发展阶段的银行融资 303
二、改革发展新阶段的资本市场融资 305

第六节 投融资体制改革和创新 311
　　一、投融资体制改革的突破进展 311
　　二、促进民间投资健康发展 314
　　三、"放管服"改革取得积极成效 320

第七节 地方政府投融资模式的新旧转换 322
　　一、拓宽正规债务融资渠道 322
　　二、融资平台的艰难转型发展 327
　　三、从大力推进到规范发展PPP 332
　　四、盘活基础设施的存量资产 335
　　五、防范化解地方政府债务风险 340

第八节 投融资的成就、经验和问题 345
　　一、主要成就 345
　　二、主要经验 348
　　三、存在问题 349

第十章 基本实现社会主义现代化时期的投资（2023—2035年）...... 352

第一节 中华人民共和国成立以来投资的经验和教训 353
　　一、投资的经验 353
　　二、投资的教训 359

第二节 世界百年未有之大变局和中国式现代化进程 361
　　一、世界格局新旧交替，进入深度的动荡变革期，中国亟需把主动权掌握在自己手中 361
　　二、新一轮科技革命和产业变革深度演进，加快重塑全球经济版图，给中国带来无限的发展潜力 363
　　三、着力推进高质量发展，形成发展韧性和活力，增强了我国应对不稳定性不确定性的优势和条件 364

四、构建新发展格局，塑造和延长了战略机遇期，为我国
经济社会发展拓展了更大空间 365
五、世界和中国的不确定难预料因素显著增多，各种
"黑天鹅""灰犀牛"事件随时可能发生 366

第三节 全面建成社会主义现代化强国目标下的投资取向 367
一、供需结构明显变化情况下的投资选择 368
二、工业化迈入全面深化阶段的投资方向 373
三、城镇化格局变化和品质提升投资增加 376
四、区域一体化发展新格局下的投资协同 379
五、人口老龄化进入加速期的投资需求猛增 381
六、涉及国家安全投资的重要性显著提升 382
七、全面绿色低碳转型发展对投资提出新要求 383
八、面临世纪疫情冲击的公共卫生投资方向 386

第四节 投资调控和改革的基本趋势和重点方向 388
一、优化投资调控方法和手段 388
二、创新投融资的体制机制 391
三、完善地方政府投融资模式 398

附 录 403

附录一 附表 404
附录二 重要政策性文件 417
附录三 投资经典案例 436
附录四 投资大事记 453

第一章

国民经济恢复时期的投资
（1949年10月—1952年）

1949—1952年是我国新民主主义社会建立时期和国民经济恢复时期，是投资的起步阶段。中华人民共和国在半封建、半殖民地社会的基础上刚刚成立，再加上抗美援朝战争的军费开支增加，国家财政经济很困难，能够用于投资的资金有限。因此，这一阶段的投资规模很小，主要任务是医治战争创伤，为全面恢复国民经济服务，并有重点地做好大规模建设的准备工作。

第一节 投资的基础和条件

一、遭到战争严重破坏的经济基础十分薄弱

中国曾经是世界上经济文化最发达的国家之一。但是，由于一直以小农经济为主，加上闭关锁国，错过了两次工业革命，因此，近代开始逐渐落后于西方国家。19世纪40年代鸦片战争以后，由于外国的侵略和本国封建地主阶级、官僚资产阶级的反动统治，中国逐渐沦为一个经济文化落后、人民生活极端贫困的半殖民地半封建国家。从19世纪60年代到90年代的洋务运动开始兴办军事工业和民用企业，到1949年，按人民币计算，工业固定资产不过124亿元，加上其他部门的固定资产也多不了多少[①]。

长期的战争使中国原本落后的工农业和交通运输业基础遭到严重破坏，仅上海一市遭受战火破坏的工厂不下3000家，约占上海工厂总数的一半。日本投降前，东北等地工矿设备或被破坏，或被运走。国民党发动内战，又一次对经济造成严重伤害。

中华人民共和国成立时，钢铁工业勉强修复生产的只有7座高炉、12座平炉、22座小电炉，生产能力所剩无几。发电设备总数仅剩114.6万千瓦，

---

① 彭敏主编：《当代中国的基本建设》(上)，当代中国出版社2019年版，第4页。

只占原有设备总量的47%，即一半以上的发电能力毁于战乱。农村耕畜比战前减少17%，主要农具和肥料减少了30%。江岸河堤常年失修，水旱灾害频繁。交通运输遭受的破坏更为严重。铁路有上万公里的线路、3200多座桥梁和200多座隧道遭到严重破坏。津浦、京汉、粤汉、陇海、浙赣等主要线路，几乎没有一条可以通车，机车有1/3无法行驶。1949年，能勉强通车的铁路只有1.1万公里。公路在解放战争中抢修了2.6万公里，但1949年底勉强能通车的只有8万公里，而且大多集中在东北和沿海地区。占全国土地面积3/5的西南、西北地区，铁路、公路很少，交通闭塞[①]。进行建设所必需的地质勘探、勘察设计、建筑安装力量更是极其有限。1949年，全国只有200多名地质人员和10台钻机，地质调查资料寥寥无几，只有少数土木、建筑设计事务所和一些零星分散的私人营造业。

中华人民共和国成立前，社会经济十分落后而且破坏严重。1949年与历史最高年份相比，工业总产值减少50%，其中重工业减少70%，轻工业减少30%，煤炭产量减少48%，钢铁产量减少80%以上。粮食产量减少近1/4，棉花产量减少48%。中华人民共和国成立之初，几乎所有的经济领域都衰败不堪。轻重工业结构畸形，轻工业占全部工业的70%，重工业不到30%。工业布局极不合理，主要集中在东北和沿海少数城市。以纺织工业为例，上海、青岛、天津三大城市的纺锭就占全国的75%。沿海工业与广大内地经济联系十分薄弱，沿海工业的原料都是进口的。旧中国是典型的农业国，但农业生产条件却极为落后，新中国成立前最高年产量，粮食只有2774亿斤，棉花不到1700万担。在相当长时期内，粮食不够吃，棉花不够用。

二、前进道路仍有诸多困难和矛盾亟需解决

在农村，占全国人口大半的新解放区还没有进行土地改革，那里的封建剥削制度仍然束缚着农村生产力的发展。在城市，旧中国畸形经济环境中产生和发展起来的私营工商业，短期内不能适应新的经济环境，在生产和经营方面发生严重困难，主要表现在商品滞销，生产缩减，关店歇业增多，失业

[①] 彭敏主编：《当代中国的基本建设》（上），当代中国出版社2019年版，第4~6页。

人数大大增加,困难的程度是大城市重于中小城市,工业重于商业,上海重于其他地区。有关统计显示,截至1950年9月,城镇失业数达472.2万人,失业率为23.6%,而以上海、南京、广州、武汉、重庆等五城市最为严重。财政方面也异常紧张,出现巨额赤字[①]。

中华人民共和国成立后的一段时间里,国家一直未能摆脱战争的阴影。首先是完成中国大陆的解放。其次是朝鲜战争的重大影响。1950年10月,中国人民志愿军入朝作战。朝鲜战争延续了三年左右的时间,物质损失巨大,战场消耗作战物资560多万吨,战争支出62亿元,而当时全国一年收入只有123亿元,战争在一定程度上延缓了国家建设的速度。

第二节　投资主体的培育

一、没收官僚资本企业以及确立国营经济领导地位

(一)没收官僚资本

没收官僚资本是我国新民主主义革命时期对官僚资本采取的措施,即将其接收过来,变成社会主义性质的国营经济。解放前,官僚资本约占全国工业资本的2/3,占全国工矿、交通运输业固定资产的80%,将其没收并改造后,可使无产阶级国家掌握主要的经济命脉,使生产力得到解放。

为了保证对官僚资本企业的顺利接收,中共中央在不断总结经验的基础上,于1948年和1949年上半年,先后发表了《再克洛阳后给洛阳前线指挥部的电报》《关于接收官僚资本企业的指示》《中国人民解放军布告》《关于接收平津企业经验介绍》等一系列文件,详尽规定了有关接收官僚资本企业的方针政策。没收官僚资本的各项政策措施的制定和实施,有利地保证了相关工作的顺利进行。在接管的官僚资本企业中,金融方面有:中央银行、中国银行、交通银行、中国农民银行、中央信托局、邮政储金汇业局。工矿方

---

① 周锟、吕臻:"新中国全面恢复和发展经济的开篇之作",金台资讯 2020-09-22。

面有：控制全国资源和重工业生产的国民党政府资源委员会，垄断全国纺织工业的中国纺织建设公司，兵工系统和军事后勤系统，南京国民党政府交通部、粮食部和其他部门所办企业，"CC"系统的"党营"企业以及各省政府系统的企业。交通运输方面：国民党政府交通部、招商局等所属全部交通运输企业。商业方面有：复兴、富华、中国茶叶、中国石油、中国盐业、中国蚕丝、中国植物油、中国孚中、中国进出口、金山贸易、利泰、扬子建业、长江中美实业等十几家大贸易公司及其分设各地的分支机构和经营网点。被没收的官僚资本的企业和财产，是中华人民共和国成立初期国营经济最主要的来源[①]。

（二）建立国营经济

全国解放后，由于处理了外国在华企业，没收了官僚资本，社会主义的国营经济得到空前的发展和壮大，国营经济集中了近代化大企业。据统计，1949年，社会主义国营工业产值占全国工业总产值的26.2%，占全国大工业产值的41.3%；国营工业拥有全国电力产量的58%，原煤产量的68%，生铁产量的92%，钢产量的97%，水泥产量的68%，棉纱产量的53%。在金融、铁路、港口、航空等产业，国有经济更是占有绝对优势。此外，数量众多而规模不大的地方国营企业，也主要是通过没收官僚资本和反革命分子的财产建立起来的。据1952年年底统计，全国共有地方国营工业企业7000多个，其中80%~90%是当地解放以后接管的中小型企业，3年内新建的企业不到10%，其余为1950年"统一财经"至1952年"三反""五反"期间接收、合并的机关团体生产企业[②]。

二、保护并有限制地发展民族资本主义工商业

扶植有益的民族资本主义工商业。中华人民共和国成立初期，民族资本主义工商业（或称私营工商业）在经济中居于重要地位。1949年，民族资本

[①] 董辅礽主编：《中华人民共和国经济史》，经济科学出版社1999年版，第36~37页。
[②] 《1949—1952中华人民共和国经济档案资料选编·工业卷》，中国物资出版社1996年版，第177页。

主义工业产值为68.3亿元，占工业总产值的48.7%。这就决定了在当时条件下必须利用有益于国计民生的民族资本主义工商业。为了发挥民族资本主义工商业的积极作用，人民政府采取了一系列措施帮助他们解决原料、市场和资金等方面的困难。这些措施主要是：供给原料或以原料换成品，委托加工或代销成品，发放贷款，降低工业税率等。这就促使有益的民族资本主义工商业能在较短的时间内得到不同程度的恢复。比如，解放较早的沈阳市，在1949年6~12月的半年中，私营工业企业由9727家增加到12007家，增加了23%。

调整民族资本主义工商业。所谓调整工商业，"就是说，在半殖民地半封建的国民经济轨道拆毁了之后，应该按照新民主主义的轨道来安排工商业的问题。其中最突出的是三个基本环节：调整公私关系，调整劳资关系，调整产销关系[1]。"为达到这个目的，由政府或国营企业委托私营工厂加工、订货和由国营商业收购其产品，具有特殊重要的意义。因为当时主要就是通过这种方式调整民族资本主义工业，以维持和促进私营工厂的生产。调整工商业把民族资本主义工商业经营困难的问题解决了，民族资本主义生产经营潜力发挥出来了。但这次调整工商业的工作，由于抗美援朝开始，未能坚持做到底，还遗留下了一些问题。

三、发展合作社经济

发展农业互助合作运动。土地改革以后，党中央加强了对农业互助合作运动的领导。1950年2月，农业部在《关于1950年农业生产方针及粮棉增产计划指示》中，关于恢复发展农业措施的第一条就是："大量发动和组织劳动力，以恢复及提高耕作水平，组织劳动互助，在老（解放）区应成为农民习惯、并达劳力的一半以上；在新（解放）区，亦应在旧有的习惯下，通过典型加以推广[2]。"政府还在经济上和农业生产技术上对互助合作组织实行扶持和优惠的政策，如发放低息农业贷款，供给新式农具、良种耕畜及优良农

---

[1] 陈云：《中华人民共和国过去一年财政和经济工作的状况》，《新华月报》，1950年10月号。
[2] 《1949—1952中华人民共和国经济档案资料选编·农业卷》，社会科学文献出版社1991年版，第36页。

作物品种等等，以促进互助合作的发展。以上指导方针和措施的实行，推动了农业互助合作运动的发展。1950—1952年，带有社会主义因素的农业互助组由272.4万个增加到802.6万个，半社会主义的初级农业生产合作社由18个增加到4000个[①]。

发展手工业合作组织。1950年6月召开了第一次全国手工业生产合作会议，总结了手工业合作化的成就及经验。指出合作社有的已经建立了经济核算制度、技术管理制度、工资制度，并订立了劳动公约，组织了生产竞赛，因而提高了产品的质量和产量，降低了生产成本，积累了生产资金，改进了生产，举办了文化福利事业。同时，也指出了手工业合作化中的问题。主要是：对手工业生产合作社的发展方针、政策在认识上还不统一，干部的工作经验也还不够，所以有许多手工业生产合作社还没有走上正轨。这次手工业生产合作会议精神和《手工业生产合作社章程准则》（修正草案）的贯彻，又进一步推动了我国手工业合作组织的发展。国民经济恢复时期，除了组织具有社会主义因素的手工业生产小组和半社会主义的手工业供销合作社以外，还试办了一批社会主义性质的手工业生产合作社。1949—1952年，手工业生产合作社由311个增加到3658个，增加了10.8倍[②]。

第三节　集中统一的投资管理体系

中国人民革命胜利以后，人民政权面临着新的任务，不但要在接管旧经济烂摊子的基础上恢复经济，而且要在生产资料公有制基础上建立社会主义国有经济，并增加经济建设的投资。中华人民共和国成立开始就确立了在全民所有制基础上的集中统一管理经济的体制，并且在投资领域实行集中分配投资的体制。

[①] 《1949—1952中华人民共和国经济档案资料选编·农村经济体制卷》，社会科学文献出版社1992年版，第593页；国家统计局编，《建国三十年全国农业统计资料（1949—1979）》。

[②] 汪海波、刘立峰：《中国经济70年》，山西经济出版社2019年版，第36～39页。

一、建立经济和投资的管理机构

中华人民共和国成立时，根据1949年9月政协一届一次会议通过的《共同纲领》的规定，建立起一个以中国共产党为领导核心的、中央集权的、多层【中央、大行政区、省、市（专署）、县、区、乡】政府机构。在各级政府的经济职能方面，本着《共同纲领》确立的新民主主义经济纲领和政策，通过统一财经、土地改革、调整工商业和"三反""五反"，逐步建立起了宏观管理系统和对国营经济、供销合作经济实施直接计划管理的机构。

中华人民共和国应该建立一套怎样的国家管理经济机构及管理体制，是当时中国共产党认真研究的重要问题之一。1949年5月，中共中央发布了《关于建立中央财政经济机构大纲（草案）》，要求：①成立中央财政经济委员会及下属机构（即政务院财经委员会及各部委的前身）；②建立大区、省、大中城市财经委员会。《共同纲领》则规定，"中央人民政府应争取早日制定恢复和发展全国公私经济各主要部门的总计划，规定中央和地方在经济建设上分工合作的范围，统一调剂中央各经济部门和地方各经济部门的相互联系。中央各经济部门和地方各经济部门在中央人民政府统一领导之下各自发挥其创造性和积极性"。

实际上，由于中国共产党将新民主主义经济看作是"有计划"的经济，要避免资本主义的"无政府"状态，要实行"节制资本"和"统制外贸"的基本政策，各级政府的经济职能就自然要从宏观经济管理扩展到微观经济管理方面。即它不但拥有和直接管理控制国民经济命脉的国有企业，对合作社和公私合营企业的微观决策进行多方面的干预，而且通过加工订货、统购包销等国家资本主义的方式，对私营企业进行多方面的干预。这样一来，政府的经济职能就变得非常繁重和复杂。

为了实现上述目标，中央人民政府首先在原有中央财经委员会的基础上，扩大并建立了中央政府管理国民经济的机构。1949年9月，根据中央人民政府组织法，成立政务院财政经济委员会，负责指导政府财经各部门、人民银行及海关总署等一切有关经济部门的工作，简称"中财委"。中财委内设财经计划局、技术管理局、财经统计局、私营企业管理局、外资企业管理局等业务部门。其中，财经计划局下设基建处，主管全国基本建设、城市建设和地质工作。全国经济建设投资由中财委集中分配，建设项目分别由中央各部提出，报中财委审批。中央各部编制的专业计划，经中财委批准实施。计划局审核各部专业计划与掌握投资。在中财委之下，设立了财政部、贸易部、重工业部、燃料工业部、纺织工业部、食品工业部、轻工业部、铁道部、邮电部、交通部、农业部、林垦部、水利部、劳动部、人民银行总行、海关总署。

除了中央政府加强经济管理职能外，地方政府也加强了经济管理职能，并在地方政府内设立与中央各经济部门相对应的经济管理机构。首先，中央政府根据各地解放时间不一、政治经济形势差异较大的情况，将全国划分为六个大行政管理区，即东北、华北、华东、华中、西南、西北。每个大区管辖数省，大区的最高行政机关是军政委员会，在军政委员会内设立财经委员会，大区财经委员会受政务院财经委员会和大区军政委员会双重领导，大区财经委员会下也设立财经各部及人民银行区行机构，负责全区的经济管理工作。大区的建立，表明出于当时具体的形势需要，地方管理权限较大。一般来说，全国统一的政策法令，由全区负责具体实施，中央没有统一规定的或只有原则性意见的，则由大区自主决定（须报中央批准）或负责具体实施。在大区之下，则按中国传统的行政区划建制，设立省、市、县三级政府经济管理机构。区、乡两级政府一般不设立专门经济机构[①]。

二、集中统一的财政和经济管理体制

为了筹集抗美援朝战争所需的经费，恢复国内被战争破坏的社会经济，尽快医治好战争创伤，并展开大规模经济建设，经济体制逐渐向中央权力高度集中的计划经济体制转变。面对战争威胁和国内外千头万绪的事务，中央的事权很多，中央要处理的事项，关乎国家整体利益，要确保中央的各项事务完成，中央就必须有相应的财权。把有限的财力集中到中央是非常情况下的特殊措施，也是不得已采取的措施[②]。

[①] 刘国光等：《中国十个五年计划研究报告》，人民出版社 2006 年版，第 9～10 页。
[②] 《陈云文选》（第 2 卷），人民出版社 1995 年版，第 74 页。

1950年2月，中央财经委员会召开全国财政经济会议，着重讨论统一财经、紧缩编制、现金管理和物资平衡等四大问题。会议决定：第一，统一财经。财政收支统一到中央，公粮除5%~15%作为地方附加外，由中央统一掌握；统一税收，每日结算解缴国库；统一编制；统一贸易；统一现金收支，现金的调度统一于银行。第二，财政平衡。做到财政收支平衡、物资平衡和现金收支平衡。统一财经把全国的财力绝大部分集中在中央，地方只有一些地方税收和一些零星收入，各级政府的开支，由中央统一核拨。对地方财政实行收支两条线管理。中央统一财经，实行高度集中的财政体制，把全国财力主要集中到中央，保障了国家解放、政权稳定和社会经济大局稳定。这在当时的国内外条件下是十分必要的。

1950年3月，政务院发布《关于统一管理1950年度财政收支的决定》，提出国家财政统一于中央人民政府。经济建设费和国营企业投资等，均列入中央人民政府预算，由财政部掌管，按全国收支概算逐项审核开支。严格执行预、决算制度，审计会议制度和财政监察制度，无预算不拨款，无计算不审核预算，纠正以临时批拨代替审核的做法。统一财经，实行中央财政的统收统支，实行过程中尽管有这样那样的问题，但总体实施效果是显著的。1950年底，中央统一财政经济工作基本上完成，实行了财经工作的高度集中管理。当时集中统一的力度还是很大的，地方的财权财力被限定在一个很小的范围。

财政的高度统一势必影响到金融。金融工作方面，货币由中国人民银行统一发行，中国人民银行成为国家金融管理和现金调度的总机构，除对外汇实行统一管理外，还对所属分支机构及其他国家专业银行的存贷负有指导监督责任。中国人民银行还推进了全国金融机构的统一工作，1951年4月，根据形势发展需要，原来保留的地方银行东北银行、内蒙古人民银行改组为中国人民银行的下属机构。这样，全国的财政金融大权全部集中到了中央政府手中。

1950年实行的中央高度集中的统收统支的体制，保证了中央集中力量办大事。但这一体制存在的问题也是明显的，最大的问题是有些方面集中统一过多，地方财权财力很小，导致地方的很多事情无法进行。1951年5月，政务院发布《划分中央与地方在财政经济工作上管理职权的决定》，对中央财经部门的职能进行了重新界定,中央财经部门应以编制和掌握全国财经工作的方针政策计划为主,而部分适宜于由地方政府管理的财政经济工作职权交给地方政府。其中包括把一部分国营企业、一部分财经业务划归地方管理,地方的工业、财政、贸易、交通等经济事业主要由地方负责。这表明中央政府对发挥地方积极性的问题还是重视的[①]。

20世纪50年代初期财经工作"高度集中、统收统支"的管理体制,短期内改变了财政管理分散的局面,保障了国家安全和政权稳定,加快了经济恢复的速度,这种管理体制在当时发挥了很大的历史作用,取得了财经战线上的决定性胜利[②]。

三、实施经济和投资计划管理

编制国民经济计划概要。1950年5月,中财委试编出《1950年国民经济计划概要》,统筹了粮棉增产、水利建设、林业、钢铁工业、化学工业、有色金属工业、地质调查及探矿、棉纺工业、造纸工业、铁路运输及修建、航务公路建设、邮电建设、粮食供应、棉花纱布供应、食盐产销、文教卫生费及社会事业费等20多项事业发展要求。国家对经济建设的投资总额为154.6亿斤米,其中,东北地区投资79.9亿斤米,占51.7%,关内投资47.4亿斤米,占48.3%。东北地区投资中工业投资占75%,关内投资中铁路投资占19.7%,重工业和水利分别占12%和10.3%。关内投资又划分为中央投资与地方投资两部分,其中中央投资占57%。1951年5月,中财委计划局试编出1951年国民经济计划要点,提出国家基本建设投资总额14.8亿元,其中用于重工业的占17.5%,水利占16.5%,铁路占25.5%。工业投资的地区分布重点仍为东北。水利建设的重点是治理淮河。

召开全国计划会议。1950年8月,中财委在北京召开全国计划会议,主要讨论1951年计划和三年奋斗目标。会议认为,由于财力、物力和人力的限制,由于加强国防建设的需要,也由于工业本身半殖民地的影响还没有根

---

① 薄一波:《若干重大决策与事件的回顾》上卷,中共党史出版社1991年版,第87页。
② 姜长青:"1949—1952年财政分权与经济增长",《晋阳学刊》2022年第2期。

本消除,在二三年内不可能立即进行大规模的经济建设。主要任务是要搞好经济的调整与恢复,为将来大规模的经济建设做好准备。会议认为,对工业的恢复,不是盲目的,而应根据合理的经济原则,在调整中进行恢复。三年内在工业方面新的建设应放在加强国防力量上,新的建设必须经过调查、勘察、设计,然后按照施工图组织施工。1951年11月,中财委召开全国计划会议,对钢、铁、煤、电、棉纱等29种主要工业产品1952年生产控制数字进行了安排。1952年基本建设投资总额控制数字为20.5亿元,较1951年增长16%[①]。

四、初步建立基本建设管理程序

1949年以前,各根据地的经济建设是分散进行的,没有统一的管理。中华人民共和国成立以后,在经济恢复任务繁重和资金短缺的矛盾面前,在优先发展国营经济的基本方针指引下,如何从体制上保障用好政府的资金,成为新中国经济体制建设的重要内容。1951年3月和1952年1月,中财委先后制定颁布了《基本建设工作程序暂行办法》和《基本建设工作暂行办法》,从分配投资和建设项目的管理等方面,建立了初步的管理体制。

(一)"两上一下"的管理办法

"两上一下"的投资管理体制就是由中财委根据中央人民政府的国家年度财政预算和统筹考虑,自上而下地把中央政府的投资额分配给中央各部,并确定各部的基本建设控制数字,然后由各部确定所属建设单位的基本建设控制数字;各建设单位按照系统自下而上地编报年度基本建设工作计划;由中财委开始自上而下地批准各部的基本建设工作计划,各部再批准所属建设单位的基本建设工作计划。地方政府的投资(来源于地方政府组织的财政收入),则基本由地方政府自行安排和管理,较大项目则需上报中央有关部门备案[②]。

---

① 周道炯主编:《1949—1987中华人民共和国固定资产投资管理大事记》,中国财政经济出版社1989年版,第3、第11页。

② 刘国光等:《中国十个五年计划研究报告》,人民出版社2006年版,第40~41页。

这种"两上一下"的投资管理体制，适应了中华人民共和国成立初期政府资金极为短缺、投资需求较大和必须集中的要求；同时，由于当时投资额不大、投资更为集中，中央政府也管得过来。但是必须指出，这种自上而下靠行政方法分配投资的体制，特别是资金统由财政分配，无偿拨款，结果形成一种企业吃国家的"大锅饭"、施工企业吃建设项目"大锅饭"的现象。在这种体制下，政府投资分配部门虽然负责投资决策，但是并不承担投资的风险，而建设单位虽然花钱但不承担决策失误的责任。这就使得部门、地方、企业都来争投资、上项目、增加生产能力。由于下面争投资，因此向上反馈的信息就会失真，使中央部门获得真实信息的成本大大增加，容易导致投资决策的失误。

（二）项目的分类管理体制

基本建设项目的分类管理是指按投资规模的大小，将建设项目划分为限额以上项目和限额以下项目。按照不同产业和部门制定不同的限额标准。以工业为例，钢铁、汽车制造、拖拉机制造、船舶制造、机车车辆制造工业的投资限额为1000万元；有色金属、化学、水泥工业的投资限额为600万元；电站、输电线路、煤炭采掘、石油开采、石油加工工业的投资限额为500万元；橡胶、造纸、制糖工业的投资限额为400万元。同时，又将基本建设项目分为甲乙丙丁类，甲类项目计划任务书由政务院批准，乙类项目计划任务书由中央主管部门提出审核意见后报经中财委或政务院批准，丙类项目计划任务书由中央主管部门或大行政区指定的机关批准，丁类项目计划任务书由省里批准，报中央有关部门备案[①]。

1952年以前，由于中财委只在计划局下设立一个基建处来主管全国基本建设、城市建设和地质工作，力量薄弱，因此，当时中财委只负责确定年度基本建设控制数字，制定有关国民经济命脉重大项目的决策，而按规定应由中央行使决策权的大批限额以上项目，则由中央局和大区人民政府代行。这种按投资额大小进行分级管理的办法，在当时政府财力有限、投资额不大的情况下，避免了投资过于分散，保证了财力物力的集中使用。

---

① 刘国光等：《中国十个五年计划研究报告》，人民出版社2006年版，第42页。

(三) 基本建设的工作程序

基本建设投资规模大、涉及面广，一经开始建设，不能轻易改变，工作程序必须符合发展规律。20世纪50年代初期，因为缺乏经验和急于求成，一些工程仓促上马，造成浪费和返工。为了按期、按质完成基本建设的任务，提高基本建设投资的经济效益，解决不按基本建设程序办事的问题，1950年12月，政务院在《关于决算制度、预算审核、投资的施工计划和货币管理的决定》中强调，中央或地方人民政府批准的一切企业投资或文化事业投资，必须审慎设计，作出施工计划、施工图和财务拨款计划，并经过政府的批准，否则，财政部门应拒绝拨款。1951年3月，中财委制定颁布了《基本建设工作程序暂行办法》，规定基本建设单位在施工以前，必须完成设计文件，并且把设计工作分为初步设计、技术设计和施工详图三个步骤进行。这个办法将基本建设工作的全部过程划分为五个阶段，即计划的拟定及核准、设计工作，施工与拨款，报告与检查，工程决算与验收，并首次提出了先勘察后设计、先设计后施工的基本建设工作程序。1952年1月，中财委又发布了一个更为完善的《基本建设工作暂行办法》。这个办法除确定基本建设概念、内容、种类和组织机构以外，还着重就设计、施工、监督拨款和编制计划等程序问题做了系统的、严格的规定，并强调必须按基本程序办事[①]。这从分配投资和建设项目的管理等方面建立了初步的管理体制。

(四) 基本建设的资金监管

这一时期，在基本建设资金监管方面，设立了专业银行——交通银行专门管理政府投资。1950年以前，政府的基本建设投资拨款，是由财政部门拨给其他部门自行分配其所属基本建设单位使用，往往造成资金被挪用或损失浪费。根据苏联的经验，设立专业银行，加强对基本建设投资的专门管理是个好办法。1951年2月，中国人民银行指定交通银行兼办国家财政对基本建设投资的拨款，从此确定了国家投资拨款由专业银行管理的体制。自1951年6月1日交通银行开始接办基本建设拨款以来，共办理了10多个部门、两个大行政区以及20个省、市的基建拨款。到1953年，中央贸易部的基本

---

① 《中国工业经济法规汇编》(1949—1981)，第300~312页。

建设拨款交由交通银行办理后，就全部接办了中央各部的投资拨款。1954年又接办了全部地方政府级拨款。1956年接办了军工、尖端工业拨款，最终实现了投资管理监督权的集中[①]。基本上纠正了长短期资金浪费现象，节省了财政资金，提高了用款计划的准确性。

交通银行办理基本建设投资拨款的具体工作主要有以下几项：首先，是及时供应资金，监督资金合理使用。交通银行要按照批准的基本建设计划和工程项目一览表以及技术设计预算拨款，由于基本建设程序不规范、文件不完备，在一段时间里，都是先按主管部门批准施工的文件拨款，事后进行检查监督，以保证基本建设项目的顺利开展。其次，是为财政调度资金。中华人民共和国成立之初，财政给国家确定工程项目拨款时，往往出现大量工程预算拨款要集中支付，而财政收入却需要慢慢积累收入才能实现。同时，建设单位拿到钱后不会一下子花出去，但财政调度却会很紧张。交通银行负责办理拨款后，实行按建设项目匡算用款进度来调度资金，一定程度上缓解了财政收支调度的困难。再次，集中主要力量管理重点工程，并在重点建设项目所在地设立了专门机构。最后，是开展核定出包工程预付备料款和按工程进度结算付款，审核器材供应计划，动员建设单位内部资源，调剂处理积压器材，检查计划外工程，对建筑安装企业进行财务监督[②]。

第四节　根据恢复为主原则进行重点投资

中华人民共和国成立初期，基本建设投资规模很小。1950—1952年，分别只有11.3亿元、23.4亿元和43.5亿元，三年合计还不到"一五"计划第一年投资的90%。这一时期的投资主要以恢复为主，为大规模经济建设做好准备。1952年，中央人民政府财经委员会确定，本年国家基本建设投资的重点，第一是重工业，第二是铁路，第三是水利。

---

① 剧锦文等：" 1949—1978年的国家投资和新增资本"，http://economy.guoxue.com/?p=8521。
② 毛志辉："国民经济恢复时期交通银行的职能与任务（四）"，http://insurance.xunjk.com/insurance/2023/0421/326426.html。

一、交通运输业的恢复和发展

解放初期,由于多年战争的破坏,全国交通运输业几乎处于瘫痪状态,严重影响了城乡间、地区间的物资交流,以及工农业生产的发展和人民的生活。在三年恢复时期,国家将交通运输业,尤其是铁路的恢复与发展放在非常重要的位置。1950—1952年,国家预算内用于交通运输的投资共17.7亿元,占同期国家预算内资金的26.7%,占同期全部基本建设投资的22.6%。三年内,除了修复原有铁路8000公里外,在西南、西北和广西地区新修并完工的铁路有三条:地处南部边疆的来睦线(广西来宾—睦南关)、四川人民盼了半个世纪未能修建的成渝线(成都—重庆),以及穿越西北崇山峻岭的天兰线(甘肃天水—兰州)。在此期间,在西北地区开工建设的主要铁路干线还有宝成线、兰新线等。同时,重修了一些旧线约600公里。铁路通车里程大大增加,由1949年的2.18万公里增加到1952年的2.45万公里[①]。

在重点修复铁路的同时,还积极推进了航运的恢复和建设。解放初期,全国能够停靠万吨级船舶的泊位仅有60个,码头岸线总长只有2万多米,各种装卸机械100多台,年吞吐量只有500多万吨。中华人民共和国成立后,开始对原有港口的恢复改造,提高装卸机械化水平,改善工人的劳动条件。为了冲破美、蒋海上的封锁禁运,自力更生、独立自主地发展经济,中央政府决定在天津修建塘沽新港,在广东省雷州半岛的湛江自行设计、自行建设了新中国第一个新港口——湛江港。1949年5月,天津市塘沽新港首次恢复建设计划,经华北人民政府批准,拨出建设经费近4200万斤小米(折合250万元),成为中华人民共和国自己修建的第一个港口。1952年10月塘沽新港开港,万吨巨轮可直接停靠码头,华北以及西北地区的物产可以通过海运运往东北、华东、华南。

围绕着解放全中国、剿匪和恢复经济建设的三大任务,尽快恢复和发展交通成为各级政府和军队的一项艰巨任务。新建公路3846公里,主要分布在交通不发达地区,如西南的康藏线、青藏线,西北的新兰线、西宁黄河沿

---

① 彭敏主编:《当代中国的基本建设》(上),当代中国出版社2019年版,第11~12页。

线等。经过三年的恢复和建设,全国公路通车里程由1949年的8万公里增加到1952年的12.7万公里,超过了1949年前的最高水平。抗美援朝战争中,志愿军抢修铁路线路1400余处次、660余公里,桥梁2294座次,隧道122条次;工程兵部队和人民群众新建公路2500余公里、桥梁1100余座,加宽公路8100余公里、桥梁3200余座次。志愿军用血肉铸就了"打不烂、炸不断"的钢铁运输线,出色地完成了交通运输保障任务。

二、水利工程的修复和建设

1949年9月,中国人民政治协商会议第一届全体会议通过《中国人民政治协商会议共同纲领》,兴修水利、防洪防旱、疏浚河道等写入《共同纲领》中,体现了中央人民政府对水利的高度重视,水利成为全部生产建设的中心环节之一。

1949年,全国水灾面积达1.2亿亩,其中淮河水灾面积就达4000余万亩,灾民1300多万人。因此,防治水旱灾害,抓紧淮河、黄河等几条主要河流的治理成为当时恢复发展农业的迫切要求。1950—1952年,国家用于水利建设的投资共约7亿元,占预算内基本建设投资的10%,占全部基本建设投资的8.9%。对全国2.4万多公里重要堤防的绝大部分进行了整修。对一些水灾比较严重的河流,开始了全流域的治理。在长江、黄河流域兴建了一些有效的防御工程。全国大小河流的堤防,绝大部分进行了培修,重要险工得到了加强。在少数历年遭受洪水的地区,如苏北沂河及沭河流域、河北潮白河流域,开始了根治工程。

1951年,根据蓄泄并重的方针,国家第一个全流域多目标的治水工程——根治淮河工程正式开工,7月即胜利完成第一期工程,减轻了淮河流域水灾的经常威胁。1949—1952年,苏北和山东人民修建了长达180多公里的沂河新道和长达69公里的沭河新道,使长期水患严重的沂河、沭河流域连续两年农业丰收。1952年4月,荆江分洪工程破土动工,当年完成的荆江分洪工程,在1954年长江出现特大洪水时,对保障长江中下游人民的安全发挥了重要的作用。在治理水患的同时,防止旱灾的工作也在着手进行。三年中共修建现代化灌溉工程358处,其中较大型的如引黄(河)灌溉济上

（河）工程部分完工。蓄水 22 亿立方米的官厅水库也于 1951 年 10 月破土动工，用以改善首都地区的用水情况①。

专栏 1-1　　　　治淮工程

淮河地处我国南北气候过渡带，历史上受黄河长期夺淮的影响，淮河流域水旱灾害频发，沿淮人民饱受灾害之苦。1855—1949 的 94 年中，淮河流域共发生较大洪涝灾害 48 次，平均近两年发生一次较大洪涝灾害。每次洪水泛滥，常使几十个县、市和上千个城镇沦为汪洋泽国，受灾人口数千万，成千上万的人葬身鱼腹。

1950 年 7 月，一场场暴雨肆虐淮河流域，1300 多万人受灾，4300 余万亩土地被淹。7 月 20 日、8 月 5 日，淮河水灾告急的电报接连呈送给了毛泽东，"水势凶猛""全村沉没""在树上被毒蛇咬死"，一个个如泣如诉般的字眼使他潸然泪下！他对秘书田家英说："我们要是不能根治淮河，那还算是什么共产党人！"

毛泽东连续四次对淮河救灾和治理批示，作出了"根治淮河"的决策。1950 年 8 月 25 日开始，水利部召开治淮会议，商议治淮方针和 1951 年应办工程。根据毛泽东的根治要求，会议很快确立了"蓄泄兼筹"的治淮基本方针。上游河南以拦蓄洪水、发展水利为长远目标；中游皖北蓄泄并重，利用湖泊临时拦蓄干支流洪水，整治河槽承泄湖泊拦蓄之外的全部洪水；下游苏北则开辟入海水道，以利宣泄。1950 年 10 月 14 日，中央人民政府发布《关于治理淮河的决定》，确立了"蓄泄兼筹"的治淮方针，翻开了淮河治理历史性的崭新一页。

中央政府克服物资供应极为紧张的困难，将 10 亿斤粮食投入到与抗美援朝战争几乎同时进行的第一期治淮工程。1950 年冬至 1954 年春，淮河流域每年一个大战役，共进行了四期治淮工程，上工 1200 万人次，修建水库 6 座、行蓄洪区 10 余处，疏浚了干支流河道，修建了淮河大堤，治淮初战取得了重大胜利。

治淮从一穷二白起步，建成佛子岭、出山店等各类水库 6300 余座，

---

① 彭敏主编：《当代中国的基本建设》（上），当代中国出版社 2019 年版，第 9~10 页。

兴建加固各类堤防 6.3 万公里，修建行蓄洪区 27 处，建成各类水闸 2.2 万座，建成临淮岗、入海水道等一大批控制性枢纽工程，基本建立了防洪减灾除涝体系，初步形成了水资源综合利用体系，逐步构建了水资源与水生态环境保护体系，不断加强流域综合管理体系和科技创新支撑体系，形成了流域水安全保障体系。

70 年治淮总投入 9241 亿元，直接经济效益 47609 亿元，投入产出比约 1∶5.2。淮河的系统治理、开发与保护，有力地促进了人与自然和谐相处、水资源可持续利用，为流域经济社会发展、人民生命财产安全和生活水平提高提供了重要保障。

资料来源：《治淮 70 年的历程和主要经验》，央广网 2020-11-21。

三、工业投资的恢复与发展

20 世纪 50 年代初期，党中央决定，趁土地改革即将完成，城市和农村生产力得到解放的机会，先发展新民主主义的工业化。新民主主义工业化简单说就是保留私有经济，让国内的城市和农村经济循环起来，恢复经济并积累资金，逐渐完成工业化。但是，由于土改后农民有了小块土地，农村恢复成自给自足的小农经济，基本不需要购买城市的工业品；城市工业品没有了农村市场，就不能积累资金扩大生产；同时，受到 1950 年 10 月底抗美援朝战争的影响，难以开展大规模工业化，所以，这一时期的工业投资较为有限。

以恢复、改建为主。1950—1952 年，国家共投资工业 26.9 亿元，其中生产资料生产的投资为 21.6 亿元，占 80%，消费资料生产的投资占 20%。与"调整和恢复现有工业为主，有重点地进行建设"的方针相适应，并且更好地节约资金，国民经济恢复时期的工业投资以恢复、改建为主，新建为辅。1952 年，恢复和改建的投资约占全部投资的 3/4，新建的投资约占 1/4。与之后的各个计划时期相比较，这个时期恢复、改建的比重是最高的，新建的比重是最低的。

投资的重点部门是重工业。半殖民地半封建的中国留下的工业结构是畸形的，轻工业比重大，重工业比重小。这是旧中国经济落后的最鲜明的标志。为了改变这种状态，实现社会主义工业化，需要加快恢复和发展的主要是重工业。如果再考虑到当时的国际形势，特别是抗美援朝战争爆发以后，更需要加快恢复和发展与国防工业紧密相关的重工业[①]。1950—1952年的三年中，特别是后两年，重工业投资占70%以上，轻工业投资占20%以上[②]。

恢复和发展工业的重点地区是东北。旧中国，东北工业相对比较发达。中华人民共和国成立初期，把恢复和发展工业的重点放在东北地区，有利于充分利用该地区的工业基础，有利于该地区乃至全国工业的恢复和发展。就工业基本建设投资来看，1950—1952年，全国累计完成的投资总额中，有一半多投到了东北地区，大大促进了东北地区工业的恢复。与1951年相比，1952年东北地区实际完成的工业基本建设投资增长了211.5%，新增的工业固定资产增长了114.5%，其中新增的重工业固定资产增长了125.9%[③]。东北地区工业的率先恢复和发展，在技术装备、原材料和技术力量等方面为关内工业的恢复和发展创造了有利的条件。

第五节　国家投资为主的资金来源

中华人民共和国成立初期，与新民主主义社会经济结构相适应，恢复和发展的资金来源也是多方面的。首先是国家投资。中华人民共和国成立初期，与社会主义国营经济在国民经济占主导地位相适应，国家投资占了主要地位。1950年初，全国实行财政经济工作统一以后，在投资方面实行了中央和地方分级管理体制。1951年以后，在巩固中央集中的经济管理体制的前提下，又扩大了地方在管理经济方面的权限。这样，在国民经济恢复时期，国家投资就分为中央政府投资和地方政府投资两个方面，前者始终占主要地

[①] 汪海波、刘立峰：《中国经济70年》，山西经济出版社2019年版，第65页。
[②] 《1949—1952中华人民共和国经济档案资料选编》（基本建设投资和建筑业卷），中国社会科学出版社1989年版，第225页；《伟大的十年》，人民出版社1959年版，第52页。
[③] 《1949—1952中华人民共和国经济档案资料选编》（基本建设投资和建筑业卷），中国社会科学出版社1989年版，第1002、1004页。

位，后者的比重趋于上升。1950—1952年，中央政府投资占国家投资的比重依次分别为84.7%、83.6%和77.5%，三年平均为80.4%；地方政府投资占的比重依次分别为15.3%、16.4%和22.5%，三年平均为19.6%[1]。

政府投资来自于财政收入，而财政收入来自各种经济成分，从这种相互关联的意义上说，政府投资是由各种经济成分负担的。1950—1952年，国家财政收入分别为65.2亿元、133.1亿元和183.3亿元。其中，来自国营经济的比重由33.4%上升到55%，来自公私合营经济的比重由0.4%上升到1.04%，来自集体所有制经济的比重由0.29%上升到1.14%，来自私营经济的比重由30.2%下降到18.6%，来自个体经济的比重由34.5%下降到17.9%。可见，在国民经济恢复时期，尽管国家财政收入来自国营经济的比重大大上升了，来自私营经济和个体经济的比重大大下降了，但后两种经济成分所占的比重还是比较大的。

国家财政来自私营经济的收入，主要是通过税收和公债两种形式；来自个体农民经济的收入，主要是通过税收、工农业产品价格"剪刀差"和公债；来自国营经济的收入，主要是通过税收、企业上缴的收入和公债。企业上缴的收入主要包括企业固定资产的折旧费和利润。国营企业上缴国家财政的收入增长，与新中国成立初期开展的增产节约运动密不可分。据统计，1952年，国营经济因增产获得利润2.2亿元，因降低生产和建设成本获得利润13.7亿元，因加速资金周转和减少超额储备节约流动资金6.4亿元，以上三项共计22.3亿元。

国家银行贷款是国民经济恢复时期工业生产建设资金的重要来源。随着大型城市的解放，以中国人民银行为中心的新中国金融机构体系逐步形成。实现了对中国银行、交通银行的接管改组，成立了中国人民保险公司和农业合作银行，到1952年，基本完成了对民族资本的银行、钱庄、信托公司、保险公司的整顿改造，建立了农村信用社[2]。以交通银行为例，第一届全国金融会议确定，交通银行为经营工矿交通实业的长期信用银行。为此，交通银行将所有短期业务全部结清移交给当地人民银行，积极试办长期贷款业务，

---

[1] 《1949—1952中华人民共和国经济档案资料选编》(基本建设投资和建筑业卷)，中国社会科学出版社1989年版，第107页。

[2] 王国刚等：《中国金融70年》，经济科学出版社2019年版，第2~3页。

为新中国经济建设提供资金支持。银行体系的建立为投资与建设提供了资金的支持。1952年，国家银行贷款达到10亿元，相当于当年工业基本建设投资18.9亿元的52.9%。当然，银行贷款并没全部用于生产和建设，但有相当部分是用于这方面的。

1950—1952年，私营企业投资在工业生产建设方面也有一定的作用。在这期间，私营经济上缴国家的收入只占其纯收入的25%~38%，余下62%~75%的纯收入中的一部分也是用于工业生产建设的[①]。

利用外资在这方面也起了一定的作用。依据1950年2月中苏两国《关于贷款给中华人民共和国的协定》，从1950年1月1日起的5年内，苏联政府给予中国政府3亿美元的贷款，贷款年息为1%。贷款用以偿付苏联提供的机器设备等，中国政府以原料、茶、美元等支付上述贷款本金和利息。贷款在1954—1963年10年内归还，每年还贷款总额的1/10。贷款利息按使用贷款实数并自使用之日起计算，每半年交付一次[②]。

需要着重指出，苏联的资金援助是在西方国家封锁禁运、我国资金供给异常困难的情况下提供的。贷款利息和还款期限等方面的条件都是很优惠的，特别是这项资金对我国社会主义工业化建设增加技术设备提供了重要帮助。这笔贷款尽管在新中国成立初期基本建设投资中占的比重不大，但其意义很大。苏联的3亿美元贷款按1950年汇率折算人民币，约合9亿元，相当于3年恢复时期基本建设投资总额的14.3%[③]。中国将苏联贷款集中使用在能源、原材料、机械工业和国防工业等重点项目的建设上。

总的说来，在国民经济恢复时期，基本建设投资规模大体上是合适的。1951—1952年，中央财政没有出现赤字，人民生活有了显著改善。基本建设投资在国力能够承受的范围内，兼顾了社会生产和人民生活两方面需要[④]。

---

① 《1949—1952中华人民共和国经济档案资料选编》（基本建设投资和建筑业卷），中国社会科学出版社1989年版，第69~70页、第86页、第254页。

② 《1949—1952中华人民共和国经济档案资料选编》（综合卷），中国城市经济社会出版社1990年版，第183~185页。

③ 《1949—1952中华人民共和国经济档案资料选编》（基本建设投资和建筑业卷），中国社会科学出版社1989年版，第107页。

④ 汪海波、刘立峰：《中国经济70年》，山西经济出版社2019年版，第63~64页。

第六节　投融资的成就、经验和教训

一、主要成就

1950—1952年的恢复和建设，在工业方面，重点推进了鞍山、本溪钢铁公司，抚顺、阜新煤矿等大型骨干企业的恢复和改造，新增生产能力，炼铁76.4万吨，炼钢55.7万吨，轧钢33.6万吨，煤炭开采1564万吨。能够生产许多以前不能生产的产品，如成套纺织机械、多种工作母机、矿山设备和3000千瓦发电机组等。钢的品种也由以前不到100种增加到400种。试制成功拖拉机和汽车[1]。在交通运输方面，修复铁路1万多公里，公路3万多公里，新建铁路1200多公里，公路3846公里。铁路货运量增加1.4倍，公路货运量增加0.7倍。其他方面，新建国营农场2336个，其中机械化农场50个。全国城镇化新建住宅1462万平方米。1950—1952年计划投资53.7亿元，实际完成78.4亿元，新增固定资产59亿元，固定资产交付使用率75.3%[2]。

国民经济各部门得到全面恢复和发展。1952年，工农业生产达到和超过了新中国成立前的最高水平。社会总产值由1949年的557亿元，增加到1952年的1015亿元，按可比价计算，增长了80%。国民收入由1949年的358亿元，增加到1952年的589亿元，按可比价格计算，增长70%左右。1952年，工业总产值为349亿元，比1949年增长近1.5倍，年均增长近50%，超过抗战前的最高水平。

工业内部结构出现重要变化。表现为现代工业的比重不断上升。按1952年的不变价格计算，1949年现代工业总产值为79.1亿元，占全部工业总产值的56.4%，到1952年增加到220.5亿元，所占比重上升为64.2%。其次，重工业产值有了较大增加，产值由1949年的37亿元增加到1952年的124亿元，而轻工业产值由103亿元增加到225亿元。这期间，轻工业产值占工业总产值的比重由1949年的73.6%下降到1952年的64.5%，而重工业则由

---

[1] 国家统计局：《伟大的十年》，人民出版社1959年版，第97页。
[2] 彭敏主编：《当代中国的基本建设》（上），当代中国出版社2019年版，第16~18页。

26.4%上升为35.5%[1]。

财政经济状况得到根本好转。由于税收、企业收入及债务收入的逐年增加，因而实现了财政收入的大幅度增长。1950年，财政总收入为65.2亿元，1951年为133.1亿元，比1950年增长了104.1%；1952年的财政收入为183.7亿元，比1950年增长了181.7%，比1951年增长38%。财政支出也有较大幅度的增长。1950年的总支出为68.1亿元，支出大于收入，当年有2.9亿元的财政赤字，占总支出的4.2%。1951年的总支出为122.5亿元，比1950年增长了79.9%，且收入大于支出，转亏为盈，当年结余10.6亿元。1952年的总支出为176亿元，比1950年增长158.4%，比1951年增长43.7%，收支相抵结余7.7亿元。国家财政由亏转盈，逐年结余，标志着我国财政已度过了最困难的时期，发生了根本性的变化。

国营经济成为社会经济的领导力量。随着城市接管工作有条不紊进行，到1950年初，全国合计接管官僚资本的工矿企业2800余家、金融企业2400余家。以此为主要基础，国营经济迅速建立起来。据全国清产核资委员会统计的数字，截至1952年，全国国营企业固定资产原值为240.6亿元人民币，其中大部分为没收官僚资本企业的资产（不包括土地价值在内）。除去已用年限折旧后净值为167.1亿元人民币。这笔巨大财富收归国家所有，构成新中国成立初期国营经济物质技术基础的最主要部分，为国家调节各种非公有制经济成分、组织恢复生产提供了有力的物质手段，并决定着全社会经济的性质和发展方向。

国民经济的全面恢复和初步发展，既为新中国开始大规模经济建设创造了前提条件，又为新中国开始由农业国逐步转变为工业国打下了一定的基础[2]。

二、经验和教训

中华人民共和国成立后，彻底推翻了旧中国的生产关系，建立了新型的适合于生产力性质的先进生产关系，极大地解放了生产力，促进了经济恢复

---

[1] 国家统计局：《伟大的十年》，人民出版社1959年版，第16、20页。
[2] 董辅礽主编：《中华人民共和国经济史》，经济科学出版社1999年版，第105~109页。

时期的投资与建设。

第一，在项目决策中，适当处理了中央和地方的关系，合理划分了投资决策审批权限，建立了以中央政府集中管理为主的计划体制。为了把有限的财力物力用于国家重点项目建设，这一时期，在基本建设方面实行由中财委自上而下逐级下达基本建设年度投资控制数字，然后由建设单位自下而上在控制数字内编报基本建设计划，最后由上而下审批下达年度投资计划。在项目审批管理工作中，实行按投资额大小，对建设项目限额审批。

第二，在基本建设投资分配上，较好地处理了国民经济各部门的关系，保证了重点部门的恢复与发展的建设资金需要。为了改变经济落后和结构畸形的状态，实现国家的社会主义工业化，既需要优先发展主要生产生产资料的重工业，还需要通过重点恢复农业，以促进工业的发展，同时也需要处理好工业与运输、邮电等问题的关系。国家在基本建设投资分配上，妥善地处理了各部门的投资比例关系，由此大大改变了产业结构不协调的状况。

第三，适当处理了恢复和建设的关系。这一时期，国家用钱的地方很多，财政又十分困难，可以用于基本建设的财力有限。又由于抗美援朝战争的需要，国防战略费占了国家财政支出相当大一部分。因此，当时还不具备进行大规模经济建设的条件，主要任务还是搞好经济的调整和恢复。这一时期，国民经济建设是以现有生产能力为主进行调整和恢复，是完全正确的。

第四，注重利用原有企业的厂房和设备，建设项目以恢复、改建为主，新建为辅。为了节约资金，中财委强调建设要根据现实条件，与当时国家经济情况协调，不能什么都按最新式的，投资项目尽可能利用原有的厂房和设施。因此，这个时期基本建设以恢复、改建和扩建为主。这与国民经济其他发展时期相比较，存在较大的不同[①]。

在国民经济恢复时期，投资和建设也存在一些缺陷。由于缺乏经验和健全的制度，过去革命根据地长期战争环境下形成的供给制的影响，急于求成以及某些工作中的官僚主义作风，在某些方面造成了严重浪费。在执行新民主主义经济纲领方面，企图超越新民主主义社会阶段，过早地实现社会主义

---

① 曹尔阶等：《新中国投资史纲》，中国财政经济出版社1992年版，第74～76页。

的"左"的思想,尽管在当时不占主导地位,并且曾经一度受到过毛泽东的批评,但在实际工作的许多方面,过多地限制民族资本主义的情况仍时有表现,这种情况在商业、建筑业、交通运输业和金融业更为突出。另外,由于"左"的思想的干扰,致使一些既是资本主义社会条件下发展商品经济所需要的,也是新民主主义社会条件下发展商品经济所需要的经济形式没有得到应有的扶植和发展;有的需要加以改造和利用的制度,如股票交易所和建筑业方面的投标制,都先后在 1950 年和 1951 年取消了[①]。

[①] 汪海波:"国民经济恢复时期恢复、发展工业的基本经验",《中国社会科学院研究生院学报》1995 年第 1 期。

第二章
社会主义工业化初步建立时期的投资（1953—1957年）

"一五"时期，我国开始了大规模的经济建设。中共中央提出了过渡时期的总路线，在实施对个体、私营经济的社会主义改造的同时，开启了社会主义工业化的初步建设。在资金方面进行了有效的积累，建设了一大批骨干工程，奠定了中华人民共和国工业化的初步基础。

第一节 过渡时期总路线与新的投资主体形成

一、过渡时期总路线的实施

（一）制定的背景

经过中华人民共和国成立后三年的恢复经济，以及没收官僚资本、土地改革、统一财经等重大变革，在完成民主革命任务的同时，也使我国社会主义经济成分大大增加，公有制经济的地位和作用大为加强。这不仅表现在国营经济的领导地位非常巩固，还表现在公有制经济比重的快速上升上，而且这种经济结构变动也得到人民群众的普遍认同[1]。

中华人民共和国取得初期的经济成就的同时，经济恢复发展过程中的矛盾和问题也暴露出来。私营和个体经济与政府要求的资源配置集中化不相适应，这种不适应在1952年的私营金融业社会主义改造和1953年的粮食统购统销上集中反映出来。在城市，由于私营和个体经济存在的问题较多，加上缺乏完善的法制和市场制度，出现了偷漏税、行贿、伪劣产品、牟取暴利等行为。在农村，由于长期战争的破坏，一时难以摆脱极端贫困状态，土改后粮食产量虽有大幅度提高，但供求仍十分紧张，私商与国家争夺粮源的斗争十

---

[1] 高培勇等：《中国经济70年》，经济科学出版社2019年版，第38～40页。

分尖锐[①]。以多种经济成分并存和"四面八方"政策[②]为基础的新民主主义经济体制与优先快速发展重工业的战略产生了不协调,因此,对其进行改造提上了日程。

(二)形成过程

1952年9月24日,毛泽东在中共中央书记处会议上指出:十年到十五年基本上完成社会主义,不是十年以后才过渡到社会主义。

这种认识产生的主要原因在于,一方面,1952年下半年的"三反""五反"运动后,毛泽东等人认为在新民主主义革命完成之后,中国国内的主要矛盾将是工人阶级与资产阶级的矛盾,向社会主义过渡已经成为必要;另一方面,随着国民经济的恢复和发展,中国社会的经济成分发生了重要变化,主要表现在公有制比例的变化上,以工业为例,1949—1952年,国营经济从34.2%上升到52.8%,私营经济从63.3%下降到39%[③]。这说明向社会主义过渡实际上已经开始了。受国民经济恢复时期巨大经济成就的鼓舞,中央对实现工业化所需时间的估量,比中华人民共和国成立之初更趋乐观。参考苏联实现工业化的时间表,中共中央准备用十五年左右的时间基本上实现工业化。

1953年8月,毛泽东在修改中央财经会议结论时对过渡时期总路线作了更为完整的表述:"从中华人民共和国成立,到社会主义改造基本完成,这是一个过渡时期。党在这个过渡时期的总路线和总任务,是要在一个相当长的时期内基本上实现国家工业化和对农业、手工业、资本主义工商业的社会主义改造。[④]"至此,过渡时期总路线最终形成。

二、"三大改造"和新型投资主体形成

在我国工业化起步过程中,资金、原料、劳动力等要素的提供是一个亟

---

② 薄一波:《若干重大决策与事件的回顾》(上卷),中共党史出版社1991年版,第257页。
① 1949年4月15日,中共中央和毛泽东根据面临的经济形势和社会发展需要,制定了"公私兼顾、劳资两利、城乡互助、内外交流"的新民主主义经济政策,即"四面八方"经济政策。
② 《1953—1957中华人民共和国经济档案资料选编》(工商体制卷),中国社会科学出版社1993年版,第976页。
④ 武力、董志凯:《中国经济运行分析(1953—1957)》,中国社会科学出版社2017年版,第21页。

需解决的问题，党和政府采取了对农业、手工业和资本主义工商业进行社会主义改造的措施，初步建立起社会主义的基本制度，逐步培育出了社会主义公有制下的新型投资主体。

（一）农业和手工业合作化

农业合作化是在中国共产党领导下，通过各种互助合作的形式，把以生产资料私有制为基础的个体农业经济，改造为以生产资料公有制为基础的农业合作经济的过程。1953年2月和12月，党中央先后作出《关于农业生产互助合作的决议》和《关于发展农业生产合作社的决议》。两个决议要求按照积极发展、稳步前进的方针和自愿互利的原则，采取典型示范和逐步推广的方法，把农业互助合作当作一件大事去做。1954年至1955年上半年，初级社在全国范围普遍建立和发展。到1956年年底，参加初级社的农户占总农户的96.3%，参加高级社的达到农户总数的87.8%，基本上实现了完全的社会主义改造，完成了由农民个体所有制到社会主义集体所有制的转变。

中华人民共和国成立后，党和政府在努力帮助手工业恢复和发展生产的同时，积极探索手工业者走向集体化的途径。1951年和1952年，全国合作社联合总社先后两次召开全国手工业生产工作会议，初步确定了组织手工业合作社的方针。1953年11~12月召开的第三次全国手工业生产合作会议，确定了对手工业进行社会主义改造的方针和政策。在方针上，是"积极领导，稳步推进"；在组织形式上，是"由手工业生产小组、手工业供销生产合作社到手工业生产合作社"；在方法上，是"从供销入手，实行生产改造"；在步骤上，是"由小到大、由低级到高级"。从1955年下半年开始，手工业的社会主义改造加快了步伐。到1956年9月底，组织起来的手工业者已占从业人员的90%以上，手工业合作化在全国的大部分地区、手工业的各主要行业普遍地开展起来。

（二）资本主义经济的社会主义改造

从1953年起，中国共产党在全国范围内对资本主义工商业进行了大规模的社会主义改造。改造分为两个步骤，第一步是把资本主义转变为国家资本主义；第二步是把国家资本主义转变为社会主义。1953年6月，中共中央根据中央统战部的调查，起草了《关于利用、限制、改造资本主义工商业的意见》。9月，毛泽东同民主党派和工商界部分代表座谈，指出国家资本主义是改造资本主义工商业的必经道路。10月，中华全国工商业联合会召开了会员代表大会，大会传达了中共在过渡时期的总路线和对资本主义工商业的社会主义改造的政策。

在过渡时期总路线指引下，到1954年年底，主要的大型私营工业企业多数已经通过公私合营的方式转变为公私合营企业。在商业方面，则在国家掌握一切重要货源的情况下，通过使私营商业执行经销代销业务的方式向国家资本主义商业转变。1955年下半年，不少大中城市出现了资本主义工商业全行业公私合营的趋势。11月，中共中央召集各省、市、自治区党委负责人会议，加强了对全行业公私合营的领导。1956年1月，北京首先宣布实现全行业公私合营。接着，上海、天津、广州、武汉、西安、重庆、沈阳等大城市以及50多个中等城市相继实现全行业公私合营。在1956年的第一季度末，全国全行业公私合营的私营工业已达到99%，私营商业达到85%，基本上完成了对资本主义所有制的社会主义改造。

第二节　高度集中统一的计划经济和投资管理体制

一、高度集中统一的计划经济体制

（一）高度集中统一的计划经济体制的形成

在国民经济恢复时期，已经确立了高度集中的计划经济体制的雏形。到了"一五"时期，这个雏形有了进一步的发展，形成了高度集中的计划经济体制。

高度集中的计划经济体制的形成，一是过去20多年革命根据地和解放区处于被包围、被分割的农村情况下形成的自给自足、各自为战的管理制度，以及战时共产主义供给制的影响；二是在缺乏社会主义建设经验的情况下，基本上学习了苏联的计划经济体制。这些因素都是重要的，但都是历史的或外在的因素，而不是现实的和内在的因素；三是这种体制适应了"一五"时期集中主要力量进行以重工业为主的重点建设的需要。这是现实的和内在的因素。

这种高度集中的计划经济体制有一个很大的优点，就是能够把社会的资金、物资和技术力量集中起来，用于有关国计民生的重点项目、国民经济发展的薄弱环节和经济落后地区，从而比较迅速地形成新的生产力，解决各个部门之间和各个地区之间的发展不平衡问题，促进经济的协调发展。这一点，正好适应了实现"一五"时期基本任务的需要。特别是要完成苏联帮助我国设计的156个项目，这些项目不仅技术复杂，而且投资量大，必须由中央集中统一管理，因而也需要由中央集中资金、资源和技术力量。显然，如果不实行由中央集中全国经济力量（包括资金）的高度集中的计划经济体制，将难以实现"一五"期间建立社会主义工业化初步基础的任务。

1952年11月，中央政府层面成立了国家计划委员会，并从中央各部门和地方抽调了一批能力较强的干部充实机构。国家计划委员会直属中央人民政府，实际上是一个与政务院同级的经济机构。国家计委建立之初，其主要任务是制定国民经济发展的年度计划和中长期计划。1954年底，大行政区机构撤销，进一步加强了中央政府的经济管理权力。至此，我国逐步建立和充实了上至中央各部，下至县政府、基层企业的计划机构。1952年1月，中财委颁布《国民经济计划编制暂行办法》，规定计划经济管理的组织系统包括中央国民经济各部门、地方政府和基层企事业单位；计划经济管理的基本原则是统一计划分级管理，指令性计划与指导性计划相结合；计划的程序是通过自上而下颁发计划控制数字，自下而上编制和呈报计划草案，再自上而下逐级批准和下达计划任务，实现综合平衡。具体来讲：

第一，国民经济计划的编制首先自上而下地确定控制数字，再自下而上地编报计划草案，最后再自上而下地逐级批准和下达计划指标。经政务院审查批准的控制数字，在逐级下达时，不得层层加码，生产指标和财务指标不得低于中央制定的控制数字，基本建设指标不得超过中央的控制数字。

第二，国营工业的基层计划单位是企业，农业的基层计划单位是专署或县。物资供应与计划管理相适应，根据控制数字以及首先满足国防和国营企业需要的原则，按大行政区的范围加以汇总平衡，并提出平衡差额及解决办法，上报中财委。

第三，国营企业财务实行统收统支，企业财务计划是国家财政预算的一个组成部分。国营企业需要的资金，按企业隶属关系，由中央政府或地方政府财政拨款，超定额流动资金由国家银行贷款。国营企业除了需要依据中央人民政府财政部的规定缴纳税款外，还需要按照隶属关系把全部折旧基金和大部分利润上缴中央政府财政部或地方政府。

第四，物资实现集中统一管理。物资分为三类：一是统配物资，即关系国计民生的最重要的通用物资，由国家计划委员会组织生产和分配的平衡。二是部管物资，即重要的专用物资，由国务院各主管部门组织生产和分配的平衡。这些列入国家计划分配的物资，均由国家计委或国务院各主管部门统一组织生产和分配，生产企业、国务院其他部门和地方政府无权支配。三是地方管理物资，即第一、第二两项以外的工业品生产资料，不由国家计划分配，而是一部分由地方政府安排生产和销售，大部分由企业自产自销。

（二）高度集中统一的计划经济体制的改进

1956年10月，国务院起草了《关于改进国家行政体制的决议（草案）》，确立了划分中央和地方行政管理职权的原则，以及计划、财政、工业和国民经济其他部门的改革方向。明确规定给予各省、自治区、直辖市有一定范围的计划、财政、企业、事业、物资、人事的管理权；凡关系到整个国民经济而带全局性、关键性、集中性的企业和事业，由中央管理；其他企业和事业，应该尽可能地多交给地方管理。1957年初，党中央为了加强对经济工作的统一领导，决定成立一个小组，在中央政治局领导下具体负责。同年10月，在扩大的党的八届三中全会上，基本上通过了《关于改进工业管理体制的规定（草案）》《关于改进商业管理体制的规定（草案）》和《关于改进财政管理体制的规定（草案）》。其中，《关于改进工业管理体制的规定》提出：我国是社会主义国家，我国的建设是有计划的建设，全国各地区各企业的生产和建设工作都必须服从国家的统一计划，决不可以违反国家的统一计划。在国家的统一计划以内，给地方政府和企业以一定程度的因地制宜的权力，是完全必要的。

二、基本建设计划管理体制的强化

1953年进入大规模经济建设以后，随着国家投资的增加，为加强管理，提高效益，改善产业结构和地区布局，逐步形成了比恢复时期还要集中的国家投资管理体制。为了加强对基本建设的管理，根据1954年9月全国人大一届一次会议通过的国务院组织法的规定，1954年11月正式成立了国家建设委员会。其主要任务是：根据党中央和国务院规定的方针政策，国家批准的计划，组织以工业为重点的基本建设计划的实现，从政治上、组织上、经济上、技术上采取措施，保证国家基本建设，特别是156个单位工程建设的进度、质量，并力求经济节省[①]。

高度集中管理的基本建设计划管理体制具体表现在以下几个方面。

第一，审批权集中。限额以上项目的计划任务书由政务院审批；限额以下丙类项目也由中央主管的地方工业部审批。凡列入基本建设计划的项目、年度投资额、主要建设内容和建设进度都属于指令性计划，部门和单位无权增减。

第二，实行专项拨款制度。地方基本建设的预算支出虽然列入地方财政预算，但是，项目仍由中央各部专项确定，省、市、自治区只是按中央各部"戴帽下达"的计划转手安排，无权在行业之间、企业之间进行调剂。

第三，物资统一调拨分配。当时为了有效利用短缺物资、保障重点工程的恢复和建设，到1952年，国家基本建设物资分配体系中的品种扩大到55种。到1956年，国家基本建设的物资绝大多数都实行了由国家统一调拨分配。由于当时"统配物资"和"部管物资"多达500余种，大约70%的建筑材料都是由国家集中调拨分配的。至于主要设备，则更是由政府部门统一组织订货，按计划生产，按计划分配。

第四，施工人员"统一调配"。1953年，国家进入大规模经济建设以后，基本建设项目猛增，合格的建筑工人严重缺乏，为了保证重点建设的顺利进行，避免因"挖人""跳槽"导致的损失，国家根据东北地区的经验，从建筑业开始，对基本建设的施工队伍实行了"统一调配"，在此以前，国家对

[①] 彭敏主编：《当代中国的基本建设》（上），当代中国出版社2019年版，第48页。

于国有企业的技术人员和大学毕业生已经实行了统一调配。

第五，财政上"统收统支"。企业的一切收入连同固定资产折旧基金和固定资产变价收入，都要上缴国家财政；企业的一切支出，包括基本建设投资和更新改造投资，均由国家拨款。企业几乎没有自有资金，地方政府的机动财力也很少。

第六，金融方面是"一切信用集中于银行"。银行成为全国的信用中心、现金中心和结算中心。银行在资金管理上对长期投资和短期资金作了严格区分，严禁把短期资金挪用于长期投资。另外，国家在金融机构上也实行严格分工，分别设立专门管理长期投资、短期资金、农村资金和外汇的专业银行[①]。

1954年10月，在交通银行原有机构和干部的基础上，正式建立专门负责国家基本建设投资拨款和监督工作的专业银行——中国人民建设银行。政务院发布的《关于设立中国人民建设银行的决定》明确提出：在中央人民政府财政部系统内设立中国人民建设银行；凡是国家用于基本建设的预算拨款以及国营企业、机关等用于基本建设的自筹资金，均集中由中国人民建设银行根据国家批准的计划和预算监督拨付；根据国家批准的信贷计划，对国营及地方国营包工企业办理短期放款；负责办理国家基本建设拨款的结算业务；监督国家基本建设资金的专款专用，并对建设单位和包工企业的资金运用、财务管理、成本核算以及投资计划完成情况等进行检查和监督。中国人民建设银行与其他专业银行不同，肩负着财政、银行的双重职能。

1956年计划体制改进过程中，中央和地方政府在投资方面的责任作出了一些调整。《国务院关于改进国家行政体制的决议（草案）》提出：中央各部门的设计和施工任务，一般的由中央各部门承担；地方的设计和施工任务，一般的由地方承担。地方确实无力担任的城市建设任务，经国务院批准，由城市建设部负责在全国范围内进行平衡调剂解决。适当下放基本建设设计的审批权限。凡基本建设项目在计划限额以上的重大工程的初步设计和概算，由国务院每年按审核项目表审批；凡不列在审核项目表的限额以上的和全部限额以下的设计、预算文件，分别由中央各部门和省、自治区、直辖市人民

---

① 刘国光等：《中国十个五年计划研究报告》，人民出版社2006年版，第42～44页。

委员会审批。基本建设任务和设计的审批权限下放后,大大加重了地方的责任。

基本建设的高度集中计划管理保证了有限的人财物用于重点建设项目,使最薄弱的基础产业部门得到迅速加强。但是其弊病也较为明显,一是计划编制变动大,浪费人力、物力,一旦计划确定后,又掌握得过死,修改困难;二是计划下达晚,一般都在当年的第一季度末,影响了计划的执行;三是基本建设跨年度用钱限制过死,当年的钱当年必须用完,否则全部上缴,往往因突击花钱造成浪费。

第三节 "一五"计划的实施和"156项工程"的确定

一、"一五"计划的编制和实施

"一五"计划是我国制定的第一个中长期计划,也是改革开放以前所制定并实施的最好的五年计划。从其着手制定到正式通过,经历了3年半的时间。

(一)"一五"计划的编制过程

第一个五年计划的制定,中共中央高度重视,反复论证,数易其稿,终于在既没有经验又缺乏资料、人才的困难条件下,编制出一个比较符合当时国情和社会发展要求的五年计划。1951年2月,中共中央政治局扩大会议根据国民经济已经好转和其他方面工作的实际情况,决定自1953年起实施第一个五年计划,并要求政务院立即着手进行编制计划的各项准备工作。会议决定成立五年计划编制工作领导小组,具体工作则由政务院财政经济委员会(简称中财委)计划局负责。中财委根据中共中央提出的"三年准备,十年计划经济建设"的思想,开始试编第一个五年计划。

1952年下半年,在国民经济恢复任务基本完成、很快就要进入全面建设时期的情况下,中共中央决定加快"一五"计划的编制工作,8月制定了按部门和行业划分的《1953年至1957年计划轮廓（草案）》。轮廓草案比较粗略，实际上只有国营工业（特别是重工业）、铁路运输、重大水利工程是直接计划，农业、手工业和资本主义工商业还不是公有制经济，都是间接计划，并对我国钢铁、机械、煤炭、石油、电力、化学、电器制造、轻纺等工业提出了具体建设指标和要求[①]。这个轮廓草案提出的五年计划的基本任务是：为国家工业化打下基础，以巩固国防、提高人民的物质文化生活水平，并保证我国经济向社会主义前进。五年计划的方针是：经济建设的重点是工业，工业建设又以重工业为主、轻工业为辅。五年建设的布局是：充分利用东北及上海的工业基础，并继续培养与充分利用这些工业基础与技术条件，为建设新厂矿新基地创造条件。

1952年12月，中共中央发出《中共中央关于编制一九五三年计划及长期计划纲要的指示》，第一，考虑到朝鲜战争还在进行，因此，必须按照中央的"边打、边稳、边建"的方针从事建设，抗美援朝和国家建设必须兼顾，这是制定计划的出发点。必须由此来考虑全国工业建设的投资速度、比例和重点分布。第二，工业化的速度首先决定于重工业的发展，必须以发展重工业为大规模建设的重点，以有限的资金和建设力量首先保证重点工业的基本建设，特别是确保那些对国家起决定作用的、能迅速增强国家工业基础的主要工程的完成。第三，合理利用现有工业基础和现有设备，充分发挥现有企业的潜力。必须重新审定各种产品的技术经济定额，并以平均的先进的技术经济定额作为制定计划的标准。第四，必须以科学的态度从事计划工作，使我们的计划正确地反映客观经济发展的规律。中共中央的上述重要指示，成为继续编制"一五"计划的指导方针和原则，使"一五"计划的编制工作少走了不少弯路[②]。

1954年初，中共中央决定成立制订五年计划的八人工作小组，开始编制详细具体的"一五"计划草案。经过多轮的修改完善，1955年3月，中国共产党全国代表大会专门讨论并原则通过了这个计划草案，并建议由国务院提请全国人民代表大会审议批准，颁布实施。会后，中共中央根据会议讨论中

---

① 吴跃农："'一五计划'为新中国经济发展奠基"，《文史精华》2021年第1期。
② 刘国光等：《中国十个五年计划研究报告》，人民出版社2006年版，第54～61页。

提出的意见，作了适当修改，于6月10日提交国务院。7月30日，一届人大二次会议审议通过了国务院提交的中共中央制定的"一五"计划。此时，"一五"计划规定的起始时间已经过去了两年半。

（二）"一五"计划的主要内容

第一个五年计划的主要任务有两点，一是集中力量进行工业化建设，二是加快推进各经济领域的社会主义改造。在工业化建设方面，"一五"期间的基本任务是：集中主要力量进行以苏联帮助我国设计的156个建设单位为中心的、由限额以上的694个建设单位组成的工业建设；建立社会主义工业化的初步基础，对重工业和轻工业进行技术改造；用现代化的生产技术装备农业；生产现代化的武器，加强国防建设；不断增加农业和工业消费品的生产，保证人民生活水平的不断提高。在社会主义改造方面，"一五"计划规定：要建立对农业、手工业、私营工商业社会主义改造的基础。并且，根据1953年中国共产党过渡时期的总路线，"一五"时期国家通过三大改造把私有经济纳入计划轨道，支持和保证国家工业化建设。

围绕上述基本任务，"一五"计划提出了以下12项具体任务。

①建立和扩建电力工业、煤矿工业和石油工业；建立和扩建现代化的有色金属工业和基本化学工业；建立制造大型金属切削机床、发电设备、冶金设备、采矿设备和汽车、拖拉机、飞机的机器制造工业。

②随着重工业的建设，相应地建设纺织工业和其他轻工业，建设为农业服务的新的中小型工业企业，以便适应城乡人民对日用品和农业生产资料日益增长的需要。

③在建设新工业的同时，充分合理地利用原有的工业企业，发挥它们的生产力量。

④以部分集体所有制的农业生产合作社为主要形式来初步地改造小农经济。

⑤相应地发展运输业和邮电业，主要是铁路的建设，同时发展内河和海上的运输，扩大公路、民用航空和邮电事业的建设。

⑥按照个体手工业、个体运输业和独立小商业等不同行业的情况，分别地用不同的合作形式把它们逐步地组织起来，使它们能够有效地为国家和社

会的需要服务。

⑦继续巩固和扩大社会主义经济对资本主义经济的领导，对它们逐步地实行社会主义的改造。

⑧保证市场的稳定。

⑨发展文化教育和科学研究事业，提高科学技术水平。

⑩厉行节约，反对浪费，扩大资金积累，保证国家建设。

⑪逐步改善劳动人民的物质生活和文化生活。

⑫促进各少数民族的经济事业和文化事业。

二、"156项工程"的加快推进

20世纪50年代，中国实施了苏联援助的"156项工程"项目。"156项工程"起于国民经济恢复时期，贯穿于"一五"计划和"二五"计划时期，其中在"一五"计划期间开工的有146项。"156项工程"项目开启了重工业优先发展的工业化模式，奠定了我国重工业的基础体系，催生了国防工业体系，形成了若干重要的工业基地。

（一）工程的分批确定

苏联援华"156项工程"是逐步商定，并逐步实施的。1954年初，中国政府向苏联政府提出加速大规模援建重工业的请求，引起了苏联新领导人的重视。1953年5月，两国政府签订了《关于苏维埃社会主义共和国联盟政府援助中华人民共和国政府发展中国国民经济的协定》。根据协定，1953—1959年，苏联援助我国建设与改建91个工业项目，加上1950年签约援助我国的50个项目，共141个项目。《协定》规定，苏联政府每年负责培训我国1000名实习生（包括管理人员、技术人员和工人），并向我国派出5个专家组、200名设计专家、50名地质专家帮助建设。苏联负责提供生产各项产品所需的制造特许权及技术资料，承担70%~80%的设计工作，供应占总价值50%~70%的设备[1]。

---

[1] 吴跃农：ّ"一五计划'为新中国经济发展奠基"，《文史精华》2021年第1期。

1954年10月，双方签订了《中苏关于帮助中华人民共和国政府新建十五项工业企业和扩大原有协定规定的一百四十一项企业设备的供应范围的议定书》《中苏关于苏维埃政府给予中华人民共和国政府五亿两千万卢布长期贷款的协定》等文件。1955年3月，中苏又签订了苏联援建16个工业项目的协议，分别属于国防、造船、原材料和制造业等领域。

（二）工程的结构与布局

"156项工程"工业建设的特点是从国防工业、机械工业、电子工业、化学工业、能源工业等方面引进比较先进的技术，大部分填补了我国工业空白或提高了技术水平，因此习惯上将"156项工程"为核心的工业建设，称之为我国工业化的奠基之役。以"156项工程"为中心的工业建设，也在一定程度上改善了我国区域经济分布的不平衡状况，加快了中西部地区的工业化进程[1]。

从"156项"的产业构成来看，主要分为五个部分：军事工业共44项，冶金工业20项，能源工业52项，机械工业24项，化学和轻工业共10项。这是因为：一是朝鲜战争爆发后的国际形势和中国国防工业极端薄弱，须将国家安全放在最紧迫的地位；二是旧中国留下来的重工业基础非常薄弱，已经成为新中国工业化过程的瓶颈部门；三是既考虑到利用原来的工业基础，又考虑到长远的工业发展的需要和改善过去地区布局不平衡。"一五"时期，"156项工程"项目实际建设完成的为150项，造纸业1项，制药业2项，其余12个重工业行业的建设项目有147项，重工业建设项目占98%。除"156项工程"项目外，"一五"时期施工的工程还有限额以上921个建设项目，以及其他工矿业建设项目，建设单位达上万个。其中，黑色金属工业312个、电力工业599个、煤炭工业600个、石油工业22个、金属加工工业1922个、化学工业637个、建筑材料工业832个、造纸工业253个、纺织工业613个、食品及其他轻工业约5000个。

从地区分布看，相当一部分"156项工程"安排在内地，包括全国17个省、自治区、直辖市。其中，辽宁、陕西各24项，分别占实际实施总数的16%；黑龙江22项，占14.7%；山西15项，占10%；吉林与河南各10项，

---

[1] 剧锦文："'一五'期间的'156工程'是怎么回事"，企观国资2021-03-27。

分别各占6.7%；甘肃8项，占5.3%；四川6项，占4%；河北、内蒙古各5项，分别占3.3%；北京、云南、湖南、江西各4项，分别占2.7%；湖北3项，占2%；安徽、新疆各1项，占0.7%。106个民用工业企业中，有50个在东北，32个在中部；44个国防企业有35个布局在中、西部地区。

（三）工程的实施效果

苏联156个项目所援建的企业，成为国家工业基础的骨干企业和中国工业的支柱和脊梁。这些企业包括鞍山、武汉、包头三大钢铁联合企业，长春第一汽车厂，武汉重型机床厂，哈尔滨汽轮机厂，兰州炼油化工设备厂，洛阳第一拖拉机制造厂等。此外，规模比较大的还有：德意志民主共和国帮助建设的西安仪表厂、郑州砂轮厂；捷克斯洛伐克帮助建设的辽宁电站、影片洗印厂；波兰帮助建设的新中国糖厂和佳木斯糖厂等。这些企业不仅在新中国成立初期充分发挥了龙头和骨干作用，有些直到如今仍是我国的工业重点企业，我们仍在从当年苏联的援助中受益。

通过"156项工程"建设项目，苏联向中国转移了基础工业的基础技术，如汽车、拖拉机、采油炼油设备、化肥、化学纤维、光学仪器、照相胶片、喷气式飞机、航空发动机、坦克、核武器、火箭、计算机、半导体、精密仪器等。转移的技术大多数属于中国没有或者薄弱的中间技术（如冶金技术、机器制造技术），也有一些先进技术（如计算技术）、尖端技术（如导弹和核技术），还有介于中间技术和落后技术之间的技术。从而填补了这些领域的基础技术空白，奠定了我国现代技术的基础，初步构建了比较完整的现代技术体系，对20世纪我国经济和社会发展产生了深远的影响。

"156项工程"建设项目对我国的科研和教育事业发展起到了积极的促进作用。当时苏联的对华援助，不仅提供了设备，还派来了大批专家。苏联专家是我国第一代科研人员和工程师的老师，中国科研人员都是看着俄文使用手册，在苏联专家的带领下，在项目建设的过程中逐步培养起来的。在此期间，我国引进了苏联式的技术体系和教育模式，培养了中国自己的人才。我国的高等院校初步建立起了科学的教学体系，确立了从数理化到空气动力学、生物化学、核物理学等诸多学科，在苏联专家的指导下，我国培养了一大批各个领域的专业人才，为中国科研事业的发展奠定了基础[①]。

（四）引进设备和资金

1. 引进成套设备

苏联援建的、成套供应设备的项目经过多次商谈最后确定为154项。如果再加上1958年和1959年中苏商定的项目，在整个1950年代，由苏联援建的、成套供应设备的项目共计304项，单独车间和装置64项。但由于1960年苏联单方面撕毁合同，成套供应设备的304项中，全部建成的只有120项，基本建成的29项，废止合同的89项，由中国自力更生续建的66项；在64项单独车间和装置中，建成的29项，废止的35项[②]。

在整个1950年代（主要是"一五"时期），由东欧各国（包括民主德国、捷克、波兰、罗马尼亚、匈牙利和保加利亚）援建的、供应成套设备的建设项目共116项，其中完成和基本完成的108项，解除合同的8项；单项设备88项，完成和基本完成的81项，解除合同的7项。

按引进的设备投资计算，1950—1959年，从苏联共引进76.9亿卢布（折合人民币73亿元），其中，1950—1952年引进2.4亿卢布，占3.2%；1953—1957年引进44亿卢布，占57.1%；1958—1959年引进30.5亿卢布，占39.6%。同期，从东欧各国共引进设备投资30.8亿卢布（折合人民币29.3亿元）。

从苏联和东欧各国引进的成套设备几乎都是为建立社会主义工业化初步基础所必需的重工业项目，其中，重工业项目分别占97%和80%，主要是基础工业。就引进的设备投资构成看，从苏联引进的资金总额中，能源工业占34.3%，冶金工业占22%，化学工业占7.9%，机械工业占15.7%，军事工业占12%左右，以上合计约占92%。

苏联对我国建设的援助是全面的。苏联援助我们建设的156个工业单位，从勘察地质、选择厂址、搜集设计基础资料、进行设计、供应设备、指导建筑安装和开工运转、供应新种类产品的技术资料，一直到指导新产品的制造等等，从头到尾全面地给予援助。

---

① 赵学军："'156项'建设项目对中国工业化的历史贡献"，https://mp.weixin.qq.com/s?__biz。
② 彭敏主编：《当代中国的基本建设》上卷，当代中国出版社2000年版，第42~45页。

"一五"时期不仅重视引进技术装备，同时重视在科研、设计、施工和管理等各个环节进行全面的学习和培训，使得研究、设计、生产工艺和设备制造等环节上技术水平的提高基本上是同步的，因而较快地增强了使用、消化和创新能力。比如，哈尔滨电机厂是"一五"时期苏联帮助建设的156项工业工程之一，在"一五"时期以后的1958—1960年，相继制造出2.5万千瓦、5万千瓦和10万千瓦的发电机组，随后又制造出20万千瓦的发电机组。

2. 引进资金

1950年2月，中苏双方政府签订了苏联政府向中国政府提供3亿美元贷款的协定。这笔贷款用于支付苏联供应中国的设备器材，年息1%，中国从1953年起的10年内用商品和外汇等偿还本息。1951—1955年，中苏两国政府又签订了10笔贷款协议，用于支付从苏联购买抗美援朝战争和加强国防所需的军事装备物资，经济建设所需的设备物资以及苏联移交中国的设施、物资等费用。上述贷款总金额共计56.6亿卢布（折人民币53.6亿元），其中，用于购买军事装备物资和支付苏联移交旅大军事基地设施、物资的费用占76.1%；用于购买经济建设设备物资的费用占23.9%。到1964年，中国比协定规定提前一年偿还了全部贷款，并付利息5.8亿卢布，本息折合人民币55.5亿元。偿付苏联贷款本息主要是靠直接向苏联出口商品支付的。这一部分约占归还贷款金额的82%[①]。而且，我国对苏联出口的商品，有相当一部分是苏联发展工业急需的重要战略物资。比如，1953年5月中苏两国政府签订的协定中，就规定在1954—1959年间，中方向苏联提供钨砂16万吨、铜11万吨、锑3万吨、橡胶9万吨等战略物资作为苏联援建项目的部分补偿。

总体来说，"一五"时期从苏联引进成套设备、资金，对我国建立社会主义工业化初步基础，起了重要的促进作用[②]。但是，"一五"时期在引进方面也存在着局限性和缺陷。由于当时的国际形势，以及美国等国对我国实行

[①] 彭敏主编：《当代中国的基本建设》（上），当代中国出版社2000年版，第46页。
[②] 汪海波、刘立峰：《中国经济70年》，山西经济出版社2019年版，第135～136页。

封锁禁运政策，再加上"一边倒"的外交政策，引进主要还只限于苏联和其他东欧国家。在学习苏联经验方面也存在教条主义，特别是照搬了苏联计划经济体制。尽管这种体制在"一五"时期起了积极作用，但在之后的一个长时期内束缚了经济发展。

第四节 投资增长与波动

一、投资实现快速增长

经过国民经济的全面恢复，各项社会改革的完成，国防力量的增强，国家财政经济状况得到根本好转，1952年底，经济工作的重点开始从恢复生产转移到基本建设方面。1952年11月，中共中央和政务院发出了"把基本建设放在一切工作的首位"的号召。这也推动了投资的较快增长。

1953—1957年，我国国有投资由91.6亿元增加到151.2亿元，年均增长13.3%。"一五"时期，国有投资共完成611.6亿元，每年平均投资122.3亿元。

在国有投资中，1953—1957年，基本建设[①]投资由90.4亿元增加到143.3亿元，年均增长12.2%。"一五"时期，基本建设投资共完成588.5亿元，每年平均投资117.7亿元。

在全部基本建设投资中，中央项目完成481.1亿元，比重为81.8%；地方项目完成107.3亿元，比重为18.2%，投资向中央政府集中的趋势较为明显。

在全部基本建设投资中，新建为271.6亿元，占46.2%；扩建为309.2亿元，占52.5%，依靠原有基础进行扩建的比重较大。

在全部基本建设投资中，建筑安装工程投资为366.7亿元，占62.3%；

---

① 基本建设源于俄文，20世纪20年代初期，苏联开始使用这个术语，是指以扩大生产能力或新增工程效益为主要目的的投资。中华人民共和国建立以后，在较长时间里，基本建设占投资的很大部分。

设备购置投资为178亿元，占30.3%；其他费用投资为43.6亿元，占7.4%。

在全部基本建设投资中，大中型项目投资302.8亿元，占51.5%；小型项目投资285.7亿元，占48.5%。大中型项目投资占比较高（见表2-1）。

表2-1 "一五"时期基本建设投资及其分类投资规模（亿元）

年份	基本建设	中央项目	地方项目	新建	扩建	建筑安装	设备购置	其他
1953	90.44	76.56	13.88	27.22	61.42	62.8	20.04	7.60
1954	99.07	83.72	15.35	32.91	64.82	61.34	26.54	11.19
1955	100.36	84.79	15.57	50.85	48.06	59.65	33.32	7.39
1956	155.28	124.41	30.87	86.96	66.70	94.82	50.64	9.82
1957	143.32	111.67	31.65	73.68	68.24	88.15	47.52	7.65

资料来源：《中国固定资产投资统计数典（1950—2000）》。

在国有投资中，1953—1957年，更新改造[①]投资由1.15亿元增加到7.91亿元。"一五"时期，更新改造投资共完成23.1亿元，每年平均投资4.6亿元。

二、投资增长的波动较大

"一五"时期是我国大规模现代经济建设的开端，由于缺乏经验，在此期间，经济和投资增长在保持较快速度的基础上，产生了一些波动。这从一个角度说明了建设规模应与国力相适应，也就是说实现国民经济的总量平衡，必须不断克服急躁倾向。

1953年，中央提出了过渡时期总路线，中国迫使美国签订了朝鲜停战协议，大大调动了全国人民进行经济建设的热情和干劲。从上到下都想多搞点建设，多上些项目，导致基本建设计划盘子定大了。中财委下达的基本建设投资比上年增长75%，限额以上的建设单位492个。由于中央将指标订得较高，各部门、各地方的建设热情也高，1953年上半年出现了经济过热、市场紧张的情况。实际运行结果，基本建设投资比上年增长了107%，而财政收入、钢材、水泥、木材分别只增长了21.3%、38.7%、

---

① 更新改造是指对原有设施进行技术改造以及相应的辅助性生产、生活福利设施等工程，其主要目的是在技术进步的前提下，促进产品升级换代，提高产品质量，降低资源消耗，提高经济效益。

35.7%、42.6%。1953年基本建设投资增速大大超过了财政收入和钢材、水泥、木材产量增速。

1953年6月召开的全国财经工作会议对急躁冒进的苗头作了系统纠正，会议批评了基本建设工作中的盲目性，要求要提高计划性。强调计划必须建立在可靠的基础上，财力必须集中使用，提倡节约。之后，中央制定的1954年度国民经济计划，比较稳妥可靠、留有余地，因而1954年生产和建设的情况，基本上是正常的。

1955年，基本建设投资的增长速度低于国家财政收入和钢材的增长速度，消费品购买力的增长速度也低于当年消费品货源的增长速度。这年的基本建设规模偏小，工业增长速度偏低。

1955年12月初，高层发起了对生产建设方面右倾保守思想的批判。1956年初，国务院各部专业会议，纷纷要求把15年（1953—1967年）远景计划规定的任务提前在5年甚至3年内完成。据国家计委1956年1月5日的报告，国务院各部门、各省市要求的投资已达153亿元，后又增加到180亿元、200多亿元，比1955年预计完成数增加1倍多，而全年财政收入却只能增长9.3%。

防止和反对冒进，关键在于控制基本建设投资。1956年6月15日，一届全国人大三次会议《关于一九五五年国家决算和一九五六年国家预算的报告》中，把基本建设投资最后确定为140亿元[1]。

虽然急躁冒进得到了基本遏止，但并没有完全遏止住，以致1956年经济运行过程中仍然"大冒了一下，"[2] 出现了局部性的冒进错误。1956年，工业总产值和基本建设投资分别达到642亿元和155.3亿元，分别比上年增长了28.1%和54.7%；而财政收入只达到287.4亿元，增长5.7%，钢材、水泥和木材分别只达到了314万吨、639万吨和2105万立方米，分别增长45.4%、42%和0.6%。

反冒进还表现在制定1957年国民经济计划方面。由国家经委汇总的国务院各部、各省（自治区、直辖市）上报的基本建设投资指标共计为243亿元，比1956年计划140亿元又多了103亿元。面对这种局面，周恩来认为，

---

[1] 《人民日报》，1956年6月16日。
[2] 《周恩来选集》下卷，人民出版社1984年版，第235页。

急躁冒进情绪还未平息,还得继续反冒进。他的意见是,1957年基本建设投资应压到明显低于1956年的实际水平。他强调,把过高的投资额压下来,是1957年全部国民经济协调发展的关键。根据周恩来和陈云的指示,国家经委最后将基本建设投资定为110亿元。1957年7月,国家经委主任薄一波向一届全国人大四次会议作的《关于一九五六年国民经济计划执行结果和一九五七年国民经济计划草案的报告》也是这样定的,使得1957基本建设投资比上年实际完成数减少20.6%[①]。

1953年特别是1956年经济计划工作的实践表明,冒进倾向是当时的主要危险。1956年所进行的反冒进倾向斗争的重大意义,在于它避免了一次全局性的、严重的经济失衡,并为之后经济的稳定发展创造了重要的经验。

第五节　投资结构与重点

一、"一五"时期的投资结构变动

从国民经济大行业看,"一五"时期,农业基本建设投资由2.8亿元增加到4.5亿元,年均增长12%;工业投资由28.3亿元增加到72.4亿元,年均增长26.4%;建筑业投资由3.6亿元增加到4.6亿元,年均增长6.4%;地质和水利投资由6.8亿元增加到10.3亿元,年均增长11.1%;交通运输投资由10.7亿元增加到20.7亿元,年均增长18%;商贸业投资由2.7亿元增加到3.7亿元,年均增长8.1%;房地产和社会服务投资由2.5亿元增加到3.8亿元,年均增长11.2%;教育文化投资由7.8亿元增加到10.6亿元,年均增长7.9%;国家机关投资由25.1亿元下降到12.7亿元,年均下降16%。制造业和交通运输投资增长最快,商贸和教育文化投资增长相对较慢。

"一五"时期,在基本建设投资中,工业投资占了大头,比重达到42.5%,其次是交通运输和国家机关,均为15.3%,教育文化投资占比达到

[①] 《人民日报》1957年7月2日。根据国家统计局后来的数据,1957年基本建设投资比上年下降7.7%。

7.6%，地质和水利投资比重为 6.8%，另外，商贸投资比重为 3.6%，农业投资占比为 2.7%，房地产和社会服务投资比重为 2.5%（见图 2-1）。

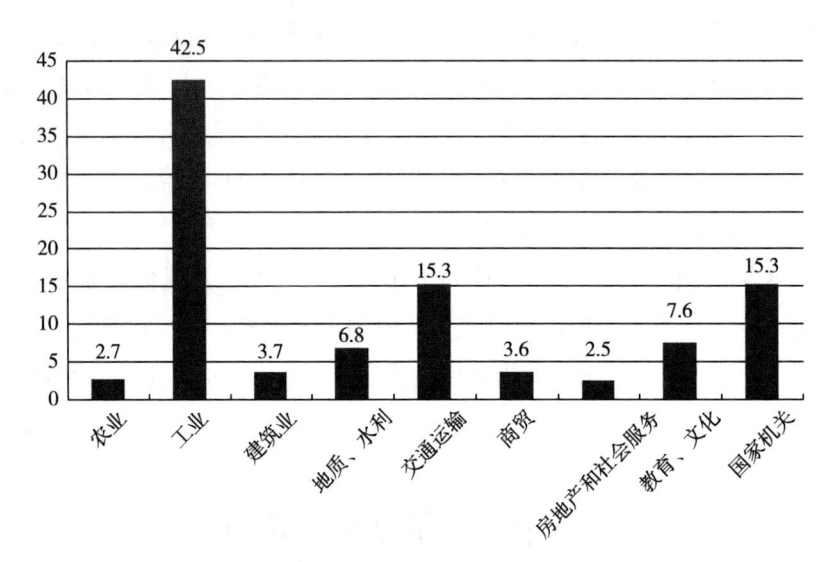

图 2-1 "一五"时期行业基本建设投资比重（%）

资料来源：《中国固定资产投资统计数典（1950—2000）》，中国统计出版社 2002 年版。

从工业内部看，"一五"时期，多数工业行业投资增长均较快，投资增速超过 30% 的有钢铁、电力、石油、化学、建材、食品和造纸等行业。机械、煤炭投资增速也超过了 20%。工业内部基本建设投资比重变化较大，1953—1957 年，冶金投资比重由 18.8% 上升到 19.4%，其中，钢铁投资比重大幅上升，有色金属投资比重下降。电力投资比重上升更为明显，由 9.2% 提升到 14.7%，提高了 5.5 个百分点，石油和化学行业投资比重也显著上升，分别上升了近 3 个和 4 个百分点。食品、建材、造纸投资比重也略有上升。而投资比重下降较为明显的是纺织、缝纫、森林等轻工业，其中纺织投资比重由 9.7% 下降到 4.8%，下降了 5 个百分点（见表 2-2）。这一时期，重工业行业投资比重上升，轻工业行业比重下降趋势明显。

表 2-2　　　"一五"时期工业内部基本建设投资比重（%）

	1953	1954	1955	1956	1957	平均
工业	100.00	100.00	100.00	100.00	100.00	100.00
冶金	18.81	17.64	18.53	18.34	19.39	18.54
钢铁	9.77	9.72	11.73	12.38	13.27	11.38

续表

	1953	1954	1955	1956	1957	平均
有色金属	9.03	7.92	6.80	5.97	6.12	7.17
电力	9.24	10.22	12.46	10.62	14.71	11.45
煤炭	12.63	11.91	13.85	11.80	10.40	12.12
石油	2.47	3.70	4.12	6.25	5.29	4.37
化学	3.32	5.03	3.63	6.39	6.66	5.01
机械	16.06	17.12	16.74	13.89	14.77	15.71
森林	4.55	3.05	2.51	1.22	2.47	2.76
建材	2.01	2.06	2.63	2.93	2.54	2.44
纺织	9.67	11.05	5.12	4.90	4.78	7.10
食品	3.42	2.87	4.84	4.03	4.49	3.93
造纸	1.45	1.02	0.84	1.79	1.95	1.41
缝纫	16.37	14.33	14.71	17.84	12.56	15.16

资料来源：《中国固定资产投资统计数典（1950—2000）》，中国统计出版社2002年版。

从地区看，1953—1957年，东北三省投资占全国的比重由23.4%下降到18.7%，平均达到22.1%，虽然投资比重下降，但是，平均值仍是改革以前各历史时期中最高的，"一五"时期基本建设投资向东北倾斜的特征明显。东部地区投资占全国的比重由20.6%提高到22.5%，平均达到20.7%；中部地区投资占全国的比重由12.6%提高到21.6%，平均达到17.8%；西部地区投资占全国的比重由15.1%提高到23%，平均达到21.2%（见表2-3）。投资平均占比最高的省区是辽宁，占全国的比重高达12.1%，其次是北京，比重达6.7%，黑龙江投资比重也达到6%，四川和吉林投资比重超过了3%。

表2-3　　　"一五"时期各大地区基本建设投资比重（%）

	1953	1954	1955	1956	1957	平均
东部	20.57	20.08	20.14	19.94	22.53	20.70
中部	12.56	15.21	15.28	20.54	21.64	17.80
西部	15.14	17.36	20.08	25.49	22.96	21.20
东北	23.39	25.28	25.23	20.29	18.73	22.10
不分地区	28.35	22.08	19.27	13.74	14.14	18.20

资料来源：《中国固定资产投资统计数典（1950—2000）》，中国统计出版社2002年版。

二、优先建设基础工业和国防工业

（一）冶金和机械工业是重工业投资重点

1. 冶金工业投资

"一五"计划期间，冶金和机械工业合计完成基本建设投资85亿元，占同期整个工业基本建设投资的34%，占重工业投资的40%左右。其中，冶金工业完成投资46.6亿元，机械工业完成投资38.5亿元。

钢铁工业是现代工业的基础。按照逐步形成370万吨钢的综合生产能力的要求，国家集中力量对鞍钢进行了总体改造。五年间，用于鞍钢的大规模改扩建投资达15.5亿元，占同期钢铁工业投资的52%。与此同时，经过深入研究论证，确定在武汉青山和内蒙古包头分别建设武钢和包钢两个大型综合性钢铁基地，这两个基地的建设使钢铁工业的地区分布由东部沿海向中部地区推进了一大步。此外，对马鞍山、重庆、太原等地的钢铁企业进行了调整和扩建，迅速提高了生产能力。为满足国防工业对钢材的特殊需要，在黑龙江新建了齐齐哈尔特殊钢厂。为增加优质钢材的生产能力，改建了本溪钢铁公司、抚顺钢厂、大连钢厂、大冶钢厂等中小企业。1957年，生铁产量达594万吨、钢535万吨、成品钢材415万吨，提前完成了"一五"计划。钢材自给率达到86%，过去不能生产的钢轨、无缝钢管、各种大型钢材、薄板和合金钢均已开始生产。

有色金属是发展国民经济、国防工业、科学技术的基础材料和战略物资。我国有色金属资源十分丰富，但旧中国有色金属工业建设缓慢。"一五"时期，有色金属工业在恢复生产的基础上，开始了大规模建设，五年累计完成基本建设投资17亿元，占同期冶金工业全部投资的36.5%。有色金属工业根据"先出铜、早出铝"的建设方针，开始了西北白银有色金属公司、西南东川铜矿两个铜生产基地建设，同时新建铜和铜合金加工厂——洛阳有色金属加工厂，使铜的电解能力和压延能力逐步适应机器制造业的需要。铝工业则以完善东北铝厂和铝矿的建设为主，东北轻合金加工厂、吉林碳素厂、抚顺铝厂和山东铝厂的建设使中国有了一个从原料采掘到加工的完整的铝加工产业链。其中，东北轻合金加工厂是苏联援建的第一座现代化的铝加工厂，是中国第一个铝镁合金企业。山东铝厂是中国自己设计、自己制造设备、自己施工建设的第一个氧化铝厂，被称为"中国铝工业的摇篮"。

2. 机械工业投资

机械工业是生产机械产品的工业部门，其生产能力和技术水平在很大程度上决定着其他部门的发展能力和水平。"一五"时期，为改变机械工业的落后状况，我国以制造冶金矿山设备、发电设备、运输机械设备、金属切削机床等部门为重点，并适当发展电机、电工器材设备、炼油化工设备和农业机械等的制造。五年累计完成投资38.5亿元，在工业部门中投资完成额仅次于冶金工业。在重型矿山设备方面，新建富拉尔基和太原两个重型机器厂、洛阳矿山机械厂和沈阳风动工具厂；改扩建沈阳和抚顺两个重型机器厂、沈阳和太原两个矿山机械厂、大连工矿车辆厂等。在电站设备方面，重点新建了哈尔滨电机厂、汽轮机厂和锅炉厂，改建了上海电机厂、汽轮机厂和锅炉厂。在交通运输设备方面，集中力量新建了长春第一汽车制造厂和北京汽车附件厂，配套建设了洛阳轴承厂。在机床工业方面，新建了武汉重型机床厂、齐齐哈尔第一机床厂和北京第一机床厂。农业机械方面，新建了洛阳拖拉机厂、南昌拖拉机厂。

"一五"时期，机械工业施工的大中型项目有111个，同期建成投产的53个。随着这批项目的建设，到1957年底，中国有了载重汽车、高炉、平炉制造设备、汽轮机发电设备、拖拉机、精密仪表等几十个过去没有的制造系统，并开始试制了一批新产品，从而建立了我国机械制造的初步基础，使机械设备的自给能力从新中国成立前的20%左右提高到60%以上。

> 专栏2-1　　　　　　**长春第一汽车制造厂**

1950年，毛泽东访问苏联期间，中苏双方商定由苏联援助中国建设第一个载重汽车厂。

1950年12月，以苏联专家为核心的汽车厂设计组抵达北京，与新成立的中国汽车工业筹备组接洽建厂事宜。临行前，苏联汽车工业部向专家明确指标："该援华项目的目标是为中国建设一座年产3万辆卡车的完整汽车厂，由苏方提供成套工业设备。"

项目建设首先面临的问题是工厂选址，一开始汽车工业筹备组接到建议，拟在上海、广州等工业城市建厂。但为了改变旧中国重工业过分集中于沿海的不合理布局，这些建议很快被否决，厂址将设在内地城市，最终筹备组决定在长春兴建新中国第一座汽车厂。

1953年，毛主席签发《中共中央关于力争三年建设长春汽车厂的指示》。建设汽车制造厂还作为我国首批重点工程被列入第一个五年计划，此后长春第一汽车制造厂的建设进入快车道。同年7月15日，建设工程破土动工。

1956年10月6日，长春第一汽车制造厂终于建成并通过了国家验收。厂区面积超过150公顷，拥有各型工艺设备7552台（包括金属切削机床、锻压设备、起重运输设备等），还配有一座具有24000千瓦发电能力的热电站，10座大型煤气锅炉，以及8套大型空气压缩机。为建设一汽，国家前后投入了5.94亿元人民币。

1956年7月13日，第一批解放CA-10卡车驶下生产线，这款参照苏联ЗИС-150型载重卡车设计制造的我国第一款国产汽车吸引了全国人民的目光。从1956年开始，解放牌卡车源源不断地从长春开往祖国各地，成为新中国建设不可或缺的生力军，并在之后的几十年时间里，给几代人留下了深刻的记忆，被人们亲切地称为"老解放"。作为中国第一个大型汽车制造厂，长春第一汽车制造厂被誉为中国汽车工业的摇篮，它的建成投产，揭开了中国汽车制造工业的崭新一页。解放牌汽车的问世，改变了中国城乡交通和公路运输的落后面貌，成为交通运输的主力军。

经过六十多年的发展，中国一汽（前身为长春第一汽车制造厂）已成为年产销300万辆级的国有大型汽车企业集团，产销总量始终位列行业第一阵营。截至2021年底，中国一汽员工总数12.8万人，资产总额6021亿元，位居《财富》世界500强第66位。

（二）国防工业投资与建设置于重要位置

"一五"时期，是国防工业第一次大规模建设时期，国防工业实际完成基本建设投资30多亿元，约占全部工业基本建设投资的12%，占重工业投资的14%左右。为了尽快提高军队的装备水平和战斗能力，国防工业的建设重点首先是制造常规武器的兵器工业，其次是航空工业和电子工业。五年内，兵器工业实际完成的投资占国防工业总投资的44.1%，航空工业占27.7%，电子工业占17.3%，船舶工业占6.3%；核工业和航天工业的建设，则在"一五"计划末期开始起步[①]。

1953年，兵器工业全面进入产品制式化阶段，投资以试制和生产苏联制式武器为重点，一方面加速原有企业的技术改造，另一方面新建了一批骨干项目。按照中央军委兵工委员会确定的《现有工厂调整方案》，二机部二局在北京召开厂长会议，要求各企业按照确定的专业方向和产品纲领进行全面技术改造。《方案》共确定了41家专业化企业，包括枪械制造厂5家、火炮制造厂5家、枪弹制造厂6家、炮弹制造厂11家、引信火工品制造厂5家、火炸药制造厂4家、航空炮弹制造厂1家、光学仪器制造厂1家、坦克及发动机修配厂3家。为适应制式武器生产的要求，企业技术改造尽可能采用新技术、新工艺、新设备[②]。

为了建造海军的舰艇装备，必须发展国家的造船工业，建立完整的舰艇制造工业体系。"一五"期间，船舶工业部门的主要任务是，建造苏联转让的6种型号舰艇以及当时急需的沿海和内河运输船舶，同时，着手研究建造万吨级远洋货船。为了建造这些舰艇，国家投资1亿元，改建和扩建了6家船厂。1953—1956年，船舶工业管理局对江南、沪东、求新、武昌和芜湖造船厂等5家老厂进行了改建和扩建，同时开始新建广州第一造船厂，大连造船厂的香炉礁一期扩建工程也开始实施。老厂在改建和扩建中，按照建造苏联转让的6种型号舰艇的生产需要，重点建设了船台、滑道和码头，从而使这些船厂的船体建造能力有了较大的提高，不仅能建造中型鱼雷潜艇和中小型水面舰艇，而且也能建造7000吨级以下的民用船舶。

[①] 彭敏主编：《当代中国的基本建设》（上），当代中国出版社2019年版，第29页。
[②] 《新中国国防工业的第一次大规模建设》，中共党史网，2022-09-13。

从 1953 年起，航空工业首先建设南昌飞机厂（制造活塞式教练机）、株洲航空发动机厂（制造活塞式发动机）、沈阳飞机厂（制造喷气式歼击机）和沈阳航空发动机厂（制造喷气式发动机）。这几个主机厂建成以后，从 1956 年起，建设重点转移到配套的辅机厂，即机载设备厂，主要有西安的飞机附件厂和发动机附件厂，陕西兴平的航空电气厂和机轮刹车附件厂，宝鸡的航空仪表厂等。到"一五"计划末期，航空工业基本建设设计队伍初步具备了独立工作能力。工厂建成后迅速投产，使固定资产投资动用率达到 82.7%。到 1957 年底，航空工业拥有建筑面积 355 万平方米；金属切削设备 11160 台，是 1952 年的 5.5 倍；职工 10 万人，是 1952 年的 3.3 倍[①]。新中国航空工业从一个只能进行飞机修理的比较小的行业，变成了具备成批制造活塞式教练机和喷气式歼击机能力的新兴产业。

（三）能源工业进入较大规模的建设期

能源工业是国民经济的物质基础和条件。"一五"时期，对能源工业进行了大规模建设，五年累计投资 71.4 亿元，占全国工业投资的 28.5%，占重工业投资的 33.6%，其中，煤炭工业投资 29.7 亿元，电力工业投资 29.8 亿元，石油工业投资 12 亿元。

煤炭工业的建设重点是恢复改建和扩建原有矿区，以迅速增加煤炭产量。同时，根据已经探明的煤炭资源储量，积极开发一些新矿区。以为钢铁工业服务的烧焦煤基地为主，配合鞍钢、本钢建设了鸡西、鹤岗等矿，配合武钢新建了平顶山、鹤壁等矿，配合包钢新建了包头、石嘴山等矿。还重点建设了一批动力、化工用煤和城市居民用煤的基地，如阳泉、焦作等。1957 年，原煤产量达 1.31 亿吨，比 1952 年增加了近 1 倍。电力工业建设以火电为主，建设的安排采取加强原有基地和建设新基地同时进行的方针。五年内，电力工业施工的大中型项目共 162 项，建成投产 80 项。1957 年发电量达 193 亿度，为 1953 年的 2.64 倍。石油工业加强了勘探工作，先后在新疆准噶尔盆地发现了以克拉玛依为中心的几个油田，在柴达木盆地发现了冷湖油田。五年内新增石油开采能力 131.2 万吨，石油加工能力 114.7 万吨。但当

---

① 姬文波："新中国国防工业的第一次大规模建设"，《党史博览》2022 年第 6 期。

时，由于西北几个油田产量不高，且远离东部工业建设的重点地区，因此，国家急需的石油一半以上仍要依靠进口[①]。

三、兼顾轻纺工业的投资

"一五"时期，投资的安排和使用在优先发展重工业的同时，还注重了轻纺工业的发展。人民群众的生活有了改善，对轻纺产品的需求迅速增长，这与轻纺设备能力不足，形成了越来越大的矛盾。为此，安排给纺织工业部系统的国家投资加大到15.5亿元，占全国国家投资的2.86%。实际执行的结果，纺织工业部系统完成的固定资产投资总额为17亿元，占全国固定资产投资的2.79%。这一时期，把在纺织行业中起主导作用的棉纺织行业作为建设重点，集中80%的投资用于建设一批棉纺织厂和印染厂。同时，根据市场需求和原料条件，适当安排了一些毛、麻、丝、化纤和纺织机械项目，为这些行业的下一步发展打下了基础。

在地区布局上，为改变纺织行业只是集中在沿海少数城市的局面，确定在内地原料产区多建设一些纺织厂，以充分利用当地的原料资源，发挥地方的积极性。在布点上实行"大分散、小集中"的原则，把这一时期安排建设的三十几个棉纺织厂和印染厂，比较集中地放在西安、咸阳、郑州、邯郸、石家庄、武汉以及北京等原料供应、市场、劳动力、交通运输和水电气供应综合条件比较好的中心城市，形成了一批新的纺织基地。

这一批新的纺织基地建设是在一些特定的条件下进行的。从项目的勘察设计、施工安装、设备的制造供应，都由纺织工业部直属的设计、施工安装队伍和纺织机械厂承担，在统一的计划进度下，协同作战，密切配合，因此，建设工作进展顺利，工期短，造价低，投资效果好。一个5万锭规模的棉纺织厂，一年半左右就可以建成投产。10万锭棉纺织厂的投资1953年为6200万元，1957年仅为3000万元。以厂房的土建造价来说，1953年每平方米183元，1957年仅为83元。

为适应纺织加工发展的需要，在大规模建设棉纺织行业的同时，展开

---

① 彭敏主编:《当代中国的基本建设》（上），当代中国出版社2019年版，第33~34页。

了粘胶纤维厂的筹建工作。首先恢复、改造了丹东化纤厂和上海安乐人造丝厂，先后于1958年1月和5月正式投入生产，年生产能力共约5000吨。1956年初，经周恩来总理批准，从民主德国引进年产5000吨人造丝的成套设备，1957年10月动工建设我国第一个大型粘胶纤维厂——保定化学纤维厂。1957年又从民主德国引进年产380吨锦纶丝的技术装置，建设了北京合成纤维试验厂[①]。

四、积极推动基础设施投资

（一）加强交通运输和地质勘探建设

交通运输和地质勘探是国民经济的先行部门。"一五"时期，交通运输建设投资达到90亿元，其中，铁道投资59亿元，占65.6%；公路投资26.2亿元，占29%；邮电投资4.8亿元，占5.3%；地质勘探投资达到14.4亿元。

由于国家建设的重点是东北、上海等老工业基地和长江以北的包头、兰州等新工业基地，因此，交通设施的建设也相应地对哈大、京沈、京包、京汉、陇海线中段、石太线东段及同浦线作了技术改造。同时，配合包钢建设，修建了丰沙线、包兰线。为开发西部资源，发展地区经济，新建了兰新线、宝成线以及川藏、青藏等公路。此外，对沿海其他干线也进行了技术改造。五年内，新建铁路33条，恢复铁路3条，新建和修复铁路干线、复线、支线和企业专用线共计9300公里。同期，穿越高山峻岭的宝成铁路和鹰厦铁路，贯通南北的武汉长江大桥，以及集二铁路都在解决了一系列技术难题后建成通车。1957年底，铁路通车里程达到近3万公里，比1952年增加22%。公路建设也有大幅度提升，1957年通车里程达25万公里，比1952年增加1倍。经过五年建设，1957年，内河航运里程达14.4万公里，空运线路达2.6万公里。首都机场于1955年6月开始动工建设。

"一五"时期，国家工业建设的重点是原材料、燃料和机械制造等基础工业。而建设这些基础工业，都要有资源的保证。为此，用最短的时间探

---

① 曾培炎主编：《中国投资建设50年》，中国计划出版社1999年版，第57~59页。

明急需的矿产储量,就成为首要任务,其中,集中人力物力重点解决煤、铁、石油和有色金属等资源问题尤为重要。1953年,我国开始了第一次大规模地质普查工作,攀枝花矿区成为普查勘探重点,普查找到了康滇地轴中段钒钛磁铁矿呈带状分布的规律,确认攀枝花及其周围地区是一个巨型铁矿,具有很高的综合利用价值。"一五"期间,共完成了74种矿产的勘查,有64种取得了可供设计使用的储量。与1949年相比,1957年,铜的储量增加了14倍,钼的储量增加了50倍,石油的储量虽然不能满足建设的需要,但仍比1949年增长了32.5倍,而且还开始了200万平方公里的石油地质普查。"一五"时期,钻探总进尺达1289万米,相当于新中国成立以前半个世纪钻探总进尺的75倍多,开始改变过去地质勘探跟不上建设需要的情况。

(二)抓紧水利设施建设

"一五"时期,国家用于农业方面的基本建设投资继续集中使用于水利建设。五年中,国家用于水利建设的投资达25.5亿元,占同期全部基本建设投资的4.3%,占农林水利气象投资的61%。五年共完成土石方工程约76亿立方米,除了对全国绝大部分河流的堤防进行培修外,主要是集中力量对水患严重的淮河、长江、黄河水系继续进行治理,并开始了对海河水系的治理。长江水系全面加固了沿江堤防,对保护武汉等长江中下游地区起到了重要作用。黄河水系除全面加固堤防外,积极准备进行全面治理,三门峡水利枢纽工程是在黄河上兴建的第一座以防洪为主的综合利用的大型水利枢纽工程,控制黄河来水量的89%和来沙量的98%,于1957年4月开始施工,1960年基本建成。海河水系在主要支流永定河修建了官厅水库,保卫了北京、天津两大城市的安全。在国家集中力量兴建骨干项目的同时,农民兴建的小型农田水利工程也有很大的发展。根据当时的财力和技术力量以民办公助为主兴建了一批小型水库、塘坝和沟渠,并开始有重点地兴建中型水库。这些水利建设,对于防洪蓄水、减轻水旱灾害的威胁、促进农业生产发挥了巨大的作用。

五、改善公共服务和进行城市建设

"一五"时期,优先发展重工业在党内高层形成了共识,但是注意妥善处理经济建设和改善民生的关系、不要把经济工作与人民生活割裂开来的理念在这一时期也已形成。

"一五"时期,在进行大规模经济建设的同时,积极地开展了文教、卫生、科研事业的建设,五年合计完成投资44.6亿元,占同期全部基本建设投资的7.6%。根据社会主义建设的需要,1953年进行了高等院校的院系调整,集中师资和设备加强工科、师范、医药、农林等院系,并在此基础上,开始了文教设施的建设,除了国民经济各部门分别根据本部门需要建设了一批高等院校和中等专科学校外,教育部门集中力量扩建和新建了一批高等、中等院校和小学。新建院校几乎都在京广线沿线以及以西地区。高等院校从1953年院系调整后的181所,增加到1957年的229所。同期,为适应建设的需要,新建了大量科研机构。1957年,全国科研机构已达580多个,研究人员2.8万人,比1952年增加了两倍多。此外,出版、广播、电影、戏剧等文化艺术事业都有了很大的发展。城乡居民的医疗、卫生条件也有了很大改善。1957年医院、疗养院已拥有床位36.4万张,比1949年增长3倍多,达到县县有医院,多数乡有诊所。

"一五"时期,采取了有重点进行城市建设的方针,并按当时工业建设的比重和城市建设的重要性对全国城市进行了分类。第一类为重点进行工业建设的城市,有北京、包头、兰州、成都、西安等8个城市;第二类为工业建设比重较大、需要改建的城市,有沈阳、鞍山、抚顺、本溪、吉林、武汉、郑州等14个城市;第三类为工业建设比重不大,可以逐步进行改建的城市,有天津、大连、长春、上海、南京、杭州、广州等17个城市;第四类是除上述39个城市以外的城市,一般采取维持的方针,可按实际情况进行一些修建工作。这样分类有利于集中财力、物力,有重点地进行城市建设。同时,针对城市建设中出现的盲目性和无计划性,强调了必须同工业建设相配合,做好城市规划,按规划进行建设。经过五年建设,全国新建39个城市,大规模扩建54个城市,新建和扩建许多工人镇。国家用于城市公用事业的投资为14.4亿元,加上各部门用于建设职工住宅和城市公用事业的投资,共达60亿元，占同期基本建设投资总额的11%左右。保障了工业生产的需要，也在一定程度上改善了人民的生活条件[①]。

六、建设新的工业基地

旧中国工业的地区分布极不合理，新中国成立后的三年经济恢复时期，由于基本建设规模较小，投资重点是保证生产的迅速恢复，因此，建设的布局改变不大。1952年工业仍然主要集中在东北和沿海几个主要城市。

为了迅速建立我国社会主义工业化的基础，合理配置生产力，"一五"期间，工业建设的重点部署是合理利用东北、上海和其他沿海城市的工业基础，特别是集中力量加强了东北重工业基地的建设。五年累计，东北地区工业基本建设投资占全国工业基本建设投资总额的40%左右；出于国防安全的考虑，近海城市除安排少量改扩建项目外，主要依靠原有企业的挖潜改造，充分发挥其轻纺工业、机械工业为主体的综合性工业基地的作用。从而使东北和沿海工业城市迅速成为支援全国建设的重要基地。与此同时，决定在关内新建的一批重点骨干项目及其配套项目都部署到京广铁路沿线及其以西地区，加强华北、中南和西北、西南地区新工业基地的建设。"一五"计划安排的694个限额以上新建和改扩建的工业建设项目中，有472个分布在京广线沿线及其以西地区。

在具体安排上，老基地以利用原有基础的改扩建为主，新基地以新建为主。"一五"时期，东北和沿海地区基本建设投资总额中，改扩建占75%，新建只占25%；华北、中南、西南、西北地区的建设投资中新建占的比重都超过了60%。为了给新工业基地的建设准备条件，"一五"时期，资源勘探和交通运输建设两个国民经济的先行部门，五年累计完成的投资中，内地分别占75.5%和60%多。通过"一五"计划，扩（改）建与新建了若干个重工业区，包括以钢铁和机器制造工业为中心的鞍山、武汉、包头三个区域，以石油化工、有色金属和机器制造工业为中心的兰州区域，以动力设备、重型机械制造工业为中心的哈尔滨、沈阳、齐齐哈尔、西安区域，以化学工业为

---

① 彭敏主编：《当代中国的基本建设》（上），当代中国出版社2019年版，第40~42页。

中心的吉林区域，以煤炭和采矿设备制造为中心的抚顺、大同区域，以机器制造工业为中心的洛阳、成都区域，初步形成我国工业建设的新框架与大致合理的布局[①]。随着新工业基地的建设，交通运输线也逐渐向内地延伸，除西藏外，各省、市、自治区都已铺设了铁路，上海和其他沿海城市的工业基础得到加强，华北、西北、西南地区开始建成一批新的工业城市，旧中国工业过分偏于沿海的不合理布局初步得到改进。

第六节　投融资的经验和教训

"一五"时期，我国在大规模投资实践中，注意遵循了一系列重要原则，采取了许多重大措施，为后来的投资管理积累了丰富和有益的理论和实践经验，这些经验可以概括为以下几点。

第一，正确处理积累和消费的关系。根据新中国成立初期我国内部经济状况和国际经济政治环境，为了解决旧中国遗留下来的工业基础薄弱的问题，适当地进行积累，以加快工业发展是完全必要的。"一五"时期，政府在安排基本建设投资时，较好地处理了积累与消费的关系，基本建设投资规模遵循了量力而行的原则。薄一波在中共"八大"会议的讲话中曾针对积累、财政收入和基本建设支出之间的关系指出，积累基金大体上占国民收入的20%或者更多一点，财政收入占国民收入的30%或者略多一点，基本建设占财政支出的40%或者略多一点。这在投资理论上是非常重要的。

第二，正确处理建设规模同国力的关系。1957年1月召开的省市自治区党委书记会议上，陈云同志提出，"建设规模的大小必须和国家的财力、物力相适应。适应还是不适应，这是经济稳定或不稳定的界限。"[②]他还提出了有关财政、信贷和物资三大平衡的理论。第一，财政收支和银行信贷都必须平衡，而且应该略有结余。只要财政收支和信贷是平衡的，社会购买力和物资供应之间，就全部来说也会是平衡的。第二，基本建设搞多少，不决定于

[①] 洪向华、石建国："'一五'计划：新中国工业化的奠基之作"，华夏经纬网2023-05-30。
[②] 《陈云同志文选编》(1956—1962年)，人民出版社1980年版，第44页。

钞票有多少，而决定于原材料有多少。要先生产，后基建，要避免盲目扩大基本建设规模，挤掉生活必需品的生产。第三，基本建设规模和财力物力之间的平衡，不但要看当年，而且必须瞻前顾后。第四，要注意农业对经济建设的规模有很大的约束力。陈云的这些理论，是符合客观经济规律的，至今对经济建设仍有指导意义。

第三，正确处理重点建设和全面安排的关系。"一五"时期，突出的有两个问题：一是在优先发展重工业的同时，注意农业、轻工业的发展。吸取了苏联的经验，在经济建设中优先发展重工业，把重工业列为我国建设的重点，这是对的。优先发展重工业是为人民谋长远利益，但是还有一个人民的当前利益问题，直接同人民利益关系最大的是农业和轻工业。轻视这两者，就会带来不好的后果。

第四，正确处理内地与沿海、新建和改扩建的关系。"一五"时期，沿海地区基本建设投资占投资总额的41.8%，内地占47.8%。限额以上的694个工业建设项目，有472个分布在内地，占总额的68%，有222个分布在沿海地区，占32%。这就为进一步改变内地和沿海地区经济发展不平衡状况创造了有利条件。这一时期，沿海地区工业平均每年增长17%，而内地工业为20.2%。沿海地区工业的发展，充分发掘了现有企业的生产潜力，支持了内地工业的发展。"一五"时期的实际表明，现有企业是生产和扩大再生产的主要物质基础，它不仅为新建企业提供物力、财力和技术力量，而且是扩大现有企业生产和提高人民物质文化生活的物力、财力的主要来源。为此，要充分注意发挥现有企业的潜在力量，合理安排基本建设投资，处理好新建和改扩建的关系[①]。

第五，正确处理自力更生与争取外援的关系。"一五"时期，虽然我们对苏联的援助期望较大，并且苏联也确实给予我国很大的帮助，但是，"一五"计划的原则仍然是建立在自力更生为主、争取外援为辅的基础上。这一时期，国家财政收入共计1354.9亿元，国外贷款为36.4亿元，外债仅占财政总收入的2.7%。从1955年起，我国就以对苏贸易顺差的办法分年偿还所借外债的本息。在苏联援助我国建设的项目中，有相当大部分的工作量和

[①] 曹尔阶等：《新中国投资史纲》，中国财政经济出版社1992年版，第108～114页。

机器设备是由我国自己完成和设计制造的。

"一五"时期的经济建设取得了巨大成就，但是也有教训。

一是投资规模过大，增长速度过快，同时，投资增长速度不平稳，连续大起大落。一些部门和地方领导存在急躁、求快的思想，只从主观愿望出发，热心于大规模工程，大上基本建设项目。尽管中央三令五申，要求加强重点建设，压缩非重点建设，一些领导仍在部门和地方利益驱使下，对中央指示执行不力。同时也存在对计划工作缺少经验、对国情国力没有摸清摸透、对资源配置与利用效率心中无数等情况。

二是投资规模扩大加剧了物资供求的矛盾，引起物价上涨。进入"一五"以后，基建投资的建设对象都是一些规模巨大的具有先进技术水平的工程。从物资需求角度来说，这就意味着对建筑材料、机械设备、原材料以及消费品等需求的大幅度增加。而1953年和1956年的两次投资"加速"，使投资需求在短时期内剧增，超过了物质资源的可供量，供求严重失衡，引起物价上涨。基本建设投资规模扩大的结果，从生产资料供给方面来说，首先就是国家直接掌握分配的物资不足，供应紧张；其次，直管物资供不应求的情况下，也会影响上下游环节的生产，造成其他生产和生活资料供应紧张[1]。

三是建设重点主要放在重工业，在一定程度上影响了民生发展。"一五"时期是我国工业化建设的起始阶段，也是中国共产党关于城市民生思想形成的重要时期。在这一时期，党的领导人高度重视正确处理经济建设与人民生活之间的关系问题。但是，由于"一五"计划所规定的工业建设的目标，是把重点放在重工业和国营工业上，这就对民生产生了不利影响。毕竟重工业需要的资金比较多，建设时间比较长，盈利比较慢，产品大部分不能直接供给人民的消费需求[2]。由于国力所限和工业建设优先安排，加上社会主义改造、统购统销过程中出现的问题，决定了人民生活在"一五"时期还不可能有较大的提高与改善。生活资料短缺、城市居民就业、人民生活温饱等问题在短时期内也很难得到根本的解决。

---

[1] 徐建青："'一五'时期的投资与制度变革"，《当代中国史研究》2005年第6期。

[2] 张瑞敏、荆幼阳："'一五'时期中国共产党对城市民生建设的初步探索"，《中南民族大学学报》（人文社会科学版）2012年3月。

第三章
"大跃进"时期的投资
（1958—1960年）

我国提前和超额完成了"一五"计划，建立了社会主义工业化的初步基础，进入了一个新的发展时期。于是需要探索高速建设社会主义的路子，加快缩小与经济发达国家的差距，实现赶超式发展。但1958—1960年的"大跃进"运动，主要是通过脱离客观实际的群众运动实施赶超发展的探索，导致了严重的投资失控和结构失衡。

第一节　社会主义建设总路线与三年"大跃进"

社会主义改造和"一五"计划提前完成后，中共中央开始探索适合中国的发展道路。1958年3月，中央成都会议确定了鼓足干劲、力争上游、多快好省地建设社会主义的总路线。这条总路线的基本点是：调动一切积极因素，正确处理人民内部矛盾；巩固和发展社会主义的全民所有制和集体所有制，巩固无产阶级专政和无产阶级的国际团结，在继续完成经济战线、政治战线和思想战线上的社会主义革命的同时，逐步实现技术革命和文化革命；在重工业优先发展的条件下，工业和农业同时并举；在集中领导、全面规划、分工协作的条件下，中央工业和地方工业同时并举，大型企业和中小型企业同时并举，通过这些尽快把我国建设成一个具有现代化工业、现代化农业和现代化科学文化的伟大的社会主义国家。总路线中的"多快好省"本来是相互约束的，但片面地强调"多快好省"中的"快"字，提出"速度是总路线的灵魂"，追求"多"、"快"实际成为经济发展的唯一目标。盲目求快压倒了一切，给社会主义建设造成了不应有的严重损失。

1957年11月13日，《人民日报》发表社论，提出了"大跃进"的口号。1958年5月，中共八大二次会议调整了"二五"计划的指标，钢产量由1200万吨提高到3000万吨，粮食产量从5000亿斤上升到7000亿斤。会后，"大跃进"在全国范围内展开，全国人民以高度的政治热情和革命干劲投入到社会主义经济建设中去。但是，以群众运动的方式进行经济建设，片面追求工农业生产的高速度，不断修改生产计划指标并追求不切实际的高指标，成为经济领域"大跃进"的重要表现。以工业"大跃进"为例，突出地表现在钢产量指标的不断提高和开展大炼钢铁运动。各地采取"小土群"（小高炉、土法上马、群众运动）等方式，掀起大炼钢铁的热潮，大放钢铁生产"卫星"。在"以钢为纲，全面跃进""一马当先，万马奔腾"口号下，电力、煤炭、运输等行业也兴起"全民大办"热潮[①]。从1958年11月开始，中央开始纠正"大跃进"运动中的问题。到1960年冬，随着党中央纠正农村工作中的"左"倾错误，"大跃进"运动也被停止。1962年1月召开的7000人参加的扩大的中央工作会议，初步总结了"大跃进"中的经验教训，开展了批评和自我批评。

第二节　计划层层加码导致投资规模失控

一、决策与计划的层层加码

在"大跃进"的浪潮中，国家计划部门逐步提高指标，从中央到地方普遍推行三本账制度，导致各地区、各部门在制定计划时层层加码、追求高指标。国家经委时任领导认为，工业增长速度还可以更提高一些。因为有高涨的群众生产积极性，材料上大体有保证，国家也需要。经委编的年度计划草案很难满足地方同志的要求，准备实行两本账的办法，中央一本账，地方一本账。毛泽东在《工作方法六十条（草案）》中则提出建立生产计划三本账。中央两本账，一本是必成的计划，这一本公布；第二本是期成的计划，这一本不公布。地方也有两本账。地方的第一本就是中央的第二本，这在地方是必成的；第二本在地方是期成的。评比以中央的第二本账为标准[②]。推行"两本账"或"三本账"，本是为了在完成国家计划之外，充分发挥各级单位的

[①] 郑有贵：《中华人民共和国经济史（1949—2019）》，当代中国出版社2019年版，第48~55页。
[②] 中共中央文献研究室：《建国以来重要文献选编》第11册，中央文献出版社1995年版，第42页。

积极性，通过实行新的计划管理方式保证按时或超额完成计划，但"两本账"或"三本账"制度也导致了基本建设计划的层层加码，刺激了基建投资的恶性膨胀。

1958年以后编制的年度基本建设计划，由于采用两本账的方法，计划指标层层加码，投资规模恶性膨胀。1957年8月，全国计划会议确定的年度基本建设投资控制数为116亿元，只比1957年预计执行数增长8.7%。同年11月的计划会议将1958年的计划数修订为130.5亿元，比原来提出的控制数字增加13.4亿元。1958年2月全国人大一届五次会议通过的1958年度国民经济计划，基本建设投资确定为145.8亿元，比1957年预计执行数增长17.8%。国务院指出，这是国家的第一本账，各省、市、自治区和各部门要在此基础上再编制1958年计划的第二本账。3月的中共中央成都会议提出了1958年计划的第二本账，其中基本建设投资达到175亿元，比人大一届五次会议批准的计划增加29.2亿元。年末实际完成基本建设投资269亿元，比成都会议确定的目标增长了53.7%。这导致积累率的大幅上升，由上年的24.9%提高到33.9%。

1958年8月，在北戴河政治局扩大会议上，1959年的投资计划安排的是500亿元，一开始就把盘子定高了。12月党的八届六中全会（武昌会议）已经觉察到指标过高的问题，提出要反对浮夸，基建投资由500亿元降为360亿元。1959年4月党的八届七中全会（上海会议）继续调低，减为260亿~280亿元。后来发现物资紧张，8月在八届八中全会（庐山会议）上又缩减为248亿元。但9月以后在"反右倾、鼓干劲"的影响下，又追加投资13.6亿元，加上上年结转的投资20亿元，投资规模仍达281亿元，重新回到4月上海会议的水平。年末完成的基本建设投资总额达到349.7亿元，比上年增加30%；全年施工的大中型项目达到1361个，虽然比上年减少226个，但比1957年增加369个；积累率由上年的33.9%，又上升到43.8%，成为建国十年来最高的一年。

1960年4月，全国人大二次会议通过的1960年的计划指标，钢为1840万吨，已比1959年增长38%，煤炭为4.2亿吨，铁路货运量为7.2亿吨，国家预算内基本建设投资325亿元（不包括地方自筹的60亿元），当年施工的大中型建设项目1520个。这是中央政府的第一本账。同年5月10日，国家计委、国家建委、国家经委提出了第二本账，钢产量提高到2040万吨，煤炭4.6亿吨，铁路货运量7.6亿吨，基本建设投资扩大到382亿元，基本建设投资比第一本账高出57亿元。5月30日，中共中央批准并转发了"三委"的第二本账的计划安排。而作为党内必须确保完成和超额完成的第一本账，要求各部门和各地区立即抓紧时间组织执行，以此为准来安排和检查工作。因此，虽然第二本账对外没有公布，但对中央各部来说，却是必须完成的账。

除了中央政府的第一、二本账外，各部又有第三本账，即各部的期成账。冶金部的第三本账，钢产量为2200万吨。相应的，煤炭第三本账为4.7亿吨，铁路货运量的第三本账为8亿吨。基本建设投资自然要大大超过。到1960年6月份，全国实际施工的大中型项目1500个，投资规模450亿元，比第二本账安排的基本建设投资还多50亿元。因此，8月，国家计委、国家建委只好建议缩短基本建设战线，把国家第二本账由382亿元压缩到344.8亿元，停建和缓建的限额以上项目299个，减少567个单项工程。当时，由于经济工作中"左"的指导思想并未从根本扭转，措施没有真正贯彻实施，压缩后的投资规模仍然很大。1960年，实际完成的基本建设投资总额达到388.7亿元。基本建设投资占国民收入总额的比重达到31%，是建国以来最高的一年。全年施工的大中型基本建设项目多达1815个，比上年增加454个，这一年的积累率仍高达39.6%[①]。

"两本账"的方法，一方面，名义上有计划，实则无计划可言。中央有中央的计划，地方有地方的计划，中央的计划与地方的计划相互之间失去了约束力。另一方面，"两本账"的计划方法，只考虑了中央与地方的关系，没有考虑部门与企业之间的合理关系，各部门之间的第二本账也没有考虑部门之间的相互协调关系，从而失去了部门之间、地区之间的协同，导致国民经济重大比例关系严重失调。"两本账"的计划方法，本意是为了发挥地方积极性，结果造成严重的分散主义。

[①] 曹尔阶等：《新中国投资史纲》，中国财政经济出版社1992年版，第130~133页。

二、投资规模膨胀与结构失调

1958—1960年,我国基本建设投资分别完成269亿元、349.7亿元和388.7亿元,累计完成投资1007.4亿元,为"一五"时期的171%,年均增速达到40%,是改革以前各历史时期中增长最快的。这是投资计划的层层加码的必然结果,过高的指标和急于求成的要求,导致远远超出财力和物力的投资,虽然在短期里带来快速增长,却给未来造成了严重的隐患。

这一时期,国民经济主要行业基本建设投资增长均较快,工业投资年均增长46.9%,农业投资增长42.6%,地质和水利投资增长51.1%,交通运输投资增长39.4%,房地产和社会服务投资增长36.1%,商贸投资增长26.7%,教育文化投资增长19.3%。工业投资比重平均达到61%,比"一五"时期大幅上升20个百分点。这一时期,3/5的投资都进入了工业领域,是十分罕见的;另外,地质水利投资比重也达到8.9%,比前期上升了2个百分点;农业投资比重略有上升;交通运输投资比重达到14%,略有下降;教育文化投资比重只有3.6%,下降明显;国家机关和其他行业投资比重大幅下降到3.8%(见图3-1)。这一时期,工业是投资的大头,水利投资受到重视,经济基础设施保持力度,而社会基础设施和民生建设则明显弱化。

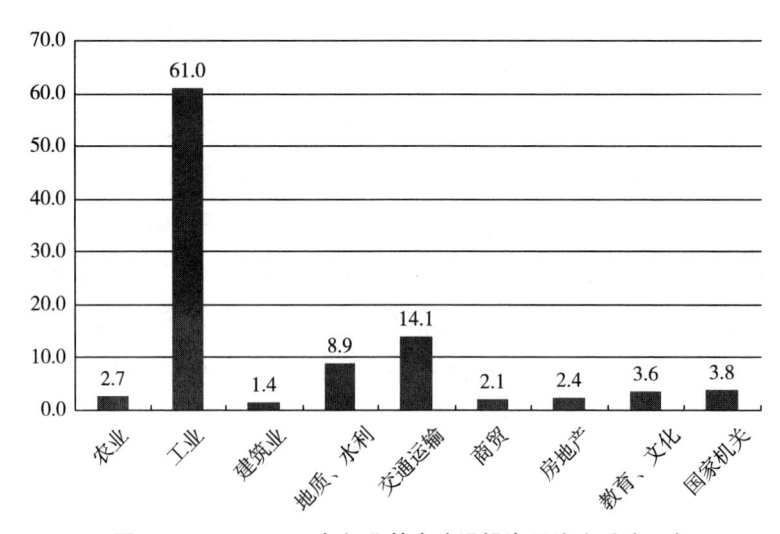

行业	比重(%)
农业	2.7
工业	61.0
建筑业	1.4
地质、水利	8.9
交通运输	14.1
商贸	2.1
房地产	2.4
教育、文化	3.6
国家机关	3.8

图3-1 1958—1960年行业基本建设投资平均比重(%)

资料来源:《中国固定资产投资统计数典(1950—2000)》,中国统计出版社2002年版。

在工业内部，冶金工业投资平均占比达到19.1%，比"一五"时期提高0.5个百分点；煤炭工业投资占比为17.7%，比重大幅提高5.6个百分点；化学工业投资占比为8.4%，比重提高3.4个百分点；森林工业投资占比也提高了1个百分点。与此同时，纺织工业投资比重为2.4%，显著下降4.7个百分点；机械工业投资比重为12.6%，下降3个百分点；食品工业投资比重为2.5%，下降1.4个百分点。煤炭和化学工业投资地位上升，而纺织和机械工业投资地位下降（见图3-2）。

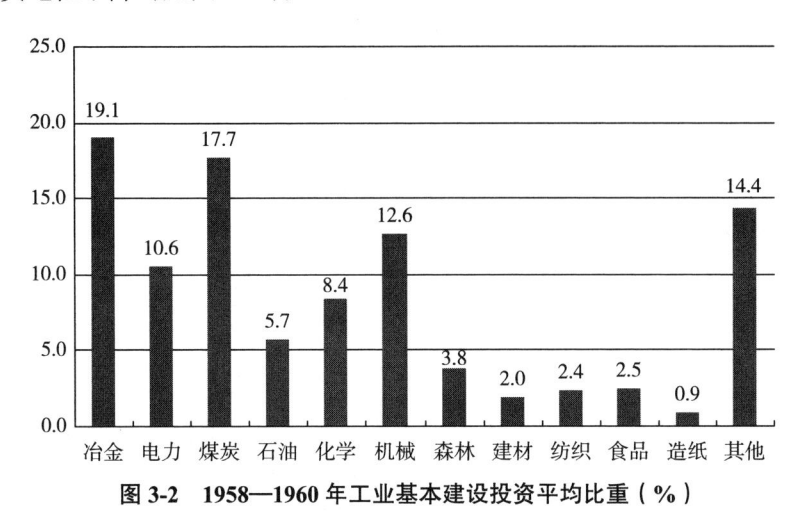

图3-2　1958—1960年工业基本建设投资平均比重（%）

资料来源：《中国固定资产投资统计数典（1950—2000）》，中国统计出版社2002年版。

这一时期，对内地基建投资进一步加大力度，沿海地区投资呈下降趋势。从全国基本建设投资总额看，"一五"时期，沿海与内地基建投资之比为0.87∶1；"二五"时期下降到0.79∶1。在不同地区中，1958—1960年，东部地区基本建设投资平均比重为25.2%，中部地区为23.9%，西部地区为27.3%，东北地区为15.3%，还有8.2%属于不分地区投资。在各省区中，投资占比较高的是辽宁（7.43%）、四川（5.75%）、河南（5.46%）、黑龙江（5.27%）、北京（4.57%）、河北（4.41%）、湖北（4.4%）、山西（4.29%）、甘肃（4.2%）。与"一五"时期相比，地区投资重点发生了不小的变化。上海、浙江、江苏、山东、广东等沿海地区，以及河南、湖北、湖南、安徽等中部地区，还有云南、贵州、四川等西部地区投资比重上升。

第三节　重点行业和领域投资急剧扩张

一、以钢铁为中心的重工业建设

1958—1960年，基本建设在"以钢为纲"的方针指导下，突出了以钢铁为中心的重工业建设。三年累计，重工业完成的基本建设投资为545.7亿元，占同期基本建设投资总额的54.2%，占同期工业基本建设投资的89.3%；分别比"一五"计划时期重工业所占的相应比重提高了18.1个和4.3个百分点。同期，钢铁工业累计完成投资117.3亿元，占重工业投资总额的21.5%，比"一五"计划时期提高了7.6个百分点。如果加上大炼钢铁运动中无偿提供的人力、物力、财力投资，钢铁工业完成的基本建设投资还远不止这个数字。

1958年8月，钢铁产量当年翻番的任务仓促决定以后，随着大办"小土群"和浮夸风的刮起，大型和中型钢铁厂的建设受到了冲击。主要表现是：由于建设资金、设备制造能力都迅速转向小型项目，使正在建设中的大中型钢铁厂，特别是中型钢铁厂，在这些方面得不到应有的保证，建设受到一定的影响。在产量的压力下，建设中的大中型钢铁厂如鞍钢、武钢、包钢、太钢等，为了突击产量，挪用建设资金、设备、材料和建设力量，仓促兴建了一批小高炉、小转炉等，影响了自身的建设进度。后来，仓促建设起来的这些设备都没有存在的价值，不得不拆除或改作他用。为了高产拼设备，设备损坏严重，给以后的建设留下了隐患。

1959年，钢产量继续维持高指标。而"小土炉"生产不出铁水的问题在1958年年底已经暴露出来。因此，1959年钢铁工业基本建设的主攻方向，已由"小土群"转向"小洋群"，并抓紧了"三大""五中"的建设和抢建各省市自治区的中小型钢铁厂（数量已从"十八小"[①]发展到34个，规模也有了变化）。1960年，钢产量指标又回升到1800万吨，同时明确规定，需要的是质量合格的钢、铁，而且能够轧制成材。"小洋群"生产的生铁质量不能保

[①] "大跃进"中强调"以钢为纲"。当时，有一个规划，叫作"三大、五中、十八小"。"三大"就是鞍钢、武钢、包钢；"五中"就是太原、马鞍山、重庆、本溪、首钢；"十八小"就是各省只要有点儿资源就可以搞。

证，耗能又多，煤炭也供应不上，因此，1960年钢铁工业投资的主要力量已集中到大中型建设项目上。

尽管受到了"大跃进"的冲击，但大中型钢铁工业项目始终没有停止建设，特别是经过后两年的奋斗，上海建成了一批转炉，形成了近300万吨的炼钢能力，天津建成近百万吨炼钢能力，北京建设了北京钢厂和特殊钢厂，也有几十万吨炼钢能力。石景山钢铁厂建成30吨转炉炼钢厂，鞍钢建成了第三炼钢厂。武钢2座高炉、5座平炉也陆续建成。太钢、重钢、唐钢和一批特殊钢厂都扩大了生产能力。各省市自治区的地方钢铁厂，建设快的也初步形成了炼铁、炼钢和轧钢能力。1958年，合格钢铁产量从535万吨提高到900万吨，1959年达到1300万吨，1960年达到1800万吨，大大超过了第一个五年计划的总量。

二、机械工业投资加快推进

机械工业相关部门是为国民经济提供技术装备的部门。从1958年"以钢为纲"、全面跃进开始，机械工业就成为国民经济发展的焦点。只能大上基本建设项目，加快建设进度，依靠新增生产能力尽量满足各部门的需要。1958年6月，占中央直属企业总数84%的企业已被下放给地方管理，同时明确要求各省市自治区都要建立自己的工业体系。各省市自治区都要兴建自己的钢铁厂，相应地也都要建设自己的重型机器厂、冶金设备厂或矿山设备厂，建设规模急剧膨胀起来。而且，因为急于求成，建设项目的安排往往只抓主机，忽视配套，只管建设，不问需要，项目开工建设得很多，却都形不成综合生产能力。1958—1960年，机械工业累计完成基本建设投资103.3亿元，建成的大中型项目31个，基本上都是"一五"计划期间开始建设的续建项目，新开工的大中型项目除保定变压器厂基本建成外，其余都未建成。

建成投产的重大项目有生产能力为年产机床380台的武汉重型机床厂，年产各种机床4497台、总重量1.6万吨的洛阳第二机床厂，年产汽轮发电机60万千瓦的哈尔滨电机厂汽轮发电机车间，年产电机11万千瓦的湘潭船用电机厂，年产汽轮机60万千瓦的哈尔滨汽轮机厂一、二期工程，年产滚珠轴承1000万套的洛阳滚珠轴承厂，年产滚珠轴承650万套的哈尔滨滚珠轴承厂，年产矿山机械设备 2 万吨的洛阳矿山机械厂，年产轧机、炼钢、炼铁设备 6 万吨的富拉尔机重机厂，年产石油设备 1.5 万吨的兰州石油机械厂，年产化工设备 2.5 万吨的兰州炼油化工机械厂，年产各种绝缘材料 6000 吨的西安绝缘材料厂，年产电刷及碳素制品 100 吨的哈尔滨碳刷厂，年产电力电容器 100 千伏安 6.1 万只的西安电力电容器厂，年产拖拉机 1.5 万台的洛阳拖拉机厂等。这批"一五"计划期间就开始建设的骨干项目建成投产，使机械工业的制造能力大大增强[①]。

三、汽车行业呈现遍地开花局面

为了响应"鼓足干劲，力争上游，多快好省地建设社会主义"的总路线号召，各省市利用现有的资源仿制和拼装汽车，出现了一次造车热潮。1958 年 3 月，南京汽车制配厂仿照苏联嘎斯 51 研制成功中国第一辆轻型汽车——跃进 NJ130，成为中国第一款批量生产的轻型载货车。1958 年 5 月，上海货车修理厂参照美国万国牌 MK7、道奇牌、德国依发牌汽车试制成功首辆 4 吨载重汽车，定型为上海牌 SH140 型，是国内最早批量投产的平头中型卡车。上海汽车底盘配件厂等 50 余家配件厂以日本大发 SDF-8 为基础，改进生产出上海 58-1 三轮汽车，其结构简单、经济实用、灵活方便的特点非常适合城乡短途运输，为 20 世纪 60 ~ 70 年代交通发展做出了巨大贡献。

1958 年 7 月，青海省新生汽车配件厂组织员工在短时间内敲敲打打造出青海省第一辆汽车，并命名为"跃进"牌。到 1959 年，青海省第一汽车修理厂也曾组装了一辆"朝阳牌"载重汽车。由于当时青海机械工业水平很低，所以两款车都没有投入批量生产。1958 年 7 月 1 日，云南汽车配件厂利用老进口卡车底盘试制出第一辆"红旗"牌苏式客车，两辆"长城"牌载货汽车，为云南制造汽车奠定基础。1960 年，济南汽车制造总厂参照斯柯达 706RT 卡车，制造出中国首辆重型卡车黄河系列 JN150，结束了我国不能造重卡的历史。

---

① 彭敏主编：《当代中国的基本建设》（上），当代中国出版社 2019 年版，第 70 ~ 73 页。

各省的造车运动耗费了大量人力物力，有些虽然拼凑出了卡车原型，但苦于没有足够的工业基础，批量生产无从谈起。除了跃进、上海、黄河等品牌存活了下来，更多的汽车品牌都没有得到批量生产[①]。

四、能源工业的突破发展

"大跃进"对能源的需求量急剧扩张。在当时的能源构成中，石油占的比重不大，能源需求的压力主要集中在煤炭开采上。为了满足炼焦、炼钢、发电等需要，煤炭工业投资急剧扩大。正规矿井在建设过程中打破常规，推行了边勘探、边设计、边施工的"三边"交叉作业；打破了地质勘探的规范要求，大大简化地质报告；设计也强调简化、快速；投产则强调简易投产。这些做法给以后的生产和建设造成了种种恶果。1958—1960年，煤炭工业累计完成基本建设投资62.5亿元，比"一五"时期增长了1.1倍。但是，全部建成的骨干项目几乎都是"一五"时期开始建设的大中型项目。

由于各行各业都在跃进，缺电情况在1958年已经出现。三年中发电量的指标一再拔高，装机容量指标也随之高涨。1958—1960年累计完成电力工业基本建设投资77.6亿元，新增发电装机容量750.3万千瓦。1958年1月，电力工业提出了"水主火从"的建设方针，开工兴建了不少大型水电项目。由于急于求成，这一时期水电建设中不顾条件，过早地上了一批大型项目，前期准备不足，工程地质等方面出现较多问题，最后不得不下马。电力工业的"大跃进"依据"先简后繁、简化发电方法"及"三边（边勘测、边设计、边施工）"的建设方针，导致机组投产后不能安全、稳定、满发运行。

石油工业是当时能源工业的薄弱环节。1958年，青海石油勘探局在冷湖打出日产800吨高产油井。此外，在四川发现了南充、桂花等七个油田。1959年冬，初步探明大庆地区是一个面积达2000多平方公里的有利于含油的构造带，在南部还探明了一个含油面积约200平方公里的油田。1960年2月，石油工业部党组提出来一个声势浩大的大会战，为大庆油田的大规模建

---

① 《时势造卡车：1958大跃进，中国掀起第2次造车热潮》，https://www.sohu.com/a/303982812_681943。

设奠定了基础。1958—1960 年，石油工业累计完成基本建设投资 17.8 亿元，相当于"一五"计划时期五年累计完成额的 149%；新增天然石油开采能力 501.3 万吨、石油加工能力 389.4 万吨、天然气开采能力 14.1 亿立方米。1960 年全国原油产量达 520 万吨，比 1957 年增长了 2.6 倍，天然气产量达 10.4 亿立方米，比 1957 年增长了 1300 多倍。加工原油的能力不仅大大提高，能生产的品种也由 1957 年的几十种增加到 1960 年的 300 多种。与此同时，上海、宝鸡、兰州等石油机械制造基地也相应建立起来，石油工业已开始成为专业配套、初具规模的新兴工业部门[①]。

五、基础设施建设规模大幅扩张

全民大炼钢铁，各行各业齐跃进，铁路、公路、水路、航空等部门都出现了异常紧张的局面，不少物资积压在产地，交通沿线的站、场，铁路各站、线严重堵塞。为解决矛盾，1958—1960 年交通运输的建设规模也相应有了较大幅度的扩大。

铁路建设依然是交通建设中的重点。这一时期，提出了以铁路为重点建设全国的运输网和通讯网。三年中，新建干线项目达 36 项。西北、西南地区仍然是铁道建设的重点。新建铁路支线、桥梁的项目和规模也在不断增加。铁路部门提出了全党全民办铁路的方针，百万民工齐上阵，很多原有铁路线路改造工程和新线修建工程同时开工。三年累计，铁路建设完成基本建设投资 90.4 亿元，相当于"一五"期间累计完成额的 152.8%，占同期完成的交通运输邮电基本建设投资总额的 63.1%。新增铁路正线铺轨里程 4198 公里，其中干线 2768 公里，支线 1430 公里；新增复线正线铺轨里程 2761 公里。但因基本建设规模过大，超过了国家人力、物力和财力的可能，致使铁路新线建设忽上忽下，原有铁路线路改造不能按时竣工。此外，铁路运输因片面追求高指标、高效率，造成设备失修失养、效率下降、检修率上升，行车事故有所增加[②]。

[①] 彭敏主编：《当代中国的基本建设》（上），当代中国出版社 2019 年版，第 74～79 页。
[②] "新中国铁路发展史"，https://weibo.com/ttarticle/p/show?id=2309404640872883945795。

在铁路运输十分紧张的情况下,加快公路建设成为解决物资积压问题的一条捷径。1958年提出了"依靠地方,依靠群众,普及为主"的建设方针。1958—1960年,依靠国家投资建设的有路面的公路累计新增3.3万公里,而依靠"全民大办"建设的简易公路也达几万公里。水运建设中,内河航运里程虽然增长不多,但拥有的驳船却大大增加。累计新增沿海港口吞吐能力1409万吨,相当于"一五"时期的168.7%。南宁、昆明、成都、贵阳等机场先后开始建设,民航通航里程新增1万多公里,1960年客运量较1957年增长了两倍多。

水利建设的规模是空前的,也超过了1978年以前的任何一个时期。以大型水库为例,1958年以前全国只建设了23座,而1958—1960年就有270余座同时动工。与此同时,在1958年8月提出的水利建设"以小型为主、群众自办为主、以蓄为主"的"三主"建设方针指导下,水利建设还开展了"全民大办"运动。这期间,水利累计完成基本建设投资75.9亿元,相当于"一五"期间的297.7%。其中还没有包括各省市自治区在"全民大办"中投入水利建设的大量人工费用。据初步统计,"大跃进"三年中各省区年均投入水利建设的劳动力一般达到本省区农业劳动力总数的20%~30%,最多的达80%。

六、轻工业和城市建设没有得到重视

1958—1960年,轻工业完成基本建设投资共计65.7亿元,占同期工业基本建设投资总额的10.7%,其中纺织工业累计完成基本建设投资16.6亿元,仅占2.7%,大大低于"一五"时期的15%和6.4%。轻工业各部门的建设投资少,建设所必需的物资、材料也得不到基本保证。为了满足重工业部门物资需求,轻工业各部门的生产和建设被迫"停车让路"。从1958年下半年开始,分配给轻工业各部门生产和建设用的钢材大大减少;原已签订的供应轻工设备的合同大多被承制单位——机械工业部门和企业撤销了。交通运输也因运力有限,只能优先安排重工业的运输任务,轻工业各部门急需物资常常被积压在产地、车站,产品也运不出去。轻工业各部门普遍开工不足,轻工产品产量急剧下降,造成了人民生活和市场供应上的严重困难。

忽视城市建设等必要的非生产性建设。"大跃进"的一个重要特征就是大批人口涌入城市，导致城镇人口猛增。1960年全国城镇人口达到13073万人，城镇人口占总人口的19.8%。城镇人口猛增的基本原因是工业的快速发展导致对用工的大量增加。但是，由于不顾经济规律，盲目城镇人口扩张使政府无法保障城镇基本生活需要[①]。这一时期，住宅建设投资仅完成37.7亿元，年均完成投资12.5亿元。城市基础设施、文教卫生和科研设施、商粮贸的投资都微乎其微，不能不影响到城市建设和人民生活，并为以后的建设留下了难题。这个时期，为庆祝中华人民共和国成立10周年，在首都北京建设了人民大会堂、中国革命博物馆和中国历史博物馆（两馆位于同一建筑内，即今天的中国国家博物馆）、革命军事博物馆等"十大建筑"，其造型新颖、美观、各具特色，并较好地体现了中国的民族风格，成为我国20世纪50年代建筑设计中的杰出代表。

第四节 "二五"计划的制定及投资的安排

一、"二五"计划的最初制定

（一）制定的背景

"二五"计划的实施跨越了20世纪50年代中后期与60年代前半期，表现出截然不同的特点。20世纪50年代中后期，随着美苏两极格局的逐渐稳固，国际形势日趋缓和。毛泽东当时认为："现在，新的侵华战争与新的世界大战，估计短时期内打不起来，可能有十年或者更长一点的和平时期。"[②] 世界局势的相对缓和与各国致力于经济建设的国际形势为中国提供了一个相对安定和平的经济建设环境。

[①] 李若建："大跃进时期的城镇化高潮与衰退"，《人口与经济》1999年第5期。

[②] 毛泽东："论十大关系"，《人民日报》1976年12月26日。

进入20世纪60年代，中国的周边环境开始复杂化，其中，美国侵越战争的升级和因中苏意识形态分歧导致的两国关系的紧张状态，严重影响了中国的发展战略导向。

与"一五"时期一边倒的外交策略和国际关系相比，"二五"时期的国际关系更为复杂，中国不仅与资本主义阵营维持着敌对关系，与社会主义阵营中的领导者苏联也关系恶化，导致外交上面临着困难局面。

"二五"计划开始，国内经济状况较好，重工业的迅速发展使得工业化的初步基础得以建立，三大改造的相继完成使得公有制的主体地位基本确立。一方面，"一五"计划的辉煌成果在国内逐渐滋长了骄傲自满情绪，使得一些领导人过高估计了制度的优越性，忽视对经济发展规律的尊重。另一方面，人民群众急于改变经济落后的面貌，在全社会形成冲动和冒进的情绪。

（二）建议的主要内容

1953年5月，国家计划委员会开始了准备工作。1955年9月，国家计委召开专门会议，提出根据国家在过渡时期的总路线和总任务编制15年远景计划草案，再根据15年远景计划编制出第二个五年计划轮廓草案。1956年，在周恩来总理主持下，编制了《关于发展国民经济的第二个五年计划的建议》（以下简称《建议》），并于9月交中国共产党第八次全国代表大会讨论通过。

《建议》明确规定了第二个五年计划的基本任务：①继续进行以重工业为中心的工业建设，推进国民经济的技术改造，建立我国社会主义工业化的巩固基础；②继续完成社会主义改造，巩固和扩大集体所有制和全民所有制；③在发展基本建设和继续完成社会主义改造的基础上，进一步发展工业、农业和手工业的生产，相应发展运输业和商业；④努力培养建设人才，加强科学研究工作，以适应社会主义经济文化发展的需要；⑤在工农业生产发展的基础上，增强国防力量，提高人民的物质生活和文化生活的水平。《建议》提出1958—1962年五年内的主要指标是：工业产值增长一倍左右，农业总产值增长35%，钢产量1962年达到1060万～1200万吨，基本建设投资占全部财政收入的比重由"一五"时期的35%增长到40%左右，基本建设投资总额比"一五"时期增长一倍左右。

（三）涉及的主要问题

《建议》提出了第二个五年计划建议若干主要问题，其中重点明确了积累的重要性以及投资的方向。

1. 合理地积累和分配资金

国家建设规模的大小，主要决定于可能积累多少资金和如何分配资金。资金积累较多，分配得当，社会扩大再生产的速度就会较快，国民经济各部门就能够按比例地发展。因此，合理的解决资金积累和分配的问题非常重要。国民收入是全国劳动人民在生产过程中新创造的物质财富，在社会主义国家，全部国民收入都归劳动人民自己所有。劳动人民把国民收入的一部分用来维持和改善自己的生活，另一部分用于社会扩大再生产，也就是说用作积累。在分配和再分配国民收入的时候，必须使消费部分和积累部分保持适当的比例。消费部分所占比重小了，就会妨碍人民生活的改善；积累部分所占比重小了，就会降低社会扩大再生产的速度。这两种情况都是对人民不利的。

由于我国国民经济还很落后，农业所占的比重还比较大，人民生活水平还比较低，因此，积累部分在国民收入中所占的比重，不可能也不应该有过多的和过快的增长，但是可以稍高于第一个五年已经达到的水平。这样，在"二五"计划期内，积累的总额将随着国民收入的增长，仍然会有比较多的增加。在解决了资金积累的问题以后，还必须解决资金分配的问题。考虑到当时的国内和国际条件，有必要和可能适当地降低国家预算中的国防和行政费用的比重，提高经济和文化教育支出的比重。在分配国家基本建设投资的时候，应该保证工业和农业能够得到较高速度的发展。在分配工业投资的时候，还应该在轻重工业之间进行适当的安排。考虑到第二个五年计划人民消费水平的逐步提高，若干轻工业品的生产能力将会不足，有必要适当地提高轻工业投资所占的比重。

2. 正确地安排基本建设计划

机器制造工业的发展，是建立我国完整的工业体系的主要环节之一。"一五"时期，许多大型的精密的机器和成套设备都还不能够制造，这种状况使我国建设所需要的机器和设备有 40% 左右依靠进口。因此，努力发展机器制造工业，特别是发展我们所需要而又缺乏的各种重型设备、专用机床、精密机床和仪表等制造业，是工业建设的一个重点。应该争取经过"二五"计划的建设，使机器设备的自给率提高到 70% 左右。

冶金工业是重工业的基础，如果没有强大的冶金工业，机器制造工业的发展也是困难的。在"一五"计划期间，我国生产的钢材大约只占国内需要量的 80% 左右，许多特殊品种的钢材，全部或几乎全部要依靠进口解决。因此，努力发展冶金工业，是工业建设的另一个重点。要争取经过"二五"计划的建设，使钢材和主要的有色金属的数量和品种，基本上满足国民经济各部门特别是机器制造工业部门的需要。

在重工业各部门中，不仅机器制造工业和冶金工业需要努力发展，而且还有许多薄弱的环节需要加强，许多空白需要补足。例如，稀有金属的开采和提炼，有机合成化学工业的建立和发展，原子能的和平利用等等，都应该当作建设的重要方面，给以足够的注意。为了发展重工业，必须继续加强地质工作，并且使地质普查工作和重点勘探工作正确地结合起来，争取发现更多的新矿区和矿种，探明更多的矿产储量，以满足工业建设当前和长远的需要。

今天看来，"二五"计划建议提出的指导方针和指标不仅比较实在，也相当积极，同时留有余地。如果当时能够按照这个建议执行，可以保持经济发展的连续性和稳定性，会在"一五"计划已经取得的成就基础上，使国民经济继续健康发展。

二、"二五"计划的调整

为了更好编制"二五"计划，国家计委从 1957 年 1 月开始，初步总结"一五"计划并研究"二五"计划的有关重大问题。在调查研究的基础上，1957 年 8 月，国家计委综合各部、各办的研究结果，提出了关于"二五"计划控制数字的初步设想。1957 年 9 月，国家计委依据党的八大建议和报告所提原则，对"二五"计划建设和生产部署作了一些调整。1957 年 9 月，在中共八届三中全会上，李富春就"二五"计划的编制问题发言，指出要统筹安排生产、建设、劳动和人民生活问题。经济方面主要是解决建设和生活的关系，解决重工业、轻工业和农业的发展关系，同时还要解决先进技术和落后技术的关系、中央和地方的关系等等。问题的中心在于充分利用我国的人力、物力和善于利用有限的积累，实现社会主义的扩大再生产，保证六亿人有吃有穿，加速我国的社会主义工业化。"二五"时期，关键在于发展农业，工业建设的安排、重工业内部的关系应当有所调整，同农业、轻工业直接有关的重工业应当发展得快些，原材料工业应当比加工工业发展得快些，机械工业应当适当发展我国缺少的和薄弱的制造部门。

1957年下半年至1958年上半年，在八届三中全会上以及此后的杭州会议、南宁会议、成都会议上，"反冒进"受到了严厉的批评。为了跟上"大跃进"的步伐，国家计委汇总各地区、各部门重新拟订的计划，对"二五"计划草案的原定指标作了调整，但是调整的步子仍然赶不上各地区、各部门提高指标的速度。总路线、"大跃进"和人民公社的决策，对"二五"计划编制工作产生了重大影响。经济计划服从政治运动的需要，掉进了高指标的陷阱。原有的在中共八大通过的"二五"计划《建议》被搁置，编制了新的"二五"计划草案。1958年8月，中央政治局扩大会议在北戴河举行，会议作出《中共中央关于1959年计划和第二个五年计划问题的决定》，对"二五"计划草案进行了全面的修正。决定"二五"计划必须进行巨大规模的建设，基本建设投资约需3850亿元，比"一五"计划增长6.8倍。"二五"计划工业方面的重大建设项目，初步安排了1000个以上，中小型建设项目，将由各地根据需要和可能的条件具体安排[①]。

"二五"计划的修订过程受到急躁冒进思想的影响，提出了超越国情国力的奋斗目标，"浮夸风"的蔓延也对经济形势的判断造成了偏差，与此同时，地区之间争投资现象也越来越严重，地方和企业的积极性转变成为盲目性和无政府主义，国民经济出现全局性混乱。在"大跃进"的浪潮下，由于片面追求工农业生产和建设的高速度，不断提高和修改指标的势头愈来愈猛，这就进一步迫使国家计委不断修订计划，偏离正确轨道越来越远，最终导致正式的国民经济计划并未形成，只是提出了计划建议和编制了计划草案。

---

① 刘国光等：《中国十个五年计划研究报告》，人民出版社2006年版，第114～150页。

第五节 投资管理权限的下放与调整

一、经济和投资管理权力下放

"大跃进"期间,苏联投资逐步撤走,中央财政收支占全国财政收支的比例急剧下降。为了维持工业化进程,必须充分调动地方积极性,依靠地方发展工业。而我国长期以来都是中央集权,地方没有权,妨碍了生产力的发展,因此,需要适当下放权力。

(一)下放基本建设项目审批权限

首先,下放建设标准审定权限。1958年2月,国家建委的撤销,基本建设的标准、规范的编制、审定权限决定下放给国务院有关部和各省、市、自治区。其次,下放建设项目的审批权限。4月,《中共中央关于在发展中央工业和发展地方工业同时并举的方针下有关协作和平衡的几项规定》中提出:适当改变基本建设的管理程序。各省、市、自治区兴办的限额以上建设项目,除了提出简要的计划任务书,其中规定产品数量、品种、建设规模、厂址和主要的协作配合条件,报送中央批准外,其他设计和预算文件,一律由省、市、自治区自行审查批准。某些建设项目,虽属限额以上,但是生产的产品不需要全国平衡,而且和中央部门管理的企业没有协作配合的关系,这种项目的计划任务书也可以先经省、市、自治区批准,再报送中央有关部门备案。9月,又明确规定,中央只审批年产钢100万吨以上、年产煤1000万吨以上、火电站20万千瓦以上的建设项目,以及协作区工业体系规划和贯穿几个省、自治区的铁路干线和河流规划,除此以外的大部分大中型建设项目都由地方、各部自行审批决定后报国家计委、国家建委备案。同时,规定还简化了对设计任务书的要求。

(二)扩大地方的决策权和调剂权

主要采取了以下措施:第一,下放财权。从1958年起实行各省、市、自治区地方财政"以收定支,五年不变"的管理体制,允许地方根据自己的地方财政收入,自行安排基本建设投资规模,并列入地方预算支出。第二,从

1958年起,在国营企业实行利润留成制度,由各部各自计算确定本部门的留成比例,基本上5年不变。企业利润留成所得,规定大部分用于发展生产。第三,实行基本建设投资包干办法。即在保证不降低生产能力、不推迟交工日期、不突破投资总额和不增加非生产性建设比重的条件下,将经年度计划和国家预算核定的基本建设投资额交由各有关建设部门和单位统一掌握,自行安排,包干使用。建设部门和建设单位,在既定的投资总额范围内,有权因地、因事制宜,修改设计定额,调剂建设项目,在项目之间调剂使用资金。

(三)改变基本建设物资分配体制

先是实行在全国统一计划下,以地区管理和地区平衡为主的物资调拨制度,即中央除统一分配少数主要原材料外,其余下放给省、市、自治区或专区、县(市)分配。供销工作也改由地方为主组织进行。这样,1958年中央统配、部管物资较之1957年减少了70%,原来的供应渠道大部分都被打乱。执行的结果是:物资分散,调度不灵,基本建设材料缺口大,供需矛盾十分突出。从1959年起,物资分配体制又改为按行业、按用途分项核算,由中央部归口审查,物资分配部门负责综合平衡并统一向省、市、自治区下达分行业、分用途的分配指标。建设项目所需统配、部管物资从施工单位改为由建设单位向主管部门申请,物资分配指标按项目隶属关系下达,并从原来的施工单位包工包料改为由建设单位负责订货采购、供应施工企业使用。在材料分配不足的情况下,这种依靠建设项目所隶属的部门和地区去自行努力和调剂的方法,发挥了一定的作用;但是,物资分散、调度不灵的问题并没有得到解决。而且由于物资分配环节增多,增加了物资库存。由于建设规模大大超越了社会生产的可能,虽然一再挤占生产和维修用材,基本建设物资材料的供需矛盾仍得不到解决,反而随着基本建设规模的急剧膨胀而日趋紧张[①]。

二、经济和投资管理权限的调整

以实行地方分权为重点的管理体制变革,成为加快发展地方工业、实现

---

① 彭敏主编:《当代中国的基本建设》(上),当代中国出版社2019年版,第64~68页。

"大跃进"的一项主要措施。但也出现了下放管理权限过多、过急的现象。计划权、基建审批权、物资分配权、劳动管理权、财权下放过多，一些应由中央掌握的决策权也下放给了地方，而宏观调控不仅没有相应地加强，反而抛弃了一些原来行之有效的东西，以至出现了严重失控的现象。为此，中共中央、国务院在财政、基本建设、物资、劳动工资、资金使用等方面采取了一些补救措施，进行了初步调整。

第一，整顿财经纪律，加强财政计划管理，适当集中财权。1958年9月，国务院通过了《关于进一步改进财政管理体制和相应改进银行信贷管理体制的几项规定》。决定从1959年起，在中央和地方的关系上，改变"以收定支，五年不变"的办法，实行"总额分成，一年一变"的财政体制。1960年1月，国务院发布《关于加强综合财政计划工作的决定》，指出编制综合财政计划，应当根据民主集中制和全国一盘棋的原则，把国家一切财政资金都纳入综合计划里来，既要实行统一领导，保证人力、物力、财力的全面安排和合理使用，又要坚持分级管理，分工负责，充分发挥各地方各部门的主动性和积极性，以便集中力量，保证国家计划和重点项目的完成，同时又有利于各地方各部门合理充分地使用机动财力，完成各地方和各部门所需要的建设。12月，财政部进一步提出了改进财政体制、加强财政管理的意见。主要内容是：国家财权基本上集中在中央、大区和省三级。国家财政预算，从中央到地方实行上下一本账，坚持收支平衡，一律不搞赤字预算。对地方的预算外资金、要采取"纳、减、管"的办法进行整顿。

第二，加强对基本建设的计划管理。1959年5月，国务院发布了《改进基本建设财务管理制度的几项补充规定》，在肯定投资包干制度的积极作用的同时，强调要进一步加强国家计划管理，建设部门和建设单位必须执行统一的国家建设计划，保证完成国家既定的建设任务；保证工程质量，不能片面地求多、求快、求省而忽视工程质量；建设单位节约下来的资金，用于增加新的建设项目时，必须事先报告；加强经济核算，健全财务管理制度；对生产资金和基本建设资金严格分开管理，保证执行全国一盘棋的方针；各级财政部门要根据计划拨款，并监督使用。1960年底，国务院又规定投资包干结余资金用于新增建设项目，必须经国家计划部门批准。

第三，加强物资的集中管理。从1959年第二季度起，许多物资改变

"地区平衡""差额调拨"的做法,逐步恢复"统筹统支"或改为"统筹统支和地区平衡相结合"的办法,分配供应仍以部门为主管理。1959年下半年,统配、部管物资由第一季度的132种调整为285种[①]。1960年5月,在国家经济委员会内设立了物资管理总局,负责组织和实施物资分配计划。

第四,清理资金的使用状况,加强资金管理。针对许多地区和部门擅自挪用银行贷款和流动资金的混乱情况,1959年2月,国务院要求各企业保证国家拨给的自有流动资金完整无缺,抽调企业流动资金运用于基本建设和其他用途的,应当设法补足,不得冲减企业法定基金,不得减少国家流动资金。同年7月,中共中央强调要划清基本建设投资和流动资金的界限。凡是1958年以来,动用银行贷款和流动资金进行基本建设,或者用于其他财政性开支的,都应当用财政拨款归还银行和企业[②]。

第六节　投融资的成就和问题

"大跃进"动员了空前规模的人力、物力、财力,展开了史无前例的投资与建设,其间有巨大的损失浪费和问题,但也建成了一批"一五"时期开工的大型项目续建工程。

一、主要成就

(一)形成了一大批生产能力

"发动'大跃进'就是要以尽快的时间,使国家富裕起来,强大起来"[③]。在"大跃进"运动中,广大领导干部和人民群众迫切要求尽快改变经济落后状况的愿望十分强烈,人民群众投身社会主义建设的热情空前高涨。在"大

---

① 国家经济体制改革委员会:《我国经济体制改革的历史经验》,人民出版社1983年版,第71页。
② 汪海波、刘立峰:《中国经济70年》,山西经济出版社2019年版,第171~172页。
③ 薄一波:《若干重大决策与事件的回顾》(下),中共中央党校出版社1993年版,第718页。

跃进"时期所投入的人力、财力、物力,新建、扩建的企业和事业单位,新增加的生产能力,为进一步发展经济建设和社会各项事业打下了一定的物质基础。1958—1960年,施工建设的大中型项目达2148个,相当于"一五"时期施工项目的155.2%。截止到1964年,重工业各主要部门累计新建的大中型项目中,有2/3是在"大跃进"时期开工建设的。建成投产的大中型项目共510个,相当于"一五"时期建成投产的大中型项目总数的85.7%。此外,还有部分建成投产的大中型项目近1000个,比"一五"时期增加近1倍。"一五"时期开工建设的"156项工程"骨干项目的续建工程,除三门峡水利枢纽和1个军工项目外,全部在此期间建成投产,"一五"计划期间动工兴建的其他大中型项目也基本上都在此期间建成投产。

(二)在改革中进行了大胆探索

"大跃进"期间,针对"一五"时期基本建设管理权限过分集中的状况,提出了发挥中央和地方两个积极性的观点,在下放管理权限方面进行了大胆的探索。经济发展到一定阶段,管理权限过分集中就会束缚生产力的发展,适当放权是必要的。但是,当时的建设指导思想在"左"的错误倾向影响下,放权过急、过多,放权后管理又没有跟上。问题出现后,虽然也曾经强调过在扩大地方管理权限的同时,必须实行统一计划、分级管理、加强协作、共同负责的原则,强调过在财政金融方面,不准用银行贷款和流动资金进行基本建设等等,但是,在当时"大跃进"的氛围下很难贯彻,收效甚微。这一时期下放基本建设管理权限的实际结果是为基本建设规模失控提供了便利。尽管如此,在基本建设管理体制方面进行的大胆探索仍给以后的改革提供了正、反两方面的启示[①]。

二、主要问题

(一)国民经济比例关系严重失调

首先,由于片面强调重工业,尤其是"以钢为纲,元帅升帐",轻工业

---

① 彭敏主编:《当代中国的基本建设》(上),当代中国出版社2019年版,第94~95页。

和农业严重滞后,导致了国民经济比例严重失调。1960年,农产品产量大幅度下降,粮食只有2870亿斤,比1957年的3900亿斤下降26.4%;棉花2126万担,比1959年下降37.8%,都回到了1951年的水平。农业三年大倒退,而重工业却畸形发展、"一枝独秀"。1960年,重工业产值1100亿元,比1959年增长25.9%,比1957年增长2.3倍。其次,"大跃进"期间,基本建设投资规模过大,积累和消费的关系处理不当,积累率过高,1958—1960年的积累率分别达到33.9%、43.9%和39.6%,大大超过第一个五年计划期间已经较高的平均积累率24.2%。导致经济效益下降,人民生活水平并未因为经济发展而提高,反而下降[1]。

(二)基本建设投资的摊子越铺越大

由于把区域产业完备程度和产品自给率作为衡量区域经济发展的主要标准,生产布局呈现出大中小项目遍地开花,星罗棋布的状况。据不完全统计,"二五"期间全国施工的大中小项目总数达21.6万个,新铺的工业点数以万计[2]。县以上兴建的小型项目,1959年建成的就有5万个,1960年施工的达7万个。计划外项目大量增加,1960年全国施工的计划外大中型项目就有380个,占施工项目总数的20%以上;小型项目更多,占的比重更大。摊子越铺越大,导致国家急需的重点骨干项目的建设得不到保证,不能如期建成。同时,大量财力、物力分散在各个项目上,积压在建设过程中而不能及时形成生产能力。许多建成的项目也由于设备不配套和相关的项目未能同步建成而不能发挥效益,这就为以后建设中的填平补齐造成了极大的负担。

(三)经济社会损失和浪费巨大

"大跃进"打乱了国民经济秩序,浪费了大量的人力物力,使社会主义建设事业受到重大损失。根据李先念在1979年12月全国计划工作会议上的讲话,"大跃进"的经济损失估算为1200亿元,相当于1959年或1960年的国民收入。根据到1960年的不完全统计,"大跃进"三年中基本建设工程报

---

[1] "'大跃进'为我们提供了哪些教训",党员e家园2016-05-12。
[2] "经济学史:大跃进时期我国经济重心向北偏移",未央财经,2022-11-02。

废、停建、返工加固、推倒重来以及其他损失就达 220 亿元，占累计基本建设投资总额的 21.8%。煤炭工业三年中开工建设新矿井 1360 多处，设计能力 3.2 亿吨，后来力不从心，大批停建，规模缩小到 1.3 亿吨。机械工业在此期间停建的 315 个"半拉子"工程，停建时建成的面积已达 400 多万平方米，其中厂房 177 万平方米，但因没有设备，只好停工。钢铁工业报废和不能利用的固定资产就有 50 亿元，如果加上对小钢铁亏损的补贴，损失和浪费就更大了。社会生产力遭到一次大损伤，使整个社会再生产陷入困境，以至以后用了几年时间才逐步恢复到"大跃进"前的水平[①]。

---

① 彭敏主编：《当代中国的基本建设》（上），当代中国出版社 2019 年版，第 100～101 页。

第四章

经济调整时期的投资
（1961—1965 年）

在"大跃进"造成经济严重失衡的情况下，经济和投资的调整都是不可避免的。1961—1965年国民经济的调整尽管并不彻底，但基本上是成功的，投资与建设取得了一定进展，为以后的经济建设奠定了重要物质基础。

第一节　实施"八字方针"和国民经济的调整

一、"八字方针"的初步实施

1960年9月，中共中央批转了国家计划委员会党组《关于1961年国民经济计划控制数字的报告》，正式提出调整国民经济的"八字方针"，即1961年"把农业放在首要地位，使各项生产、建设事业在发展中得到调整、巩固、充实和提高。"[①]11月召开的全国计划会议传达了中共中央关于实行"八字方针"的决定。1961年1月，中共八届九中全会通过了《关于安排一九六一年国民经济计划的意见》报告，进一步明确了"八字方针"。

"八字方针"的基本内容是：适当调整国民经济各方面的比例关系，主要是调整农、轻、重之间的比例关系，尽可能提高农业和轻工业的发展速度，适当控制重工业，特别是钢铁工业的发展速度，同时缩小基本建设的规模，使国家建设和人民生活得到统筹兼顾、全面安排。要巩固国民经济发展中的成果，使其向纵深发展。要以少量的投资充实一些部门的生产能力，使其配套成龙，发挥更大的经济效果。要提高产品质量，增加产品品种，提高管理水平和劳动生产率。中共八届九中全会的召开，标志着中国经济指导方针发生了重要转变，表明经济建设由"大跃进"转入调整阶段。

---

① 《中共中央文件选集（1949年10月—1966年5月）》第35册，人民出版社2013年版，第157页。

二、国民经济的全面调整

"八字方针"提出后的一段时间内，国民经济调整的成效不大。根本原因是各级领导干部对经济形势的看法存在严重分歧，有人还在主张继续"跃进"。1962年1~2月，中共中央在北京举行扩大的工作会议，初步总结了1958年以来经济建设的基本经验教训，认为经济困难的原因除了由于自然灾害造成农业歉收外，在很大程度上是由于工作中的缺点错误引起的。这些缺点和错误主要有：工农业生产指标过高，基本建设战线过长，国民经济比例失调；农村人民公社推广过急，犯了刮"共产风"和平均主义的错误；在全国追求建立许多完整的工业体系，权力大规模下放犯了分散主义错误；不适当地大量增加了城市人口。

1962年2月，中共中央政治局常委扩大会议进一步讨论了经济形势和如何调整问题。提出了克服困难的六点意见：第一，把十年经济规划分为两个阶段。前一阶段是恢复阶段，后一阶段是发展阶段，恢复阶段从1960年算起大体上要用五年时间；第二，减少城市人口，"精兵简政"；第三，要采取一切办法制止通货膨胀；第四，尽力保证城市人民的最低生活需要；第五，把一切可能的力量用于农业增产；第六，计划机关的主要注意力应该从工业、交通方面，转移到农业增产和制止通货膨胀方面来，并且要在国家计划里得到体现。

1962年5月，中共中央在北京召开工作会议，作出了全面贯彻执行"八字方针"，进一步对国民经济进行大幅度调整的重大决策，要求切实按照农、轻、重次序对国民经济进行综合平衡。为此，会议决定进一步缩短工业生产建设战线，大量减少职工和减少城镇人口，切实加强农业战线，增加农业生产和日用品生产，保证市场供应，制止通货膨胀。会议进一步统一了思想认识，确定了进一步调整1962年计划的各项指标。5月26日，中央财经领导小组根据这次会议精神修改的《关于讨论一九六二年调整计划的报告》，提出三项针对性措施：第一，整个国民经济必须进行大幅度调整；第二，财政经济情况的根本好转，要争取快，准备慢；第三，我们的出路和方针，就是要大力加强农业生产战线，努力恢复生产，在工业生产建设方面要进行5个排队，在精简节约方面要实行7项措施。

1963年9月，中共中央召开工作会议对经济形势作了分析。会议认为，

1963年国民经济出现了全面好转的局面，但仍然存在不少问题。会议确定，从1963年起，再用3年时间，继续进行调整、巩固、充实、提高的工作，把它作为第二个五年计划（1958—1962年）到第三个五年计划（1966—1970年）之间发展国民经济的过渡阶段。过渡阶段工作的主要目标是：农业生产达到或超过1957年水平；工业生产水平在1957年基础上提高50%左右；国民经济各部门的主要比例关系力争在新的基础上取得基本协调；国民经济各部门的经营管理工作走上正常轨道。为了实现上述主要任务和目标，经济工作必须遵循的基本方针是：①以农业为基础、工业为主导的发展国民经济的总方针；②自力更生，奋发图强，艰苦奋斗，勤俭建国的方针；③按照解决吃穿用，加强基础工业，兼顾国防、突破尖端的次序安排的方针；④继续实行调整、巩固、充实、提高的方针[①]。

从1963年开始的三年继续调整阶段，工业部门除了继续加强支农工业外，还加快发展轻工业生产，使轻工业产值逐年增加，1963年为404亿元，1964年为476亿元，1965年达到703亿元。此外，各部门还着力于国民经济"充实、提高"方面的工作，不仅加强设备修理和生产能力配套，而且努力提高产品质量和增加产品品种。首先，采取了保重点企业的方针，发挥那些产品质量高、品种多、原材料消耗低的重点企业的能力，减少那些产品质量低、品种少、原材料消耗高的一般企业的生产；其次，加强生产技术指导，有重点地对"小洋群"企业进行技术指导和改造；再次，整顿工业企业管理，对企业的技术管理工作提出了严格要求，企业必须保证各种设备经常处在良好状态，保证产品质量符合标准，充分发挥工人、技术人员、职工革新技术的积极性。国务院发布施行《发明奖励条例》和《技术改进奖励条例》，以奖励科技发明和技术改进。为了配合经济调整目标的实现，积极引进国外新技术。1963—1966年，中国先后与日本、美国、法国等国签订了80多项工程的合同，用汇2.8亿美元；还从东欧各国引进成套设备和单项设备，用汇2200万美元。两者合计3亿多美元，其中成套设备50多项，用汇2.8亿美元，占用汇总额的91%[②]。

---

① 《1958—1965中华人民共和国经济档案资料选编.工业卷》，中国财政经济出版社2011年版，第62~63页。

② 郑有贵：《中华人民共和国经济史（1949—2019）》，当代中国出版社2019年版，第68~75页。

第二节 "全国一盘棋"和压缩投资规模

一、重申"全国一盘棋"方针

1961年初，党的八届九中全会正式提出从1961年起实行调整国民经济的"八字方针"，1961年1月，中共中央在总结三年"大跃进"经验教训的基础上作出了《关于调整管理体制的若干暂行规定》，这个规定的重点是强调集中统一，以利于克服经济困难。主要规定是：①经济管理大权应当集中到中央、中央政治局和省三级。中央局计委，在中央局各"口"和省（市、自治区）计划草案的基础上，综合平衡，编制计划草案，国家计委在国务院各"口"和各中央局计划草案的基础上，综合平衡，编制全国计划草案。② 1958年以来，各省、市、自治区和中央各部下放给各省、县、公社和企业的人权、财权、商权和工权，放得不适当的一律收回。③中央各部直属企业的行政管理、生产指挥、物资调度、干部安排的权力，统归中央主管各部。④根据"统一领导、分级管理"的原则，凡属需要在全国范围内组织平衡的重要物资，均由中央统一管理、统一分配；在计划内应该调出的物资，各部门、各地方必须服从国家的统一调度。⑤财权必须集中。各级的预算收支必须平衡，不许有赤字预算。切实整顿预算外资金的收支。⑥所有生产、基建、收购、财务、文教、劳动等各项工作任务都必须执行全国一盘棋，上下一本账的方针，不得层层加码。

二、坚决压缩投资规模

"大跃进"中，国民经济各方面的比例失调，主要原因之一就是连续三年的投资膨胀，导致基本建设投资规模超过了国家财力物力的可能性，同现实的工农业生产能力不相适应。投资规模的膨胀建立在两个错误估计上面：一是对于1958年生产7000亿斤粮食、7000万担棉花的错误估计，误认为粮食过了关。实际上1958年的粮、棉产量只分别达到4000亿斤和3938万担。二是以为钢产量很快可以达到五六千万吨的不切实际的设想。这样，建设项目上得多了，摊子铺得大了，工人招得多了，就造成了建设规模同实际的工农业基础不相适应。因此，调整国民经济，首先就是要把同工农业生产不相适应的投资规模压下来。

但是，压缩基本建设规模并不容易做到。主要是"大跃进"形成的高指标和浮夸风仍有较强大的惯性，遍及各个经济领域的高温过热的空气，也不可能立即冷却下来。1961年，在不到10个月的时间内，基建投资规模连续进行四次大幅度调整。1961年7月，全国计划会议预计1961年基本建设投资额为78亿元，年终实际完成的投资额仍达127.4亿元，虽然比1960年完成投资额389亿元，减少261.6亿元，仍比7月份预计数超出近50亿元。这反映出当时对压缩基本建设投资规模，缺乏足够的认识和估计。

1962年，召开了七千人大会，加强了集中统一，全党统一了思想，下决心推动调整。1962年初安排的预算内基本建设投资是56亿元，加上自筹投资为67亿元。4月份，为了挤出一部分钢材、木材用于增产农业生产资料，预算内基本建设投资又减少到46亿元。后来执行中陆续追加了一些必不可少的项目，计划调整到64亿元，年末实际完成基本建设投资71.3亿元。之后，中央财经小组确定基本建设踏步两三年，做好调整工作。1962年10月，全国计划会议安排的1963年基本建设投资略有回升，确定增加到85亿元，加上上年结转投资和地方自筹投资等，总投资为100亿元，实际完成了98亿元。由于下决心大幅度压缩投资规模，到1963年底，国民经济形势开始好转，1964年和1965年的基本建设投资有了回升，分别为144.1亿元和179.6亿元。1961—1965年，基本建设投资年均下降25%，投资调整的趋势十分明显[①]。

三、停建大量项目

仅仅压缩年度投资规模而不压缩在建规模，不减少施工项目个数，只能使投资分散在众多的建设项目上，拖长项目建设工期，使许多重要的工程不能如期完成，发挥投资效果。因此，调整时期国家采取了"双管齐下"的方针，在减少年度投资的同时，坚决停建和缓建一大批在建项目，压缩在建投

---

① 曹尔阶等：《新中国投资史纲》，中国财政经济出版社1992年版，第169~171页。

资规模。要大量停建项目,哪些项目该停,哪些项目不该停,必须兼顾经济的需要和可能,考虑目前利益和长远利益,进行慎重、合理的安排。1960年基本建设项目达8.2万个,1961年和1962年分别减少为3.5万个和2.5万个[①]。1961年当年施工的大中型项目由上年的1815个压缩到1409个,1962年又进一步压缩为1003个。当时,停建项目较多的是钢铁工业和与钢铁工业相联系的行业。

对于明确继续施工的项目,也不是平均使用力量,而是区别对待,保证重点,按照轻重缓急安排施工先后顺序,有计划有步骤地进行建设。打破原来设想的建设规模,根据新的形势重新考虑,建设规模能缩小的要坚决缩小;在原料、动力有困难,或投产后不能正常发挥生产能力的情况下,放慢建设速度,分几步走;为避免重复建设,把能够合并的相同的项目合并起来;有些小厂简易投产没有危险的,能简就简,节约资金;已建到最后阶段,只需少量投资和材料,甚至什么都不需要即可收尾建成的项目,允许结尾建成;对煤矿、铁矿等生产矿井的开拓延伸、配套工程,当年可以投产的化工、轻工、支农项目,国防和国家急需的项目,则集中财力、物力保证如期投产,发挥效益。

这一时期,做好停建项目的善后工作,尽量减少由于项目停建带来的损失,成为十分重要的工作。1961年5月,中共中央批准国家计委、财政部党组《关于停建项目的处理办法》,提出为了贯彻执行缩短基本建设战线、集中力量、打歼灭战的方针,停建项目的人员、设备和材料,必须有计划地使用于国家计划内的建设项目和其他急需的方面。对停建项目的处理,应当根据国民经济发展的需要和集中使用人力、物力、财力保证重点的原则,分为长期停建和短期停建两类。长期停建的项目或单项工程,已有的生产准备人员、设备、材料等应当尽量调出来,以免长期积压。短期停建的项目,生产准备人员、材料和通用设备,应当积极调剂使用,并将尚未完成的工程维护好。停建项目结存的材料,属于中央项目的,由各主管部在本行业内调剂使用;中央项目在边远地区,材料长途调运不合理的,经主管部同意,可以同当地其他行业的项目进行调剂或折价交地方使用。

---

① 武力主编:《中华人民共和国经济史》(上卷),中国时代经济出版社2010年版,第389页。

第三节 调整优化投资结构

国民经济调整的一个重要任务就是要调整"大跃进"时期被扭曲了的国民经济比例关系,包括积累与消费的比例,国民经济各部门之间以及各部门内部的比例,等等。这些比例关系的调整,一方面要依靠工业企业的关停并转,在全国范围内实现工业大改组和工业内部结构的大调整;另一方面,则须调整基本建设投资方向,压缩非重点项目的投资,把国家的主要财力、物力用于保重点、补短线,促进国民经济各项比例逐步合理。

一、投资的产业和地区结构变动明显

1961—1965年,国民经济主要行业基本建设投资均出现明显下降,工业投资年均下降17.3%,农业投资下降5.7%,地质和水利投资下降14.9%,交通运输投资下降11.4%,房地产和社会服务投资下降14.3%,商贸投资下降9.7%,教育文化投资下降12.6%。工业投资比重平均达到53.2%,比"大跃进"时期大幅下降7.8个百分点;交通运输投资比重为10.9%,下降3.2个百分点;地质水利投资比重达到10.6%,比前期上升了1.7个百分点;农业投资平均比重达到7.6%,上升了4.9个百分点。教育文化投资比重达到5.5%,上升1.9个百分点(见图4-1)。相对来讲,工业和基础设施投资比例相对收缩,农业投资和教育文化投资比例则相对提升。

在工业内部,冶金工业投资占比达到16.8%,比"大跃进"时期下降2.2个百分点;煤炭工业投资占比为16.1%,比重下降1.6个百分点;石油工业投资占比为7.4%,比重提高1.7个百分点;化学工业投资占比为10.2%,比重提高1.8个百分点;森林工业投资占比为5.9%,提高了2.1个百分点;纺织工业投资比重为3.2%,提高了0.8个百分点;机械工业投资比重为11.1%,下降1.5个百分点;食品工业投资比重为2.1%,下降0.4个百分点(见图4-2)。

在不同地区中,1961—1965年,东部地区基本建设投资平均比重为24.8%,中部地区为20.7%,西部地区为27.1%,东北地区为16.9%,还有10.5%属于不分地区投资。在各省区中,投资占比较高的是黑龙江(7.1%)、四川(6.4%)、辽宁(6.1%)、广东(5%)、北京(4.4%)、河南(4.3%)。与

"大跃进"时期相比，地区投资重点变化比较明显，投资的地区集中度下降，地区间均衡程度有所提高。

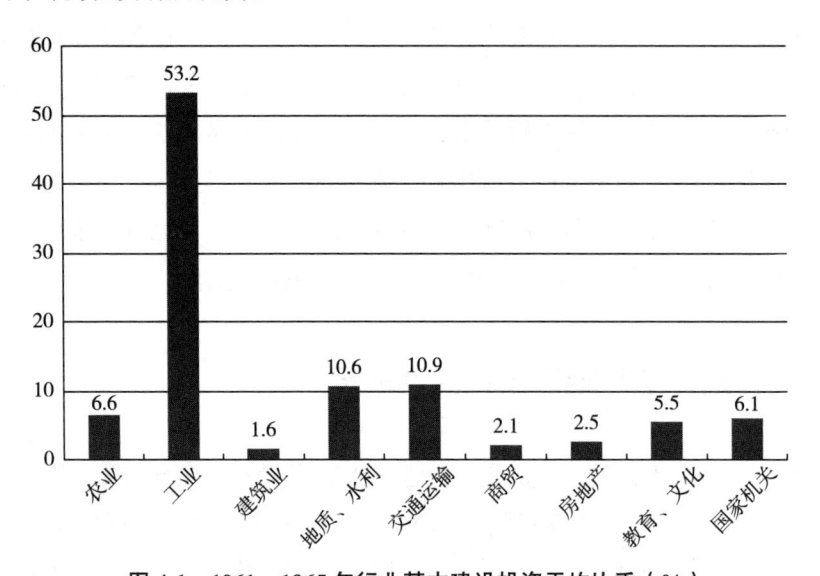

图 4-1　1961—1965 年行业基本建设投资平均比重（%）

资料来源：《中国固定资产投资统计数典（1950—2000）》，中国统计出版社 2002 年版。

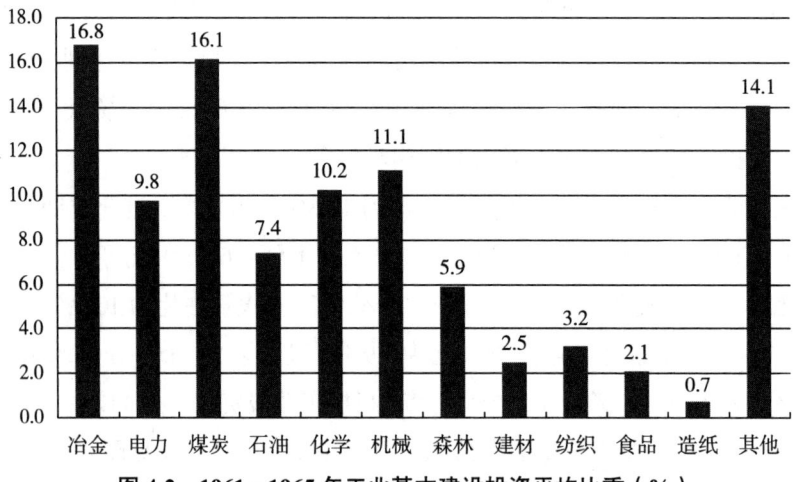

图 4-2　1961—1965 年工业基本建设投资平均比重（%）

资料来源：《中国固定资产投资统计数典（1950—2000）》，中国统计出版社 2002 年版。

二、加快农业、支农工业的建设

"大跃进"时期片面发展重工业,农业生产的发展受到很大影响。为了尽快恢复农业生产,贯彻国民经济以农业为基础的方针,国民经济各部门制定的计划和措施,都把支援农业放在第一位,并计划通过基本建设逐步建立起一个为农业生产服务的完备的工业体系。

为了迅速恢复和发展农业生产,除了各行各业大力支援外,国家还对农业增加了直接投资。当时,国家一方面大力压缩基本建设投资规模,另一方面尽可能地安排农业投资。农业投资占基本建设投资的比重有较大提高。"大跃进"时期,农业投资占基本建设投资的比重平均为2.7%,调整时期上升为6.6%,其中1962年达到8.6%。各地区也优先安排农业投资。当时,农业投资主要用于大中型农田水利和电力工程及原有农田水利工程的维修、配套。到1965年,全国农用排灌动力机械达907.4万马力,比1957年增加了851万马力,增长15倍;灌溉面积达3305.5万公顷,比1957年增加571.6万公顷,增长20.9%。

在增加农业投资的同时,还加强了支农工业的建设。基本建设投资中用于支农工业投资比重不断上升。1961年,国家信贷支农资金(农业贷款)年底余额为63.7亿元,到1965年上升为78.2亿元,占国家信贷资金总额的比例也由1961年的7.7%上升到1965年的11%。此外,1961年和1962年,中国人民银行还发放了农业贷款18亿元,长期无息贷款6亿元,帮助有困难的生产队购买化肥、农药、耕畜和农具等。1961—1965年,农业机械工业投资占机械工业投资的比重由"大跃进"时期年平均11.7%上升为23.2%,其中1963年达到28.5%。国家分配给农机制造的钢材占全国钢材产量的比重也由"大跃进"3年平均3%,上升到1961年的4.4%和1962年的4.7%。

三、推动轻工业的加快发展

"大跃进"时期,在"以钢为纲"的口号下,轻工业被迫让路,手工业集体经济又多被平调,生产遭到严重挫折。1961年1月,中共八届九中全会上指出，一定要缩短重工业和基本建设战线，延长农业和轻工业战线。这期间，尽管轻工业投资在基本建设投资和在工业投资中所占比重都有所下降，但由于对有限投资进行合理调度，优先保证国家计划规定的产品生产的需要，保证名牌优质产品生产的需要，保证重点地区和重点企业生产的需要，停建了一批原料无保障、产品不急需的项目，投资的使用效果得到提高，轻工业仍然得到较快的发展。以造纸工业为例，1957年全国有造纸企业164个，"大跃进"时期发展到1500个左右。调整中，只保留了500个较好的企业，其余一律关停并转。到1964年，机制纸及纸板的产量由1961年的110万吨增加到145万吨。

为了改变轻工业产品的原料结构，减少对农业原料的依赖，加强了以工业品为原料的轻工产品生产能力的建设。1958—1960年，轻工业投资中用于以工业品为原料的产品投资占39.6%，1961年上升为43.6%，1962年达到64.4%。以工业品为原料的轻工产品，如自行车、缝纫机、手表、日用五金、塑料、铝制品、合成洗涤剂等得到较快发展。依靠中国自己的力量，吸取国外技术，在南京、新乡、吉林、上海、杭州等地建设了一批中型粘胶纤维工厂。此外，还先后从国外引进维纶、腈纶的成套工艺技术，建成了北京维尼纶厂和兰州化纤厂，为我国的化纤工业奠定了基础。1965年，缝纫机产量比1960年增长了40%。1957年，以工业品为原料的轻工业产值占轻工业产值的比重为18.4%，1962年上升到26.8%，1965年为28.3%。

四、调整重工业内部结构

重工业是"大跃进"时期突出发展的部门。重工业不仅在整个国民经济中所占比重过大，形成"重工过重"的状况，而且内部比例极不合理，燃料、原材料等基础工业很薄弱，加工工业畸形发展。采掘、采伐行业只抓产量，强化开采，忽视开拓、掘进。从1961年起，针对这一情况，调整了重工业内部的投资分配。

增加采掘工业投资。在重工业投资中，采掘工业所占比重由"大跃进"时期的平均21.5%提高到1961年的38.7%和1962年的45.3%。森林工业投资在基本建设投资中的比重由"大跃进"时期平均1.3%，上升为调整时期的 3.2%，其中 1963 年达到 4.1%。增加的投资优先解决采掘、采伐工业简单再生产的资金需要，主要用于采掘、采伐工业的开拓、延伸工程，补偿报废的生产能力，维修损坏的机器设备。此外，国家还采取了一系列措施，加速采掘、采伐工业的恢复和发展。例如在基本建设投资计划中专门设置了"维持现有生产水平的投资"的指标，并且要求逐项说明所维持的生产水平、内容和投资额，维持现有水平投资中用于补偿报废生产能力的投资等。从 1962 年起，森林采伐和矿山开采行业先后采取按生产产量从生产成本中提取费用的办法，用于矿山开拓和延伸、森林采伐运材道路延伸、河道整治及有关的工程设施等维持再生产的投资。

加强新兴工业补短板。1961—1963 年，从国外引进了 14 个成套设备项目和最新的石油化工技术。1963—1964 年，又批准了冶金、精密机械、电子工业等 100 多个项目到国外考察、询价和签约。1964—1965 年，机械工业从日本、法国等国引进了液压件、电动气动量仪、重型汽车 3 个成套项目，并引进玻璃电极、微电机等 7 项技术和设备。这些采用先进技术设备的项目先后建成投产，对国民经济的调整发挥了重要作用。我国的化肥、化纤、塑料、合成洗涤剂以及电子工业等新兴工业，都在调整时期打下了初步基础。

加快燃料、原材料工业建设。燃料、原材料工业是国民经济，特别是重工业的基础。1960 年前，重工业中冶炼、化工等工业发展很快，燃料、原材料工业的建设跟不上发展的需要，成为薄弱环节。从 1961 年开始，国家用很大力量加快燃料、原材料工业的建设，其中矿山建设和石油建设的发展尤为显著。煤矿是这一时期建设的重点，在国家预算内投资中，煤炭工业投资占比由"大跃进"时期平均 5.5% 提高到 1961—1965 年平均 9.1%。大规模的煤矿建设，保证了原煤产量的稳步增长。1965 年，原煤产量为 2.32 亿吨，接近 1958 年水平[1]。

推动石油工业的迅速崛起。在 1960 年开发的基础上，调整时期国家又安排大量投资，促进石油工业迅速发展。1961—1965 年，石油工业投资占工业投资的比重平均为 7.4%，最高的 1963 年达到 8.7%。其中大庆油田投资占

---

[1] 彭敏主编：《当代中国的基本建设》（上），当代中国出版社 2019 年版，第 110～118 页。

石油工业投资的比重五年平均为47.9%，最高达66.9%。随着大庆油田的开发，我国石油产量迅速增加。到1963年，全国石油产量达到647.7万吨，石油产品产量达到全国消费量的71.5%。1964年1月，石油工业部党组向中共中央报告，提出要在天津以南、东营以北的沿海地带，组织华北石油会战。1965年，在山东建成的胜利油田、在天津建成的大港油田都开始出油。华北石油会战打开了渤海湾地区的勘探局面，在东部又开辟了一个新的石油生产基地[①]。同年，我国石油产量已达1131万吨。

专栏4-1　　大庆油田

中华人民共和国成立后，百废待兴，需要建设，需要发展工业，而搞工业建设离不开矿产资源。1954年6月底，中共中央政治局召开扩大会议，陈云指出，当前重工业中存在的主要问题是"石油工业落后，煤、电紧张的状况，目前还无法改变"。

1959年，我国原油消耗量504.9万吨，自产量不足一半，进口石油花费外汇1.83亿美元，占国家进口用汇总量的6.7%。正是在这一年，我国石油地质工作者们依靠着独立开创的陆相生油理论，在松辽平原找到了一个世界级的大油田，因其发现临近新中国成立10周年，取名"大庆油田"。

1960年初，数万名石油大军汇聚松嫩平原，头顶青天、脚踏荒原，展开了一场艰苦卓绝的石油会战。在极端艰苦的条件下，以王进喜为首的老一代石油人喊出了"宁肯少活20年，拼命也要拿下大油田"的豪言壮语，以期在石油开采上取得突破。

仅用3年时间，大庆石油人就探明了面积达860平方千米的特大油田，建成年产原油500万吨的生产能力，累计生产原油1166.2万吨，占同期全国原油产量的51.3%。改变了新中国石油工业的落后面貌，实现了石油基本自给，使中国的石油工业实现了从"贫油"到"自给自足"的飞跃，为后续的工业建设提供了源源不断的能源。

[①] "壮丽70年·奋斗新时代——新中国峥嵘岁月"，新华网2019-09-23。

大庆油田开发建设的决策，是中共中央从石油短缺的现实需要出发，根据丰富、翔实的地质资料，组织勘探队伍数次奔赴一线勘查后，作出的重大决策。在国家十分困难的情况下，在生产条件十分艰苦的地区进行石油资源勘探开发"会战"，这是中国石油工业由弱转强的标志。

60年多来，大庆油田累计探明石油地质储量64.8亿吨、天然气储量3650亿立方米，生产原油23.9亿吨、天然气1350亿立方米。特别是在年产原油5000万吨连续27年高产稳产后，又在4000万吨台阶上连续12年稳产，目前仍保持3000万吨以上，居国内油田首位，创造了世界同类油田开发史上的奇迹。

大庆油田创造了世界领先的陆相油田开发水平，曾先后三次获得国家科技进步特等奖，水驱、聚驱、复合驱等核心技术世界领先，主力油田采收率突破50%，比世界同类油田高出10～15个百分点。应用三次采油技术获得的原油产量连续17年超过千万吨，最新推广的三元复合驱技术产量已突破400万吨，使我国成为世界上最大的三次采油基地。油田勘探开发与"两弹一星"等，共同载入我国科技发展的史册。

第四节　重新恢复集中统一的投资管理

一、收回基本建设项目的审批权和计划权限

"大跃进"期间，基本建设投资规模膨胀的一个十分重要的原因，就是基本建设管理权限放得过多、过散。基本建设投资名义上有计划，实际上各部门、各地区、各企业都有项目审批权，又有相应的财权，可以合法地层层加码，使得基本建设活动失去控制，处于无政府状态。为了改变大规模下放权力造成的"既散又乱"局面，把过热的空气压下来，中共中央果断恢复了基本建设的集中统一管理，收回被不恰当下放的基本建设项目管理权限。

1961年1月，中共中央作出《关于调整管理体制的若干暂行规定》，强

调集中统一，以利于克服经济困难。针对投资的内容是：把基本建设计划大权和所有经济管理大权集中到中央、中央局和省委三级，最近两三年内，应当更多集中到中央和中央局。收回基本建设项目审批权，收回投资计划管理权，严格基本建设程序，加强对基本建设拨款的监督。基本建设在内的各项工作任务，都必须执行全国一盘棋、上下一本账的方针，不得层层加码[①]。1961年和1962年，中共中央都专门对年度基本建设安排发出紧急通知，对年度投资规模、大中型施工项目作了严格的规定。此后，又陆续制定了一系列的详细规定，以恢复集中统一的投资管理体制。上述措施的效力非常明显，主要表现在迅速实现了压缩基本建设规模、缩短基本建设战线等调整目标，使基本建设规模与当时国家的财力、物力基本相适应。

1962年5月，中共中央同意国家计委《关于加强基本建设管理问题的报告》，由国务院正式颁发了《关于加强基本建设计划管理的几项规定》《关于编制和审批基本建设设计任务书的规定》《关于基本建设设计文件编制和审批办法的几项规定》等三个文件。其主要内容是：第一，收回项目审批权。中央直属的大中型项目的设计任务书即立项一律由国务院审批；地方大中型项目中的重大项目由国务院审批，其余的由国家计委审批。第二，收回投资计划管理权。每年分部门和分地区的基本建设投资额即年度投资规模由国家确定；年度施工的大中型建设项目由国家在年度基本建设计划中确定；计划批准后，需要增减变动的，由国务院或国务院授权国家计委批准。只允许小型建设项目分别由主管部或省、市、自治区自行安排。第三，所有基本建设投资和大中型项目，都必须纳入年度基本建设计划，经国务院批准，才能作为国家计划内的基本建设。此外，一律不准再搞计划外的基本建设。对于计划外的基本建设，各级管理部门不得拨给资金、物资和劳动力。这样做，对地方虽极为不便，但在调整初期，尤其是对于压缩过大的建设规模来说，却是完全必要的。

在调整国民经济的任务基本完成的情况下，随着整个生产和建设的恢复和发展，为了调动各方面的积极性，1964年9月至10月，全国计划会议集中讨论了计划工作如何改进的问题，提出了"大权独揽、小权分散"和"集

[①] 武力主编：《中华人民共和国经济史》，中国时代经济出版社2010年版，第401页。

中领导、分级管理"的原则。1964年11月，在国务院《关于改进基本建设计划管理的几项规定（草案）》中，提出适当扩大地方政府的基本建设投资审批权，把地方农牧业、水利、交通、商业、卫生、城市建设等18个部门的投资，陆续划归地方统筹安排，中央各部不再下达建设项目和投资指标。地方的工业基本建设，除大中型项目需由中央安排外，小型项目可由中央各有关部同有关地方具体安排，此类项目节约的投资归地方调剂使用，地方自筹资金进行基本建设，除大中型项目应报国家计委审批外，其余的项目可由省、市、自治区自行安排。

二、重建基本建设投资的规章制度

"大跃进"中否定了一切规章制度，破除了先勘察后设计、先设计后施工的基本建设程序，把所谓"边勘察、边设计、边施工、边投产"的"四边"当作一种新经验，导致了基本建设管理的混乱、严重的质量事故和损失浪费。进入调整时期，中央政府首先抓的是恢复集中统一的计划体制，同时，很快提出了具体的规章制度问题。1961年10月，中共中央批转国家计委党组《关于改进计划工作的几项规定》，提出在今后几年内，应当根据调整、巩固、充实、提高的方针，按照需要和可能相结合的原则来安排基本建设，首先是满足当年生产的需要，其次才是照顾长远建设的需要，不允许再把基本建设战线拉得过长、分散力量、造成浪费、影响当年生产。不论中央还是地方安排的项目，都必须按照基本建设程序办理；没有设计任务书或总体设计的项目，一律不得施工；列入计划的项目，必须投资、设备、材料三落实；工业建设项目，还必须考虑到投入生产后的原料来源、协作关系、运输、动力、职工以及粮食、副食和日用品的供应。

1962年12月，中共中央、国务院发出《关于严格执行基本建设程序、严格执行经济合同的通知》。国家计委于1963年1月发出《关于认真编审基本建设设计任务书的通知》，3月，又发出《关于编制和审批设计任务书和设计文件的通知》。一系列的文件和规定，就是要加强和改进项目决策管理，上收下放的权力，加强基本建设领域的集中统一和指令性计划管理，加强中央对地方的监督管理和控制。重新确立了基本建设程序在基建工作中的地位和作用，重新规定和充实了基建程序及其各个工作环节的内容和深度。上述政策措施对于提高投资效益，压缩和控制基建投资规模发挥了积极作用。

恢复和重建后的基本建设程序除仍保持了"一五"时期先勘察、后设计，先设计、后施工"的原则，还在基建工作中恢复了"设计任务书—初步设计—施工详图"的基本内容，更加强调了基本建设的前期工作。明确规定：基本建设设计任务书是全面反映建设项目确定依据和生产建设内外部协作条件的文件。扩大了编制设计任务书的建设项目范围。所有大中小项目都要编制设计任务书，并按规定程序报批。进一步明确了基建计划和基建程序的关系。与此同时，着手恢复了不应废除的规章制度。

调整时期，中共中央、国务院及政府有关主管部门就自筹资金的管理和使用问题发布了一系列的指示和规定。具体包括：①所有自筹资金用于基本建设必须纳入国家统一的基本建设计划，不得用于搞计划外基本建设。②国家计委每年核定各部门、各地区用自筹资金进行基本建设投资的控制指标，不许突破。③自筹资金安排的基本建设项目，除某些特殊部门如农垦、劳改企业等部门外，一般不得安排大中型建设项目。④利用自筹资金安排的基本建设项目必须严格按基本建设程序办事，按规定的审批权限报批审查。⑤用于基本建设投资的所有自筹资金，都由建设银行监督拨付，专户存储，先收后支、先算账后花钱、先存后用，并要来源正当，数字落实，不得虚夸。

"大跃进"期间，必要的基本建设规章制度被当作框框破除掉了，导致基本建设管理严重混乱，有些建设单位把建筑安装工程包给私营建筑承包商。而这些承包商唯利是图，采取各种非法手段，大量盗窃资财，腐蚀国家干部，严重损害了国家经济建设。针对这种情况，国民经济调整开始后，有关主管部门即加强了对基本建设施工管理工作。1963年6月，国家计委，财政部共同印发了《关于制止违法出包基本建没工程的几项规定》，加强了工程施工管理。规定所有基本建设工程，不准交给私营建筑承包商承包，而应当由国营建筑安装企业承包，对于某些技术较低的零星工程，在国营建安企业要交由集体所有制建筑企业承包时应由当地计委批准，而集体所有制建筑企业承包的基本建设工程，不得转包牟利[①]。

---

① 曹尔阶等：《新中国投资史纲》，中国财政经济出版社1992年版，第193～199页。

第五节　投资调整的成效和启示

一、调整时期的成效

1964年12月，三届人大一次会议《政府工作报告》中指出："经过调整，工业和农业的关系比较协调了，工业内部的关系也比较协调了，工业支援农业的能力进一步加强了，企业内部的生产能力绝大部分已经填平补齐，成龙配套，设备损坏和失修的情况已经改善。"报告庄严宣布："调整国民经济的任务已经基本完成，工农业生产已经全面高涨，整个国民经济已经全面好转，并且将要进入一个新的发展时期。"

（一）国民经济比例关系趋于协调

基本建设的调整，促进了国民经济主要比例关系的改善。国民经济主要生产部门、生产与消费、生产环节之间的相互关系开始协调，为国民经济的持续发展奠定了良好基础。

积累和消费的比例趋向合理。1959—1964年，积累率由43.8%下降到22.2%，1961—1964年年均积累率为17.3%。国民收入使用额中用于消费比例的提高，使人民得以休养生息，人民生活水平较前两年有了提高。随着积累率下降，基本建设拨款占财政支出的比重由"大跃进"时期平均50%左右降为1964年的31%，建设规模基本与国家的财力、物力相适应。财政状况大为好转，"二五"计划时期，国家财政赤字达172亿元，而在调整的后三年中，财政收大于支10亿元，而且还清了全部外债，货币由巨额投放转为大量回笼。

投资比例关系进一步改善。1965年，三次产业投资比重分别为5.4%、51.8%和42.7%，同1958年相比，第一产业投资比重上升了3个百分点，第三产业投资比重上升了10个百分点，而第二产业投资比重下降了13个百分点。1965年，农业、轻工业、重工业投资比重为14.6%、4.1%和48%，同"大跃进"时期农、轻、重三者的投资比例相比，投资结构有了很大优化。农业投资比重提高，促进了农业的恢复和发展。农业总产值占工农业总产值的比重由1960年的21.8%提高到1965年的37.3%；重工业产值在工农业总产值中的比重由 52.1% 下降为 30.4%，轻工业产值在工农业总产值中的比重由 26.1% 上升为 1965 年的 32.3%。这是自 1958 年以来轻工业产值比重第一次超过重工业。农、轻、重三者的关系达到基本协调。

投资效果出现了显著提升。投资规模的压缩、投资结构的调整，促进了国民经济各部门比例的协调，也使投资的经济效果不断提高。固定资产交付使用率逐步上升，1965 年达到 93.6%，远远高于 1960 年的 68.8%，达到历史最好水平。1965 年，大中型项目建成投产率达到 22.9%，大大超过 1960 年的 9.8%。每百元投资增加的国民收入，"一五"计划时期为 54 元，"大跃进"时期降为 31 元，1965 年提高到 123 元，是"大跃进"时期的近 4 倍。

基本建设项目建设成果显现。五年全部建成投产的大中型项目有 426 项，部分建成投产的项目 1163 项。1961—1965 年，基本建设新增产品生产能力包括：铁矿开采 388.8 万吨，炼钢 99.5 万吨，铜采矿 328.3 万吨，煤炭开采 3738 万吨，化学肥料 132.4 万吨，化学农药 4.3 万吨，发电机组容量 328.8 万千瓦，汽车制造 7643 辆，拖拉机制造 3215 台，原木采运 341.1 万立方米，水泥 254.5 万吨，自行车 48.2 万辆，新建铁路正线铺轨里程 2456 公里，沿海港口吞吐量 615 万吨，新建公路 16204 公里。这些新增加的生产能力，大大加强了国家的经济实力，促进了生产力的恢复和发展。

（二）新兴产业得到进一步的快速发展

经过五年调整，在应该暂时后退的方面作了必要的后退，在应当而且能够继续前进的方面又不失时机地积极前进，从而取得了可喜的成就。建成了一批重要的项目，改建、扩建了一批厂（矿），工业生产能力增加，产品产量和质量提高，工业生产大部分技术经济指标在 1965 年前后达到历史最好水平。加强煤炭、有色金属、石油、化工产品、木材等重要原材料的生产，着重增产农业迫切需要的化肥、农药、运输、排灌机具，增加人民生活必需品的生产。新兴工业部门迅速发展，新产品、新品种不断涌现。冶金工业根据国民经济的需要，加强薄弱环节的建设，发展了大量的新产品、新品种，基本适应国民经济各部门调整生产后对冶金工业的要求。机械工业发展了新品种，提高了成套能力，形成了十几个基本行业，组成门类比较齐全的机械制造体系。能源工业形成了煤炭、石油、电力三足鼎立的结构。化学工业除加快发展化肥、农药等产品外，建立了自己的石油化学工业。

电子工业、原子能工业和航天工业在这一时期得到发展，成为国民经济中重要的工业部门。我国从20世纪60年代初开始生产原子能设备，只用两三年时间就于1964年、1965年研制出第一套原子能反应堆和核原料加工设备以及核物理试验设备。原子弹的研制从1961年7月开始，在研制过程中，攻克几千个技术难关，进行上千次科学试验，制造了2万多台关键设备，终于在1964年10月16日成功地爆炸了第一颗原子弹，次年5月14日又爆炸了第二颗原子弹。这是中国原子能工业进入新阶段的标志。这一时期，国家对电子工业的发展也很重视，1963—1965年共投资5.3亿元，新开工建设项目57个，建成投产38个，其中有22个是大中型骨干企业。同时，注意发挥原有基础，对一些老厂进行了重点改造，形成初具规模的电子工业。1965年，电子工业完成新产品定型项目760多项，已能生产各种雷达、广播电视发射设备、电视中心设备、无线电通信设备、原子射线仪器、各种气象仪器、水声设备、电话交换机、电子计算机、电视机等。

（三）内地工业基础薄弱状况有所改善

经过五年的调整，在充实和加强沿海工业基地的同时，也在广大内地和后方加快了工业建设。在投资的地区分配和项目选取上，将内地作为建设投资的重点。在行政力量引导下，重大项目布局转向内地，内地工业体系得到加强和发展，客观上缩小了与沿海地区的差距。沿海地区，开发建设了松辽油田，东北重工业基地更加强大和完整；华东地区发展了冶金、煤炭工业，充实了机械、化学工业，开始建立了重工业的基础。在上海、江苏、辽宁、广东、黑龙江等省市建起了一批化学纤维厂，标志着一个新兴的工业部门的产生。当时，上海成为我国制造氮肥设备的重要基地，有100多家工厂分工协作，共同生产氮肥设备。

在缺少工业的广大内地和边疆省、自治区，新建了不同规模的现代工业，除西藏以外的全国各省、直辖市、自治区都有了铁路。在缺煤的西北、西南和华东地区新建了几十处煤矿，逐步改变了煤炭生产集中于华北、东北地区的状态。广大内地已形成了武汉、湘潭、开封、洛阳、郑州、重庆、成都、昆明、贵阳、西安、兰州等10多个新的机械工业基地。轻纺、化工、建材等工业也注意利用当地资源，建起了一些骨干企业。铁路建设有力地促进了内地和边远省份经济的发展。继兰青线建成之后，兰新线又与陇海线相连接，使广大西北腹地与沿海地区连接起来。

通过几年的投资与建设，在广大内地形成了不少工业中心，包括以武汉、包头为中心的钢铁基地，山西、内蒙古、河南的煤炭基地，兰州的石油化工中心，成都、重庆的钢铁机械基地等。1949年以前的新疆，连用一根螺丝钉都需要外地供应。到1965年，已初步建设起较好的工业基础，能生产1000多种工业品；现代化纺织工业的建设，使新疆市场需要的棉布大部分已能自给。内蒙古自治区建成了比较完整的畜产品加工工业。过去只生产羊毛，看不到毛衣；只生产皮片，买不到鞋靴。随着现代化毛纺织厂、大型皮革厂、机械化乳品厂、大型肉类联合加工厂以及许多中小型产品加工厂的建设，内蒙古已经成为重要的畜产品加工基地[①]。

二、调整时期的启示

第一，正确处理农业、轻工业、重工业的关系。处理好这三者的关系，是顺利执行社会主义建设总路线的一个重要保证。发展国民经济的计划，应当按照农、轻、重的次序来安排。必须更好地执行以农业为基础、以工业为主导的发展国民经济总方针。工业的发展规模，要同农业可能提供的商品粮食和工业原料相适应。重工业部门应当首先为农业提供越来越多的机械、化学肥料、农药、燃料、电力、水利灌溉设备和建筑材料，同时为轻工业提供越来越多的原料、材料和设备。为了实现这个要求，进一步加快重工业首先是基础工业的发展，是完全必要的。

第二，正确处理自力更生与国际合作的关系。自力更生是革命和建设事业的基本立脚点。社会主义国家只有从本国的具体情况出发，依靠本国人民的辛勤劳动，充分利用本国的资源进行建设，才能比较迅速地发展本国的经济，从而增强整个社会主义阵营的威力。一个国家只有自力更生地进行建设，才能更有力量去支援别国。而在援助别国的时候，又必须促进受援国家

---

① 彭敏主编：《当代中国的基本建设》（上），当代中国出版社2019年版，第118～125页。

实现自力更生。自力更生是我们党一贯坚持的方针。我们完全能够依靠自己的力量，建立一个独立的完整的现代化的国民经济体系。同时，我们仍然要在力所能及的范围内，认真地加强对外援助，努力做出更大的国际主义贡献。

第三，实行技术革命。不能走世界各国技术发展的老路，跟在别人后面一步一步地爬行。必须打破常规，尽量采用先进技术，在一个不太长的历史时期内，把我国建设成为一个社会主义的现代化的强国。要采用先进技术，必须发挥我国人民的聪明才智，大搞科学试验。外国一切好的经验、好的技术，都要吸收过来，为我所用。学习外国必须同独创精神相结合。采用新技术必须同群众性的技术革新和技术革命运动相结合。必须实行科学研究、教学同生产相结合。

学术界普遍认为这一时期国民经济调整基本上是成功的，表现在：工农业生产得到恢复和发展，市场供应得到改善，财政收支达到平衡，全国物价稳定，市场繁荣。但是，这次国民经济调整是在肯定"总路线""大跃进"和人民公社化运动的前提下进行的调整，调整不彻底是注定的。另外，这次经济调整没有摆脱以重工业为中心的实现工业化的指导方针，只是为了在特殊条件下实现这一方针而采取的暂时性补救措施，是沿着原来轨道由挫折到继续前进的过渡阶段，不是依据适合国情的经济发展战略确定的、以经济结构合理化为中心实现工业化的新道路的尝试。造成这种局面的根本原因在于没有彻底纠正"左"倾错误在经济工作中的指导思想，固守优先发展重工业是社会主义国家实现工业化的普遍规律这一教条[①]。

[①] 柳森："1961—1965年国民经济调整研究述评"，《北京党史》2010年5月17日。

第五章

"文化大革命"时期的投资（1966—1976年）

《关于建国以来党的若干历史问题的决议》指出,"文化大革命"不是也不可能是任何意义上的革命或社会进步。历史已经判明,"文化大革命"是一场由领导者错误发动,被反革命集团利用,给党、国家和各族人民带来严重灾难的内乱。长期的动荡局面给这一时期投资和建设造成了严重混乱和损失。但"三线建设"改善了我国的地区战略布局,还是取得了较好的成果。

第一节 经济和投资运行的曲折历程

1966年,正当国民经济的调整基本完成,国家开始执行第三个五年计划的时候,意识形态领域的批判运动逐渐发展成矛头指向党的领导层的政治运动。一场长达十年、给党和人民造成严重灾难的"文化大革命"爆发了。

一、全面内乱与经济衰退

1966年7月2日和22日,中共中央和国务院针对当前生产建设出现的问题,发出了《关于工业交通企业和基本建设单位如何开展文化大革命运动的通知》及其《补充通知》,要求各单位分期分批、有领导有计划的开展运动,不要一哄而起,使生产建设遭到损害。9月14日,中共中央又发出《关于抓革命促生产的通知》,要求已经开展"文化大革命"的工矿企业等单位,应当在党委统一领导下,组成"抓革命"和"抓生产、抓业务"的两个班子[1]。因而,1966年的生产还是保持了发展的势头。这年GDP增长了10.7%,工业总产值增长了26.4%[2]。基本建设投资完成了209亿元,增长了16.6%,增速虽然比上年下降了8个百分点,但仍然保持一定的增长,说明政治运动的影响才刚刚开始。

---

[1] 《中国工业五十年》第五部上卷,中国经济出版社2000年版,第199~201页。
[2] 国家统计局:《新中国60年》,中国统计出版社2009年版。

进入 1967 年，一场危害更强的夺权风暴波及整个经济。1967 年、1968 年两年，国家计划委员会实际上停止了工作，没有编制国民经济计划。企业管理组织和管理制度也受到了极大的破坏，造成了生产连年下降。1967 年和 1968 年，GDP 分别下降了 5.7% 和 4.1%，工业总产值分别下降了 14% 和 5%。基本建设投资完成额分别只有 222 亿元和 159 亿元，分别下降了 33.1% 和 19.3%。这是新中国成立以来，投资的第二次大滑坡，仅次于 1961—1962 年的困难时期。

二、"三个突破"与经济调整

为了恢复生产秩序，党中央和国务院采取了一系列稳定局势的步骤。1968 年 12 月，周恩来指示成立计划起草小组，编制 1969 年国民经济计划。还恢复了各工业主管部和其他综合经济部门的工作。1969 年和 1970 年，GDP 分别增长了 16.9% 和 19.4%，工业总产值分别增长了 34.3% 和 32.6%，基本建设投资分别增长了 77.6% 和 55.6%。这在很大程度上是前期下降过多的数据回调，但也开始呈现出了经济过热的苗头。

这一时期，各个地区、部门和企业在落实计划的时候，又层层加码，比赛"跃进"，形成了一股产量翻番风。1971 年出现了"三个突破"。即全国职工人数达到了 5318 万人，突破 5000 万人；工资总额达到 302 亿元，突破 300 亿元；粮食销量达到 427.5 亿公斤，突破 400 亿公斤。"三个突破"超过了我国农业和轻工业的承受能力，超过了我国财力和物力所能允许的限度，必须进行调整。

通过调整和整顿工作，1969 年开始出现的经济过热状态逐步降温，增速趋于下降。1971 年、1972 年和 1973 年，GDP 分别增长 7%、3.8% 和 7.9%，工业总产值分别增长 14.7%、6.9% 和 9.5%，基本建设投资分别增长 9.1%、-3.8% 和 3.1%。

三、在持续动乱中进行整顿

1966—1976 年间，我国投资经历了剧烈波动的过程。基本建设投资增速最高达到77.6%，最低只有 -33.1%，波幅达到了100%，这是中华人民共和国成立以来仅有的。1971—1974 年间，投资增速均在 10% 以下徘徊。投资最高的年份 1975 年，投资额也刚刚超过 400 亿元。有 6 年时间每年投资均只有 300 多亿元（见图 5-1 和表 5-1）。

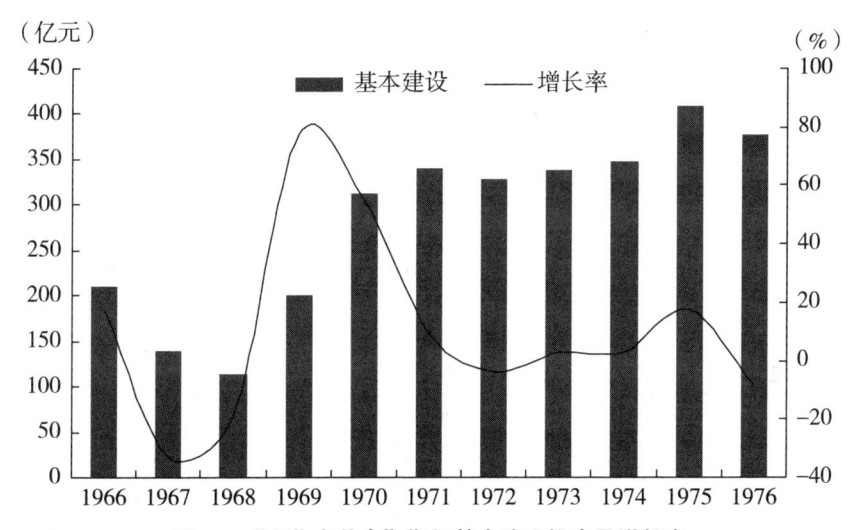

图 5-1 "文化大革命"期间基本建设投资及增长率

资料来源：《中国固定资产投资统计数典（1950—2000）》，中国统计出版社 2002 年版。

表 5-1　　基本建设投资、GDP 和工业总产值及其增长率（亿元/%）

	基本建设投资（亿元）	增长率（%）	GDP（亿元）	增长率（%）	工业总产值（亿元）	增长率（%）
1966	209.4	16.6	1873.1	10.7	1624	21
1967	140.2	-33.1	1780.3	-5.7	1382	-13.8
1968	113.1	-19.3	1730.2	-4.1	1285	-5.0
1969	200.8	77.6	1945.8	16.9	1665	34.3
1970	312.6	55.6	2261.3	19.4	2117	32.6
1971	340.8	9.1	2435.3	7.0	2414	14.7
1972	328.0	-3.8	2530.2	3.8	2565	6.9
1973	338.1	3.1	2733.4	7.9	2794	9.5
1974	347.7	2.8	2803.7	2.3	2792	0.6
1975	409.3	17.7	3013.1	8.7	3207	15.5
1976	376.4	-8.0	2961.5	-1.6	3278	2.4

注：基本建设投资增长率为现价，GDP 和工业总产值增长率为可比价。

资料来源：《中国固定资产投资统计数典（1950—2000）》，中国统计出版社 2002 年版；国家统计局：《新中国 60 年》，中国统计出版社 2009 年版。

第二节　投资的结构变动及经济再次失衡

一、投资结构的变动

这一时期跨越"三五"（1966—1970年）、"四五"（1971—1975年）两个五个计划。两个时期中，农业基本建设投资占比分别为3.7%和4%，比1963—1965年明显下降，但是，比"一五"时期明显上升。工业投资比重分别为55.5%和55.4%，比1963—1965年显著上升。地质水利投资比重分别为7.4%和6.4%，比1963—1965年明显下降。交通运输投资比重分别为15.4%和18%，这一比例相对较高。教育文化投资比重分别为2.8%和3.3%，比1963—1965年明显下降（见表5-2）。

表5-2　"三五"和"四五"时期投资额及其占比（亿元/%）

	"三五"时期 投资额	"三五"时期 比重	"四五"时期 投资额	"四五"时期 比重
全国总计	976.0	100.0	1764.0	100.0
农业	36.2	3.7	70.5	4.0
工业	541.5	55.5	978.0	55.4
建筑业	17.4	1.8	28.6	1.6
地质、水利	72.5	7.4	112.1	6.4
交通运输	150.0	15.4	317.6	18.0
商贸	21.0	2.2	50.4	2.9
房地产和社会服务	17.4	1.8	33.6	1.9
教育、文化	27.7	2.8	57.7	3.3
国家机关	92.4	9.5	115.5	6.5

资料来源：《中国固定资产投资统计数典（1950—2000）》，中国统计出版社2002年版。

在这两个计划期中，冶金工业基本建设投资占工业基本建设投资比重变化不大，保持在17%~18%的水平；电力投资比重在12%~13%，比前几个计划期有明显提高；煤炭投资比重下降比较明显，只占8%~9%；化学投资比重"三五"时期高于"四五"时期；机械投资比重变动最大，"三五"时期平均为13.7%，到"四五"时期猛升到22.2%；森林、食品、造纸、其他工业投资比重下降。重工业投资较重、轻工业投资较轻的问题愈发严重。

1966—1975年间，东部地区投资比重为20.1%，中部地区投资比重为

22.6%，西部地区投资比重为33.3%，东北地区投资比重为12.2%。这一时期的明显变化就是西部投资比重的大幅度增加，比"大跃进"时期和1961—1965年间要高近5个百分点；中部地区投资比重也有所增加，与此同时，东部和东北地区投资比重明显下降（见表5-3）。在各省区中，四川投资比重达到10%，比1961—1965年提高了4个百分点；湖北投资比重为5.7%，提高了3个百分点；陕西投资比重达到4.2%，提高了2个百分点。与此同时，黑龙江投资比重为4.8%，下降了2.3个百分点；广东投资比重为3.6%，下降了1.5个百分点，北京、上海、江苏、浙江等省投资比重均有所下降。

表5-3　　　　　　　三个时期各地区投资比重（%）

	1958—1960年	1961—1965年	1966—1975年
全国	100.00	100.00	100.00
东部	25.22	24.83	20.07
中部	23.92	20.66	22.59
西部	27.32	27.11	33.31
东北	15.29	16.86	12.23
不分地区	8.25	10.53	11.80

资料来源：《中国固定资产投资统计数典（1950—2000）》，中国统计出版社2002年版。

二、经济结构的再次失衡

主要由于"文化大革命"的严重破坏，也由于急于求成的"左"倾错误，以及基于对战争形势过于严重的估计而导致的"三线"建设规模过大和速度过快，给我国经济发展造成了一系列严重后果。

第一，经济增速下降，反复大幅波动。我国经济正常发展的1953—1957年，国内生产总值平均每年增长9.2%，而1966—1976年只有5.7%，下降了3.5个百分点。由于"文化大革命"的破坏，经济出现剧烈动荡，1967年经济增速比1966年下降了16.4百分点，1969年又比1968年上升了21个百分点；1976年又比1975年下降了10.3个百分点，1977年又比1976年上升了9.2个百分点。

第二，工业与农业的比例关系失衡。1976年，农业增加值占GDP的比重由1965年的37.9%大幅下降到1976年的32.8%，而工业增加值则由31.8%猛增到40.9%。工业化时期，工业增加值在GDP中比重上升，农业比重下降是正常的。但是，工业比重过快增加，显然表明工业的发展超过了农业的承受能力。

第三，工业内部的比例关系严重失调。主要表现在三个方面：①轻、重工业的比例关系再度失调。经过调整，到 1965 年，轻工业和重工业的比例为 51.6∶48.4。按当时的情况看，这大体上是协调的。到 1976 年，轻工业和重工业的比例又变为 44.2∶55.8。②原材料工业和加工工业比例进一步失调。在工业内部，盲目发展加工工业，尤其是机械工业，忽视采掘工业和原材料工业，造成加工工业与采掘工业、原材料工业的比例更趋失调。③能源工业中采掘、采储比例失调。"文化大革命"的 10 年中，能源工业的发展，在很大的程度上是依靠"吃老本"和"欠新账"的办法勉强维持下来的。"三五"时期，主要依靠吃过去积累的老本，维持较高速度的增长。"四五"时期，缺煤、缺电的现象日益严重，在建电站装机容量大体只能适应新建企业投产后的用电需要，老企业大约有 20% 的生产能力因为缺电不能发挥作用。

第四，工业与第三产业的比例关系失调。总的说来，1976 年工业增加值占 GDP 的比重比 1965 年上升了 9.1 个百分点，而第三产业比重却下降了 5.3 个百分点。这种强烈反差表明这期间工业与第三产业的发展极不协调。1965 年，铁路基本建设投资占整个投资的比重为 12.5%，"四五"时期下降到 10.3%。铁路线路运输能力利用率在 80% 以上的线路的比重逐年提高，"卡脖子"区段逐年增多。这期间，第三产业中批发和零售贸易以及餐饮业在 GDP 中的比重还下降了 1.9 个百分点，突出地反映了工业的过快发展与商品供应之间的比例关系也极不协调[①]。

第三节 "三线"建设的实施过程

一、"三线"建设决策出台

1964—1980 年，我国实施了规模宏大的基本建设战略——"三线"建设。

---

① 汪海波、刘立峰：《中国经济 70 年》，山西经济出版社 2019 年版，第 266~268 页。

所谓"三线",是20世纪60年代依据经济发展水平与国防战线位置,从沿边沿海地区向内地收缩划分的三条线。"一线"包括沿海和边疆地区;"三线"指长城以南、广东韶关以北、京广铁路以西、甘肃乌鞘岭以东的广大地区,主要包括四川(含重庆)、贵州、云南、陕西、甘肃、宁夏、青海7个省区及山西、河北、河南、湖南、湖北、广西等省区的腹地部分。其中西南、西北地区俗称为"大三线",中部及沿海地区的腹地俗称"小三线";"二线"指介于"一线"、"三线"之间的中部地区。"三线"建设规模大、时间长、动员广、行动快,影响深远。"三线"建设是我国均衡发展区域经济的尝试,虽然存在诸多问题,但对经济结构和区域布局都产生了深远的影响。

二、"三线"建设的推进与成就

1964年,"三线"建设启动,一些沿海城市的企业开始往内地搬迁。为推进"三线"建设,国家设立了"三线"建设领导机构。1965年3月,中共中央成立了西南"三线"建设总指挥部,不久又成立了西北"三线"建设总指挥部。1965年4月,中央组建了国家建设委员会,主要任务之一是抓好西南、西北战略基地和"一线"、"二线"后方基地和重点建设项目。

"三线"建设初期规划建设的主要项目有:四川、云南交界的攀枝花钢铁工业基地,成都至昆明的成昆铁路,以重庆为中心的常规兵器工业基地,以成都为中心的航空工业基地,以重庆至万县为中心的造船工业基地,陕西的航空工业、兵器工业基地,甘肃的航空工业基地、酒泉钢铁厂等。

从"三线"建设启动到"文化大革命"开始,进展比较顺利。1964年开始,东部沿海地区大量的工厂、工人、干部、资金、设备等涌向了中西部地区,在1965年前后形成了"三线"建设的第一次高潮。1966—1970年,鞍山钢铁厂给攀枝花支援了6799人,给贵州水城支援了2522人。1965年,甘肃陆续从上海、北京、沈阳、吉林、哈尔滨、天津等地搬迁工厂20个、大专院校2个、科学研究单位11个,分别迁入兰州、天水、山丹、酒泉、永昌、民勤、白银等地,迁入职工、教师1万多人,设备约9000台,共计投资5000多万元[①]。在西北、西南"三线"建设中,新建、扩建、续建的大

---

① 徐有威、陈熙:"三线建设对中国工业经济及城市化的影响",《当代中国史研究》2015年第4期。

中型项目有 300 余项。其中，钢铁工业项目 14 项，有色金属工业项目 18 项，石油工业项目 2 项，化学工业项目 14 项，化肥工业项目 10 项，森林工业项目 11 项，建材工业项目 10 项，纺织工业项目 12 项，轻工业项目 8 项，铁道工程项目 26 项，交通工程项目 11 项，民航工程项目 2 项，水利工程项目 2 项[1]。

在中苏边境冲突、战争可能到来的紧迫形势下，我国迅速推进战备工作，推动"三线"建设成为当务之急。1969 年 6 月，中央批准成立了地区"三线"建设委员会，负责组织本省执行中央批准的"三线"建设工程，统一指挥施工力量、设备材料、物资运输等。随后，又成立了国家基本建设委员会，主要任务之一是采取各种措施，加快"三线"建设进度。

直到 20 纪 70 年代前期，随着中美、中苏关系逐步缓和，"三线"建设基本不再投入新的项目，进入了搞好续建和配套工程的后期阶段。这一时期的重点工程有四川西昌卫星发射中心等。1972 年，国家计委提出了进口设备大部分放在沿海、小部分放在内地的原则，指出"沿海工业发展得快一些，从长远看，对促进内地建设是有利的"[2]。"三线"和沿海地区的投资建设开始并重。1976 年"文化大革命"结束后，国家确立了新的经济战略方针，"三线"建设基本结束。

1979—1983 年，中央政府对"三线"建设进行调整，停建、缓建一批基建工程，对少数选址不当、难以维持生产的工厂和科研所，实行关、停、并、转、迁。许多重点"三线"企业走上军民融合的发展道路，经过转换机制，成为全国驰名的企业，如四川长虹集团、陕西长岭集团、甘肃华天集团、重庆嘉陵集团等现代化企业集团，都是"三线"建设的硕果[3]。

1965—1980 年，历经三个五年计划，"三线"建设共投入 2052 亿元，相当于 1953—1964 年投资的 3 倍。动员了几百万人力，在 13 个省、自治区开展建设，规模之大，时间之长，动员之广，行动之快，在中华人民共和国建设史上是空前的。"三线"建设初步形成了具有相当规模、门类齐全、科研和生产相结合的战略大后方现代工业体系，初步改变了内地基础工业薄弱、

---

[1] 武力：《中华人民共和国经济史》（上册），中国经济出版社 1999 年版，第 683 页。
[2] 陈东林：《七十年代前期的中国两次对外引进高潮》，《中共党史研究》1996 年第 2 期。
[3] 高培勇等：《中国经济 70 年》，经济科学出版社 2019 年版，第 102～106 页。

交通落后、资源开发水平低下的状况。

在国防科技工业方面，建立了一大批尖端科研试验基地。以重庆为中心的常规兵器工业基地，能够大批量生产轻武器和先进重武器，到1975年，兵器生产能力已占全国的近一半。四川、贵州、陕西的电子工业基地，形成了生产门类齐全、元器件与整机配套、军用民用兼有的体系。四川、陕西等地的核战略武器科研生产基地，拥有从铀矿开采提取、元件制造到核动力、核武器研制的核工业系统。贵州、陕西、四川、湖北等地的航空工业基地建成的125个项目，到1975年占全国生产能力的2/3。四川、陕西、贵州、湖北、湖南等地的航天工业基地，建成了我国第一个自行设计建设的卫星地面测控中心以及西昌卫星发射中心。长江中上游的川东、鄂西、广西、云南、江西等地，建设了造船、船用设备、水中兵器生产基地。到1975年，"三线"地区国防工业的固定资产原值和净值，主要产品生产能力，技术力量和设备水平，都超过一、二线地区。"三线"建设建立起来的国防体系和基地，改变了产业布局，扩展了国家战略纵深，营造了反侵略战争的战略大后方，具有预防、遏制战争的作用，为社会主义建设提供了安全保障，也为改革开放后赢得长时期和平发展机会奠定了基础。总体来讲是经济落后的大国维持国家和平与自主发展，并争得时间壮大实力的成功战略。

在交通运输方面，从1965年起先后建成了川黔、贵昆、成昆、湘黔、襄渝、阳安、太焦、焦枝和青藏铁路西宁至格尔木段等10条干线，加上支线和专线，共新增铁路8046公里，占全国同期新增里程数的55%，使三线地区的铁路占全国的比重，由1964年的19.2%提高到34.7%。三线地区公路新增里程数占全国的55%。这些铁路、公路的建设，改变了西南地区交通闭塞的状况，对以后内地的现代化建设发挥了重要作用。

在基础工业方面，建成了一大批机械、能源、原材料工业的重点企业和基地。机械工业方面，1965—1975年，"三线"地区共建成124个机械工业大中型项目。湖北第二汽车制造厂、陕西汽车制造厂、四川汽车制造厂生产的汽车，占当时全国汽车年产量的1/3。东方电机厂、东方汽轮机厂、东方锅炉厂形成了内地电机工业的主体。12个重型机器、矿山、起重、压延机械厂的建成，增强了"三线"地区的重型设备制造能力。"三线"地区还初步形成了重庆、成都、贵阳、汉中、襄阳、西宁等新的机械工业基地。能源工业方面，建成了贵州六盘水和陕西渭北的煤炭基地，湖北的葛洲坝、甘肃的刘家峡、八盘峡、贵州的乌江渡水电站，四川石油天然气开发基地，陕西秦岭火电站等。到1975年，三线地区的煤炭产量从1964年的8367万吨增加到2.12亿吨，占全国同期增加总额的47.9%；年发电量从1964年的149亿度增加到635亿度。原材料工业方面，建成了攀枝花钢铁基地和以重庆钢铁公司、重庆特殊钢厂、长城钢铁厂、成都无缝钢管厂为骨干的重庆、成都钢铁基地，在四川西昌、甘肃兰州等地还建成了铜、铝工业基地。这一时期共建成钢铁企业984个，工业总产值比1964年增长4.5倍；建成有色金属企业945个，占全国总数的41%，10种有色金属产量占全国的50%[1]。

"三线"建设还为内地城市带来了发展机遇，促进了当地经济社会发展。四川省基本建设投资规模达到393亿元，在"三线"建设总投资中占33.5%，在国家基本建设投资总额中占16%。这期间，四川省新建、扩建、内迁来的以重工业为主的项目250多个。1975年，全省固定资产原值已达到182.3亿元，超过上海、黑龙江，仅次于辽宁，位居全国第二。在四川省的工业部门中，各类机床的拥有量为12.4万台，占当年全国机床拥有量的6.5%；锻压设备拥有量占全国的5.5%；炼钢能力占全国的7.1%；原煤开采能力占全国的6.8%；发电装机容量占全国的6.4%。其他如湖北、河南、陕西等省，经过"三线"建设，都建立起了相当规模的工业基础[2]。

"三线"建设中，除了原有的一批中心城市得到进一步发展外，在过去人烟稀少的荒山僻野，还建成了攀枝花、六盘水、绵阳、十堰、西昌等以钢铁、煤炭、汽车和有色金属等为特色的新兴工业城市。"三线"建设还使建设项目所在地的城镇面貌发生巨大改变，如四川的德阳、绵阳、广元、乐山、自贡、泸州，贵州的遵义、安顺、都匀、凯里，云南的曲靖，陕西的宝鸡、汉中、铜川，甘肃的天水，河南的平顶山、南阳，湖北的宜昌，山西的侯马等城市，随着"三线"建设逐步发展成工业城市。"三线"建设的实施，一些铁路和公路的开通、矿产资源的开发以及科研机构和大专院

---

[1] 匡长福：《"三五"、"四五"时期对我国经济与社会协调发展的贡献》，中华人民共和国国史网。

[2] 汪海波、刘立峰：《中国经济70年》，山西经济出版社2019年版，第254页。

校的入驻，显著提高了长期不发达的内地和少数民族地区的经济社会和科技文化水平。

到 70 年代末，三线地区的工业固定资产由 292 亿元增加到 1543 亿元，增长了 4.3 倍，约占当时全国的 1/3。职工人数由 325.6 万人增加到 1129.5 万人，增长 2.5 倍。工业总产值由 258 亿元增加到 1270 亿元，增长 3.9 倍[①]。

三、"三线"建设的问题

"三线"建设基于国家领导人对战争危险的过于严重的估计，又恰好发生在"文化大革命"期间，所以，规模安排得过大，建设速度要求过快，而且没有经过充分准备，决策以后就立即上马，全面铺开。在具体实施过程中，往往是边勘探、边设计、边施工，抢进度、抢时间。有些项目的选点寻址都很匆忙，搞所谓"跑马选址"。摊子铺开以后，又受到了政治运动的干扰。因而，"三线"建设不仅在进行过程中出现了不少问题，而且留下来了许多长期不易甚至无法解决的问题，成为影响我国经济发展的不利因素之一。这一时期的主要教训如下。

1. 过分突出以国防工业为重点的重工业建设，造成了部门间比例严重失调

加强国防现代化的建设，尽快在战略后方建设起门类比较齐全的工业体系十分必要。在战争危机的情况逼迫下，为了国家的安全，在经济效益上做出一定的牺牲，尽快把重要的生产能力转移到后方，迅速形成打击入侵者的国防生产能力，也是必要的。但是，在"三线"建设中，对战争形势作了过于严重的估计和过度反应，过于突出以国防工业为重点的重工业建设，尽管这一时期战略后方建立起了一定的工业、交通等部门的生产能力，在国防工业建设，特别是核武器和导弹等的制造能力上取得了比较显著的成绩，但是，付出的代价也是非常昂贵的。

这一时期，用于重工业建设的投资累计高达 1455.7 亿元，占同期全部基

---

① 武力主编：《中国发展道路》（下），湖南人民出版社 2012 年版，第 1083 页。

本建设投资总额的 49.9%；占同期全部工业基本建设投资总额的 90.5%，大大高于强调优先发展重工业的"一五"时期。累计轻工业仅完成投资 152.6 亿元。在主要工业产品累计新增生产能力中，轻工业新增能力增长最慢，棉纺锭仅 469.2 万锭、化纤 16.5 万吨、毛纺锭 6.6 万锭、机制糖 80.7 万吨。这些都远远不能满足广大人民和新增人口最迫切的消费需要。同期，全国交通运输累计完成基本建设投资 498.1 亿元，占全部基本建设投资总额的 17%，比重不算低。其中铁路建设投资 306.9 亿元，占全部交通邮电投资的 63% 左右。但是，由于这一时期铁路建设过分突出内地新线的建设，忽视了运输繁忙地段的旧线改造，使铁路主要干线的运输能力越来越紧张，后期成为经济发展的瓶颈。

国民经济其他部门的建设更是微乎其微。在此期间，地质资源勘探投资累计仅完成 17 亿元左右，只比"一五"时期累计完成额略多一点，根本不能适应"三线"大规模建设的需要。城市建设投资更是少得可怜，累计仅完成 55.4 亿元，城市公用设施欠账越来越严重。住宅建设累计完成投资 149.9 亿元，新增住宅面积 1.9 亿平方米，平均每年只新增 1700 多万平方米，不仅不能适应同期新增人口用房的需要，甚至补偿不了同期应该拆除的危房和临时棚房的需要。因此，原有的住房紧张情况不仅没有得到缓解，反而更趋紧张了。

2. 对改变空间布局的艰巨性和复杂性认识不足，未能很好地处理好沿海与内陆的关系，致使投资效果较差

投资布局的合理性对经济发展和国防安全关系重大。由于战乱等历史原因影响，我国生产力布局极不均衡、不合理。为开发内地丰富的资源，建立巩固的战略后方，必须努力加强内地建设。但是，内地经济基础薄弱，交通不便，建设条件和投资效果都不如沿海地区，因此，加强内地建设必须同利用沿海地区原有基础相结合，循序渐进。根本改变全国的生产力布局，短期内无法实现，反而会造成严重后果。20 世纪 60 年代中期，特别是 70 年代初期，由于急于建立巩固的战略后方，布局跳跃式地向西推进，强调一、二线的生产能力向"三线"搬迁。这种安排不仅未能兼顾沿海地区

原有基础的充分利用和适当建设,而且在生产能力大搬迁中出现了严重的损失和浪费。

"三五"时期,沿海地区的投资降到了新中国成立以来各个时期的最低点,在全国基本建设投资总额中仅占30.9%,比"一五"时期下降了10.9个百分点。"四五"时期,沿海地区的投资虽然有所回升,比"一五"时期还是低2.2个百分点。这就直接影响了老企业和老工业基地的技术改造,不利于充分发挥沿海原有工业基础的作用,致使沿海地区经济发展缓慢。"三五"时期,用于老企业和老工业基地的改建和扩建项目的投资额比"一五"时期下降了12.4个百分点;"四五"时期又下降了2.6个百分点[①]。"三线"地区耗费了大量投资,生产力的布局虽然向西大大跨进了一步,但投资效果却下降了。

3. 集中力量在"三线"地区建设了一批门类比较齐全的工业项目,同时留下了比较严重的后遗症

加强"三线"建设是我国基本建设史上的重大决策。在中央的高度重视下,经过十年的建设,在战略后方门类齐全地建设了一大批项目,建设了一些新的工业部门,填补了空白,取得了比较显著的成绩。从长远看,即使不发生战争,"三线"地区经过这一时期的重点建设,有力地促进了经济比较落后省份的发展,展开了工业布局。不过也应当看到,由于"三线"建设主要是在动乱中进行的,加上在指导思想上过于突出重工业,建设要求过急,摊子铺得过大,项目的厂址选择过分强调隐蔽,也带来了较多的隐患[②]。

①投资比例的安排上不合理。片面突出重工业的建设,轻工业和生活福利设施等投资极少。各部门的建设七长八短,互不配套。重工业建设中,国防工业建设项目偏多,特别是1970年大上了一批国防工业项目,有的厂房已经建成,产品方向还未确定;有的原定产品已被淘汰,项目建成没有生产任务;同时,盲目建设、重复建设现象也很严重。1973年开始,随着压缩投

---

① 汪海波、刘立峰:《中国经济70年》,山西经济出版社2019年版,第255页。
② 彭敏主编:《当代中国的基本建设》(上),当代中国出版社2019年版,第154~160页。

资规模，调整投资方向，不少正在建设中的项目草草结尾。

②生产与生活关系没处理好。厂址选择上片面强调"靠山、分散、隐蔽"的方针，在具体执行中走得更远，不少项目钻山太深，布局过于分散，割裂了项目之间和项目内部的合理生产流程，不仅在当时浪费了国家大量基本建设投资，而且给以后组织生产带来了困难。特别是不该进洞的项目也盲目进了洞，进洞后普遍存在湿度大、光线差、噪声大的问题，对设备保养和职工身体健康都十分有害。

③没有按基本建设程序办事。有些项目在定点时未经地质勘探，盲目选址；建设前期准备工作不足，盲目施工，片面强调快和省，随意简化设计；追求施工进度，忽视工程质量。实行了"边设计、边施工、边试制、边生产"的方针，在建设中强调了"先生产、后生活""干打垒"等等。以致动工建设的工厂、研究所等，有的建在断层滑坡带、河滩地、山洪口、缺水区和地方病流行区域。

4. 地方军工和"五小"工业项目建设，自成体系，与当地经济发展的需要脱节

"三线"建设十分强调自成体系、自我配套、独立存在，工业体系封闭性很强，其内部也是各自为政，长期游离于国民经济之外，未能很好地为地区经济服务，一些企业反而成为当地沉重包袱。各省、市、自治区这一时期动工建设的地方军工和"五小"工业项目都是从当时"地方自成体系""各自为战"出发进行的。"五小"工业的发展改变了我国工业经济的结构，可以为大企业起到补充作用；中小企业也能更好的利用当地资源，增强了地方经济实力，使县域经济面貌得以改善。但是，在"左"的指导思想下，当时不少的地方"五小"工业项目一哄而起，遍地开花，有些项目不久就中途停建，而建成的项目技术落后，产品质量差，成本高，没有竞争能力，有的甚至已经成为地方财政的包袱。

第四节 再次建立"块块为主"的计划体制

一、重提建立地方的工业体系

经过"大跃进"和经济调整,中央已经确定建立工业体系应有重点,而不能分散力量。1964年,周恩来总理在全国人大的报告提出:经过三个五年计划时期,建立一个独立的、比较完整的工业体系和国民经济体系。1965年10月,毛泽东在同大区第一书记的谈话中,提出要备战,各省要搞"小三线",打起仗来,不要靠中央,要靠地方自力更生。但这时也仅仅提出粮食和棉布都要储备一些,要自己搞点钢。

与此同时,全国工业交通工作会议提出地方工业应当把为农业服务放在第一位,积极发展地方的钢铁厂、煤矿、电站、机械厂、化肥厂等"五小"工业。1965年6月,国家计委提出,"三五"时期,发展101个小钢铁厂,其产品从1967年起,除五个省上调一部分以外,其余各省都留归地方分配使用。接着,7月在武汉召开、8月在北京召开的农业机械化现场会议也提出要帮助地方发展小钢铁、小有色金属工业。至此,各地纷纷建立起包括小钢铁厂在内的"五小"工业。

1970年3月,国务院拟定《关于工业交通各部直属企业下放地方管理的通知(草案)》,要求各部直属企业绝大部分下放地方管理,极少数大型企业实行以中央为主的双重领导。大庆油田、长春汽车制造厂等2600家企业下放地方[①]。

随着中央大批直属企业下放和地方大办工业,1969年2月,全国计划会议提出了《关于改革物资管理体制的初步意见》,把过去"条条为主"的物资管理制度,改为主要原材料和设备由中央统一分配,即实行"在中央统一计划下,地区平衡,差额调出、调入的物资分配办法,其余物资由地方管理。地方"五小"工业的产品,不纳入中央统一分配,地方企业完成国家计划以外的超产部分原则上不纳入中央统一分配,这样就鼓励了地方办工业的

---

① 武力主编:《中华人民共和国经济史》(上),中国时代经济出版社2010年版,第529页。

积极性。如果说过去地方办工业、上项目，仅仅是出于政治热情，在中央提出地方工业产品地方分配或分成以后，就第一次明确采取物质刺激的方式。不过这种物质刺激不是利润和金钱，而是实实在在的物资，是可以用来上项目、搞生产的物质条件。

1970 年，国家计委的《"四五"计划纲要（草案）》提出在全国划分西南、西北、中原、华南、华东、华北、东北、山东、闽赣、新疆十个经济协作区，各省都要建立自己的小煤矿、小钢铁厂、小化肥厂、小电站、小水泥厂和小机械厂等，形成为农业服务的地方工业体系。为了支持地方"五小"工业的发展，1970 年，财政部提出在未来五年内安排 80 亿元的专项资金，由省统一掌握，重点使用；新建的县办"五小"工业，在两三年内所得的利润，可 60% 给县；资金困难的，可由银行或信用社借款支持。既有政治号召，又有打起仗来"省自为战"的军事压力，以及财政、银行在资金上的支持，因此，一省一个工业体系的格局逐步形成。

仅 1970 年一年，全国就有近 300 个县、市兴建了小钢铁厂，90% 左右的县建立了农机修造厂，20 多个省、市、自治区建起了手扶拖拉机、小型动力机械厂和各种小型农机具、配件厂。"五小"工业在国民经济中发挥了重要作用，大大促进了农业机械化和农业技术改造进程。到 1975 年，地方小工业企业的钢、煤、水泥和化肥产量分别占全国的 6.8%、37.1%、58.2% 和 69%。全国小化肥厂有 1300 多家，合成氨产量比 1964 年增长 18 倍。为了实现轻工业产品自给，一些工业不发达的省、自治区还建起纺织、榨糖、日用化工、小五金和小百货等轻工业工厂，以满足本地区人民需要的日常生活用品需要。

但是，这一时期追求地方工业体系，产业布局上不合理，丧失了规模效益，不利于发挥地方比较优势，造成盲目建设和重复建设。有的"五小"工业技术落后、产品质次价高，有的长期成为地方财政的包袱。这说明没有根据各地经济优势，建设专业化的分工体系，却过度追求地方工业体系完整，只能是一种浪费。1973 年，周恩来总理指出了这些问题，要求进行整顿。他指出："搞'五小'工业也要有原料、材料和设备保证。发展'五小'工业要有个范围，要对农业有利，破坏计划的无论如何不能搞[①]。"

[①] 《周恩来选集》（下），人民出版社 1984 年版，第 464 页。

二、重建"块块为主"的计划体制

既然要建立地方工业体系,又把一大批中央企业重新下放给了地方管理,很自然地就有一个如何改变计划体制的问题。1970年,国务院印发《关于国务院工业交通各部直属企业下放给地方管理的通知》,要求在1970年年内各部门把绝大部分直属企业、事业单位下放给地方管理,并大量裁并机构和下放人员①。这一设想,本来是想把计划管理上的"条条为主",改变为"块块为主"。后来"块块为主"的局面始终没有形成,由于许多下放企业的产品面向全国,大批大中型企业下放以后,地方不知道要给企业安排多少全国性的生产任务,而中央部委又不知道地方能给企业分配多少物资,造成生产任务与物资供应之间衔接不上的困难,而且这批企业经济联系面广,生产技术复杂,地方管不了,最后不得不仍由中央各部委来安排计划。

尽管如此,地方对基本建设投资的管理权限还是扩大了。在基本建设投资管理体制上,过去是由中央各部委确定项目、分配投资再纳入地方基本建设预算。1964年曾打算在年度计划批准以后,纳入地方财政预算,由地方进行安排,同年11月决定将地方农牧业、农业机械站和修理网、水利、交通、商业、银行、高教、卫生、文化、科学、城市建设等18个部门的投资划归地方统筹安排,中央各部门不再下达建设项目和投资指标。地方的工业基本建设,大中型项目由中央安排,小型项目由中央各部同地方具体商量安排。1974年进一步采取"四、三、三"的比例分配投资,即投资的40%由中央部委直接安排,30%由中央部委同地方商量安排,30%由地方统筹安排,使地方投资权进一步有所扩大。

三、投资管理正常秩序遭到破坏

"文化大革命"一开始,就批判"先立后破"的正确原则,提出所谓

---

① 1970年的行政体制改革重点在于裁并机构和下放人员,国务院部门从79个减为32个,国务院人员编制从"文化大革命"前的5万人左右减为1万人左右。

"先破后立、不破不立"原则，接着又打出"反对资产阶级管、卡、压"的旗号，反对在五年调整中刚刚恢复正常的管理秩序。在经济领域，诬蔑《工业化十条》是所谓瓦解社会主义经济、鼓吹"专家治厂"、复辟资本主义的黑纲领；解散了调整后期刚刚成立起来的工业交通部门试办的几个托拉斯。在投资领域，要砸烂基本建设程序和建设银行的拨款监督，把经济核算说成是资产阶级法权而横加批判。由此，"大跃进"当中盛极一时，而在经济调整时期受到整顿和否定的"三边""四边"和"无账会计"一类的东西又卷土重来，而且渲染上"无产阶级反对资产阶级"的政治色彩。

基本建设程序和制度遭到破坏表现在以下几个方面：第一，仓促决策，成批上马。在布局定点上出现所谓"跑马定点""跺脚定点"现象，在项目选择上把一些未经试验成功、技术尚不成熟的项目，成批上马，仓促批准了100套小纸浆厂，25个万吨小炸药厂，9套合成脂肪酸厂，8个半维尼纶厂，240套小轧钢机。第二，建设中任意修改设计，把基本建设变成试验厂，造成了投资失败和项目损失。第三，投产验收上，提倡所谓"简易投产"，实际上是只抓主要项目，不搞配套项目，只搞主机，不搞辅机，只做主体工程，不抓收尾和辅助工程。导致很多项目建而不成，投而不产。管理制度上的混乱造成了两个方面的严重后果：投资大敞口，花钱大撒手，施工吃"大锅饭"，形成基本建设长达十年的战线拉长、资金分散、管理混乱、浪费严重的"长、散、乱、费"的局面[①]。

第五节　投融资的主要教训

一、计划编制草率和盲目冒进

制定计划必须有稳定的政治环境和充分的科学论证、调查研究。经过1962年、1963两年时间编制的原"三五"计划，最初是比较符合实际的，但

---

① 曹尔阶等：《新中国投资史纲》，中国财政经济出版社1992年版，第236～250页。

在巨大的政治压力下，其指导思想在 1964 年被匆忙改变，随后和 1965 年制定的新计划也没有得到充分论证，仍是一个草案。1970 年，在"四五"计划编制开始，指导思想就因为全国战备高潮，走上了片面发展军事工业、盲目追求高指标的歧途，是一个比"三五"计划草案更加草率的文本。

二、积累与消费结构比例失调

"三五"时期，积累率上升为年均 26.3%，"四五"计划时期更高达年均 33%。1969 年积累率为 23.2%，1971 年提高到 34.1%。在"文化大革命"严重影响经济发展，国民收入增长缓慢的情况下，高积累率的负面作用更大，必然使人民正常生活消费水平得不到保障与提高。在积累内部，生产性积累和非生产性积累比例也呈现失调状态。在极"左"思潮影响下，片面理解"革命加拼命""先生产后生活"，生产积累率上升到 75.4% 和 77.4%，1976 年竟高达 83.2%。畸形的比例使经济和社会发展功能严重不对称。

三、地区投资布局严重失衡

"三五""四五"时期，中西部地区是投资和建设重点，这是当时的国际环境决定的。"三五"计划的重点在西南、西北地区。据统计，这一时期的内地基本建设投资达到 611.1 亿元，占全国基本建设投资额的 66.8%，其中，"三线"地区的投资为 482.4 亿元，占基建投资总额的 52.7%。"四五"时期的重点增加了"三西"地区，即豫西、鄂西、湘西。这一时期，由于国际局势缓和，"三线"地区投资的相对数额降低了。内地建设投资 898.6 亿元，占全国基本建设投资的 53.5%，其中，三线投资为 690.9 亿元，占基本建设投资的 41.1%。东西部地区差异是地理区位和历史原因造成的，改变这种状况并非一朝一夕的事情。在过于严重地估计战争威胁的情况下，内地战线拉得过长，项目上得过多，时间要求过急，超过了国家的承受能力，造成了基建失控和生产资料短缺，牺牲了沿海地区的发展。

四、项目投资效益明显下降

"一五"时期,大中型项目的建设周期是 6.5 年,"三五""四五"时期延长到 8 年和 10 年。大中项目建成投产率由"一五"时期的 15.5% 下降为"三五"时期的 11.5% 和"四五"时期的 9.4%。固定资产交付使用率由"一五"时期的 83.7% 下降为"三五"时期的 59.5% 和"四五"时期的 61.4%。许多重大项目的完成是靠多投资、大会战和多消耗完成的,造成了人力、物力和财力的浪费。以铁路为例,新建铁路的每公里造价,"一五"时期为 61 万元,"二五"时期为 68 万元,而"三五"和"四五"时期竟达到 200 万元以上;平均每百公里的建成投产工期,50 年代为 17 个月,70 年代则增加到几十个月。投资系数和投资回收期增加,每增加一元国民收入所需投资数,由"一五"时期的 1.68 元增加到"三五"、"四五"时期的 2.32 元和 3.76 元[①]。由于一味求快,生产中浪费现象严重。1970 年,冶金部重点企业每一单位焦比、机车煤耗、发电煤耗都比 1966 年大幅度提高。由于盲目求多,产品质量日趋下降。

---

① 刘国光等:《中国十个五年计划研究报告》,人民出版社 2006 年版,第 363~368 页。

第六章

经济恢复和调整时期的投资（1976—1978年）

从粉碎"四人帮"到党的十一届三中全会召开的两年中，我国经济实现了恢复性增长。但是，经济工作中长期存在的"左"的指导思想并没有得到彻底清理，给经济发展又造成了停滞和失衡，经济和投资的调整再次成为必然趋势。

第一节 "文化大革命"的结束与经济的恢复

1976年9月，"四人帮"被粉碎，为经济发展清除了最大的政治障碍。但是，粉碎"四人帮"以后，我国经济战线仍面临着十分艰巨的恢复任务。

1978年4月，中央颁发的《关于加快工业发展若干问题的决定（草案）》，就企业的领导制度问题，作了如下的规定：①实行党委领导下的厂长分工负责制。企业的一切重大问题，都必须经党委集体讨论决定。企业的生产、技术、财务、生活等重大问题，党委作出决定后，由厂长负责组织执行。②实行总工程师、总会计师的责任制，工程技术人员要有职有权。③实行党委领导下的职工代表大会或职工大会制。④实行工人参加管理、干部参加劳动和领导干部、工人、技术人员三结合制度。上述规定，实际上是恢复了"文化大革命"前工业企业领导制度。

为了克服工业管理中的混乱现象，消除无政府主义状态，贯彻各尽所能、按劳分配的原则，从1977年开始，对工业管理体制进行了一些恢复性的调整。①按照统一领导、分级管理的原则，调整了一部分工业企业的隶属关系。把在"文化大革命"中下放的大型骨干企业陆续上收，由中央有关工业部门直接管理；未上收的一部分大中型企业，由地方管理，或实行中央和地方双重领导、以地方管理为主，即这些企业的生产建设计划、供产销平衡、劳动分配主要由地方负责，但要服从国家统一计划，保证产品配套和调出任务的完成。②工业生产建设所需要的物资，原则上按企业的隶属关系进行分配，同时扩大了国家统一分配的产品范围，各个工业部门的产品销售机构实行由部和国家物资总局双重领导，以国家物资总局领导为主。企业和各级主管生产的部门，都不得动用产品和国家分配的物资去搞协作。③改变基本折旧基金全部留给企业和主管部门的做法，由国家财政集中一部分企业折旧基金，纳入预算管理，即50%上缴国家财政，50%留给企业。④恢复企业基金制度。从1978年起，国营工业企业凡是全面完成国家下达的年度计划指标以及供货合同的，可按职工全年工资总额的5%提取企业基金。企业基金主要用于举办职工福利设施以及职工奖励。⑤恢复奖励和计件工资制度。1978年5月，国务院决定，经过整顿，领导班子强、供产销正常、各种管理制度健全、定额和统计工作搞得比较好的企业，可以试行奖励制度和有限制的计件工资制。奖金总额的提取比例，一般不超过该企业职工标准工资总额的10%。这些措施，对粉碎"四人帮"以后我国工业的恢复和发展发挥了积极的作用。

农业方面恢复性的整顿措施主要包括：第一，针对"文化大革命"对农业基本制度的破坏，重申了有关规定。主要是：要以生产队为基本核算单位；贯彻实行按劳分配原则；反对"一平二调"，实行等价交换政策；允许社员经营少量自留地和家庭副业；允许正当的集市贸易；坚持民主办社、勤俭办社的方针；重大问题由社员大会或社员代表大会决定，坚决反对强迫命令，反对瞎指挥；社队的财务要公开，定期公布账目，接受群众监督，杜绝干部多吃多占、超支挪用和铺张浪费。

第二，为了促进农业的恢复和发展，政府还采取了多项措施。一是增加对农业的资金和物质投入。1976—1978年，农业基本建设投资由44.5亿元增加到56.5亿元，财政支持农业的资金由110.5亿元增加到150.7亿元，国家银行对农业贷款年度余额由90.4亿元增加到115.6亿元；用于农业和农业机械的钢材由248万吨增加到289万吨，农机总动力由863亿千瓦特增加到1175亿千瓦特，农村用电量由204.8亿千瓦小时增加到253.1亿千瓦小时，化肥施用量由582.8万吨增加到884万吨。二是提高了棉花收购价格和奖售化肥标准。三是减轻农民的不合理负担。四是实行农业增产技术措施，主要包括推广和开展农田基本建设等[①]。

[①]《当代中国的农业》，当代中国出版社1993年版，第303页。

科学、教育和文化等方面的恢复性整顿主要包括以下三个方面：第一，对知识分子阶级属性的正确估计。1977年7月，党的十届三中全会决定恢复邓小平的职务。之后，他在整顿科学、教育和文化方面做了大量的工作。1978年3月，他在全国科学大会上重申，包括科技人员在内的知识分子，"已经是工人阶级自己的一部分，他们与体力劳动者的区别，只是社会分工的不同。①"4月，中央决定，对1957年"反右派"斗争中被错划为"右派分子"的人，予以平反改正，摘掉"右派分子"帽子。9月，中央又批准了《关于摘掉右派分子帽子决定的实施方案》。11月，全国各地摘掉"右派分子"帽子的工作已全部完成。第二，1978年2月召开的五届人大一次会议重申："'百花齐放，百家争鸣'是繁荣我国社会主义科学文化事业的基本方针。"第三，中央决定，"科学研究机构要建立技术责任制，实行党委领导下的所长负责制"。强调"这是重要的组织措施。它既有利于加强党委的领导，又有利于充分发挥专家的作用"。总的说来，在科学、教育和文化领域是要恢复在经济调整时期制定的"科学十四条""高教六十条"和"文艺十条"的规定，继续贯彻这些规定精神。

以上各项恢复性整顿虽然没有从根本上摆脱20世纪50年代下半期以来形成的"左"的路线，但在治理"文化大革命"所造成的严重创伤方面，在恢复和发展经济方面还是起了重要的促进作用。国内生产总值由1976年的2961.5亿元增长到1978年3645.2亿元，同比增长了20.1%，其中，第一产业增长了1.8%；第二产业增长了30.2%，其中，工业增长了33.1%，建筑业增长了1.1%；第三产业增长了24.5%，其中，交通、运输、仓储和邮电通信业增长了22.6%，批发零售贸易和餐饮业增长了39.5%。当然，这是一种恢复性增长。

在生产迅速恢复的基础上，人民生活也有一定的改善。1976—1978年，全国居民消费水平由171元提高到184元，农村居民由131元提高到138元，城镇居民由365元提高到405元；三者分别提高5.4%、4%、7.1%。

---

① 《邓小平文选》第二卷，人民出版社1994年版，第89页。

第二节 "左"的政策的继续与经济"洋跃进"

在"文化大革命"结束以后的两年中，经济获得较快的恢复。但是，"文化大革命"造成的诸多问题不可能在短期内根本解决。更为严重的是经济工作中长期存在的"左"的指导思想和政策还在继续推行。由于任务重，时间短，来不及清理和总结。

在此背景下，1977年8月召开的党的十一大提出："一个国民经济新跃进的局面正在出现""到一九八〇年，要建立我国独立的比较完整的工业体系和国民经济体系"。在1978年2月召开的五届人大一次会议上，又进一步提出："一个新的跃进形势已经到来了"。到1985年，要"建成全国独立的、比较完整的工业体系和国民经济体系"；"粮食产量达到八千亿斤，钢产量六千万吨"。这固然是"跃进"的计划，但像1958年"大跃进"一样，是一个不可能实现的空想。

由于"文化大革命"的破坏和"左"倾错误所造成的失误，到1976年，我国国民经济比例失调的问题已经十分严重。此后继续推行的"左"的政策，实行"洋跃进"，更加剧了国民经济比例失调。

一是社会总需求大大超过社会总供给，二者严重失衡。突出表现是：基本建设规模过大，超过了国家财力、物力的可能。1978年，全国国营单位固定资产投资为668.7亿元，比上年增长21.9%，其中基本建设投资为500.9亿元，增长31.1%。这一年用于工业的基本建设投资达273.1亿元，增长55.8%。1978年底，以工业为主的全民所有制在建项目65000个，总投资3700亿元。1978年，国家从国外进口钢材830.5万吨，比1977年钢材进口量增长了65%，进口钢材已相当于当年国内产量的37.6%，但是仍然供不应求。

二是农业和工业的比例关系进一步失调。1977—1978年农业增长速度落后于工业12.3个百分点。这样，农业所提供的粮食及其他农副产品远远满足不了工业迅速发展的需要。1978年，粮食净进口69.5亿公斤，棉花950.6万担，动植物油2.9亿公斤。

三是建筑业与工业的比例关系进一步失衡。二者增加值的对比关系由1966年的1∶8.9进一步演变为1978年1∶11.6。

四是重工业增长过快,工业内部比例严重失调。①由于长期片面推行优先发展重工业和"以钢为钢"方针,重工业的发展不仅挤了农业,而且挤了轻工业。1978年基本建设规模的急剧扩大,更加剧了轻重工业的比例失调。1978年重工业增长了15.6%,轻工业只增长了10.9%,轻重工业的产值比例为43.1∶56.9。由于轻重工业比例失调,必然出现消费品供应紧张的局面。市场商品可供量与购买力的差额,1978年竟高达100多亿元。②由于重工业的发展速度和规模超出了国民经济可能提供的物力和财力,不仅挤了农业和轻工业,也造成了重工业内部比例失调,特别是原材料工业与加工工业的发展不协调。1978年,我国机床拥有量达267万台,机床的加工能力大于钢材供应能力3~4倍。全国金属切割机床的利用率,1977年为54.6%,1978年为55.6%。③能源供应紧张,能源工业内部出现比例失调。总的来看,我国的能源工业发展很迅速。1978年,我国一次能源总产量,折合标准煤达到6.2亿吨。但是,由于耗能多的重工业的突击发展,以及能源使用过程中的浪费,能源供应仍然严重不足。1977年和1978年,全国约有1/4的企业因能源短缺而开工不足,一年约损失750亿元的工业产值。在能源工业内部,采掘、采储比例失调。东北、华北、华东等地区老的煤炭基地生产任务过重,开采强度过大,造成不少欠账和采掘比例失调。石油产量虽然在1978年突破1亿吨,但由于产量的增长超过了储量的增长,后备的探明资源不足,1978年采储比降到了16∶1,储量和开采量的比例严重失调。

五是人民物质生活水平提高速度与经济迅速恢复的速度很不相称。1977—1978年,前者为6%,后者为20.1%,前者还不到后者的三分之一。这主要是由于积累率过高。这两年积累率分别高达32.3%和36.5%。同时,由于农业和轻工业发展滞后,商品供需矛盾扩大。1978年,结余购买力总额480.7亿元,比1976年增长了56.9亿元。由此引起物价的上扬。与1976年相比,1978年全国商品零售物价总指数和职工生活费用价格总指数分别上升了2.7%和3.4%。这些都抑制了人民物质生活水平的提高。

从粉碎"四人帮"到党的十一届三中全会召开的两年里,我国经济管理体制上的种种弊病还不可能得到触动。在国家同企业的关系上,统得太多,管得太死,企业缺乏应有的自主权;企业经营好坏一个样,同职工的物质利益不结合,使企业和职工的积极性受到很大的束缚。同时,企业的整顿工作还远远没有完成，在企业内部，"吃大锅饭"盛行，许多企业经营管理不善，物资消耗大，浪费严重，品种不对路，质量差，成本高，甚至长期亏损。

总之，由于重大比例失调的状况没有改变过来，再加上企业整顿工作还没有搞好，经济管理体制上存在许多问题，所以整个社会再生产的过程难以顺利进行，生产建设的经济效益差。到1978年底，全国还有1/3的企业管理比较混乱，生产秩序不正常。全国重点企业主要工业产品中的30项主要质量指标还有13项低于历史最好水平，38项主要消耗指标还有21项没有恢复到历史最好水平。国营工业企业每年工业产值提供的利润还不及历史最好水平的三分之一。独立核算的国营工业企业亏损面还有24.3%，亏损额达37.5亿元。

第三节 利用外资的急于求成与投资膨胀

粉碎"四人帮"以后的两年，由于指导思想上和实际工作中"左"的错误在很多方面还没有得到清理和纠正，强调大干快上，提出要把"四人帮"干扰、破坏所耽误的时间夺回来，再次提出要实现所谓"新的跃进"。

1977年7月，国务院认为1977年上半年的生产情况标志着国民经济新的跃进局面正在出现。由此影响到各部门、各地区纷纷提出自己的跃进计划。一时间，"20多个鞍钢""10个大型煤炭基地"等口号纷纷提出。到1978年2月的全国五届人大一次会议上，明确提到"新的跃进形势已经来到了"。随后中共中央政治局通过的《1976—1985年十年规划纲要（草案）》，提出了一系列的高指标，规定1985年钢产量达到6000万吨，原油产量2.5亿吨，1978—1985年，基本建设投资总额相当于过去28年的投资总和。

1971年10月，中国恢复了在联合国的合法席位，迎来了建交的高峰。国际环境的逐步改善，使西方发达国家有意愿与中国做生意。1972年1月，国家计委向国务院呈送《关于进口成套化纤、化肥技术设备的报告》提出：拟争取在1972年上半年与外商签订合同，花费4亿美元，引进4套化纤技术设备和2套化肥技术装备，以及部分关键设备和材料。1972年2月，经毛泽东、周恩来等批准后，这些项目正式组织实施。由于上述成套设备引进工作进展非常顺利，冶金部、三机部等都想借此机会引进一些先进技术，纷纷向国家计委提出引进项目。1972年8月，国家计委向国务院呈送《关于引进一米七连续式轧板机问题的报告》，之后，毛泽东、周恩来正式批准从联邦德国、日本引进一米七轧机，建在武钢[①]。

1973年1月，国家计委向国务院提交《关于增加设备进口、扩大经济交流的请示报告》，报告提出："我国的对外关系迅速发展，资本主义世界经济危机进一步加深，急于找产品市场，找资金出路。要积极利用这一大好时机，扩大对外经济交流。拟在今后三五年内，集中进口一批成套设备和单机设备，争取在'五五'计划期间充分发挥作用，初步提出进口43亿美元的方案（也称'四三方案'）。"项目主要集中在化肥、化纤和烷基苯三个领域，分别针对粮食增产、解决中国人的吃饭问题；生产化纤替代棉花，解决棉花与粮食争地，以及中国人的穿衣问题。

1977年7月，国家计委向国务院汇报，提出今后除抓紧"四三方案"的在建项目的投产外，再进口一批成套设备、单机和技术专利，总额为65亿美元。后来又经过几次汇报，中央同意将引进规模扩大到180亿美元。这一次的技术引进包括建设宝钢、仪征化纤、扬子乙烯、大庆石化、烟台合成革厂等13套重大项目，还有43套采煤综采设备和几个电厂，以解决能源需求增加问题[②]。

1978年7月，国务院务虚会召开，提出要组织国民经济新的大跃进，要以比原来的设想更快的速度实现四个现代化，要在本世纪末实现更高程度的现代化，要放手利用外国资金，大量引进国外先进技术设备。在当时的热烈气氛下，务虚会决定了对外引进的高指标，并且一再加码。会议总结报告提出：最近三四年先安排三四百亿美元。在会议中，少数人头脑比较冷静，认为对一些重大项目需要深入广泛的讨论和科学的论证，再付诸实施。遗憾的是这些意见没有得到重视。

在组织国民经济新的大跃进、急于求成的思想指导下，1978年不断强调加快建设速度，铺新摊子，一再追加基本建设投资。1~8月，国家预算内已先后追加投资35亿元，使本已经安排大了的基本建设进一步扩大。9月又

[①] 牛建立：《20世纪70年代前期大规模引进成套技术设备述论》，国史网2014-11-05。
[②] 张国宝：《新中国成立70年来我国五次经济建设高潮》，国家发展和改革委网站。

决定再追加投资48亿元。这样，全年追加的基本建设投资总额达83亿元。在基本建设投资中，国家预算内资金规模由年初计划的332亿元增加为415亿元，实际完成417.4亿元，加上预算外投资达500多亿元，分别比1977年猛增105亿元和118.6亿元，使1978年成为50年代"大跃进"以后基本建设投资增长最快的年份。

在利用外资引进技术设备方面，1978年，签订了50多个引进技术设备的项目，协议金额达78亿美元，简称"78亿计划"，比1950—1977年28年中国引进技术设备累计完成金额还多13亿美元。3月，国家计委、建委下达了《1978年引进新技术和成套设备计划》，批准各部门用汇总额85.6亿美元，当年成交额59亿美元，当年用汇11.7亿美元。引进的项目主要是重工业项目，建设规模巨大。22项特大型工程建设共需外汇130亿美元，按当时的汇率，约合人民币390亿元，加上国内配套投资200多亿元[1]。由于在引进外资的协议金额中，有一半左右的合同是在短短10天里抢签的，没有进行可行性研究和综合平衡，且用汇额远远超出了国力所能承担的范围，影响涉及以后的几年，对于刚刚开始恢复的国民经济来说，无疑是一次大的冲击。

1978年，总投资在10万元以上的施工项目总数多达4.5万个，一下子比1977年增加了8883个，成为相近几年中一年内施工项目增加最多的一年，其中大中型施工项目达1723个，比1977年激增270个。按照当时国家财政每年能够提供的投资额计算，大约需要10年才能完成[2]。摊子越铺越大，效果越来越差。由于财力、物力、人力的分散，建设项目的工期相应拖长，1978年全部建成投产的大中型项目只有99个，比1977年减少了22个，大中型项目投产率仅为5.8%。1978年完成的基本建设投资猛增到500.9亿元，增长31%；其中国家预算内投资增长更快，增长了33.7%。

1978年，基本建设规模的急剧膨胀给国家财政带来了极大的困难和负担。尽管如此，1978年10月，在制定1979年计划时，各部门、各地区还在不断要求扩大投资规模，提出的规模高达1000亿元，这显然严重脱离实际。可是，在当时新的"大跃进"思想指导下，为实现十年规划纲要的要求，为

---

[1] 武力主编：《中华人民共和国经济史》，中国时代经济出版社2010年版，第633~634页。
[2] 《中国社会主义经济建设问题》，中共中央党校出版社1980年版，第32页。

保证已经开工项目的续建,1979年基本建设计划仍然安排了投资583亿元,其中国家预算内投资457亿元,分别比1978年实际完成的基本建设投资和国家预算内投资,增加了82亿元和39.6亿元。同时,还计划从国外借款上百亿美元,用以支持国内的生产和建设。

这个计划在物资、财政、外汇等方面都留了很大缺口。燃料缺1500万吨;钢材在进口750万吨后,数量勉强够了,但品种和到货时间不能保证;水泥在进口200万吨,加上上调地方小水泥200万吨以后,还缺100多万吨;木材在进口100万立方米,上调国营林场抚育间伐材100万立方米后,还缺75万立方米。财政收入指标有20多亿元地方不接受,分不下去,有些必需的支出又没有打足。外汇支大于收100多亿美元。由此可见,1978年基本建设规模膨胀在很大程度上还影响了1979年的计划。而1979年的计划又是一个绷得很紧、实现不了的计划[①]。

第四节　投资结构处于严重失衡状态

1977—1978年的宏观决策失误,不切实际地追求高速度、高指标,仍然延续了以往那种以追求速度为主,追求重工业为主,重积累、轻消费,重生产、轻生活的发展方式,尽管当时希望通过加速发展来解决比例失调的矛盾,实际的投资结构和产业结构却是重工业过度超前,轻工业和非生产建设严重落后,因而仍然摆脱不了高积累、低消费、低效益恶性循环的怪圈。

1977—1978年投资结构的特征是:①在农轻重关系上,重工业投资比重仍然过重,占当年基本建设投资总额的49.8%和48.7%。轻工业投资占当年基本建设投资的比重,分别为7.1%和5.8%。农业投资仍保持"文革"时期水平,为11.1%和11.5%。②非生产性建设的投资比重仍然偏低。"文革"中强调"先生产、后生活",非生产性建设的投资比重降到16.2%("三五"时期)和17.5%("四五"时期)。1977—1978年注意提高城市建设和住宅建设投资,非生产性投资比重也只有16.7%和17.4%。同"一五"时期的33%相

[①]　彭敏主编:《当代中国的基本建设》(上),当代中国出版社2019年版,第192~195页。

比，差了近一半。在非生产性建设中，住宅投资的比重"一五"时期曾达9.1%，1977—1978年只比"文革"时期略有提高，为6.9%和7.8%。由于欠账过重，到1978年，全国城镇居民的人均居住面积只有3.6平方米，比50年代初期还少0.9平方米。当年，城镇人口中，缺房户有689.1万户，其中无房户有131.1万户。

1977—1978年，产业结构严重失衡。工农业总产值方面，农业产值的比重由1976年的30.4%下降到1978年的27.8%，粮棉不能完全自给，当年净进口粮食139.1亿斤，加剧了工农业的比例失调。在轻重工业产值比例方面，轻工业比重由1976年的44.2%下降到1978年的43.1%，轻重工业比例更加不协调，消费品供应普遍短缺。重工业内部也出现比例失调，电力、燃料和原材料不能满足加工工业的需要。据有关方面估计，1978年，有20%的生产能力因缺电而开工不足。由于耗能多的重工业的突击发展，以及能源使用过程中的浪费，我国的能源供应仍然严重不足。1977年和1978年，全国约有1/4的企业因缺能源而开工不足，一年约损失750亿元的工业产值。在能源工业内部，采掘、采储比例失调。东北、华北、华东等地区老的煤炭基地生产任务过重，开采强度过大，造成不少欠账和采掘比例失调[①]。

当然，经济结构上的农轻重比例失调，主要还是"文革"十年长时期追求以钢为纲、搞"大三线"、重生产轻生活累积的结果，而1977—1978年继续在投资结构上重重轻轻，就使已经畸形的产业结构更加畸重畸轻，增加了以后经济调整的难度。

第五节　经济和投资体制的探索

建国以后直到1978年，我国的经济和投资管理体制一直是以高度集中统一的直接管控为主，且主要是指令性计划和行政方式管理为主的。这种管理方法同工业化过程中生产社会化程度的不断提高本来就是有矛盾的。1977—1978年的"大干快上"激起了各方面发展经济的积极性，也暴露出

---

① 汪海波、刘立峰:《中国经济70年》，山西经济出版社2019年版，第275页。

管理体制过于集中的矛盾，经济体制、投资体制束缚经济发展的问题日趋突出。

主要矛盾是：第一，国家集中分配投资和企业无偿使用国家投资，助长了争项目争投资的"投资饥渴症"。地方政府为了促进本地经济发展，就想方设法争项目、争投资。企业追求增加生产能力、扩大生产规模，也是争项目、争投资，花钱向上要，不够向上报。第二，中央、地方、军工、民用企业都追求自成体系，形成结构趋同和重复建设的发展格局。第三，高耗、低质、低产量的小型重工业企业发展过多，企业的产量低、消耗高、质量差、生产成本高，亏损企业也多，成了经济发展的包袱。第四，企业缺少自我改造、自我发展的动力。企业的生产还是老设备、老工艺，赶不上产品日新月异的潮流。

1978年7～10月先后召开的国务院务虚会和全国计划会议，对管理体制进行了新的探索。国务院务虚会的总结报告充满改革开放的思想，指出要实现现代化，就必须勇敢地改造一切不适应生产力发展的生产关系和不适应经济基础的上层建筑，放手发挥经济手段和经济组织的作用。报告指出，在企业经济管理体制方面，往往从行政权力的转移着眼多，往往在放了收、收了放的老套中循环，因而难以符合经济发展的要求。要坚决摆脱墨守行政层次、行政区划、行政权力、行政方式而不讲经济核算、经济效果、经济效益、经济责任的老框框，掌握领导和管理现代化工农业大生产的本质。

会议的相关文件也指出，只有把社会主义制度的优越性同发达的资本主义国家的先进科学技术和先进管理经验结合起来，把外国经验中一切有用的东西和我们自己的具体情况、成功经验结合起来，我们才能迅速提高按照客观规律办事的能力。主张要进行一系列的经济改组和经济改革，提出了四个方面的具体建议：推广合同制，发展专业公司，加强银行的作用，发展经济立法和经济司法。此外还提出商品生产和商品流通将继续长期存在，在我国还需要大大发展；严格进行经济核算，努力降低单位产品的成本，努力提高劳动生产率和资金利润率；运用价值规律来制定价格政策，等等。这些建议在新时期都显示出旺盛的生命力[1]。

---

[1] 武力主编：《中华人民共和国经济史》，中国时代经济出版社2010年版，第643～645页。

全国计划会议则提出：经济战线必须实行三个转变：一是从上到下都要把注意力转到生产斗争和技术革命上来；二是从那种不计经济效果、不讲工作效率的官僚主义的管理制度和方法，转到按经济规律办事、把民主和集中很好地结合起来的科学轨道上来；三是从那种不同资本主义国家进行经济技术交流的闭关自守或半闭关自守状态，转到积极引进国外先进技术，利用国外资金，大胆地进入国际市场上来。关于计划管理体制，提出要按照"统一计划、分组管理、条块结合、以块为主"的原则，实行中央和地方两级管理。中央研究和提出方针政策，制定全国统一计划。地方根据中央方针政策，结合本地区实际，制定地方计划。

第六节　投融资的经验与教训

这一时期，随着"四五"计划开工建设的一批骨干项目建成投产，建立起了一批新兴企业，新技术的采用促进了传统产业部门的技术进步。但是，由于建设指导思想上对十年动乱的严重后果估计不足，特别是长期存在的"左"的错误倾向尚未得到清理，在建设的总体安排上又一次提出严重脱离实际的规划和指标，造成基本建设规模的再度急剧膨胀。

这一时期的技术引进，使我国的钢铁、石化、化纤等产业缩小了与国外先进水平的差距，石油化工、化纤成为重要产业，也由此拉开了改革开放的序幕。但是，引进和建设规模超过了财力和物力所能承受的范围。1978年决定引进的180亿美元，国内配套建设资金至少要1300亿元，而当时我国财政收入才1132亿元。这给财政造成了很大的困难，并导致了1979—1980年的严重财政赤字。所以，有的项目被迫延期，停缓建也增加了建设成本。

这一时期，投资的急剧膨胀进一步挤压了人民生活消费，加剧了积累和消费间的比例失调。1976年积累率为30.9%，已经不低，1977和1978年又分别提高到32.3%和36.5%。轻工业发展的滞后严重影响了人民生活水平的提高，在职工住宅、城市建设、环境保护和文教卫生等方面长期累积、亟待解决的问题增多了。另外，由于投资规模扩张的刺激，有关部门不顾质量，粗制滥造、高耗低效产品大量出现，产品积压增多，1978年，企业亏损面高达30%。

第七章
社会主义市场经济体制初步建立时期的投资（1979—2000年）

■ 第七章 社会主义市场经济体制初步建立时期的投资（1979—2000年）

改革开放后的二十年，投资与建设的指导思想发生了根本转变。以经济建设为中心，集中力量发展社会生产力，为投资与建设创造了良好的条件，投资主体的内生动力被激发出来，投融资体制改革出现了一个高潮。

第一节　社会主义市场经济体制初步建立与新的主体培育

一、改革开放与中国特色社会主义的开创

中国共产党第十一届中央委员会第三次全体会议，于1978年12月18日至22日在北京召开。会议的中心议题是讨论把全党工作重点转移到社会主义现代化建设上来。

1981年6月，党的十一届六中全会通过《关于建国以来党的若干历史问题的决议》，对改革开放以来我国社会主义现代化建设道路作了概括，初步提出了在中国建设什么样的社会主义和怎样建设社会主义的问题。

1982年9月，中共十二大提出了"建设有中国特色的社会主义"的崭新命题，指出："我们的现代化建设，必须从中国的实际出发，无论是革命还是建设，都要注意学习和借鉴外国经验。但是，照抄照搬别国经验、别国模式，从来不能得到成功。这方面我们有过不少教训。把马克思主义的普遍真理同我国的具体实际结合起来，走自己的道路，建设有中国特色的社会主义，这就是我们总结长期历史经验得出的基本结论。"

1983年6月，邓小平在会见参加北京科学技术政策讨论会的外籍专家时明确表示，"我们的现代化，是中国式的现代化，我们建设的社会主义，是有中国特色的社会主义。"进一步深化中国式现代化的内涵，进一步强调改革是稳健的、渐进的，改革道路是独立自主的、中国特色的。

1984年10月，中共十二届三中全会在北京召开，会议通过《中共中央

关于经济体制改革的决定》，把经济体制改革的重点从农村转向城市。《决定》阐述了加快以城市为重点的整个经济体制改革的必要性和紧迫性，规定了改革的性质、基本任务和各项方针政策。《决定》要求把增强企业的活力作为经济体制改革的中心环节，建立自觉运用价值规律的计划体制，发展社会主义商品经济。中共十二届三中全会以后，全国迅速掀起全面改革开放的热潮。

改革开放的全面展开，深化了党对于国情和建设有中国特色社会主义道路的认识。1987年，中共十三大阐明社会主义初级阶段理论和党在社会主义初级阶段基本路线，提出"建设有中国特色的社会主义理论"概念，确定"三步走"发展战略：第一步，从1981年到1990年国民生产总值翻一番，实现温饱；第二步，从1991年到20世纪末再翻一番，达到小康；第三步，到21世纪中叶再翻两番，达到中等发达国家水平。"三步走"战略把我国社会主义现代化的进程具体化为切实可行的步骤，是激励全国人民为一个共同理想而奋斗的行动纲领。

改革开放的加快推进，促进了经济快速增长。在加速发展的过程中，经济领域也出现了一些问题，1988年出现了"四过一乱"，即过旺的社会需求、过快的工业发展速度、过多的信贷和货币投放、过高的物价涨幅与经济秩序特别是流通秩序混乱。加上生产资料价格双轨制引发"官倒"等腐败现象，群众反映强烈。1988年4月至9月，中共中央多次召开会议，讨论生产资料价格双轨制改革。虽然改革方案还没有正式实施，但是，仍然引起群众对于物价上涨的担忧和恐慌。全国不少地方出现抢购，进而出现挤兑。老百姓纷纷大量提取存款抢购商品，从而使涨价风、抢购风愈演愈烈。

1988年9月，中共中央召开十三届三中全会，决定在坚持改革开放总方向的前提下，把1989年和1990年两年改革和建设的重点放到治理经济环境和整顿经济秩序上，以扭转物价上涨幅度过大的态势，创造理顺价格的条件，使经济建设持续、稳步、健康地发展。从1988年9月开始，国务院组织各部门、各地方开展治理整顿。治理经济环境，主要是压缩社会总需求，抑制通货膨胀；整顿经济秩序，主要是整顿经济生活特别是流通领域中出现的各种混乱现象。治理整顿很快取得初步成效。

二、社会主义市场经济体制建立与经济高速增长

（一）社会主义市场经济体制改革目标的确定

1992年1月18日至2月21日，邓小平先后到武昌、深圳、珠海、上海等地视察，并发表了一系列重要讲话，通称南方谈话。讲话明确回答了长期困扰和束缚人们思想的许多重大认识问题，重申了深化改革、加快发展的必要性和重要性，并从中国实际出发，站在时代的高度，科学总结了党的十一届三中全会以来的实践探索和基本经验，在一系列重大的理论和实践问题上，提出了新观点，讲出了新思路，开拓了新视野，有了重大新突破，将建设有中国特色社会主义理论与实践，大大地向前推进了一步。邓小平的南方谈话，为党的十四大的召开作了理论与舆论的准备。

1992年10月，党的十四大召开，在党的历史上第一次明确提出了建立社会主义市场经济体制的目标模式。把社会主义基本制度和市场经济结合起来，建立社会主义市场经济体制，这是我们党的一个伟大创举。1993年11月11日至14日召开的党的十四届三中全会通过的《中共中央关于建立社会主义市场经济体制若干问题的决定》，进一步把党的十四大确定的经济体制改革的目标和基本原则系统化、具体化，制定了中国建立社会主义市场经济体制的总体规划。

全会指出，建立社会主义市场经济体制，就是要使市场在国家宏观调控下对资源配置起基础性作用。为实现这个目标，必须坚持以公有制为主体、多种经济成分共同发展的方针，进一步转换国有企业经营机制，建立适应市场经济要求，产权清晰、权责明确、政企分开、管理科学的现代企业制度；建立全国统一开放的市场体系，实现城乡市场紧密结合，国内市场与国际市场相互衔接，促进资源的优化配置；转变政府管理经济的职能，建立以间接手段为主的完善的宏观调控体系，保证国民经济的健康运行。这些主要环节相互联系又相互制约，构成社会主义市场经济体制的基本框架。

（二）财税、金融等重点领域改革的加快推进

1. 财税体制改革

为理顺中央与地方的财政分配关系，增强中央宏观调控能力，1992年财政部选择天津、辽宁等省市进行分税制试点。1993年，国务院颁布了《关于实行分税制财政管理体制改革的决定》，决定从1994年实行分税制，主要有以下内容。

第一，确定中央与地方财政的支出责任。中央财政主要承担国家安全、外交和中央国家机关运转所需的经费，调整国民经济结构、协调地区发展、实施宏观调控所必需的支出，以及由中央直接管理的社会事业发展支出；地方财政主要承担本地区政权机关运转所需支出以及本地区经济、社会事业发展所需支出。

第二，按税种划分中央与地方收入范围。将维护国家权益、实施宏观调控所必需的税种划分为中央税；将同经济发展直接相关的主要税种划分为中央与地方共享税；将适合地方征管的税种划分为地方税。分设税务机构，中央税务机构征收中央税和中央与地方共享税，地方税务机构征收地方税。

第三，初步建立政府间财政转移支付制度。1994年在重新划分中央与地方财政收入的基础上，相应调整了政府间财政转移支付数量和形式，除保留了原体制中央对地方的定额补助、专项补助和地方上解外，增加了中央对地方的税收返还制度。从1995年起，中央又在税收返还制度之外建立了过渡期转移支付办法。

第四，改革财政支出体制。公共支出管理是整个财政管理中最薄弱的环节，财政改革的焦点是财政支出的法治化和公开化，部门预算改革、国库集中收付制度、政府采购制度、收支两条线管理及政府收支分类改革陆续实施[①]。

1994年的财政体制改革，是新中国成立以来力度最大、利益调整最广、影响最为深远的一次改革。在分税制的基础上，不断调整中央与地方在财政收入上的划分方式，从以"生产建设"为主转向涵盖公共服务的"民生建设"，逐渐建立起公共财政要求下的财政体制。

---

① 陈东琪、邹德文：《共和国经济60年》，人民出版2009年版，第218～219页。

2. 金融体制改革

1993年12月，国务院颁布了《关于金融体制改革的决定》，全面推进适应市场经济体制的金融体制建设。其一，建立强有力的中央银行调控体系。国务院指出，深化金融体制改革的首要任务是把中国人民银行办成真正的中央银行。1995年3月，《中华人民共和国中国人民银行法》颁布，明确了中国人民银行的中央银行性质与地位，中国人民银行完成职能转换，负责金融监管与实施货币政策。1998年，中国人民银行撤销了省级分行，建立了跨区域的9个分行，管理体制再度发生重大变革。

其二，建立政策性银行。由于国家专业银行的业务既有商业性信贷，又有政策性信贷，部分信贷财政化倾向突出，不利于中央银行的宏观调控，也不利于考核专业银行的绩效。党的十四届三中全会确定了建立政策性银行、分离专业银行的政策性业务与商业性业务的改革方向，组建了国家开发银行、中国进出口银行、中国农业发展银行三家政策性银行，承担了专业银行的政策性业务。

其三，将专业银行改造为真正的商业银行。政策性业务剥离后，为专业银行向商业银行转化创造了条件。1994年，中国工商银行、中国农业银行、中国银行、中国建设银行四大专业银行开始转换经营机制，改进金融业务，强化内部管理，加强风险防控，逐步转变为商业银行。

3. 土地使用与房地产市场化

改革开放前，我国城镇国有土地实行的是单一行政划拨制度，国家将土地使用权无偿、无限期提供给用地者，土地使用权不能在土地使用者之间流转。1979年开始，开始以场地使用权作为出资兴办中外合资企业或向中外合资企业收取场地使用费。土地使用权可作为合资企业的中方合营者的投资股本。1982年，深圳特区开始按城市土地等级不同收取不同标准的使用费。1987年4月国务院提出使用权可以有偿转让，同年9月，深圳首次公开拍卖土地使用权。1988年，国务院决定在全国城镇推行土地使用费（税）的政策。1993年，党的十四届三中全会将土地使用制度改革作为整个经济体制改革的重要组成部分，全国各地实行了土地使用权有偿、有期限出让，建设用地基本纳入了新制度的轨道。1995年7月，国家土地管理局公布了《协议出让国有土地使用权最低价确定办法》，提出培育和发展土地市场的8项要求，主要是加强国家对土地使用权出让的垄断，进一步扩大国有土地使用权出让范围，规范出让方式，逐步将用于经营的划拨土地使用权转为有偿使用等。1998年8月，九届全国人大四次会议颁布了重新修订的《中华人民共和国土地管理法》，12月，国务院发布了《中华人民共和国土地管理法实施条例》，土地有偿使用成为普遍的制度安排[①]。

随着土地市场的发育，房地产市场开始繁荣。1991年6月，国务院发出《关于继续积极稳妥地进行城镇住房制度改革的通知》，要求将现有公有住房租金有计划、有步骤地提高到成本租金；在规定住房面积内，职工购买公有住房实行标准价。11月，国务院下发《关于全面进行城镇住房制度改革的意见》，确定房改的总目标是：从改革公房低租金制度入手，从公房的实物福利分配逐步转变为货币工资分配，由住户通过买房或租房取得住房的所有权或使用权，使住房作为商品进入市场，实现住房资金投入、产出的良性循环。这是我国住房制度改革的一个纲领性文件。城镇住房制度改革逐步推开，推动了房地产市场的兴起。1992年至1993年6月，房地产业急剧升温，全国出现房地产热。房地产公司大规模兴起，各大银行首次成立房地产信贷部，作为试点城市的经济特区海南迎来了两万多家房地产公司的入驻，泡沫大增，投机浪潮高涨。

1993年6月，国家开始治理整顿房地产行业，进行宏观调控。中央出手叫停，海南房地产泡沫破裂，房地产崩盘，这是我国首次房地产泡沫破裂。1994年《中华人民共和国城市房地产管理法》出台，限制土地供应，投资向住宅倾斜，大力推广公积金、个人按揭等政策。与此同时，由于市场萎靡，各地方政府相继出台各种政策促进市场恢复，预售制度也于这一年正式引进，将房地产业的发展引导到有法可依的轨道[②]。1994年7月，国务院下发了《关于深化城镇住房制度改革的决定》，确定房改的根本目标是：建立与社会主义市场经济体制相适应的新的城镇住房制度，实现住房商品化、社会

[①] 高培勇等：《中国经济70年》，经济科学出版社2019年版，第173～183页。

[②] "中国房地产四十五载风云"，https://baijiahao.baidu.com/s?id=1766825997316456052&wfr。

化；加快住房建设，改善居住条件，满足城镇居民不断增长的住房需求。《决定》出台后，各地纷纷制定本地区的房改实施方案，在建立住房公积金、提高公房租金、出售公房等方面取得较大进展。截至1998年底，全国全面停止实物分房，城镇住房制度发生了一次根本性的转变。

（三）市场主体的发展壮大

国有企业的制度建设。1993年12月，《中华人民共和国公司法》颁布，国有大中型企业建立现代企业制度的创新有了法律依据。1994年11月，国务院在全国选择百家国有大中型企业进行现代企业制度的试点。1997年，党的十五大决定对国有企业实施战略性重组，抓好大的，放活小的，将国有企业改革纳入社会主义所有制结构改革。1999年9月，党的十五届四中全会作出《中共中央关于国有企业改革和发展若干重大问题的决定》，肯定了股份制是公有制的有效实现形式，要求国有大中型企业实行规范的公司制改革。到2002年，占全国国有及国有控股企业净资产70%的4371家骨干企业中，有3300多家完成了公司制改革，改制面达到76%[①]。

非公有制经济的壮大。党的十四大明确了非公有制经济是公有制经济的补充，党的十四届三中全会提出要鼓励个体、私营经济的发展，个体、私营等非公有制经济的发展进入又一高潮。到1992年底，全国有个体工商户1533.9万家，私营企业13.9万家；1993年底，全国的个体工商户增加到1969.9万家，私营企业达23.8万家；1997年底，全国的个体工商户有2850万家，私营企业有96万家。2002年，私营企业户数超过集体企业，成为中国最大的企业群体。

乡镇企业的异军突起。乡镇企业是农村经济体制改革的重要成果。乡镇企业生产的产品不仅有为农业生产服务的，也有为工业生产和人民日常生活需要服务的。当时，乡镇企业的许多产品，特别是日用消费品，已占全国相当大的比重，繁荣了城乡市场，增加了社会有效供给。1992年3月，国务院批转农业部《关于促进乡镇企业持续健康发展的报告》。党的十四大也肯定

[①] 国家发展改革委经济体制综合改革司：《改革开放三十年：从历史走向未来》，人民出版社2008年版，第34页。

了"乡镇企业是中国农民的又一个伟大创造",乡镇企业进入发展的快车道。20 世纪 90 年代后期,乡镇企业的发展遇到困难,效益下滑,增长速度放缓,再次面临改制问题。

外资企业的兴起。1992 年,我国扩大对外开放后,逐渐放宽了外资投资的限制。一方面,要求他们按照中国政府的产业政策,投向基础设施、基础产业和技术密集型产业;另一方面,逐渐放松产业限制。国务院批准北京、上海等 6 个城市和 5 个经济特区各试办一两个外商投资商业零售企业,外商开始进入中国商业零售领域。对于原来禁止或限制外商投资的行业,如保险、旅游、房地产等,开始进行放开试点。1992—1994 年,共有近 18 万家外资企业在我国开业。

第二节　投资增长过猛和反复膨胀

1981—2000 年,国有投资年均增长 18.4%,保持在较高的水平上。这一时期的投资经历了两次大起大落:一次是国有投资增长率由 1983 年的 12.6%,上升到 1985 年的 41.8%,之后下降到 1989 年的 -7%;另一次是由 1989 年的 -7% 提高到 1992 年的 48%,再下降到 2000 年的 3.5%。

一、投资的初步调整

1979 年 4 月中央工作会议之后,开始了对国民经济的全面调整。根据进展情况,1979—1980 年还只是初步调整。这两年中,削减了一部分基本建设项目,遏制了投资的增长势头,并压缩了一批在建项目。1979 年,国有投资、基本建设投资和工业基本建设投资分别为 699.3 亿元、523.4 亿元和 256.8 亿元;1980 年这三项数字分别为 745.9 亿元、558.8 亿元和 275.6 亿元。1979 年,停建、缓建大中型项目 295 个;1980 年,又减少大中型项目 283 个。

1979—1980 年调整有一定成效,但基本建设投资规模还没有切实地压下来。1979 年国家预算内直接安排的基本建设投资,调整后的计划为 360 亿元,比上年减少了 36 亿元;执行结果达到 395 亿元,实际上比 1978 年只减少 1

亿元。说明1979年基本建设并没有减下来。1980年国家预算内投资计划安排241亿元，实际完成281亿元，比上年压缩了28.9%。但是，预算外地方、部门、企业各类自筹投资比上年增长56.2%。这样，全年预算内外实际完成的投资总额达539亿元，比1979年又增加了7.8%，成为新中国成立以后到1980年的30年中投资规模最大的一年。

过大的基本建设投资规模没有压缩下来的原因主要有三点：①对一些应该停建、缓建的重大项目没有及早下决心停缓下来；1980年在建的大中型项目个数虽然减少了283个，但由于新开工的大中型项目有的规模较大，因此，总的建设规模没有压缩下来。②由于一些地区片面理解发挥优势的方针，缺乏计划指导和综合平衡，重复建设现象严重。各地的小烟厂、小酒厂、小丝厂等盲目建设问题更为突出。③预算外各类资金用来搞基本建设的渠道越来越多，又没有相应地加强管理，致使这方面的基本建设规模失去控制。1980年，在企业的挖潜、革新、改造资金和人民银行的中短期设备贷款中，40%以上投入了基本建设性质的新建项目。

由于基本建设规模过大，超过了国家财力物力的可能，不得不靠庞大的财政赤字来维持基本建设，加剧了国家财政、借贷、物资和外汇的不平衡。1979年，国家出现135.4亿元的财政赤字，1980年仍有68.9亿元的赤字。虽然经过近两年的调整，但是，国民经济比例重大失调的状况未从根本上得到扭转，经济工作的被动局面还没有彻底改变过来。

鉴于上述情况，在1980年12月召开的中央工作会议上，党中央决定从1981年起在前两年调整的基础上，对国民经济实行进一步的调整。为了搞好经济上的进一步调整，克服困难，避免发生混乱，中央工作会议强调，在扭转国民经济被动状况的重大调整措施上必须高度集中统一，服从中央统一指挥。为此提出，对于中央决定的调整方针、政策和重大措施不能三心二意，不能阳奉阴违，不能顶着不办；各种渠道用于基本建设的资金，要由国家计划委员会统管起来，综合平衡；财政税收制度和重大财政措施要集中统一；任何地方、部门和企业都必须严格遵守信贷管理制度和现金管理制度；国家规定的重要物资的调拨计划，包括重要的农副产品和原材料，各地方、各部门、各企业必须坚决完成，不能打折扣。

切实压缩了基本建设投资规模。为了严格地控制投资规模，1981年3月，国家计委、国家建委、财政部联合发出《关于制止盲目建设、重复建设的几项规定》，不准搞资源不清的项目，不准搞工程地质、水文地质不清的项目，不准搞工艺不过关的项目，不准搞工艺技术十分落后、消耗原材料、燃料、动力过高的项目，不准搞协作配套条件不落实的项目，不准搞污染环境而无治理方案的项目，不准搞"长线"产品项目，不准搞重复建设的项目，不准搞"大而全"、"小而全"的项目，不准搞同现有企业争原料的项目，不准盲目引进项目，不准搞楼堂馆所。由于采取了加强集中统一管理等一系列措施，使压缩和控制基本建设规模的决策真见成效。1981年全部停建、缓建的大中型项目151个、小型项目1100多个，压缩停、缓建项目未完工程投资436亿元，占1979—1981年3年调整压缩投资的三分之二。当年投资也出现了下降。

1982年又出现了基本建设增长过快的问题。这一年，国有投资、基本建设投资、工业基本建设投资分别达到了845.3亿元、555.5亿元和260.6亿元，分别比1981年增加了177.7亿元、112.6亿元和44.5亿元。于是上年较缓和的建设物资又出现供应紧张的局面，挤占了生产维修、更新改造和消费市场。这种状况1983年上半年仍有发展。

为了刹住基本建设投资增长过猛的势头，1983年6月，党中央、国务院召集各省、自治区、直辖市和中央国家机关各部委的负责同志，决定集中财力、物力保证以能源、交通为中心的重点建设。1983年7月9日，国务院发出了《关于严格控制基本建设规模、清理在建项目的紧急通知》，要求各地区、各部门迅速把超过国家下达的基本建设计划的部分压缩下来，特别是用自筹资金和银行贷款安排的建设规模，必须压缩到计划指标以内。超过的部分，银行停止拨款。凡是计划外项目一律停下来。计划内的项目，凡是矿产资源和工程地质不清、工艺不过关、能耗过高、产品无销路的项目，也要停下来。由于采取了上述紧急措施，到1983年9月底，全国共停建缓建基本建设项目5360个，其中计划外项目3086个，计划内项目2274个。这些措施使得1983年基本建设规模在较短的时间里得到了一定的控制，加快了以能源、交通为中心的重点建设。

1983年投资增长势头虽然得到遏制，仍然增长过快。这年国有投资、基本建设投资和工业基本建设投资又分别上升到951.9亿元，594.1亿元，282.3

亿元；分别比 1982 年增长了 97.6 亿元、38.6 亿元和 21.6 亿元。

1984 年，国家重点建设工作进一步加强。一批重点煤矿、电站、油井、建材企业和铁路新线的建成投产，有利于弥补国民经济中的薄弱环节，为生产的持续增长准备后劲。但是，1984 年投资增长速度更猛。这一年，国有投资、基本建设投资分别达到 1185.2 亿元、743.1 亿元；增幅分别达到 24.5%、25.1%。这就大大超过了当年钢材、木材、水泥生产分别增长 9.7%、5.1% 和 11.8% 的速度。因而主要基建物资供应十分紧张，市场价格上涨幅度较大。

二、投资的反复膨胀

由于传统的经济体制和发展战略的影响，1984 年第四季度经济出现了超高速增长。其具体过程是：1984 年下半年在酝酿全面开展经济体制改革时，国务院决定要给银行以信贷自主权。有关部门确定的办法，是以 1984 年的贷款总额作为 1985 年的贷款限额。于是，银行为扩大 1985 年的信贷限额，10 月份起放手发放固定资产贷款，由此造成投资失控。投资过度膨胀又导致经济超高速增长，造成消费品特别是投资品（主要又是能源、交通和原材料）供应紧张，物价大幅度上扬，进口物资剧增和外汇储备大幅下降。

为此，国务院于 1984 年 11 月中旬发出严格控制银行信贷和发放职工奖金的紧急通知。但由于失控来势很猛，过热势头仍在发展。1985 年采取了一系列经济的、法律的和行政的措施，控制经济过热。在控制信贷失控方面，运用了紧缩银根的方法。在控制投资过度膨胀方面，采取了以下重要措施：重申严格按计划办事，实行行政首长负责制；各级银行不准发放计划外固定资产贷款；各地区、各部门不准用银行贷款以自筹资金名义擅自扩大基本建设规模；除建设银行外，其他银行不得办理自筹基本建设的存款和贷款。从 1985 年第三季度起，基本建设投资趋于下降。

1986 年，执行了财政、金融的双紧政策，因而 1985 年出现的整个国民经济过热状态有所缓解。但是，全社会投资的增幅只比上年略有下降，仍大大超过经济增长率，社会总需求大于总供给的差率仍然很大。1987 年 3 月，国民经济和社会发展计划针对计划外投资、非生产性建设投资和非重点建设投资增长过快的情况，提出了"三保三压"的方针，即保计划内建设，压计划外建设；保生产性建设，压非生产性建设；保国家重点建设，压非国家重点建设。由于这些政策的贯彻执行，经济过热状态得到了一定的遏制。但是，总体变化不大。两年实现经济"软着陆"的方针，并未得到真正、完全的落实。

从1988年第一季度起，经济急剧升温。一季度工业增加值同比增长16.9%，第二季度17.5%，第三季度18.1%，第四季度18.8%。8月中下旬，全国许多城市爆发了居民争提存款，抢购商品的风潮。在经济过热的形势下，1988年9月，中共中央召开的十三届三中全会，提出了治理经济环境、整顿经济秩序、全面深化改革的方针。由于这个方针的贯彻执行，从1988年第四季度起，经济过热状态开始降温。但从1988年全年来看，这年国民经济仍然是过热的。全社会投资增长了25.4%，社会总需求大于社会总供给的差率为16.2%。1988年，经济过热状态甚至超过了1985年。这种过热状态的形成原因，除了上述的经济体制、经济战略和转轨时期各种特有矛盾以外，还由于它是1984年底以来经济过热的持续发展及其作用的叠加。

三、投资在治理整顿中发展

1988年9月召开的党的十三届三中全会提出了治理经济环境、整顿经济秩序、全面深化改革的方针。李鹏总理在1989年3月召开的七届人大二次会议上作了题为《坚决贯彻治理整顿和深化改革的方针》的报告。1989年11月召开的党的十三届五中全会又作出了《关于进一步治理整顿和深化改革的决定》。该决定就治理整顿的任务、主要目标、必须抓住的重要环节以及必须实行的基本政策措施等一系列问题，作了明确规定[1]。

从1989年起，用三年或者更长一些时间完成治理整顿的基本任务，即努力缓解社会总需求超过总供给的矛盾，逐步减轻通货膨胀，使国民经济基本转上持续稳定协调发展的轨道，为本世纪末实现国民生产总值翻两番的战略目标打下良好的基础。坚决控制社会总需求，是治理整顿的首要任务。为

---

[1] 《中共中央关于进一步治理整顿和深化改革的决定》，人民出版社1989年版。

此，要压缩投资总规模，坚决调整投资结构，切实控制消费需求的过快增长，坚持实行从紧的财政信贷政策。这次治理整顿的主要目标，不但有压缩需求、解决总量失衡的要求，而且有调整结构、解决结构失衡的要求，还有深化经济体制改革的要求，以期为经济持续、稳定、协调发展打下良好基础。

1989年治理整顿迈出了重要一步。大幅度压缩了投资需求，这是压缩社会总需求和调整经济的决定性措施。1989年计划安排，全社会投资3300亿元，比上年预计完成的4220亿元压缩920亿元，下降21.8%。不仅砍掉了一批包括楼堂馆所在内的非生产性项目，而且停建、缓建了一批一般的生产性项目，特别是加工工业项目。据统计，这年国有单位的基本建设和更新改造项目，比上年减少4.3万个，压缩了26%；当年新开工项目比上年减少4.1万个，压缩了53%。结果本年全社会投资实际为4410.4亿元，比上年实际完成数减少了7.2%。

1990年，党中央和国务院决定继续推进治理整顿，控制固定资产投资规模。1990年计划规定，全社会投资4100亿元；其中，国有投资为2510亿元，二者均低于1989年实际完成数。执行结果，全社会投资为4517亿元，比上年增长2.4%。虽然超过了计划指标，但扣除价格上升因素，实际低于上年水平。同时，调整了投资结构，基础工业和基础设施的建设得到了加强，一般加工工业和非生产性的建设的投资受到了控制。

1991年基本完成了治理整顿的主要任务。1991年计划规定，全社会固定资产投资总规模为5000亿元。执行结果，全社会固定资产投资达到5594.5亿元，比上年增长21.6%，出现大幅度增长。1992年是基本完成治理整顿主要任务后的第一年，也是"八五"计划的第二年。依据邓小平1992年初谈话和3月中共中央政治局会议的精神，国务院提出了抓住有利时机，加快经济发展的方针。

为了促进经济在提高经济效益的前提下加快发展，除了深化改革和扩大开放，加强农业、水利、交通运输、邮电等基础产业和基础设施建设，调整一、二、三产业结构和地区经济布局以外，还重点对固定资产投资项目拖欠这个源头进行了清理。造成连环欠债的主要原因是各部门、地方与企业为追求产值和速度，在自筹资金不足不到位的情况下，大上建设项目，导致固定资产投资规模失控，庞大的资金缺口形成，以致建设单位对生产企业设备、材料货款和施工企业工程款的大量拖欠。

截至1991年6月，全国"三角债"规模累计达3000亿元。1991年8月底，国务院在北京召开全国清理三角债工作会议，提出清理"三角债"必须立足于治本清源，要抓住固定资产投资这个源头，顺次解开债务链。1991—1992年全国共注入资金540亿元（其中包括银行贷款505亿元，地方和企业自筹34.3亿元），清理拖欠项目14121个，连环清理1838亿元。这样，除少数项目外，全国基本建设和技术改造项目在1991年以前形成的拖欠已经基本清理完毕。这两年共清理拖欠款2163亿元，实现了注入1元资金清理拖欠4元的效果[①]。

四、经济再次过热与投资调控

（一）经济过热与宏观调控政策的实施

1993年上半年，改革开放不断取得新进展，生产、建设、流通和对外经济技术交流全面发展。但是，我国经济在继续前进中，也出现了一些新的问题，某些方面的情况还比较严峻，主要是从1992年开始的整个国民经济过热状态有了进一步的加剧，"四热、四高、四紧、一乱"现象[②]严重。投资增长迅猛，1992年，全社会投资达到8080亿元，增长44.4%，增速比上年提高了20个百分点，国有投资和基本建设投资也分别增长了48%和42.4%，这种投资高增长历史上少有。由于投资的过快增长，固定资产投资率由上年的25.9%一下子提高到30%以上。货币过量投放，金融秩序混乱。基础设施和基础工业的"瓶颈"制约增强，交通运输特别是铁路运输十分紧张，一些干线限制口的通过能力仅能满足需求的30%~40%。电力、油品供需缺口越来越大，有的地方又出现"停三开四"现象。

1992年11月，国务院发布了《关于发展房地产业若干问题的通知》，勾

[①] 《中国经济年鉴1993年》，经济管理出版社1993年版，第65页、第628页。

[②] 即房地产热、开发区热、集资热、股票热，高投资膨胀、高工业增长、高货币发行和信贷投放、高物价上涨，交通运输紧张、能源紧张、重要原料紧张、资金紧张，经济秩序混乱。引自郑有贵：《中华人民共和国经济史（1949—2019）》，当代中国出版社2019年版，第235页。

画出了房地产市场发展的前景。房地产价格放开,金融机构大量发放房地产开发贷款,土地开发和出让规模迅速扩大。1992年开始出现了"房地产热"。①房地产开发公司急剧增加。1992年底,全国共有房地产开发公司达12000多家;②房地产开发高速增长。1992年,全国完成房地产开发投资731亿元,比上年增长117%;开发土地面积2.33万公顷,比上年增长175%;新开工商品房屋面积11460万平方米,比上年增长78.1%;③房地产市场十分活跃,价格大幅上涨。1992年,销售商品房屋面积4288.8万平方米,比上年增长40.4%。商品房屋平均销售价格1050元/平方米,比上年上涨31%;④土地出让大幅度增加,1992年全国共出让土地2.2万公顷,是1991年前出让土地总量的11倍。

1993年1~6月,全国房地产开发在1992年的基础上继续高速增长,房地产开发公司从1992年的12000多家增加到近20000家,房地产开发投资比1992年同期增长143.5%,新开工商品房屋面积增长了136%。

1992—1993年房地产开发投资过热,不仅加剧了钢材、水泥、木材等建筑材料的供需矛盾,带动了价格迅猛上涨,而且由于挤占了过多的建设资金,致使一些国家重点建设项目资金不足。内地资金纷纷流向沿海地区的房地产市场,沿海地区的房地产价格猛涨,不断高涨的房地产价格又刺激了外部资金的流入,最终导致国民经济发展严重失衡。

与房地产热相伴而生的,还有开发区热。1992—1994年间,开发区的发展出现了一次大的高潮。这一时期共批准设立了18个国家级经济技术开发区。由于在经济转轨时期,各地政府拥有了很强的资源配置能力,在首批国家开发区成功运作的鼓舞下,纷纷举办开发区和工业园区。1992年前后,开发区热开始出现。普遍出现了"一哄而上,遍地开花"和超市场容量发展的现象。出现了国家级、省级、市县级等各级开发区。1992年全国累计有乡镇以上的各类开发区8700个,相当于同期世界其他各国开发区总数的9.7倍,总面积达3万平方公里,其中1992年新增的开发区8200个[①]。

以房地产开发热和开发区热为代表的宏观经济过热导致物价上涨过快。1993年,货币供应量增幅达到35%以上,直接导致当时和稍后时期物价水

---

① 武力主编:《中国发展道路》(下),湖南人民出版社2012年版,第1219~1221页。

平的普遍上涨,引发通货膨胀。从1992年5月开始,物价上涨幅度逐月加快,到1993年8月,居民消费价格总指数已经同比上涨了16%。如果不抓住时机,抓紧实施宏观调控措施,势必导致社会供需总量严重失衡,引起经济大的波动。

党中央、国务院高度重视这些问题。1993年初之后中央政府多次指出,要认真对待,抓紧解决,并相继采取了稳定和加强农业,制止乱集资、违章拆借和规范股票市场,以及加强房地产投资和交易管理、清理整顿开发区等一系列措施。6月24日,中共中央、国务院发出了《关于当前经济情况和加强宏观调控的意见》,决定采取以下加强和改善宏观调控的措施。

严格控制货币发行,稳定金融形势。全年货币发行量要控制在1500亿元,把住基础货币投放这个闸门,严格控制社会需求的过快增长,认真整顿金融秩序。坚决纠正违章拆借资金,灵活运用利率杠杆,大力增加储蓄存款,坚决制止各种乱集资。强化中央银行对全社会信贷总规模的宏观控制,各家银行和非银行金融机构要严格按照中国人民银行总行下达的年度信贷计划执行,未经批准不得突破。加强房地产市场的宏观管理,促进房地产业的健康发展。对在建项目进行审核排队,严格控制新开工项目。对不符合国家产业政策、资金来源不落实、建设条件不具备、市场前景不明的项目,特别是高档宾馆、写字楼、度假村等,要下决心停缓建,腾出资金保国家重点建设项目,保计划内项目。各级政府和财政、银行部门,要加强建设资金的调度,保证国家预算内建设资金和银行投资贷款按资金的正常需要比例到位。所有新开工项目,必须是有正当资金来源、产品有市场销路和经济效益好的项目。新开工的基本建设大中型项目,必须经国务院批准后方能开工。对于基本建设小型项目,除农业、水利、交通、能源、学校、医院、粮棉仓储设施、城市公用设施、职工住宅以及合同已经生效的利用外资项目外,其他项目1993年内也要严格控制新开工。借用国外商业贷款,要严格按国家计划执行,不得任意突破,特别是不准用商业贷款倒换人民币来扩大建设规模。

党中央、国务院关于加强宏观调控措施的实施取得了积极成效。主要表现在:制止并收回了大部分违章拆借的资金,初步控制住了乱集资,金融秩序得到整顿,居民储蓄存款回升,货币投放得到有效控制,1993年全年货币发行量基本实现了预期的控制目标，金融形势趋于好转；外汇调剂市场上人民币对美元的汇价下半年迅速回落并稳定在基本正常的水平；过高的经济和工业发展速度开始得到控制，开发区热、房地产热开始降温；财政收入进度加快，全年财政赤字控制在年初预算目标之内；投资品价格猛涨的势头有所控制；重点建设和技术改造项目得到加强。

但是，由于加强宏观调控措施的政策效应充分显现出来需要一个过程，深层次的体制性、结构性矛盾还有待于通过深化改革和结构调整逐步加以解决，经济发展还存在诸多重大问题。全社会投资规模过大，投资结构不合理。1993年，全社会投资达到13072.3亿元，比上年增长了61.8%，国有投资和基本建设投资则分别增长了44.1%和53.2%。这些数字表明，投资增长速度过快，规模过大。1993年的投资调控取得了成绩，但在消除1992—1993年上半年形成的过热方面，仅仅是开了一个好头，更艰巨的任务还在后面。

（二）经济"软着陆"的逐步实现

1994年，全国认真贯彻落实党中央关于"抓住机遇，深化改革，扩大开放，促进发展，保持稳定"的指导方针，继续采取一系列适度从紧的财政和金融政策，重点是控制基建投资，全社会投资增长幅度由上年的61.8%回落到30.4%，增长过快的势头初步得到遏制。

1995年在实现经济"软着陆"方面迈出了重大步伐。经济增幅在上年下降的基础上，又以更大的幅度下降；全社会投资增速在上年大幅度下降的基础上，又有大幅下降。1995年，全社会投资达到20019.3亿元，比上年增长了17.5%，增幅明显减弱。这是由于贯彻了上述党中央、国务院一系列政策的结果，特别是实行适度从紧的货币政策的成效。1996年，继续完善和实行相关政策，特别是强调了继续实行适度从紧的财政、货币政策，使得经济进一步走向"软着陆"。经济增长率进一步下降，全社会投资增长率下降到14.8%，比上年下降了2.7个百分点，物价上涨率也显著低于经济增长率。

1997年，继续实施适度从紧的财政政策和货币政策，注意掌握调控力度，终于成功实现了经济"软着陆"。经济增速继续回落到合理增长区间。这年国内生产总值达到78973亿元，比上年增长了9.3%。经济结构调整取得进展。全社会投资增速下降到 8.6%，比上年回落 6.2 个百分点。

由于执行党中央、国务院的一系列方针政策，在坚持适度从紧的货币政策的同时，注意了适度微调，1997 年终于成功实现"软着陆"。需要着重指出，这在我国经济史上是第一次。这年形成的高增长、低通胀的局面，是过去多年没有的。基础产业和基础设施的"瓶颈"制约作用也明显缓解。初步形成的买方市场，又是一个具有重大历史意义的根本性转变。所以，1997 年经济发展的成果非常显著。当然，调整经济结构和提高经济质量等问题还没有根本解决。

五、亚洲金融危机与积极财政政策

1997 年 7 月，泰国宣布放弃固定汇率制，实行浮动汇率制，亚洲金融风暴席卷泰国。不久，这场风暴波及马来西亚、新加坡、日本和韩国、中国等国家（地区）。亚洲一些大国的经济开始萧条，政局也开始混乱。泰国、印尼和韩国是受金融风暴波及最严重的国家。巨大危机使得亚洲国家的经济、社会秩序陷入混乱，造成国际金融市场的持续动荡，世界经济受到严重冲击。

由于国际市场萎缩等原因叠加国内的矛盾和问题，亚洲金融危机的发生对我国宏观经济产生了极为不利的影响。外贸进出口总额呈下降趋势，出口增速从 1997 年的 20% 急剧下跌至 1998 年的 0.4%，利用外资额也跌至 20 年来最低点；国内消费品零售市场产能过剩态势逐渐加剧，有效需求不足成为困扰经济的主要矛盾；经济增长率也从 1997 年的 9.2% 下滑至 1998 年的 7.8% 和 1999 年的 7.6%。经济遇冷，还造成许多问题和隐患：企业开工不足，工业经济下滑，投资减速，消费乏力，失业增加。

面对金融危机的冲击，1998 年 2 月，党中央明确提出"坚定信心，心中有数，未雨绸缪，沉着应付，趋利避害"的指导方针。1998 年 3 月，国务院总理朱镕基在九届全国人大一次会议举行的记者招待会上提出"一个确保、三个到位、五项改革"。"一个确保"，就是确保当年中国的经济发展速度达到 8%，通货膨胀率小于 3%，人民币不能贬值。"三个到位"，一是确定用三年左右的时间使大多数国有大中型亏损企业摆脱困境，进而建立现代企业制度；二是确定在三年内彻底改革金融系统，实现中央银行强化监管、商业银行自主经营的目标；三是政府机构改革的任务要在三年内完成。"五项改革"，是指进行粮食流通体制、投资融资体制、住房制度、医疗制度和财政税收制度改革。

党中央清醒地认识到，要维持经济持续健康发展，实现既定的经济增长目标，就必须针对内需不足、外需下滑、经济增长乏力的情况，果断扩大内需，采取积极的财政政策和稳健的货币政策。1998年6~7月，中共中央、国务院转发了国家发展计划委员会《关于今年上半年经济运行情况和下半年工作建议》，正式决定实施积极的财政政策。1998年7月，总理朱镕基依据中央决策再次重申："在当前通货紧缩的形势下，中央决定采取更加积极的财政政策，筹集更多的资金，进一步加大基础设施建设，这是扩大内需的最有力措施。"紧接着，以实行积极财政政策、扩大基础设施为核心的扩大内需的一系列重大政策相继出台。至此，一个确保经济增长目标实现的，以扩大内需为主的，以实行积极财政政策、扩大基础设施建设为核心的宏观调控政策体系最终形成。

在宏观调控政策体系指导下，1998年经过反过冷反通缩，终于制止了经济增速的过度下滑，继续保持了经济的持续快速增长；同时也抑制了通货紧缩趋势，把物价下降的幅度控制在很小的幅度内。1998年，国内生产总值达到84402.3亿元，比上年增长了7.8%，仅比上年增幅下降了1.5个百分点；居民消费价格比上年下降了0.8个百分点。宏观调控政策，特别是积极的财政政策发挥了至关重要的作用。根据有关部门的统计，1998年国债投资拉动经济增长1.5个百分点[①]。这就意味着如果1998年不推行积极的财政政策，1998年经济增长率就只能达到6.3%，下滑到当时经济适度增长合理区间下限的7%以下。

在上述政策推动下，1999年第一季度还保持了良好的经济发展态势。但第二季度又出现了固定资产投资增长放缓，消费需求不振，外贸出口下降，物价持续走低，经济增速下滑的情况。这年第一季度国内生产总值比上年同期增长了8.3%，第二季度和第三季度经济增长率分别下降到7.6%和7.4%。在这个关键时刻，党中央、国务院又进一步加大了积极财政政策的实施力

[①] 朱剑红："国债投资：拉动经济功不可没"，《人民日报》2002年2月20日。

度，增发国债，增加居民收入，以进一步扩大内需，并综合运用各种宏观调控手段，促进投资、消费和出口，拉动经济增长，从而遏制了经济增速下滑和通货紧缩的趋势。1999年，国内生产总值比上年增长了7.6%，增幅仅比上年下降了0.2个百分点；居民消费价格比上年下降了1.4个百分点。单是1999年的国债投资就拉动了经济增长两个百分点，如果不推行这项政策，这年经济增长率就只能达到5.1%。

鉴于1999年经济增速下滑以及通货紧缩趋势并没有得到根本遏制，2000年继续推行了上述以确保经济增长目标实现的，以扩大内需为主的，以实行积极财政政策为核心的宏观调控政策。主要内容包括以下几个方面：发行1000亿元长期国债，重点投向水利、交通、通信等基础设施建设、科技和教育设施建设、环境整治与生态建设和企业技术改造，并向中西部地区倾斜。继续贯彻落实1999年出台的调整收入分配的各项政策措施，保障城镇中低收入居民的收入稳定增长。企业也应在提高经济效益的基础上适当增加职工工资。进一步运用税收、价格等手段，继续清理某些限制消费的政策和法规，鼓励投资，促进消费，增加出口。

进一步发挥货币政策的作用。提出中国人民银行要运用多种货币政策工具，及时调控货币供应总量。国有银行应加强内部资金调度，合理划分贷款审批权限，及时发放与国债投资项目配套的固定资产贷款，保证有市场、有效益、守信用企业特别是科技型企业的贷款。努力解决农民贷款难问题。对重复建设、产品积压和需要压缩生产能力的企业，应当停止或压缩贷款。大力发展住房、助学和大件商品的消费信贷，改进办法，简化手续，提高审贷效率。进一步规范和发展证券市场，增加企业直接融资比重。完善股票发行上市制度，支持国有大型企业和高新技术企业上市融资。依法严格审批保险企业，积极拓展保险业务。

由于上述政策的贯彻实行，2000年扭转了1993年以来经济增速连续七年下降的局面，出现了经济增速回升。这年国内生产总值达到99214.6亿元，比上年增长了8.4%，增幅比上年提高了0.8个百分点；居民消费价格比上年上升了0.4个百分点，扭转了1998年连续两年下降的局面。在这方面，宏观调控政策仍然功不可没。据有关部门事后计算，这年积极的财政政策推动经济增长1.7个百分点。如果不继续实行积极的财政政策，这年经济增速也只能达到 6.7%，仍处于适度经济增长率的下限[①]。

在党中央的坚强领导下，积极的财政政策和稳健的货币政策迅速取得了明显的成效。外贸出口从 1999 年下半年开始大幅度回升，国家外汇储备不断增加。到 2000 年，国民经济稳步回升。在许多亚洲国家因为这场金融危机出现经济衰退、货币大幅贬值的危机下，中国不仅兑现了人民币不贬值的承诺，为缓解危机作出积极贡献，而且成功化解了金融危机对本国经济的冲击。

第三节 国债投资的基本情况和实施效果

一、国债投资的进展

（一）国债的行业投资

1998 年 8 月，全国人大常委会第四次会议审议通过了财政部的中央预算调整方案，决定增发 1000 亿元国债，同时，配套增加 1000 亿元银行贷款，全部用于基础设施专项建设资金。国债资金主要投向以下方面：①农林水利建设。重点安排了水利建设投资，加上年初计划投入，全年水利建设投资达到 358 亿元。主要工程项目包括：加快长江、黄河等七大江河的堤防加固和骨干枢纽工程建设；重点海堤加固工程；长江、黄河中上游水土保持工程；林业和生态项目，主要是国家重点生态环境项目建设，国有天然林保护工程和十大防护林体系建设。②交通通信建设。通过增加国债投资，促进铁路、公路、机场、航道建设，进一步完善综合运输网络体系。③城市基础设施建设。主要支持了城市供排水、供热和污水、垃圾处理、城市道路等方面的项目。④城乡电网改造。其中，农村电网改造与农网管理体制的改革同步进行，最终做到同网同价，切实减轻农民负担；城市电网改造的主要任务是扩容。⑤国家直属储备粮库建设。新增国债投资以建设 250 亿

---

① 汪海波、刘立峰：《中国经济 70 年》，山西经济出版社 2019 年版，第 422~433 页。

公斤仓容的粮库。这些粮库全部建成后，可以基本满足国家储备粮的仓储需要。据有关部门统计，截至1998年底，用于基础设施项目的投资资金总额为2173.5亿元，其中，国债专项资金627亿元，银行贷款533.5亿元，地方配套资金1050亿元。国债专项资金占总投资的比例为28.8%。国债专项资金与银行贷款及地方配套资金的比例为1∶2.52。

1999年初，中央财政继续发行500亿元长期国债，用于基础设施建设。1999年年中，根据经济发展需要，又进一步加大积极财政政策力度，增发了600亿元长期国债专用于固定资产投资。其中，153亿元国债资金用于企业技术改造项目贴息，按照"品种、质量、效益"和扩大出口的要求，鼓励企业采用先进技术改造传统产业，支持高新技术产业化和装备工业发展。国债资金用于技术改造贴息，拉动了1800亿元技改投资。2000年，财政预算安排发行1000亿元长期建设国债，主要用于增加基础设施投入，支持国有企业技术改造，加大西部开发和生态环境建设，发展科技教育。其中，安排了90亿元国债资金用于企业技改贴息，贴息政策对拉动民间投资的增长起到了积极的作用。2000年下半年，为了巩固和发展经济运行出现的良好势头，中央财政又增发了500亿元长期建设国债，国债投资重点向中西部地区倾斜。2001年国债政策的重点，一是增发1000亿元建设国债，用于弥补前期基础设施在建项目由于后续资金不足而不开工新项目；二是发行500亿元特种国债，以支持西部开发，重点安排了基础设施、退耕还林（草）、中心城市污染防治、教育和卫生设施等项目。2001年的建设国债主要用于弥补在建项目后续资金不足，中央财政支出部分除技术改造贴息以外，全部用于未完工程。2002年，国家继续增发1500亿元长期建设国债，以确保长江中下游干堤加固、农村电网改造、城市基础设施、中央直属储备粮库等在建国债项目尽快建成投入使用，发挥效益。同时，继续向中西部地区倾斜，安排好已开工的西部开发项目。2003年，继续发行长期建设国债1400亿元，向农村倾斜，着力改善农村生产生活条件；向结构调整倾斜，促进技术进步和产业升级，支持和引导服务业发展；向中西部地区倾斜，确保重点工程建设顺利进行；向科技教育、生态环境建设倾斜，促进科教兴国和可持续发展战略的实施。2004年安排发行长期建设国债1100亿元，投向主要是农林水利、科教文卫、能源和生态建设。

（二）国债的地区投资

改革开放后，我国各地区经济都取得了长足的发展。1982—2000年间，东、中、西部地区GDP年均增速（可比价）分别为12.5%、10.5%和10%；固定资产投资年均增速（现价）分别为21%、18.7%和20.4%。但是，西部地区与东部沿海地区在经济发展速度和经济质量上的差距呈拉大趋势，西部人民的生活指标明显落后于东部。西部国土面积占全国的71%，人口占全国的28%，但是，经济总量只有全国的17%。西部的基础设施十分落后。西北干旱地区严重缺水，还有上千万人饮水困难；西南地区丰富的水能资源未得到有效利用，实际装机容量不到可开发蕴藏量的10%；西部地区公路、铁路路网单薄，密度分别只有东部地区的19%和22%。到2001年年底，西部地区共有高速公路4518公里，占全国的23%。西部地区公路网中高级、次高级路面里程比重只有27%，比全国平均水平低12.5个百分点，比东部地区低30.7个百分点。西部地区许多乡村没有通电，电话普及率仅相当于全国平均水平的一半；城市基础设施欠账较多，公共服务能力严重不足。

2000年初，党中央作出了实施西部大开发战略、加快西部地区发展的重大决策。西部大开发战略是中央适应国内、国际形势变化，适应市场供求关系变化，实施扩大内需方针的内在要求；是避免西部地区与沿海地区收入差距进一步拉大，实现区域经济协调发展的内在要求；是保护生态环境和自然资源、促进民族团结与社会稳定，实现经济与社会可持续发展的内在要求。西部大开发遇到的首要问题是西部地区资金短缺以及中央投入严重不足，而国债投资扩张则为西部大开发提供了可能性。

国债投资对于各地区的经济发展都是一个难得的机遇，对于资本相对匮乏而自我积累能力较弱的中西部地区来讲更是如此。从国债项目投资占全社会投资比重看，大致是经济越发达省区，国债投资占全社会投资比重越低，而经济越落后的省区比重越高。以浙江为例，1998—2000年，国债投资只占全社会投资的4.9%。在中西部地区的安徽、湖南、陕西和甘肃等省，国债投资占到全社会投资的16%～18%。可见国债投资在中西部投资中的重要性远远大于东部地区。西部地区,包括东、中部某些落后地区将国债投资作为支持当地经济增长的主要动力,并对国债产生依赖性是正常现象,有其合理性。1980 年代以来,我国国家预算内投资相对规模逐年萎缩,1981—1997 年,国家预算内投资占全社会投资的比例由 28.1% 下降到 2.8%。国家无力通过政策性投资的增加支持西部建设,与此同时,又没有建立起较为科学合理的转移支付制度,西部地区地方政府实际赤字严重,必需的长期建设资金增长难以保证。直到实施积极财政政策以后,西部经济与投资发展才出现繁荣的景象。

从一定意义上讲,西部地区对国债的依赖性不是中央政府的负担,而应视为西部发展的机会———一种不进一步拉大东西差距,甚至缩小差距的机会。还要看到,国债向西部地区的倾斜投入,受惠的却往往是东部地区。这是因为,首先,西部开发的很多项目(例如:西气东输、西电东送等等)建成后产品直接销往东部地区,增加了东部地区的供给能力,有利于东部地区的产业结构和消费结构优化;其次,能够满足西部国债项目需要的投资品许多出自东部发达地区,西部国债投资扩张拉动与活跃了东部的市场和企业。这个过程使西部得到了必需的基础设施条件,也拉动了东部的市场需求,是一个双赢的策略。因此,相比之下,扩大西部地区的国债投资比扩大东部地区的国债投资对经济全局的贡献要大。

二、国债投资的效果

总体来讲,以扩大国债投资为重点的积极财政政策是社会主义市场经济条件下政府反周期政策调节的一次成功的尝试。国债投资发挥了积极的作用,为顺利渡过危机、实现经济复苏创造了条件,不仅有力促进了当时的投资和经济增长,而且为长远发展打下了更为坚实的基础。

①有效抵御金融危机冲击,推动了经济持续健康发展。中央政府从 1998 年开始发行长期建设国债,主要用于农林水利、交通通信、城市基础设施等投资。1998—2004 年,累计发行长期建设国债 9100 亿元,以国债投资为主导的积极财政政策每年拉动经济增长 1~2 个百分点。其中,1998—2000 年累计发行长期建设国债 3600 亿元,共安排国债项目 6620 个,

投资总规模24000亿元，到2000年底累计完成投资15000多亿元，各年国债投资对经济增长的贡献率分别达到1.5个、2个和1.7个百分点。国债投资有力地支持了经济的企稳回升，1998—2004年，GDP增速由7.8%提高到10.1%。

②发挥政府的积极引导作用，带动社会投资恢复增长。通过增加国债投资，扩大了中央政府支出，有效带动了地方配套资金、银行信贷资金、企业自有资金的大量投入，从而带动了社会投资需求增长。根据2001年对浙江、江苏、陕西等八省国债投资情况的调查，1998—2000年，八省年均安排国债资金116亿元，国债项目年均投资规模583亿元，国债资金平均拉动了4倍于自身的其他投资。1998—2004年，我国全社会固定资产投资持续增长，增速由1997年的8.8%上升至2004年的23%；2004年，资本形成总额对经济增长的贡献率高达62%，比1997年高出47.5个百分点。

③办成了多年想办没有办成的大事，系统性缓解了诸多瓶颈制约。集中力量建设了一批关系发展全局的重大基础设施项目。1998—2004年，建成铁路新线5500公里，复线2998公里，电气化里程1054公里；加固大江大河大湖堤防3万多公里，完成1324座病险水库的除险加固工程；对全国95%的地级以上城市和中西部部分县城基础设施进行新建和改造。国债资金推动了近2000家企业技术改造、高技术产业化和重大装备国产化项目投资，突破了一些技术瓶颈，推进了产业结构升级，替代了部分进口产品，提高了企业的综合竞争力。同时，也有力地配合了国有企业改革工作，使国企三年脱困任务得以顺利完成。

④作为重要的区域政策工具，推动西部大开发迈出实质性步伐。2000—2001年，国家分别增发500亿元西部特别建设国债。1998—2000年，国家每年安排西部地区的国债投资占当年国债投资比例保持在1/3以上，2001年安排西部地区国债投资的比重超过40%。国债项目的相继建成，改善了西部基础设施条件和投资环境。国债项目的投资品需求带动了西部地区重化工业企业生产的扩大。国债资金推动了许多具有重大影响的西部投资项目，不仅加快了西气东输、西电东送、青藏铁路、青海钾肥等重大标志性工程的建设，而且启动了退耕还林还草等西部生态环境建设。

⑤直接间接增加了就业岗位，改善了城乡居民的生活环境。国债投资项

目建设在拉动经济增长的同时，直接或间接增加了大量就业岗位。按照当时的国家计委测算，1998—2001 年的 4 年间，国债投资直接创造新就业岗位约 500 万个，占同期新增就业岗位总数的 1/5 强。如果考虑到国债投资项目的结构特征和产业关联带动作用等因素，国债投资间接创造的就业岗位数量更多。国债投资在拉动经济增长的同时，充分体现了取之于民、用之于民的特点。在启动农村消费市场方面，农村电网建设与改造工程起了非常重要的作用。城市环境和面貌得到明显改善，有效缓解了一大批城市的供水困难，提高了污水和垃圾处理能力。

过往发行长期建设国债促进投资和增长的过程也给我们带来一些有益的启示。增加国债投资是一种应急性的逆周期调控政策，难以作为解决经济发展后劲的长久之计和根本之策，一到经济活力恢复就应及时退出，而不应搞成长期性政策；在调控的初期，政策措施的力度要足、强度要够、效率要高，而不能拖泥带水、犹豫不决；国债投资体现了中央政府的支出意愿，具有宏观和战略指向，但不一定符合地方的实际和取向，应允许地方在大的政策框架下，筹划和调整投资方向和内容；国债项目分布面宽，地域范围广，数量众多，在资金使用中容易出现财力分散的问题，应集中优势兵力打歼灭战；作为政府的公共投资，国债资金的长期持续使用，强化了国有经济的垄断地位，对民间资本产生了一定的"排斥"效应，应为社会资本的参与拓展更大空间；如果国债投资政策实施时间过长，可能强化各地区对国家投资的依赖性，形成对国家投资的长期要求，这样国债投资将难以退出，因此，应确立政策退出的具体时间和相应规则。

第四节　投资结构调整和新的结构失衡

一、投资结构性变动的基本特征

1981—2020 年，我国国有投资年均增长 18.4%，进入了高速增长的新阶段。其中，农业投资增长 16.3%，采掘业投资增长 10.1%，制造业投资增长

10.6%。能源投资尤其增长迅猛，电力、煤气、水的投资增长 22.8%；地质水利和交通邮电这两个基础设施行业投资增速分别达到 20.7% 和 25.6%，能源和交通投资增长明显超前于全部投资增长。批发和零售业投资增长 9.8%，金融业投资增速超过了 17.4%，而 1985—2000 年房地产投资增速高达 23.2%。在社会领域，卫生体育投资增长 18.2%，教育文化投资增长 19.4%，科技投资增长 13.6%，科技投资增长相对较慢（见图 7-1）。

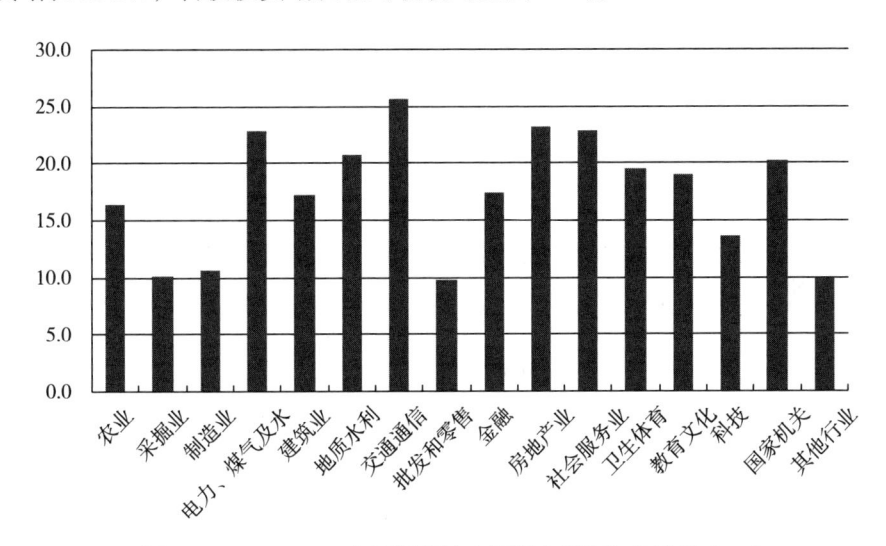

图 7-1　1981—2000 年国民经济主要行业投资年均增长（%）

资料来源：《中国固定资产投资统计数典（1950—2000）》，中国统计出版社 2002 年版。

这一时期，农业投资占比由 1981 年的 3% 以上下降到 1994 年的 0.8%，又回升至 2000 年的 2.2%，平均比重为 1.5%；采掘业投资占比由期初的 15.4% 大幅下降到期末的 3.9%，平均比重为 11.6%；制造业投资占比也出现明显的回落，由 1981 年的 33% 下降到 2000 年的 9.5%，平均比重为 25.9%；与工业投资比重大幅下降相对应，电力、煤气、水的投资占比由 7.2% 提高到 14.3%，平均比重为 10.7%；交通投资由 12.1% 提高到 30.2%，平均比重达到 17%；房地产投资占比由 1981 年的 3.1% 提高到 1994 年的 15.9%，又下降到 2000 年的 9%，平均比重为 10.7%；卫生、教育和科技投资比重变动不大，平均比重分别为 1.2%、3.9% 和 0.9%（见图 7-2）。

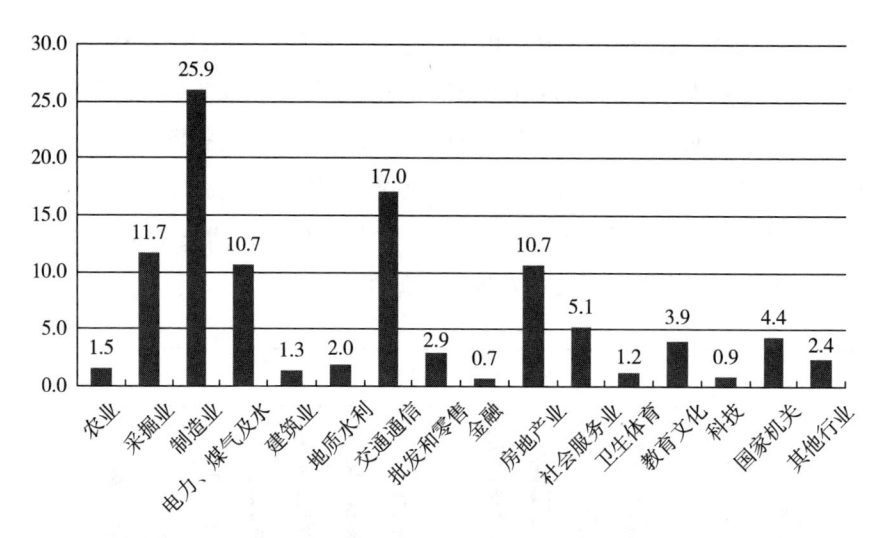

图 7-2　1981—2000 年国民经济主要行业投资平均比重（%）

资料来源：《中国固定资产投资统计数典（1950—2000）》，中国统计出版社 2002 年版。

由于若干年份工业部门的数据不全，这里按照"六五"到"九五"几个计划期，对工业内部投资结构进行比较分析。"六五"时期，采掘业、制造业和电力分别占全部工业投资的 29.1%、57.3% 和 13.6%；"七五"时期，采掘业、制造业和电力分别占全部工业投资的 23.6%、56.6% 和 19.8%。两个时期相比，采掘业投资比重下降，制造业变化不大，电力投资比重上升。但是，与改革后的其他计划期相比，采掘业投资比重仍然是比较高的，而电力投资比重是最低的。在采掘业中，"六五"时期煤炭和石油开采业投资比重分别达到 10.6% 和 13.8%，"七五"时期分别达到 7.5% 和 12.6%，与未来几个计划期相比，都处于较高水平。在制造业中，"六五"和"七五"时期，食品加工、纺织、化学、钢铁、有色、普通机械的投资平均比重较高。一方面是补轻工业的发展短板，另一方面，重工业仍是投资重点。

"八五""九五"两个计划期，在工业内部，采掘业投资比重变化不大，维持在 20% 左右；而制造业的投资比重分别为 54.6% 和 39.6%，两个时期之间的波动较大；电力投资比重分别为 24.5% 和 40%，与制造业形成反差。在采掘业中，煤炭开采投资比重分别为 6.6% 和 5.7%，略有下降；石油开采投资比重分别为 11.5% 和 12.8%，略有上升。在制造业中，纺织投资比重分别为 3.2% 和 1.4%，明显下降；石油加工投资比重分别为 3.2% 和 3.7%，变化不大；化学投资比重分别为9.9%和7.8%，下降明显；非金属矿制品投资比重分别为4.1%和2.1%，下降明显；黑色冶金投资比重分别为8.8%和6.9%，有色冶炼投资比重分别为2.2%和1.6%，均有所下降；交通运输设备投资比重分别为3.7%和2.8%，普通机械制造投资比重分别为2.8%和1.1%，也有所下降。

1981—2000年，沿海地区投资年均增长19%，略高于全国平均水平；中部地区投资增长17.5%，西部地区投资增长18.3%，均低于全国平均水平。这一时期，沿海地区的山东、浙江、福建、广东、江苏等省投资增速都超过了20%，内地的西藏、湖南、湖北、云南、四川的投资增速达到较高水平。而青海、天津、黑龙江的投资增速相对较低（见图7-3）。1981—2000年，沿海、中部、西部地区投资比重平均分别为51.7%、25.5%和16%（不包括部分地区投资）。在各省区中，北京、河北、辽宁、上海、江苏、山东、广东、黑龙江、四川等省投资比重超过了4%，东北三省在区域投资中的地位仍然较高。

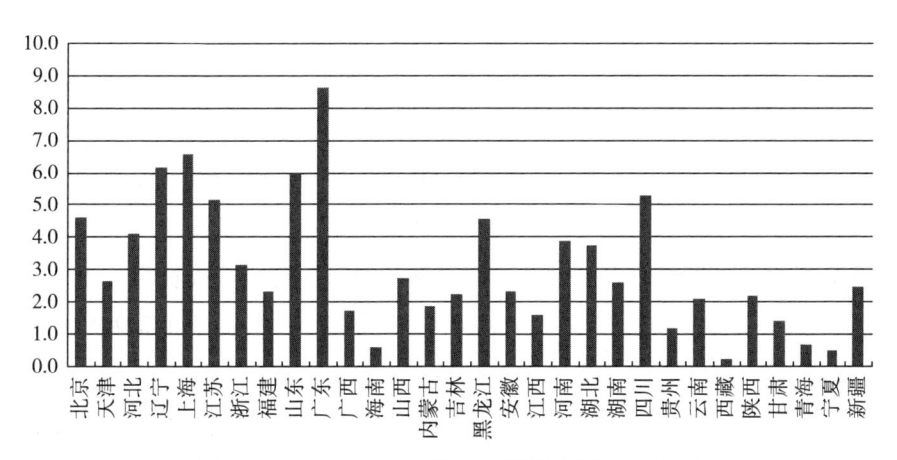

图7-3　1981—2000年各省区投资平均比重（%）

资料来源：《中国固定资产投资统计数典（1950—2000）》，中国统计出版社2002年版。

二、不同阶段投资结构变动情况

（一）1978—1991年着力解决结构失衡问题

改革开放之初，在长期优先支持重工业发展的政策导向下，我国国民经济结构失衡问题较为严重，具体表现为工业与农业、轻工业与重工业比例的失衡。1978年我国轻重工业比例为42.7∶57.3，轻工产品供应长期紧张，难以满足基本生活需要。因此,改革开放后的重要工作就是着手对经济结构进行调整,要解决长期以来重工业过分突出,轻工业和消费品严重匮乏等问题。1979年11月,全国计划会议提出对轻纺工业实行"六个优先"的扶持政策,从资源、资金、外汇、技术、交通运输方面对轻纺工业给予政策倾斜。1981年,经国务院批准,上海石油化工总厂二期工程和江苏仪征化纤厂先后动工兴建。1981—1984年,在全部国有投资中,纺织工业投资占工业投资的比重均超过了7%,1985—1990年则保持在4%以上,1990年以后才开始逐步下降。这一时期国家重点扶持轻纺工业等劳动密集型产业发展,充分利用我国劳动力比较优势,符合工业化初期阶段的发展特征。经过几年的政策扶持和结构调整,轻工业长期落后的状况得以根本扭转,到1990年轻工业与重工业的比例已调整为49.4∶50.6,轻重工业比例严重失衡矛盾基本解决。

然而,以轻纺工业为主的一般加工工业虽得到了快速发展,但交通运输、邮电通信、能源、原材料等基础工业和基础设施的供应能力有限,致使我国80年代后期又出现了基础产业与一般加工工业比例严重失调的问题。据估计,受当时基础产业和基础设施供应制约,全国加工业有30%左右的生产能力无法发挥[1]。为解决这一问题,自1986年开始我国的产业结构政策开始从优先支持轻纺工业发展转向优先支持基础工业和基础设施发展,同时对轻纺工业的过快发展予以控制。这一时期我国对固定资产投资实行了"三保三压"方针[2],其目的主要是对国民经济薄弱的能源、交通、通信和原材料工业加大投资规模,压缩一般加工工业投资规模。宝钢一二期工程是这一时期引进的现代化钢铁联合企业,分别于1985年和1988年先后投产。除此之外,还有江西铜基地、贵州铝厂、山西铝厂和苹果铝业公司。"七五"时期,电力行业投资占全部国有投资比重达到11.3%,比"六五"时期提高了近4个百分点。财政向工业交通部门减税让利约1900亿元,其中60%以上用于支持能源、交通部门发展;同时对大规模重复建设的轻纺工业实施了计划定点和目录管理办法,限制计划之外的企业发展[3]。

---

[1] 周叔莲:"我国产业结构调整和升级的几个问题",《中国工业经济》1998年第7期。

[2] "三保三压"是指保计划内建设,压计划外建设;保生产性建设,压非生产性建设;保重点建设,压非重点建设。

[3] 刘鹤等"我国产业政策实施的总体思路",《经济理论与经济管理》1989年第2期。

专栏 7-1　　　　宝钢建设过程

20世纪70年代，中国不仅钢铁产量严重落后于世界，甚至落后于第三世界平均水平，技术也是非常落后。同期日本高炉容积都在5000立方米，而中国的高炉容积仅数百立方米。落后的设备和技术严重制约着我国发展，例如一汽生产的红旗轿车，面板只能使用热轧钢板，厚重易生锈，光洁度差，而世界各国生产的汽车均为先进的冷轧钢板。为了改变我国钢铁行业严重落后的现状，国家决定在上海建设一个现代化的钢铁厂。

1978年2月，新日铁开始与中国技术进出口总公司进行技术引进谈判，签署了《建设上海宝山钢铁厂协议书》。协议规定，新日铁负责以4000立方米高炉为中心的钢铁厂总体设计，技术水平不低于日本大分、君津两个制铁所，合同总价款为3900亿日元。

1978年12月23日，党的十一届三中全会公报发表。同日，宝钢建设打下第一根桩，因此也被称为改革开放的"1号工程"。由于"文革"刚刚结束，经济十分困难，而宝钢的总投资匡算为200多亿元人民币，巨大的投资引来种种质疑，围绕要不要建宝钢、能不能建成宝钢的争论一直在延续，宝钢也因此先后经历了停缓建和续建的曲折过程。

1985年9月，宝山钢铁厂一期工程顺利建成。宝钢一期工程是20世纪50年代以来，我国规模最大、投资金额最高的项目。建成4063立方米的高炉1座，450平方米烧结机1套，50孔焦炉4座，300吨转炉3座，直径140毫米无缝钢管轧机1套，1300毫米初轧及钢坯连坯机1套，总投资128.7亿元，包括引进技术和设备在内使用外汇27.8亿美元。宝钢的建成，让中国钢铁业与世界钢铁业之间的差距一下子缩短了15年到20年。

宝钢建设的第二阶段，是实现部分引进技术的国产化，成功消化吸收国外技术。比如，二期工程冷轧是中外合作制造，热轧、连铸依托中外合作设计和合作制造，高炉、烧结、焦炉则基本立足国内设计、制造，设备国产化率由一期工程的12%提高到61%。宝钢建设的第三阶段，逐步形成了自主集成创新的新机制，工程设备以国内设计和制造为主，对国外技术不是照单全收，而是采取"按需点菜"的方式，将设备国产化率进一步提升到 80% 以上，从而实现了"以我为主、兼容全球先进技术"的工程建设模式。

经过三期工程的建设，宝钢成为国内第一家具有千万吨级产能的钢企，跻身于世界特大型现代化钢铁企业行列。此后，经过不断发展，宝钢实现了从精品到"精品+规模"的战略转变，基本建成了钢铁精品基地和钢铁工业新工艺、新技术、新材料研发基地，综合竞争力位居世界同行前列。

总的来看，改革开放初期我国实施了两次结构调整，分别是 20 世纪 70 年代末 80 年代初加快轻工业发展以及 80 年代末 90 年代初加快基础工业发展。政策主要着眼于近期目标，出于纠正当时农轻重比例失调的需要，通过政府计划安排和严格管制实现对短缺产品的供给和过量产品的限制，可以说是一种"补短截长"的政策[1]。经过这一时期的政策实施，我国轻重工业比例失调问题得到了较大改善，尤其是对轻纺工业实施的各项倾斜政策都较为成功，使轻纺工业得到充分发展，以轻纺工业为主导的工业化第一阶段初步完成。然而，国家对基础工业实施的倾斜政策效果不够明显，基础工业供应不足与一般加工工业发展过快的矛盾依然突出，而国家限制发展的一般加工工业的生产能力仍在快速扩张。

（二）1992—2000 年推动基础设施和支柱产业发展

从 20 世纪 90 年代开始，我国经济进入了高速增长阶段，改革开始向各领域全面推进。经过十几年的改革，我国的农业、轻工业有了较快增长，轻重工业比例失调问题得到了较好解决，但基础设施和基础工业仍然是制约经济增长的瓶颈产业，产业结构失衡问题依然存在并表现出新的特征：一是三次产业之间的失衡，表现为第二产业高速发展却没有带动第一、三产业的同步发展；二是加工工业和基础产业之间的失衡，表现为加工工业盲目扩张而薄弱的基础产业跟不上需求扩张；三是加工工业内部的失衡，表现为低水平加工能力过度扩张而高水平加工能力严重不足，致使我国产业结构长期处于低端。

为缓解上述结构性矛盾，这一时期国家在重点关注产业结构调整的同

---

[1] 张小筠、刘戒骄："改革开放 40 年产业结构政策回顾与展望"，《改革》2018 年第 9 期。

时，逐渐转向产业结构的优化升级。党的十四大、十五大报告为当时调整和优化产业结构确定了重要方向，提出了要加快发展农业、基础设施、基础工业和第三产业以实现结构调整目标，同时将机械电子、石油化工、汽车制造和建筑业列为带动我国经济增长和结构优化升级的支柱产业予以重点发展，此外还强调了要发展高技术产业，利用高新技术改造和提升传统产业，以促进产业结构向高端迈进。

1994年国务院颁布了《90年代国家产业政策纲要》。作为我国第一部正式的产业政策，《纲要》明确指出要加快支柱产业发展，并将支柱产业的部分产品作为幼稚工业品予以保护。与此同时，国家还加大了对第三产业发展的鼓励和引导，政策涵盖了商业、金融、保险、旅游、信息、法律和会计审计咨询、居民服务等诸多领域。例如1992年发布的《中共中央、国务院关于加快发展第三产业的决定》正式将发展第三产业作为我国产业结构调整优化的重要方向之一。在发展高技术产业方面，国家也制定了相关政策，促进信息产业发展并带动传统产业改造和产品升级换代。

80年代后的一段时期，特别是"八五"时期，基础设施和基础产业建设取得了重大进展。"八五"期间，国有单位用于能源、交通等基础部门的投资达15735亿元，比"七五"时期增加11116亿元，增长2.4倍，占全部投资的39%。"九五"时期，这方面的投资仍在继续增长，尤其是1998年亚洲金融危机以后，国家增加了大量投资用于基础设施和基础产业，对促进经济增长发挥了显著作用。例如，电力行业投资占全部国有投资比重"八五"时期保持在11%的较高水平，"九五"时期这一比例又上升到13%；而"八五"时期，交通投资比重提高到18.2%，比上一个计划期提高了7个百分点，"九五"时期比重再次大幅提高了10个百分点，达到惊人的28.1%。

在能源方面，这一时期，神华、济东、济北、华亭等一批新矿区开始大规模建设，为煤炭工业发展奠定了良好基础。举世瞩目的长江三峡水电站开工建设。秦山和大亚湾核电站投产运行，结束了中国大陆长期无核电的历史。全国电网也有很大发展，形成华北、东北、华东、华中、西北5个跨省区电网。在交通方面，京九、宝中、兰新复线、北京西站等相继建成投产，使路网布局有了较大改善，运输能力得到提高。这一时期是我国邮电通信业发展较快的时期，通信网建设有了较大发展，技术装备水平显著提高，电信网基本实现了模拟技术向数字技术的转变，加强了光缆、数字微波、卫星通信长途干线网的建设。通信制造业大力发展集成电路、通信产品、计算机和软件，出现了巨龙、华为、中兴、大唐等具有自主开发能力的企业集团。在原材料方面，钢铁工业投产的大中型基建项目有40多项，包括宝钢二三期工程项目、武钢"双五百"及三炼钢、攀钢二期等[1]。

总的来看，这一时期的政策不仅有结构调整的短期目标，而且有分重点、分步骤振兴支柱产业、发展高技术产业实现结构升级的长期目标[2]。经过这一时期的政策实施，我国产业结构得到了进一步调整和优化，主要表现在：从数量比例关系看，产业比例趋于协调，第二、三产业占GDP比重逐年上升；从结构关系看，基础产业和基础设施"瓶颈"制约得到较大改善，加工工业中技术密集型产业比重有所上升，特别是代表高技术产业的电子及通讯设备制造业、电气机械及器材制造业快速发展，家电产业成长为具有国际竞争力的行业。然而，也有部分政策的实施效果并未达到预期，如加工工业生产能力过剩、低水平重复建设问题依然突出，第三产业发展动力不强、质量不高等。

第五节 城镇化由慢到快过渡阶段的投资

一、城镇化的阶段性特征

改革开放开启了我国城镇化的新历程。改革开放之初，农村体制改革形成了城镇化的推力，而城市体制改革为城镇化提供了动力。经济特区逐步设立，沿海城市、上海浦东陆续开放，户籍管理制度开始放松，农村人口快速向城镇流动，乡镇企业兴起，城市和小城镇数量迅速增加。经济体制改革成为这一时期推动城镇化发展的主导力量。1992年，大批农村剩余劳动力加速

---

[1] 曾培炎等：《中国投资建设50年》，中国计划出版社1999年版，第139～162页。
[2] 张小筠、刘戒骄："改革开放40年产业结构政策回顾与展望"，《改革》2018年第9期。

向第二、三产业转移。但是，城乡二元结构没有根本发生改变，大量农村剩余劳动力通过兴建乡镇企业转入非农产业，形成我国独具特色的"离土不离乡""进厂不进城"的农村工业化模式，造就了我国小城镇的空前繁荣。

1979—2000年，我国城镇人口由1.72亿人增加到4.59亿人，城镇化率从18.9%提高到36.2%，年均增加0.82个百分点。城市数量由216个增加到663个，增长了2倍。其中，地级以上城市由104个增加到259个，县级市由109个增加至400个，另外建制镇的数量由2153个增长到19780个；城区人口由7682万人增加到38824万人，增长了4倍；城区面积由20.7万平方公里增加到87.8万平方公里，增长了3.2倍；建成区面积由7438平方公里增加到22439平方公里，增长了2倍；城市建设用地面积由6720平方公里增加到22114平方公里，增长了2.3倍。

二、城市建设投融资状况

（一）投资规模

根据《中国城市建设统计年鉴》数据，1979—2000年，我国城市市政公用设施建设投资由12亿元增加到1891亿元，年均增长25.9%，分别高于同期全社会投资和GDP现价增长率7.2个和9.7个百分点，进入高速增长时期，城市基础设施投资明显超前于投资和经济增长，成为我国城镇化的重要推动力量。

这一时期，城市建设投资出现了较为明显的周期性变化。第一周期是1980—1983年，增速由1980年的1.4%提高到1982年的39.5%，又下降到1983年的3.7%；第二周期是1983—1989年，增速由1983年的3.7%提高到1985年的53.5%，又下降到1989年的-5.5%；第三周期是1989—1999年，增速由1989年的-5.5%提高到1993年的84.3%，又下降到1999年的7.7%。城市建设投资增长与全部投资增长高度重合，1984年、1985年，经济高峰期，城市建设投资增速分别达到47.9%和53.5%；1989年、1990年，经济低谷期，城市建设投资增速分别只有-5.5%和13.3%；1992年、1993年，经济高峰期，城市建设投资增速分别高达65.7%和84.3%（见图7-4）。

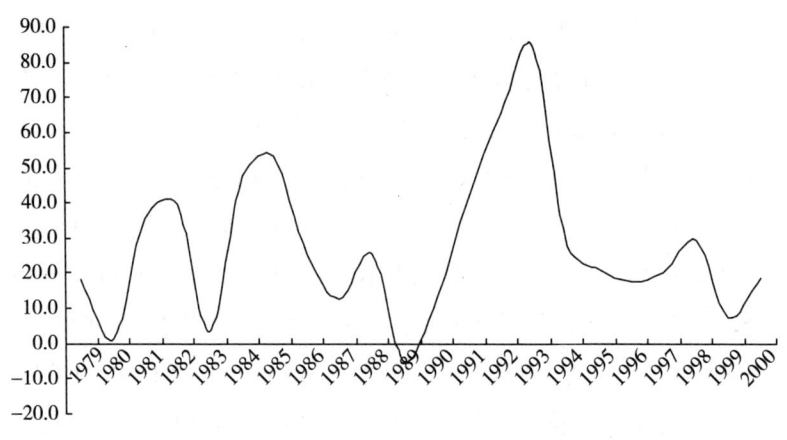

图 7-4　城市市政公用设施建设投资增长率（%）

资料来源：《中国城市建设统计年鉴 2021 年》。

由于城市建设投资增长整体超前于全部投资和经济增长，因此，城市市政公用设施建设投资占全社会固定资产投资的比例由 1978 的 1.44% 提高到 2000 年的 5.74%，提高了 4.3 个百分点；城市市政公用设施建设投资占 GDP 的比例由 0.33% 提高到 1.89%，提高了 1.56 个百分点，均呈现明显上升趋势（见图 7-5）。

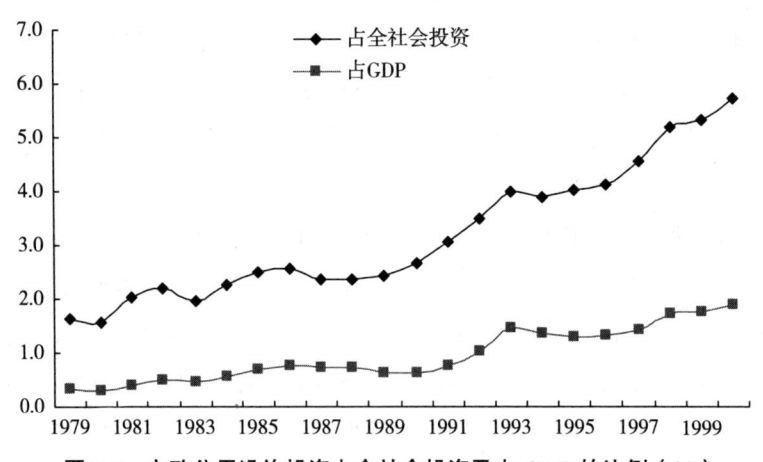

图 7-5　市政公用设施投资占全社会投资及占 GDP 的比例（%）

资料来源：《中国城市建设统计年鉴 2021 年》。

（二）投资结构

城市基础设施投资主要集中在供水、燃气、集中供热、公共交通、道路桥梁、排水、防洪、园林绿化和市容环境等领域。1979—2000年，上述行业投资分别平均占全部市政公用设施投资的18.4%、8.5%、2.7%、6.9%、31.8%、8.2%、1.3%、3.7%和2.3%。1979—2000年，供水行业投资比例由23.9%迅速下降到7.5%，燃气行业投资比例由4.2%上升到1991年的14.5%，之后逐步下降到2000年的3.7%；集中供热投资比例变化不大；公共交通投资比例由12.7%下降到8.2%；道路桥梁投资比例由21.8%上升到39%；排水投资略有下降；防洪投资比例由0.7%提高到2.2%；园林绿化投资比例由2.8%上升到7.6%，而垃圾等市容环境投资比例则由0.7%提高到4.5%（见表7-1）。市政建设投资主要集中在道路桥梁、公共交通、排水、园林绿化等方面，道路桥梁、园林绿化、环境卫生投资地位上升，供水、公共交通投资地位下降。

表 7-1　　各类市政设施投资占城市基础设施投资的比例（%）

	供水	燃气	集中供热	公共交通	道路桥梁	排水	防洪	园林绿化	市容环境卫生	其他
1979	23.9	4.2	—	12.7	21.8	8.5	0.7	2.8	0.7	23.9
1985	12.7	12.8	—	9.4	29.1	8.8	1.4	5.2	3.1	17.7
1988	20.4	9.9	2.5	5.3	31.4	8.8	1.4	3.0	2.3	14.9
1991	17.7	14.5	3.7	5.7	30.3	9.4	1.2	2.9	2.1	12.5
1993	13.4	6.7	2.1	4.2	36.8	7.1	1.1	2.5	2.0	24.1
1998	10.9	5.5	2.5	5.8	41.7	10.5	2.4	5.3	2.5	12.8
2000	7.5	3.7	3.6	8.2	39.0	7.9	2.2	7.6	4.5	15.7

资料来源：《中国城市建设统计年鉴2021年》。

（三）资金来源

改革以后，地方政府财政收入大幅增长，掌握的公共资源价值上涨，资本市场稳步发展，融资工具逐步完善，为城市基础设施融资渠道拓展发挥了重要作用。在城市基础设施资金来源中，中央财政拨款由1978年6.4亿元增加到2000年的222亿元；国内贷款由1980年的0.1亿元增加到2000年的428亿元；债券资金由1996年的5亿元增加到2000年的29亿元；利用外资由1985年的0.1亿元增加到2000年的76.7亿元；自筹资金由1980年的8.2亿元增加到2000年的683亿元；其他资金由1981年的0.5亿元增加到2000年的301亿元。各类资金来源均有了大幅度的增加。

各类资金来源所占比例也出现了显著的变化。1980—2000 年，中央财政拨款占比由 42.4% 下降到 12%；国内贷款占比由 0.7% 上升到 23.2%；自筹资金占比由 56.9% 下降到 36.9%；债券资金比例由 1996 年的 0.5% 提高到 2000 年的 1.6%；利用外资比例由 1985 年的 0.2% 上升到 2000 年的 4.1%；其他资金比例由 1981 年的 2.5% 提高到 2000 年的 16.3%。国内贷款、利用外资、其他资金均是从无到有，成为重要的融资渠道。

三、城市建设和城市更新

（一）政策支持

1979—1988 年，国家重新明确了城市建设方针，要求城市政府要集中力量搞好城市的规划、建设和管理。城市规划体系快速发展，城市更新活动开始在各地广泛开展。由于缺少市场化的推进机制，这一阶段的城市更新仍由政府主导，主要以旧城改造方式完善城市的综合功能，并逐步建立城市更新理论基础，全国的城市更新进程整体上较为缓慢。深圳制定《罗湖区旧城规划》，是全国第一个旧城改造专项规划，规划强调了历史建筑保护，保护旧城风貌特色。1990 年，吴良镛院士首次提出城市"有机更新"的概念，"城市应该被看作一个有机的、互动的、新旧融合下拥有混合功能的生命体"。1982 年，城市规划首次提出了旧改理念。北京制定的《城市建设总体规划方案》，首次将旧城改造的概念放在城市规划里，并提出了"旧城逐步改建、近郊调整配套、远郊积极发展"的建设方针。1996 年，国务院下达《关于加强城市规划的通知》，加强了对城市规模的控制，特别强调"城市建设用地应充分挖掘现有用地潜力、利用非耕地和提高土地利用率"，创造了旧城改造的有利契机。

（二）地方实践

这一时期城市更新的主要特点是采取新区建设与旧城改造并举，城市更新模式主要是政府主导，进行大规模的拆除重建。随着新区建设与旧城改造的双管齐下，城市空间呈现外延式扩张的特征。由于历史文化保护意识不强，填充补齐式的建设模式对城市肌理和历史文化风貌造成了一定的破坏。

1983年，合肥以"两路改造"（长江路西段、金寨路北段）为突破口，吸收社会资金，率先在全国实施了成规模的旧城改造和住宅小区开发建设。1984年，南京复建夫子庙古建筑群，在东起桃叶渡、西抵中华门1.8公里的秦淮河两侧，一批文物古迹和旅游景点得到了恢复和建设，恢复了绝迹多年的"秦淮画舫"。1987年，苏州桐芳巷改造，除保留了一栋保护建筑外全部拆掉重建，主要理念是"新建街区，风貌延续"。1989年，北京菊儿胡同改造。这是北京旧城改造的试点工程，由吴良镛院士设计，改造后成为北京首个新四合院。1993年，因北京菊儿胡同的成功改造，获得联合国"世界人居奖"。1998年，上海田子坊改造，通过租赁、转让、置换等方式，逐步把旧厂房、旧民宅改建成画家工作室、陶艺馆、时装展示厅等，吸引了国内外一大批从事创意设计的艺术家和设计师，成为"老上海、新文化"地标的成功范例。1999年，上海"两湾一宅"旧改启动，这是上海市第一批大规模的旧区改造项目，政府按"毛地出让模式"招标，由中远置业中标并实施。同年，上海新天地改造，以上海近代建筑的标志——石库门建筑旧区为基础，改变石库门原有的居住功能，创新的赋予其商业经营功能，改造后的新天地成为了商业地标。

第六节　市场化探索和改革时期的金融投资

一、银行体系初步建立与商业化运行

这一阶段，银行业对市场经济体制初步建立时期的投资发挥了重要保障作用。1979—1984年，中国农业银行、中国银行、中国人民建设银行和中国工商银行先后恢复建立，"大一统"银行体系被打破。国有专业银行的恢复和组建后，银行业务有了较大的拓展，经营领域逐渐扩大，尤其在基本建设投资实施"拨改贷"以后，国有企业的流动资金几乎全部由银行统一管理，四大国有专业银行成为企业资金来源的主渠道。

1983年9月,国务院正式颁布《关于中国人民银行专门行使中央银行职能的决定》,从法律层面奠定了中国人民银行的央行地位,中国人民银行不再办理针对企业和个人的信贷业务,成为专门从事金融管理、制定和实施货币政策的中央银行。由工、农、中、建组成的国家专业银行体系也开始形成。股份制商业银行陆续成立。1986年7月,交通银行成为新中国成立后第一家股份制商业银行。中信实业银行、招商银行、深圳发展银行、中国民生银行相继建立。从1980年起,外资银行开始进入中国。1980年,日本输出入银行在北京设立代表处;1981年,南洋商业银行在深圳设立分行,成为改革开放以来外资银行在中国设立的第一家营业性机构。

尽管对国有专业银行进行了企业化改革,银行也拥有了一定的资金融通权和信贷支配权,但是国有专业银行仍是行政化的管理体制,必须按照国家下达的信贷计划对体制内企业授信。国家通过强有力的行政手段实现对国有专业银行的绝对控制,对体制内的产出进行金融支持,以此弥补财政能力的不足。由此,银行信贷被异化为政府的财政资金,银行业被异化为"第二财政",发挥着税收替代、财政补贴、平衡预算等多项财政功能。尽管在此阶段国有银行发展迅速,规模急剧扩大,但是由于承担了过多政策性功能,金融有效配置资源的功能并没有实现,"高增长,低效率"特征明显。随着改革的深入,国有专业银行的问题开始显现,资产状况日益恶化,不良贷款剧增[①]。

1993年12月,国务院发布《关于金融体制改革的决定》,提出要对金融体制进行全面改革,建立政策性金融与商业性金融分离,以国有商业银行为主体、多种金融机构并存的金融组织体系。1994年,成立国家开发银行、中国进出口银行、中国农业发展银行三家政策性银行,承接四大国有专业银行原来的政策性业务。1995年,全国人大三次会议通过的《中华人民共和国商业银行法》,为银行商业化改革提供了法律保障。总体来讲,国有专业银行为促进经济转轨的顺利实现和国民经济的顺畅运行付出了较大代价,不良贷款余额巨大,资本充足率低,经济绩效低下。为了改善国有专业银行的经营状况,从1994年开始推进国有专业银行商业化改革。1994—1997年,把国

---

① 陆岷峰、周军煜:"中国银行业七十年发展足迹回顾及未来趋势研判",《济南大学学报》2019年第4期。

有专业银行转变为国有独资银行，实现政策性金融和商业性金融相分离[①]。

1997年，亚洲金融危机的发生也使得国有银行面临的风险更加突出。1998—2002年，国家为化解国有银行风险进行了一系列改革，为国有商业银行补充资本金并剥离不良贷款。首先由财政部发行2700亿元特别国债为四家银行注资，然后由新成立的华融、东方等四家金融资产管理公司开展大规模的不良贷款接收工作，累计剥离国有商业银行不良贷款2.69万亿元；此外，还通过取消贷款规模限额控制、精简机构和人员、强化法人管理等方法促进国有银行商业化改革。这一阶段改革在一定程度上提高了银行的资产质量和资本充足率，增强了抵御风险的能力，但并没有从根本上解决由于政策性负担导致的国有银行预算软约束问题[②]。

这一阶段，银行监管体制也进行了重大调整，以往银行监管主要强调对资产规模和资金流向上的监管，一系列金融风险事件的发生使得党中央认识到整顿金融秩序，防范金融风险的必要性。监管核心转变为风险监管，逐步取消了国有银行贷款规模的限制，全面推行资产负债管理和风险管理。在此基础上监管部门开始对全国各类金融机构开展全面检查，对金融机构资产质量、盈利状况、内部控制、合规情况进行大检查，通过注资、收购、破产倒闭、清退等方式对大量违法乱办的金融机构进行清理整顿，建立了一整套涉及银行管理等方面的法律体系，在市场准入、高管人员资格管理等方面出台了一系列更为严格和具体的准入监管制度[③]。

二、探索成长时期的资本市场融资

（一）资本市场的初步建立和规范

党的十一届三中全会之后，经济体制改革不断推进，股份制开始出现，资金需求日益多样化，资本市场逐步萌芽。最先恢复和发展的是债券市场。1981年，国务院决定恢复国库券发行。次年，企业债、金融债相继开始发

[①] 张杰："注资与国有银行改革：一个金融政治经济学的视角"，《经济研究》2004年第6期。
[②] 谢平："四大银行不良资产宜自己消化"，《中国经济快讯》2002年第19期。
[③] 胡援成："国有商业银行改革过程中的经营效率评价"，《经济与管理研究》2006年第5期。

行。股票市场在企业股份制试点的背景下开始出现。1983年，深宝安成为首家通过报刊公开招股的公司；1984年，北京天桥向社会公开发行定期3年的股票。这两只股票均具有明显的债券性质。1984年，上海飞乐音响发行的股票，一般被认为是改革开放后的第一只规范股票。1986年9月，中国工商银行上海市信托投资公司静安证券营业部率先对其代理发行的"飞乐音响"和"延中实业"股票开展柜台挂牌交易，标志着股票二级市场雏形的出现。1987年，我国第一家专业证券公司——深圳特区证券公司成立。企业股份制试点、股票发行与转让活动增多，证券机构开始设立，为有组织、正式、集中交易的全国性资本市场奠定了基础。

企业债券监管体制逐步建立完善。为加强对企业债券的管理，引导资金的合理流向，有效利用社会闲散资金，保证国家重点建设，1987年3月，国务院颁布《企业债券管理暂行条例》，标志着我国企业债券的诞生。《条例》规定：中国人民银行对企业发行债券实行集中管理、分级审批。企业发行债券的总面额不得大于该企业的自有资产净值。企业为固定资产投资发行债券，其投资项目必须经有关部门审查批准，纳入国家控制的固定资产投资规模。债券的票面利率不得高于银行相同期限居民储蓄定期存款利率的40%。1993年，国务院印发《企业债券管理条例》，明确规定由人民银行会同国家计划委员会对企业债券进行审批。1999年，国务院批准中国人民银行《关于企业债券改由国家计委审批的请示》，人民银行不再直接参与企业债券的发行管理工作，而由国家计划委员会统一负责企业债券的审批。2023年3月，根据国务院机构改革方案，划入国家发改委的企业债券发行审核职能，由证监会统一负责公司（企业）债券发行审核职能。

全国性统一的证券市场正式建立。1990年11月26日，上海证券交易所成立，12月19日正式开业。1990年12月1日，深圳证券交易所试运行，1991年4月11日正式成立，同年7月3日正式开业。沪深交易所建立之初，当地发行的股票率先进场交易。同期，各地出现了一些股票交易场所，由于缺乏规范的交易规则和统一监管，市场无序发展问题较为突出。1992年4月，国务院决定股票交易所设立只限于上海、深圳两处。1993年之后，中央开始整顿各种股权交易中心。沪深交易所逐步统一交易制度和运作规则，全国集中统一的资本市场逐步建立。随后几年，沪深交易所陆续增加交易品种，上市公司数量、股票发行筹资额、投资者数量、交易量快速增长。1991—2000年，我国上市公司数量由14家增加到1088家；股票发行量由5亿股增加到512亿股；股票筹资额由5亿元增加到2103亿元；股票市值由1080亿元增加到48091亿元（见表7-2）。

表7-2　　　　　　　　　　股票市场投资情况

	上市公司数量（个）	股票发行量（亿股）	股票筹资额（亿元）	股票市值（亿元）
1990	10			
1991	14	5.0	5.0	1080
1992	53	20.8	94.1	1048
1993	183	95.8	375.5	3541
1994	291	91.3	326.8	3691
1995	323	31.6	150.3	3474
1996	530	86.1	425.1	9842
1997	745	267.6	1293.8	17529
1998	851	105.6	841.5	19506
1999	949	122.9	944.6	26471
2000	1088	512.0	2103.1	48091

资料来源：《中国统计年鉴2021年》。

期货市场的探索发展与清理整顿。1990年10月，郑州粮食批发市场开业并引入期货交易机制，成为我国期货交易的开端。1992年12月，上海证券交易所首先向证券公司推出国债期货交易，1993年10月向社会公众开放。1995年"327国债期货事件"后，国债期货交易被暂停。1993年，商品期货市场快速发展，商品期货交易所一度超过50家，期货经纪公司超过300家，交易品种重复，经营机构管理混乱。1993年底，国家明确期货市场由国务院证券委和中国证监会负责监管。经清理整顿，期货交易所和期货经营公司数量大幅减少。1999年6月，国务院发布《期货交易管理暂行条例》，期货市场步入规范发展阶段。

（二）市场制度在探索中逐步建立

股票公开发行试点由上海、深圳扩大至全国后，为防止各地一哄而上以及因股票发行引起投资过热，1993年4月，国务院公布了《股票发行与交易管理暂行条例》，实行额度管理的审批制度。采用无限量发行认购申请表、与银行储蓄存款挂钩等发行方式，向公众公开发行股票。发行定价基本上根据每股税后利润和相对固定的市盈率来确定。1994年，《公司法》对上市公司的退市情形作出规定，授权中国证监会对股票暂停上市和终止上市进行监管。1996年，国务院证券委将"额度管理"改为"指标管理"。交易机制上，沪深交易所采用无纸化交易平台，按照价格优先、时间优先，实行集中竞价交易、电脑配对、集中过户。多次调整股票交易涨跌幅限制，1996年12月，股票交易实行10%的涨跌停板制度。

1992年国务院证券委、中国证监会成立后，加快推动证券期货法规建设。1993年4月，国务院颁布《股票发行与交易管理暂行条例》，是我国第一部规范股票发行和交易行为的法规。随后，《公开发行股票公司信息披露实施细则（试行）》《证券交易所管理办法》《禁止证券欺诈行为暂行办法》《关于严禁操纵证券市场行为的通知》等制度文件相继制定出台，对信息披露、交易所管理、禁止性交易行为等作了详细规定。1994年7月1日，《公司法》正式施行，为公司制和资本市场发展奠定了法律基础。1997年3月，八届全国人大五次会议通过了新修订的《刑法》，证券犯罪被写入刑法。1999年7月，《证券法》施行，确立了证券市场在社会主义市场经济体制中的法律地位，为资本市场的规范发展奠定了坚实的法律基础。

为了加强证券市场的统一管理，1992年6月，国务院办公厅发布通知，在原股票上市办公会议的基础上，建立国务院证券管理办公会议，代表国务院行使对证券工作的日常管理职权，办公会议的办事机构设在人民银行。1997年11月，第一次全国金融工作会议决定，建立全国统一的证券期货监管体系，由中国证监会统一负责对全国证券业、期货业的监管。1998年3月，国务院决定撤销国务院证券委，将其全部职能和人民银行对证券经营机构的监管职能划入中国证监会。同年8月，国务院批准《证券监管机构体制改革方案》，中国证监会接收全国各省、自治区、直辖市和计划单列市的证券期货管理机构，在全国设立了36个派出机构。全国集中统一的证券期货市场监管体制基本确立[1]。

---

[1] 中国证券监督管理委员会：《中国资本市场三十年》，中国金融出版社2021年版，第8~10页。

第七节　投资体制的市场化改革逐步推进

一、市场取向改革起步和全面推进时期的投资体制

（一）"拨改贷"拉开了投资体制改革的序幕

1. 把基本建设投资从财政拨款改为银行贷款

基本建设投资拨款改贷款简称"拨改贷"，是国家预算安排的基本建设投资，由财政无偿拨款改为通过建设银行贷款供应的制度。建国后的30年，我国的基本建设投资体制主要是采取财政无偿拨款的方式，银行信贷资金基本是不允许用于基本建设投资的。投资领域长期存在着向国家争投资项目的"大锅饭"思想，企业缺乏独立的经济核算，无偿使用国有资金，普遍患上投资饥渴症，导致国民经济运行效率低下。1979年开始调整基建战线，清理在建项目，如何消除争投资、争项目现象，不断提高投资效益成为关键环节，而问题的核心则是国家对基本建设投资的无偿拨款制度。1979年，国务院批准建设银行进行拨款改为贷款的试点。1979年8月，国务院批准了国家计委、国家建委、财政部《关于基本建设投资实行贷款办法的报告》，并发布了《基本建设贷款试行条例》。从此，开启了投资贷款体制改革的进程。

具体的办法是：首先由财政部门将属于"拨改贷"部分的预算资金，按照财政级别，由中央和地方预算拨给同级建设银行作为贷款资金来源，再由建设银行会同主管部门，对实行"拨改贷"的建设项目，根据批准的年度基本建设计划和"拨改贷"投资计划，向建设单位下达年度贷款指标，作为年度内借款的限额，建设单位则可直接向当地建设银行办理借款手续。银行要对建设项目进行评估，然后与建设单位签订借款合同，并按不同行业实行差别利率，按实际支用贷款数收取利息，每年计算一次复利。贷款本金以项目建成投产后所实现但尚未征收所得税的利润归还；贷款利息按项目在建设期或投产后不同时期规定不同的偿付办法。建设银行收回本金交回同级财政，收入和利息扣除业务支出后，转作各该级建设银行的基本建设基金。项目竣

工决算时,应将已支付的贷款利息计入交付使用财产的价值,以利于全面考核投资效果。

从1979年开始,建设银行先后在轻工、纺织、旅游等行业和北京、上海、广东三个省、市中选择了一批项目,还包括交通、旅游等部门购买车船的投资,进行了财政拨款改为银行贷款的试点。这些项目一般都是设计任务书、初步设计审批齐全,工艺技术过关;产品有销路,生产条件落实,投资效益较好,能够按期还本付息,施工条件和施工力量均已落实的项目。据统计,到1983年底,试行拨款改贷款的有2488个项目,贷款金额达98.5亿元。这些实行试点的项目,在节约投资、加快工程进度和提高投资效益方面都有显著效果,并且在一定程度上起到了促使银行和企业都关注工程进度和投资效益的作用。

拨款改贷款试点一年后,国务院批转了国家计委、国家建委和财政部的报告,决定:①从1981年起,凡是实行独立核算、有还款能力的企业,进行基本建设所需的投资,除尽量利用企业自有资金外,一律改为银行贷款。确实无法实行贷款的企业,应由部门和企业提出申请,经建设银行签证,计委、建委审查同意,才能给予拨款。②扩大贷款单位的自主权,在不减少新增生产能力,不突破批准的总投资,不推迟交工日期,不降低工程质量的前提下,有权调整建设内容,安排施工顺序,选择设计、施工单位,选购设备材料。③贷款利率:煤矿、建材、邮电行业按年利2.4%优惠计算;机械、轻工、纺织、原油加工、石油化工等行业按年利3.6%计息;其他行业仍按年利3%计息。由于种种原因,上述报告没有能够全面落实。在1980—1984年的5年中,"拨改贷"仍处于小范围的试点当中,改革的进展不大,范围不宽。每年改为贷款的投资,仅占当年国家预算内投资的1/10左右,且呈逐年下降的趋势①。

2. 全面推行基本建设拨款改贷款制度

为了加快"拨改贷"的进程,1984年,国务院颁布《建筑业和基本建设管理体制改革的规定》,提出国家投资的建设项目,都要按照资金有偿使用

---

① 曹尔阶等:《新中国投资史纲》,中国财政经济出版社1992年版,第299~303页。

的原则，改财政拨款为银行贷款。1984年12月，国家计委、财政部、建设银行联合发布《国家预算内基本建设投资全部由拨款改为贷款的暂行规定》，决定从1985年起，凡是由国家预算安排的基本建设投资全部由财政拨款改为银行贷款。这样，原来的"国家预算安排的投资"渠道相应取消。

1985年，所有国家投资项目全面推行"拨改贷"，对于解决过去在"大锅饭"体制下一些有盈利、有偿还能力的项目，不想改贷款、只想继续吃拨款"大锅饭"的问题来说，发挥了一定的作用。但是，在国家投资中，非营业项目、无偿还能力的项目也是客观存在的。尽管当时规定，对上述项目的贷款，不计利息，免于归还全部本金。但是，既然是贷款，又要申请豁免本利，就必须有一个审查过程。由于项目众多，豁免审批的工作量相当大。许多项目一面申请贷款，一面申请豁免，贷款经办行与建设单位花了很多时间办豁免手续，费时费事，没有实际意义。

为此，1985年，国家计委，财政部、建设银行又发布了《调整国家预算基本建设投资拨款改贷款范围等问题的若干规定》。从1986年起，对于国防科研、行政事业单位、各级各类学校等没有还款能力的建设项目，不再采用"拨改贷"方式，仍然恢复拨款办法；其余项目继续实行把拨款改为贷款的规定。除经批准撤销的前期工作项目和某些经国家专项批准的项目外，其他项目原则上不准豁免贷款本息。属于国务院各部门安排的项目，由主管部门提出豁免申请报国家计委、财政部、建设银行总行审批；地方安排的建设项目，由省、自治区、直辖市及计划单列市计委与同级财政部门、建设银行审批。

1986年对实行拨款改贷款的范围重新进行调整以后，每年的"拨改贷"投资100多亿元，约占预算内基本建设投资的1/3左右。到1988年止，"拨改贷"投资比重仍大体维持在这个水平上。从1979年开始"拨改贷"的试点工作，经过1985年的全面推行，到1986年的进一步完善调整，截至1988年，全国预算内基本建设投资"拨改贷"的累计额达到826亿元，累计收回"拨改贷"本金和利息近70亿元。

"拨改贷"在投资领域破除了"大锅饭"，开始树立了商品经济观念。"拨改贷"以前，基本建设投资实行了30年的无偿拨款制度，一直是"国家投资、计划分配、企业花钱、银行拨款、财政核销"，部门和企业只关心投资的多少，无人关心投资的经济成本和经营责任，也没有人关心投资的回收周转和投资效益。"拨改贷"以后，从国家投资的无偿使用转变为有偿使用。在各经济管理部门、建设单位、建设银行中，逐步确立起投入产出、资金周转、利息和核算等观念，这符合社会主义商品经济规律和价值规律。

但是，国家预算内投资实行拨款改贷款制度并没有达到预期的目的。1979年提出这一改革时，本来设想把国家分配投资体制下的部门决策、项目花钱、大家都不承担风险和责任的关系，转换成国家把拨款改为信贷基金拨给银行；银行把钱贷给企业，把决策权放给企业和银行，让企业同银行结成有借有还、还本付息的经营关系，由投资分配制转向投资经营制的道路。

但是，计划和财政部门的改革并未跟上。财政部门认为，"拨改贷"只是资金供应形式的改变，并不是资金管理体制的改革。财政上出于保证未来收入的增加，只同意在贷出时把资金转给建设银行作为形式上的"基金"，但在项目还款时，仍必须上缴财政而将"基金"注销。国家计委则仍然沿袭按行业归口切块分资金的方法，不但继续分配拨款（即"拨改贷"的那一部分），而且把一部分银行信贷资金（即利用存款发放贷款的那一部分），也给各部门作了分配，把行业归口切块分配投资，延伸成为按行业归口切块分配资金和贷款。"拨改贷"并没有赋予企业和银行以决策权，反而把银行信贷资金也比照拨款一起在计划上作了分配，其实质是用信贷来填补预算内资金的不足。

（二）投资项目管理体制的初步改革

1. 加强投资项目执行阶段的管理

这一时期在投资项目管理上逐渐加强了建设前期的管理，严格执行基本建设程序。中央财经小组在研究"六五"计划时提出，安排基本建设项目，首先要搞好建设的前期准备工作。上一个五年就应该准备好下一个五年要搞的项目，把这些项目的技术经济论证、可行性研究和勘察设计等工作都做好。这样，整个基本建设工作就主动了。因此，从1983年开始，国家计委对279个重点骨干项目专门编制了《建设前期工作计划》。

从1984年开始，在严格按照基本建设程序办事方面，对大中型项目的计划明确提出分档管理。即按照工作深度分别把项目列为建设前期工作项目、预备项目、拟新开工项目和续建项目四类。建设前期工作项目，可以进行可行性研究、编制设计任务书和初步设计或扩大初步设计；初步设计已经批准，或预计当年上半年能审批，在年度内只进行"三通一平"等施工准备的，列作预备项目，主体工程不得施工。初步设计已经批准，施工准备就绪的，列为拟新开工项目。以前年度已经施工本年继续建设的，为续建项目。各类项目，必须按程序规定逐步升级。凡建设前期工作项目转作预备项目，或预备项目转作拟新开工项目的，大中型项目均由国家计委批准；小型项目按隶属关系分别由主管部门或省、市、自治区计委批准。这样，就把严格执行基本建设程序的问题更深入和更加具体化了。

2. 推行投资包干和按合理工期组织建设

长期以来，基本建设中吃"大锅饭"的问题十分严重。"投资无底洞，工期马拉松"成为经济调整中令人十分头疼的老大难问题。为了扭转这一局面，从1980年开始，试行投资包干的经济责任制，1982年又推行按合理工期组织建设和施工，在项目管理的改革上迈出了重要的一步。

在基本建设中实行投资包干，这已是建国以来的第三次，1980年，国家建委选择投资、设备、材料、施工力量等都有保证、建设条件较好的上海宝山钢铁总厂试点。后来，煤炭部的一部分中小矿井实行吨煤投资包干，唐山、沈阳、西安等城市也在一部分民用建筑中实行小区综合造价包干，都收到了较好的效果。但是，在大型工业建设项目中推行投资包干有一个矛盾，就是计划投资一年一定，建设单位在年度投资上做不了主，这就影响到工期和最后的投资费用。

此后不久，国家建委、国家计委提出了按合理工期组织建设的问题。1982年2月，两委规定：基本建设项目一经确定就应同时提出合理工期，作为具体安排建设计划、签订经济合同、组织施工、检查工程进度的依据。并且要按合理工期安排建设计划，分配投资和材料，组织协调配套项目的同步建设。要求主管部门安排计划时，年度计划的投资一定要与总的工期相吻合，要与当年建设进度和建设内容相适应，不得留有缺口。要逐步改变建设项目一年一安排的做法，大中型项目要按照批准的初步设计一次安排计划，分年实施，以保证工程上马后连续建设，按期建成。1982年2月，两委选定

50个项目按合理工期组织建设。并且提出在此基础上实行投资逐级包干的办法。

按合理工期组织建设本身，既是对基本建设项目管理制度的一种改革，又在投资安排和工期安排上为推行投资包干提供了扎扎实实的条件。从1982年开始，国家直接安排按合理工期组织建设的项目逐年扩大。各部门、各地区也都有一批各自确定的本部门、本地区管理的按合理工期组织建设的项目。

1982年12月，国务院还规定，对所有确定进行建设的项目，一律实行"五定"，即定建设规模，定投资总额，定建设工期，定投资效果，定外部协作条件。定建设规模，是以设计任务书中批准的规模为准。凡超过批准规模的项目，要按隶属关系报请原批准机关重新审批。定投资总额，是以批准的概算投资为准。概算已经批准，但需调整的建设项目，要阐明原因，重新报原批准机关审批。定建设工期，要参照设计的建设工期或以工期定额为准。定投资效益，是要全面考核建设项目的各项投资经济效益指标。定外部协作条件，是以与有关单位签订合同或文字协议为衡量其是否落实的标准。这主要是为搞好各部门、各地区建设项目之间的衔接、配套。建设项目的"五定"既是一种经济责任制度，也为推行投资包干创造了良好的条件。

随着基本建设中实行"五定"和按合理工期组织建设的管理方法的推广，基本建设工作逐渐步入正轨，在此条件下，投资包干的形式和内容都有了发展。为了指导和完善建设项目包干经济责任制，1983年3月，国家计委等部门联合制定了《基本建设项目包干经济责任试行办法》，提出凡是列入国家计划的项目，都要积极创造条件，逐步实行建设包干责任制。根据建设项目的特点和具体条件，可采取不同的包干形式。包干内容指包投资、包工期、包质量、包主要材料用量、包形成综合生产能力。主管部门委托建设单位包干，一般应保证下列主要建设条件：保建设资金、保设备材料、保外部配套条件、保生产定员配备、保工业项目投料试车所需的原料供应等。

1984年10月，国家计委、财政部和建设银行发出了《关于基本建设投资包干项目由建设银行统一调剂资金的通知》，对实行投资包干的建设项目，国家根据各主管部门与建设单位签订的投资包干协议规定的总投资，按五年计划分年投资数，拨给建设银行统一调剂使用。建设银行根据包干项目的工程进度，并考虑配套工程的情况和物资的可能，在不超过包干总投资和五年计划投资总额的前提下掌握付款，不受年度计划投资额的限制。投资包干单位没有完成年度投资计划的，当年应完未完投资及相应的贷款指标结转下年继续使用。但结转的工作量应由主管部门报计划部门审核，经国家计委批准，纳入下年度基建投资规模。既有"五包"，又有"五保"，又有银行调剂资金，就使投资项目包干的经济责任制有一个扎实的基础。

3. 勘察设计单位实行企业化试点

长期以来，我国基本建设中的勘察设计单位的经费由国家拨款，这种按人员定额开支事业费的办法，不利于调动勘察设计单位的积极性。1979年，全国基本建设会议提出实行企业化试点的意见。1979年6月，国家计委、国家建委、财政部决定先在北京钢铁设计研究总院等18个单位试点，将勘察设计单位由事业单位逐步改为企业化管理，由事业费开支改为从基本建设投资中提取勘察设计费。实行企业化试点单位因超额完成任务、节省开支形成的盈余，40%上交主管部门，60%留给试点单位。到1983年，勘察设计单位全部实行勘察设计取费，推行技术经济责任制，并改善了收费办法，改为按实物工程量定额收费的办法。

1984年11月，国务院批转国家计委《关于工程设计改革的几点意见》，进一步推进勘察设计单位的管理体制改革。规定以国营设计单位为主体，允许集体和个体设计并存，开展竞争；积极推行设计招标投标制，打破地区、部门界限，逐步改变用行政手段下达设计任务的办法。《意见》提出组建工程咨询公司和工程承包公司，使设计单位向多功能方向发展。工程咨询公司以工程建设前期工作的经济技术咨询、可行性研究、项目评价以及利用外资的有关工程咨询业务为主，有条件的也可以承担设计和工程承包任务。工程承包公司受主管部门或建设单位的委托，承包工程项目的建设。从而为打破工程设计工作中的"大锅饭"，走向企业化、社会化迈出了关键性的一步。

4. 承发包工程推行招标投标制

这一时期建筑业管理体制的改革，主要是在承发包工程中推行招标投标制度和在材料设备供应实行承包和招标。

（1）在承包工程中推行投标招标制度

1979年，恢复了基本建设的建筑安装工程的承发包制，调动了施工企业的积极性。但这时的承发包一直是由上级主管部门作出的行政安排，没有竞争，没有压力，不能有效地刺激企业致力于改善经营，提高服务质量，充分发挥企业的活力。1980年，国务院在《关于开展和保护社会主义竞争的暂行规定》中提出，对一些适应承包的生产建设项目和经营项目，可以试行招标投标的办法，揭开了招标投标的新篇章。1981年，深圳经济特区的大量建筑工程开始引进竞争机制，以招标方式安排建筑施工，既节省了投资，又搞活了建筑施工，这个经验很快在全国推广。1984年11月，国家计委和城乡建设环境保护部联合发布了《建设工程招标投标暂行规定》，在承包工程中积极推行招标投标，打破部门、地区界限，鼓励竞争，防止垄断。1985年，招标投标办法迅速推广，全国实行招标投标的工程有1.1万多个，占全部施工任务的7%左右，实行招标的工程，工程造价一般比概算降低6%，工期缩短20%。后来招标投标制度在设计方面也逐步开展，甚至项目安排方面也开始进行尝试。

（2）材料设备供应实行承包和招标

1984年11月，国家计委和有关部门发布了《基本建设材料承包供应办法》，明确材料供应的改革主要是改革供应方式，将过去只向建设单位供应建筑材料的办法改为由物资部门逐步将材料直接供应给工程承包单位，由工程承包单位包工包料。并且由物资供应单位实行按项目承包供应负责制，根据项目的不同情况，实行委托承包或招标承包。国家按合理工期组织建设的重点项目，由中国基建物资配套承包联合公司承包；地方重点建设项目，由地方基建物资配套公司承包供应。建设项目的物资供应由工程承包单位同物资承包公司签订协议或合同。由于物资承包公司没有按协议或合同供应材料而影响工期造成损失的，应由物资承包公司承担责任。这一改革使基本建设物资供应从行政办法过渡到经济办法[①]。

1984年11月，国家计委和有关部门发布了《机械工业部成套设备承包

---

① 曹尔阶等：《新中国投资史纲》，中国财政经济出版社1992年版，第312~321页。

暂行条例》，明确设备成套公司是具有法人地位的经济实体，实行独立核算，自负盈亏。其主要任务是承包国家重点建设项目及计划内的其他基本建设和技术改造项目所需成套设备的供应和技术咨询业务。承包设备的供应要根据择优选择和经济合理的原则，打破部门、地区界限，直接与各有关生产厂按需订购，成套组织供应。1985年1月，更进一步决定在设备供应方面开展招标竞争。同时，国务院批转了国家经委和国家物资总局《关于开展机电设备招标工作有关问题的请示》，提出通过经济手段为主的招标方式，可以调动各方面的积极性，鼓励企业竞争，促进技术进步，择优组织供应，可以逐步改变层层审批的手续，方便用户，并可为国家节省外汇。国务院同意成立中国机电设备招标咨询服务中心，受国家委托，负责拟订招标工作的方针、政策和业务办法。

（三）建立基本建设基金制和专业投资公司

这一时期，固定资产投资资金制度改革深入推进。对国家预算内资金，最初是全面推行把基本建设拨款改为建设银行贷款的办法，后来由于这一改革只是资金供应形式的改变，并没有形成真正的基金形态，所以1987年又酝酿实行投资基金制。从1988年开始，把每年国家预算安排的拨款全部转作国家投资基金，并且设立了几个专业投资公司进行管理和经营。基本建设基金制使国家重点建设项目具有可靠、稳定的资金来源；使政府对投资的管理实行间接控制，用经济办法来管理国家投资；通过基金的营运和管理，实现基本建设资金的保值和增值。

1987年7月，中央财经领导小组原则上同意设立国家基本建设基金制。1988年4月，国务院批准了国家体改委《关于1988年深化经济体制改革的总体方案》，提出投资体制改革主要是对国家预算内基本建设投资，开始实行基金制管理，使重点建设有稳定的资金来源，同时也约束基本建设投资膨胀。7月，国务院印发《关于投资管理体制的近期改革方案》，明确从1988年起，对国家预算内基本建设投资实行基金制，并组成几个竞争性的专业投资公司，管理中央基本建设基金。

中央基本建设基金由中央财政预算安排，它由以下五部分组成：①能源交通重点建设基金中的中央使用部分；②建筑税中的中央使用部分；③铁道部包干收入中用于预算内基本建设部分；④国家预算内"拨改贷"投资收回的本息；⑤财政定额拨款。在资金使用方面，基本建设基金与财政费用分开，由建设银行按计划负责管理，实行专款专用，年终结转，周转使用，在财政预算中列收列支，并受财政部门监督。在基金管理方面，基本建设基金在国家预算中列收列支，由财政部按期拨给建设银行。国家计委对基本建设基金以及其他资金，进行统筹安排。

基本建设基金分为经营性的和非经营性的。经营性的投资由国家计委切块给国家专业投资公司，主要用于国家计划内的基础工业和基础设施的重点工程。非经营性的投资主要用于中央各部门直接举办的文化、教育、卫生、科研等建设和大江大河的治理。其中，小型项目由国家计委核定基数，由主管部门管理，包干使用，三年不变，新建大中型和限额以上项目按程序报批。经营性基本建设基金分为软贷款和硬贷款两种，软贷款可用于国家政策性投资，硬贷款用于还款能力较好的项目。各省、自治区、直辖市和计划单列市根据财政情况，相应建立各自的基本建设基金，由省、自治区、直辖市和计划单列市计委统筹安排。

与基本建设拨款改贷款制度比较，基本建设基金制有三个显著的特征。第一，基金的稳定性。基本建设基金来源与所确定的财政收入科目挂钩，与其他财政支出费用分开，而且有一定的财政定额拨款，原则上不受当年财政收入情况的影响，因而基金来源有保障，数额相对稳定。第二，基金的周转性。基金按投资计划确定的项目和数额安排运用，因基金收入增加或计划调整当年来不及安排运用的基金投资，相应的基本建设基金不再作为预算结余上缴财政，可在年终进行结转，周转使用。第三，基金具有风险性。基本建设基金中的经营性投资主要由国家专业投资公司经营，建设银行接受委托，按投资计划进行管理，专业投资公司要负责基金贷款的保值增值和按计划回收，如果因投资公司经营管理不善发生呆账坏账，不能回收本息而造成损失时，应由经营者自负盈亏、自求平衡，财政不予弥补经营亏损。

但是，投资基金制同"拨改贷"一样，仍然沿袭切块分配投资的体制，在这方面，并没有消除原有的弊病。计划部门在分配使用时，把对非经营性项目的无偿拨款也纳入其中，而拨款是要核销的，并不参加周转，因而这一部分实际上并不能构成基金，不能保持基金的完整无缺。对一部分经营性项目的基金贷款，还保留了贷款后免还本息的尾巴，使贷款必须还本付息的原则难以贯彻到底。基本贷款利率套用"拨改贷"利率，也制约了利率杠杆对投资规模和结构的调节作用。

在建立中央基本建设基金的同时，为适应管理需要，成立投资公司，用经济办法对投资进行管理。中央一级先后成立了能源、交通、原材料、机电轻纺、农业和林业等6大专业投资公司，其中前四个公司由国家计委归口领导，行业归口主管部门参与指导，后两个公司由国家计委与主管部门归口领导，以国家计委为主。国家专业投资公司按照国家发展战略、产业政策和行业规划的要求，运用市场机制和竞争机制对固定资产投资进行开发、经营和管理。

国家专业投资公司既具有控股公司的职能，使资金能够保值增值，又要承担国家政策性投资的职能，保证国家计划的完成。其主要任务是：第一，承包和经营本专业中央投资的经营性项目的固定资产投资；经营与本专业有关的横向交叉和综合利用等方面的项目；向地方、企业投资的项目参股；经营利用外资、中外合资项目和对外投资。第二，通过基本建设、技术改造和对地方、企业资金的导向，使产业结构、技术结构和地区结构不断优化。第三，在国家规定的范围内，运用经济手段使资金保值、增值。

二、市场取向改革制度初步建立时期的投资体制

1992—2000年，改革逐步打破了传统计划经济体制下高度集中的投资模式，明确了使企业成为投资主体的改革方向，在很大程度上改变了政府直接管理投资的方式，初步形成了投资主体多元化、资金来源多渠道、投资方式多样化、建设实施市场化的格局[1]。这一时期投资体制改革的举措多、动作大，形成了投资体制改革以来的新的高潮[2]。

（一）投资体制改革出现重要转向

1992年，在邓小平南方谈话精神鼓舞下，各地政府大胆解放思想、主动

---

[1] 刘以雷：《改革40年我国投资体制的历史变迁》，中国投资咨询 2018-12-25。
[2] 田江海、张昌彩：《投资体制改革的突破》，江苏人民出版社 1998 年版，第 60~70 页。

采取行动，下放项目审批权限，简化项目审批程序，使原来在治理整顿期间重新集中起来的权力再一次分散了。1992年8月，在全国基本建设工作会议上，国家计委推出基本建设项目业主责任制，再一次把责任制问题摆到了重要位置上。9月，国务院颁布了《全民所有制工业企业转换经营机制条例》，再次明确企业享有投资决策权，并从企业投资范围、决策权限的界定、政策优惠和责任约束等方面进行了具体规定。这一改革成为整个投融资体制转向市场化的重要基础之一。

项目业主责任制是市场经济国家普遍实行的一种项目组织管理方式。1990年12月，在国家计委开办的第一期重点建设项目管理研讨班上，当时的国务院领导讲述了考察英法海底隧道建设管理的感想，提出我国可以借鉴国外由公司、企业负责项目筹资、建设和经营还贷的管理模式。这也许是业主责任制的最初设想。1992年8月，国家计委在北京召开了全国基本建设项目管理座谈会，会上交流了广州抽水蓄能电站等三个项目实行业主责任制的经验，并推出了实行项目业主责任制的改革举措。11月，国家计委印发了《关于建设项目实行业主责任制的暂行规定》，指出实行项目业主责任制，是适应发展社会主义市场经济体制，转换建设项目投资经营机制，提高投资效益的一项重要改革措施。要求从1992年起，新开工项目和进行前期工作的全民所有制单位的基本建设项目，原则上都实行项目业主责任制；在建项目也应积极创造条件，实行项目业主责任制。

从实践看，实行项目业主责任制有助于解决投资建设管理上无人负责的问题，初步改变了筹资建设与经营还贷脱节的弊端。作为业主的建设单位开始有了当家作主的意识和长远观念，同时也强化了业主的自我约束意识，这对于控制工程概算和加快建设进度发挥了积极作用。但是，项目业主责任制从本质上来说，仍不过是一种责任制，与过去实行过的承包经营责任制、投资包干责任制等没有本质的区别，因此很难从根本上解决责任问题，之后被项目法人责任制取代。

（二）投资体制改革进入高潮期

1994年，党的十四届三中全会明确了投资体制改革的方向和主要内容，提出的改革举措多、力度大，达到了投资体制深化改革以来的高潮。

1. 改革投融资方式

按照不同投资主体的投资范围，以及各类建设项目不同的经济效益、社会效益和市场需求等情况，将投资大体划分为竞争性项目投资、基础性项目投资和公益性项目投资三大类，并重新确定其主要投资主体和投融资方式。

首先，关于竞争性项目。竞争性项目主要是指投资收益比较高、市场调节比较灵敏、具有市场竞争能力的项目。其中包括大量的加工工业。竞争性项目要以企业作为基本的投资主体，主要向市场融资，政府将逐步从其投资中退出。竞争性项目的融资方式，主要是通过商业银行进行间接融资；也可通过发行企业投资债券、股票和联合投资等方式进行直接融资。

其次，关于基础性项目。基础性项目主要包括建设周期长、投资大而收益较低、需要政府扶持的基础设施和一部分基础工业项目，以及直接增强国力的符合经济规模的支柱产业项目。基础性项目大部分属于政策性投融资范围，主要由政府集中必要的财力物力，通过经济实体进行投资，并广泛吸收地方、企业参与投资；鼓励以大型骨干企业为主进行投资；有的还可以吸收外商直接投资。为了加强基础性项目的建设，一是要加大政府投资力度，拓宽投融资渠道，提高其在全社会投资中的比重。对新建的基础设施项目，鼓励合资建设，并组成规范化的有限责任公司或股份有限公司进行投资建设。二是加重地方政府进行基础性项目建设的责任。今后除了事关国计民生、跨地区的重大基础设施、重大基础工业项目和重大农业、水利工程项目的建设由中央政府投资主体为主承担外，地方性的交通、邮电通讯、能源工业、农林水利设施和城市公用设施等的建设，按照"谁受益，谁投资"的原则，主要由所在地政府的投资主体承担。三是制定有关政策，支持基础性项目扩大利用外资。四是充分发挥省级投资公司在地方基础性项目投融资中的主体作用。

最后，关于公益性项目。公益性项目主要包括科技、教育、文化、卫生、体育、环保等事业的建设项目，公、检、法、司等政权机关的建设项目以及政府机关、社会团体办公设施、国防设施建设项目。公益性项目投资由政府用财政资金安排。除了特别重要的项目和必须由中央政府安排投资的项目由中央政府承担投资外，绝大部分项目应按受益范围由所在地方政府承担投资。

三大类投资项目的划分及融资渠道的重新界定，是投资体制改革的重要内容，与建立社会主义市场经济体制的要求相适应，同时也考虑了向市场经济体制过渡时期的特点。需要指出的是，确立企业为基本的投资主体，是我国投资体制改革迈出的重要一步。

2. 强化投资风险约束机制

强化投资风险约束机制是投融资体制改革的重要措施，是解决投资吃"大锅饭"以及投资膨胀和浪费严重等问题的关键。一是实行企业法人责任制。建设项目要首先明确投资责任主体，即先有法人主体，后定项目。由企业法人对建设项目的筹划、筹资、建设直至生产经营、归还贷款和债券本息以及资产的保值增值，实行全过程负责，承担投资风险。改、扩建和新建项目，都要尽可能依靠现有企业进行，项目由企业或新组成的法人提出。不能依托现有企业的项目，可由政府部门或有关单位提出，但经批准后要迅速确定法人。建设项目经批准立项后，有关资金筹措、招标定标、建设实施、生产经营、人事任免等由企业法人按照国家有关规定自主决定。凡符合国家产业政策、由企业投资的竞争性项目，其可行性研究报告和初步设计，由企业法人自主决策。项目建设与生产所需的外部条件，由企业法人与有关企业签订合同，但需要国家安排资金和外部条件需要国家统筹安排的，应按规定报批。

二是实行建设项目资本金制度。与企业法人责任制相配合，建设项目要实行资本金制度，企业法人的自有资金要占项目总投资的一定比例才准许注册登记。不再笼统使用企业自筹投资概念，企业投资资金来源统一规范为企业自有资金和企业对外筹措资金两部分。企业自有资金是指企业有权支配使用，按规定可用于固定资产投资的资金。企业对外筹措资金是指以企业名义从金融机构和资金市场借入、需要偿还的用于固定资产投资的资金，主要包括商业银行贷款和经批准发行的企业债券等。对新开工项目要坚持三条原则：一是不搞无本投资，新建项目必须有一定比例的资本金，然后才能申请银行贷款；二是项目要打足铺底流动资金；三是不能挪用流动资金贷款搞固定资产投资。

3. 建立和完善投资宏观调控体系

其内容主要包括以下四个方面：第一，实行宏观调控的责任制。投资的宏观调控实行中央统一确定调控政策和目标，中央和省两级负责的原则。全国性的投资宏观调控的政策、目标和法规，由国务院统一组织制定。投资的宏观调控要综合运用经济手段、法律手段、计划手段和必要的行政管理手段，主要采用间接调控的办法。省级人民政府在投资管理中负有重要责任，主要是对本地区投资的总量和结构进行调控，保证国家重点建设的顺利进行和创造良好的投资环境。

第二，进行投资总量调控。对投资总量仍要以计划管理为主，从资金源头入手，对预算内投资、银行贷款投资、证券投资和借用国外贷款投资的总量继续加强管理。随着金融体制改革的深化，国家将运用存款准备金率、固定资产贷款比例、中央银行贷款利率等杠杆，从源头上及时和灵活地调节流入固定资产投资领域的信贷资金量，实现对投资总规模的调控。

第三，进行投资结构调控。根据经济发展的新情况，围绕一个时期经济发展的主导产业和瓶颈产业，国家制定出近期和中长期的产业政策、技术政策和装备政策，重要产品的经济规模标准和技术标准，以及保证实现产业政策所需要的经济政策。

第四，完善项目审批制度，建立投资信息反馈系统。一是对重大项目继续实行审批制度，但审批的项目必须经过科学的论证和评估，要简化审批手续，提高审批质量和效率。二是对一般项目将逐步取消审批制度，主要通过及时发布投资信息加以引导，同时建立项目登记和备案制度。

4. 组建国家开发银行

为了加强对基础性项目建设的融资，建立较为稳定的资金来源，党的十四届三中全会确定组建国家开发银行。国家开发银行是在原国家六大专业投资公司合并基础上建立的，并将建设银行的政策性业务划归进来，专门承担政策性业务的金融机构，是一个具有法人地位的经济实体，实行独立核算、自主经营、自担风险、责权统一。国家开发银行是不以盈利为目的，主要从经济发展的角度评价和选择项目的银行。其主要任务是建立长期稳定的资金来源，筹集和引导社会资金用于国家重点建设，从资金来源上加强对投资总量和结构的宏观调控，逐步建立投资约束和风险责任机制。因此，国家开发银行的组建是我国投融资体制改革的一项重要举措；同时，也是我国金融体制改革的一项重要举措，有利于将国家专业银行的政策性业务分离出来，使专业银行更好地向商业银行转化。

此外，为完善中央政策性投融资体系，国务院除了决定将六个国家专业投资公司并入国家开发银行外，还决定同时重新组建一个新的国家开发投资公司，由国家开发银行代行管理和业务监督。

（三）投资体制深化改革的继续推进

1995—1997年，国家着力于对以前改革措施的完善和推进，特别是制定了关于建设项目法人责任制和投资项目资本金的具体规定，进一步深化了投融资体制改革。

1. 健全以产业政策为基础的宏观调控体系

一是国家根据市场、经济和社会发展趋势，制定近期和中长期的国家产业政策、技术政策和装备政策。二是对符合产业政策并达到规模经济的投资项目，国家在贷款、贴息、债券以及投资方向调节税率等方面给予支持。三是对国家产业政策限制和控制发展的产品，其投资项目审批权集中在中央和省两级，不得层层下放，银行投资贷款和债券发行实行规模控制。四是对外商投资项目实行国家产业政策。1995年6月，国务院颁发了《指导外商投资方向暂行规定》和《外商投资产业指导目录》等文件，在《指导目录》中又分为鼓励外商投资产业目录、限制外商投资产业目录和禁止外商投资产业目录三大部分，涉及大类行业几十个，明确了外商投资项目及投资范围。

2. 将部分企业"拨改贷"资金本息余额转为国家资本金

1995年10月，国务院批转了国家计委、财政部、国家经贸委《关于将部分企业"拨改贷"资金本息余额转为国家资本金的意见》。根据《意见》精神，可转为国家资本金的"拨改贷"资金是指：经国务院批准，1979—1988年由财政（包括中央和地方）拨款改为贷款的国家预算内基本建设投资。按照规定，符合下列条件之一的企业方可将"拨改贷"资金本息余额部分或全部转为国家资本金：一是国务院《90年代国家产业政策纲要》规定重点支持的产业领域中，归还"拨改贷"资金余额有困难，确需国家直接投资增加资本金的企业；二是企业注册资本没有达到《公司法》或国家有关规定要求，且确需国家直接投资增加资本金的企业；三是贫困地区特别是老、少、边地区需要国家直接投资增加资本金的企业。

3. 进一步推进和完善建设项目法人责任制

在总结以往建设项目法人责任制经验的基础上，1996年3月，国家计委正式下发了《关于实行建设项目法人责任制的暂行规定》，要求国有单位经营性基本建设大中型项目在建设阶段必须组建项目法人，项目法人可按《公司法》的规定设立有限责任公司（包括国有独资公司）和股份有限公司形式。实行项目法人责任制，由项目法人对项目的策划、资金筹措、建设实施、生产经营、债务偿还和资产的保值增值实行全过程负责。法人在享有投资决策权的同时，必须承担相应的投资风险责任。因决策失误或管理不善造成法人无力偿还债务的，债权人有权依法取得抵押资产，或由担保人负责偿还债务，直至依法对企业进行破产清理。

4. 确立具有法人地位的国家投资主体

政府主要投资于基础性项目和公益性项目，转换政府投资方式，按政企分开的原则，确立一批国家投资主体作为政府投资的代表，建立起政府投资的监督和约束机制。所谓国家投资主体，是指经国务院授权，代表中央政府行使投资和资产运营管理职能，具有法人地位的经济实体。国家投资主体要按照产业政策和国家计划确定的发展目标及任务进行投资，提高投资效益，承担国有资产保值增值的任务。要实行独立核算，自主经营，自负盈亏，承担相应的投资风险责任。国家投资主体对项目的投资可以采取独资方式，也可以采取参股、控股或其他方式进行。国家投资主体代表国家对投入企业的资金依法享有所有者权益，不享有政府行政管理职能。国家投资主体的确立，可区别不同情况，采取不同途径：或是将全国性行业总公司改组为国家投资主体，或是将国务院认为有必要授权的企业集团确立为国家投资主体，也可以适应国民经济发展需要而新组建国家投资主体。

5. 投资项目试行资本金制度

1996年8月，国务院正式颁发了《关于固定资产投资项目试行资本金制度的通知》。要求从1996年起，对各种经营性投资项目，包括国有单位的基本建设、技术改造、房地产开发项目和集体投资项目，试行资本金制度，投资项目必须首先落实资本金才能进行建设。个体和私营企业的经营性投资项目参照《通知》的规定执行。用财政预算内拨款建设的公益性投资项目不实行资本金制度。外商投资项目（包括外商投资、中外合资、中外合作经营项目）按现行有关法规执行。

投资项目的资本金是指投资项目总投资中必须包含一定比例的由各出资方实缴的资金，该部分资金对项目法人而言为非负债资金。投资项目的资本金形式可以是现金、实物、无形资产。投资项目的资本金根据出资方的不同，又可分为国家出资、法人出资和个人出资。投资项目的企业法人不得用贷款、拆借资金、非法集资、债券等充当自己的资本金。投资项目资本金占总投资的比例，根据不同行业和项目的经济效益等因素确定，有些行业项目在35%以上，有些行业项目在25%以上，有些行业项目在20%以上。

（四）适应宏观调控需要的体制创新

1. 防范金融风险扩散

国有商业银行进行财务重组。1998年8月，财政部宣布，发行期限为30年的2700亿元特别国债，向四大国有商业银行定向发行，筹集的资金专项用于补充银行的资本金。也就是说，财政部面向四大行发行特别国债，四大行又把这个国债存到中国人民银行，然后中国人民银行再印钞来补充四大行资本金。1998年特别国债的发行，对防范系统性金融风险、促进银行业改革、提升中国金融业的国际认可度都发挥了重要作用。为了解决商业银行的坏账，1999年，信达、华融、东方、长城四大资产管理公司（AMC）成立，并开展资产处置。四大AMC从央行获得6041亿元再贷款，再向四大国有银行及国家开发银行共发行8110亿元金融债券，按1∶1的对价购买不良资产。

到了 2006 年底，公开数据显示，AMC 累计处置不良资产 1.5 万亿元，占接收总额的 83.5%，现金回收约 2110 亿元，现金回收率不到 15%[①]。

改善国有银行内部管理。1998 年，中国人民银行管理体制实行重大改革，撤销省级分行，跨省（自治区、直辖市）设置九家分行，增强了中央银行执行货币政策的权威性和实施金融监管的独立性。完善分业管理体制，先后成立了证监会和保监会。1999 年着手整顿城市信用社、信托投资公司等金融机构，先后关闭了海南发展银行、广东国际信托投资公司等一批出现风险的机构。从 1998 年 1 月 1 日起，中国人民银行决定取消贷款规模，实行资产负债比例管理和风险管理，改革和完善国有商业银行资本金补充机制以及呆账、坏账准备金提取和核销制度，扩大贷款质量 5 级分类法的改革试点。商业银行根据信贷原则自主决定发放贷款，中央银行只通过间接工具进行调节。1998 年 3 月，推进存款准备金制度改革。

2. 实施住房制度改革

1998 年以前，我国实行的是"福利分房"制度，也就是人们常说的"公房"，在福利分房的时代，由国家定面积、定标准、定租金，在分房的时候一般优先考虑结婚的夫妇，然后按照工龄长短、职位高低、居住人口辈数、人数、有无住房等一系列条件来排分房的时间、分房的面积，简单来说就是等国家建房，靠组织分房，要单位给房。公开资料显示，1949—1979 年间，我国投入了近 400 亿元建设住房，但依旧难以解决职工住房问题，房地产企业也发展不起来。住房资源紧缺，并且人均居住面积太小。数据显示，1978 年，我国人均居住面积仅为 3.6m^2，缺房户达 869 万户，占城市总户数的 47.5%。城镇化建设受阻，由于住房稀缺，难以吸引人口流入城市。

1994 年 7 月，国务院颁布执行《关于深化城镇住房制度改革的决定》，强调城镇住房制度改革要综合配套，要求稳步出售公有住房，积极推进租金改革。但是，1994 年的这个方案并没能起到"立竿见影"的房改效果。1998 年 7 月，国务院发布《关于进一步深化住房制度改革加快住房建设的通知》，宣布全国城镇从 1998 年下半年开始停止住房实物分配，全面实行住房分配

---

① 《特别国债的特别往事》，新浪财经 2019-12-21。

货币化，同时建立和完善以经济适用住房为主的多层次住房供应体系，发展住房金融，培养和规范住房交易市场。我国居民住房消费全面启动。自此，实行近40年的福利分房制度从政策上退出历史舞台，由此开启了住房市场化的进程。由于改革存在一定的消化期，房地产真正走上实际意义上的商品化、市场化的道路，是从2000年开始的。当时，全社会的力量都调动起来了，老百姓买房的积极性提高了，房地产企业也如雨后春笋般出现，从那时起房地产迎来黄金开发时代[①]。

3.继续推动项目管理体制改革

公开招标制度逐步立法化。根据党的十四届五中全会关于要全面推行建设项目法人责任制和招标投标制度，把市场竞争机制引入投资领域的要求，1997年8月，国家计委颁布《国家基本建设大中型项目实行招标投标暂行规定》，要求国有大中型项目实现全过程招标，建设项目主体工程的设计、建筑安装、监理和主要设备、材料供应、工程总承包单位以及招标代理机构，除保密上有特殊要求或国务院另有规定外，必须通过招标确定。2000年正式实施《中华人民共和国招标投标法》，为配套公开招标制度执行，颁布了《工程建设项目招标范围和规模标准规定》《招标公告发布暂行办法》，公开招标制度通过立法的形式确定下来，有助于进一步规范招标活动、提高经济效益、保证项目质量、保护国家利益、社会公众利益以及投标当事人合法权益。

加强国债项目管理。为用好、管好国债资金，保证国债投资项目优质、按期建成，尽快产生效益，保障国债投资最大限度地发挥拉动内需的积极作用，在国务院领导下，成立了加快基础设施建设领导小组，由国家计委牵头，财政部、专业经济部门、银行等有关方面参加，负责研究国债投资安排和实施中的重大问题并提出工作建议。领导小组下设七个专业小组。这些小组采取联合办公形式，集中评审项目，提高了国债投资安排和项目选择的科学性和透明度。1998年开始，从中央到地方各级财政部门和项目单位都设立了国债资金专门账户，确保国债资金专款专用。1998年，国务院决定在国家

---

① 顾云昌："我亲历的'98房改方案'制定过程"，《中国经济周刊》2019-09-04。

发展计划委员会内设置重大项目稽查特派员办公室,向国家出资的重大建设项目派出稽查特派员,依法对重大项目的建设和管理进行程序性稽查。重大项目稽察办紧紧围绕国债项目,先后组织了多次大规模专项稽查,涉及全国 31 个省、自治区、直辖市的农林水、交通通信、城乡电网、城市基础设施、公检法等各个国债投资行业。

第八节　投融资的经验和教训

一、主要经验

改革开放的前 20 年,我国投资建设取得了巨大的成就,投资的快速增长对经济增长提供了更加有力支撑,投资调控方式创新和体制改革为投资活动开辟了广阔空间。

（一）适时调整投资调控方式方法

投资建设实践表明,不论在投资膨胀或者投资不足时期,都要根据形势的变化,及时纠正工作中的失误和问题,适时调整宏观政策,有力促进经济和投资的健康发展。1992—1993 年,国内出现的"房地产热""开发区热",投资规模失控。宏观调控没有采取激烈的行政手段和过度的紧缩政策搞"急刹车",而是综合运用经济、法律手段并辅以必要的行政手段,避免了大上大下、大起大落情况的出现,成功地实现了"软着陆"。1998 年,面对亚洲金融危机影响不断加剧、国内市场需求不旺的不利局面,党中央及时作出了实施积极的财政政策、加强基础设施建设的重大决策。党中央的正确决策,对于拉动经济增长起到了非常重要的作用。1998 年,国内生产总值增长 7.8%,固定资产投资增长 14.1%。受固定资产投资增长的带动,工业生产稳定增长,工业增加值增长 8.9%。在消费、投资、净出口三大需求中,投资增长成为带动经济增长最重要的因素。

（二）集中力量加强重点领域投资

按照党和国家的统一部署，从 1982 年开始，国家每年都确定一批关系国计民生的国家重点建设项目，在资金、物资、运输、征地、拆迁方面给予优先安排，促进其加快发展。1982—1999 年，国家共确定 520 多个重点建设项目，这些重点项目个数虽然只占同期计划内大中型项目的 20% 左右，但年度安排的建设投资却占同期计划内大中型项目投资的 50% 以上。这些国家重点项目的建成投产，对增强国家经济实力、促进对外开放、调整产业结构、缓解经济发展的"瓶颈"制约，保证国民经济持续、快速、健康发展发挥了极为重要的作用。实践证明，党中央、国务院所确定的集中人力、财力、物力加强重点建设的方针是非常正确的。

（三）注重国民经济结构和布局的协调

改革以后，首先从加快农业的发展入手，调整了政策，大大解放农业生产力。之后又把消费品工业的发展放在重要地位，对轻纺工业实行了六个优先的政策，使重工业与农业和轻工业的比例关系以及重工业内部的比例关系逐步趋于协调。接着，把能源、交通和通信作为经济发展的战略重点之一，通过资金、物资分配和引进技术、外资等多项措施，加强基础设施的建设，这是我国经济高速增长的重要推动因素。随即又大力调整工业行业结构，特别是对传统的纺织、钢铁、石油、建材等行业进行较大幅度的压缩、调整、改造。在调整产业布局上，根据各地的自然条件、资源状况、现有生产力水平和地区内在的经济联系，确定经济发展的战略和步骤。在沿海工业基地，着重是加强技术改造，采用先进技术改造传统工业，开拓新兴产业。对于中部地区，大力加强能源基地的建设，以便为本地区和东部地区提供更多的能源。对于经济不发达的西部地区，查清资源，打好基础，为今后大规模的开发做好准备[①]。

（四）发挥市场对投资配置的导向作用

改革以后，从宏观和微观各方面对投融资体制进行了一系列的改革。对

---

① 汪海波、刘立峰：《中国经济 70 年》，山西经济出版社 2019 年版，第 329~332 页。

固定资产投资实行了分层次管理,合理规范中央政府和地方政府的投资范围;实行了基本建设拨款改贷款制度,建立了基本建设基金制;简化项目审批程序,扩大了地方特别是企业的投资决策权;积极发展资本市场,扩大项目直接融资的比重;实行了项目法人责任制、项目资本金制、招标投标制、工程监理制、合同管理制;银行实行独立审贷制,落实了银行贷款的自主权;开征投资方向调节税等。随着投融资体制改革的不断深化,投资建设领域也发生了深刻变化:投资主体由过去主要是中央政府,转变为中央和各级地方政府、国有企业、集体企业、城乡居民、外商等多元化投资主体;投资渠道打破了传统体制下主要依靠国家财政拨款的单一投资渠道的局面,形成了各级地方政府和企业、事业单位自筹投资、国内银行贷款、财政拨款、发行股票和债券等直接融资以及利用外资等多种渠道并存的新格局[①]。

二、主要教训

(一)投资增长起伏很大,导致经济总量失衡

这个阶段宏观经济总量失衡的主要特征是需求膨胀,供给不足。在近20年的时间里,除了少数年份外,大多数年份都面临较为严重的投资膨胀以及由此引发的通货膨胀。一方面,从经济体制看,传统经济体制效率低下,预算软约束严重,国民经济表现为较为严重的短缺经济。另一方面,从经济发展看,发展水平仍较为落后,各方面都有强烈的加快发展愿望和投资冲动。经济过热叠加通货膨胀,先后发生了1985年(CPI上涨9.3%以上)、1988年(CPI上涨18%以上)和1994年(CPI上涨24%以上)三次严重的通货膨胀。宏观政策主要采取了从紧的财政和货币政策,以抑制投资过热和遏制通胀。1988年,为了抑制严重的通货膨胀,我国在财政政策上采取了严厉的紧缩措施,此后的调整由于力度过大以及其他因素的作用,导致了经济"硬着陆",通货膨胀率虽然明显下降,但为此付出沉重代价,国民经济连续两年萎靡不振,致使1989年和1990年的国内生产总值增长率仅为4.1%和3.8%。

---

① 曾培炎主编:《中国投资建设50年》,中国计划出版社1999年版,第37~43页。

（二）产业投资不平衡，结构性问题较为突出

"七五"时期，国家强调的重点行业，如农业、能源、交通、原材料等，由于种种原因，没有得到足够的重视，有些行业甚至受到削弱。从三次产业来看，"七五"时期第二、第三产业发展相对较快，第一产业发展较慢。在工业内部，基础工业滞后，加工工业增长过快的矛盾依然突出。基础工业供应不足与一般加工工业发展过快的矛盾突出，而国家限制发展的一般加工工业的生产能力仍在快速扩张。能源在整个工业中比重几乎是逐年下降的，运输能力与经济发展不相称的问题突出。"九五"时期，第二产业特别是工业大而不强，工业企业组织规模小而分散，专业化水平较低。产品结构不合理，多数行业的低水平生产能力过剩，低水平重复建设问题严重。一般产品相对过剩与技术含量高、附加值人的产品短缺同时并存。服务业比重偏低，内部结构仍需进一步调整完善。仍以传统的商业、交通运输业为主，一些基础性第三产业（如通信）和新兴第三产业（如金融、信息等）发育不足。

（三）发展方式较为传统，投资效率呈下降趋势

片面追求速度而忽视效率的提高是我国经济发展中长期存在的问题。这一时期正处于新旧体制转换的过渡时期，旧的速度型经济成长格局和传统管理体制仍有很大的惯性作用，片面追求投资增长速度的倾向长期存在，投资效率也相应下降。投资效果系数（GDP增量/全社会投资）由1981年的0.36上升到1985年的0.71，之后下降到1990年的0.36，随后上升到1994年的0.71，之后进入下降期，到2000年，只有0.22。国有投资占国家财力的比例，由1981年的37.6%，上升到1992年的74.9%，1993—2000年均保持在100%以上，这一方面说明投资的国家财力保障持续下降，另一方面也可以说明投资带来的财力增长趋于下降。另外，全社会固定资产交付使用率由1981年的82.2%下降到1988年的70.5%，之后又上升到1990年的82.5%，随后又开始下降，到2000年下降到78.3%。

第八章
社会主义市场经济体制逐步完善时期的投资（2001—2011年）

这一时期，在全面建设小康社会目标指引下，坚持以经济建设为中心，紧紧抓住和用好发展的战略机遇期，深化社会主义市场经济体制改革，战胜一系列重大挑战，开拓了经济发展的广阔空间，取得一系列新的历史性成就。投资进入新一轮高速增长期，规模之大为历史之少见，基础设施和基础产业投资尤其令人瞩目，国民经济的薄弱环节得到弥补，增强了经济发展的后劲。

第一节　在转型发展中推动全面建设小康社会

进入 21 世纪，我国发展呈现出一系列新的阶段性特征。一方面经济实力显著增强，另一方面生产力水平总体上不高、自主创新能力不强、粗放型经济增长方式未根本改变；一方面社会主义市场经济体制初步建立，另一方面影响发展的体制机制障碍大量存在；一方面人民生活总体上达到小康水平，另一方面收入分配差距拉大趋势未根本扭转，城乡贫困人口和低收入人口还有相当数量；一方面对外开放日益扩大，另一方面面临的国际竞争日趋激烈。中共十六大以来，为破解新世纪新阶段呈现出来的新矛盾和全面建设小康社会，提出了又好又快发展的新理念，以及加快转变经济发展方式的战略任务。

2002 年，党的十六大确立了全面建设小康社会的奋斗目标。十六大报告提出，全面建设小康社会最根本的是坚持以经济建设为中心，不断解放和发展社会生产力。从 2007 年党的十七大到 2012 年党的十八大，是加快转变经济发展方式重要思想的丰富发展时期。一是树立"好"字优先的"又好又快"的发展理念。不再将追求 GDP 的快速增长置于战略优先地位，而是要求在加快形成符合科学发展观要求的发展方式上下功夫、见实效。二是超越转变经济增长方式的概念，确立转变经济发展方式的概念。明确了发展是解决中国所有问题的关键，发展对于全面建设小康社会、实现中华民族伟大复兴具有决定性意义；发展应该是又好又快的发展，要努力实现以人为本、全面协调可持续的科学发展。①

党的十六大以后，大力推进社会主义市场经济体制的完善，主要包括坚持和完善公有制为主体、多种所有制经济共同发展的基本经济制度，健全统一开放竞争有序的现代市场体系。价格进一步趋向市场化，继续缩小政府行政指令价，扩大政府指导价和市场调节价。2000—2007年，在社会商品零售总额中，政府定价的比重由 3.2% 下降到 2.6%，政府指导价和市场调节价的比重由 96.8% 上升 97.4%。②国有经济和城镇集体经济单位减少了，劳动力市场化程度相对较高的非公有经济所用的劳动力在增加。城市土地市场发育完善，2002 年 5 月开始，各类经营性用地必须以"招拍挂"方式出让，2006 年 9 月以后，工业用地必须以"招拍挂"方式进行出让，这样城市土地市场形成了以"招拍挂"为基本形式的资源配置模式。这一时期，政府在户籍制度、流动人口子女受教育机会、劳动者权益等多个方面，为劳动力流动就业创造了更多便利条件，推进了劳动力市场从分割到一体化转变。

党的十六大以后，国家统筹区域发展，积极推进西部大开发，有效发挥中部地区的综合优势，振兴东北老工业基地，鼓励东部有条件地区率先基本实现现代化，实施主体功能区建设，加强东、中、西部地区经济交流和合作，促进优势互补和共同发展与若干各具特色的经济区和经济带的形成。2005 年，中共十六届五中全会通过的"十一五"规划的建议中提出，各地区要根据资源环境承载能力和发展潜力，按照优化开发、重点开发、限制开发和禁止开发的不同要求，明确不同区域的功能定位，并制定相应的政策和评价指标，逐步形成各具特色的区域发展格局。2006 年，国家"十一五"规划纲要提出要"推进形成主体功能区"。2010 年，国务院常务会议审议并原则通过全国主体功能区规划，标志我国首个国土空间开发规划诞生，主体功能区战略正式形成。③

经过艰难的谈判，2001 年 12 月 11 日，中国正式加入 WTO，成为其第 143 个成员。加入 WTO 以后，中国经济越来越多地与国际经济接轨，逐步形成了全方位、多层次、宽领域的对外开放格局。全面加强同多边贸易规则

---

① 《十七大以来重要文献选编》（中），中央文献出版社 2011 年版，第 455～568 页。
② 汪海波、刘立峰：《中国经济 70 年》，山西经济出版社 2019 年版，第 463 页。
③ 郑有贵：《中华人民共和国经济史（1949—2019）》，当代中国出版社 2019 年版，第 275～277 页。

的对接，切实履行货物和服务领域开放承诺，强化知识产权保护，对外开放政策的稳定性、透明度、可预见性显著提高。在加强与世贸组织规则对接方面，中央政府清理法律法规2300多件，地方政府清理了19万多件，建立起符合世贸组织规则的法律法规和政策体系。在开放市场方面，中国大幅度降低关税，进口关税总水平由15.3%降至7.4%，低于9.8%的入世承诺。广泛开放服务市场，到2007年服务领域承诺开放的9大类100个分部门的开放承诺已经完全履行。

第二节　投资运行及其调控

一、2001—2002年，经济和投资增速平稳回升

2000年，我国已经实现了从总体上建设小康社会的任务，整个经济形势向好。但2001年经济发展也存在不少困难。除了完善社会主义市场经济体制和调整经济结构等艰难任务以外，一是内需不足局面仍在持续。其中，民间投资不旺和消费需求不振尤为突出。二是经济发展面临比亚洲金融危机更严峻的国际经济形势，占世界经济总量70%以上的美、日、欧三大经济体同时陷入低谷，世界经济和贸易出现十年来最缓慢的增长。在上述情况下，需要继续贯彻1998年开始实行的扩大内需政策，以及与之相联系的积极的财政政策和稳健的货币政策。

2001年，继续实施积极的财政政策，一是发行1500亿元长期建设国债用于基础设施建设，重点投入在建项目和启动重大西部大开发项目。二是积极支持企业技术改造。三是继续调整优化收入分配制度。两次增加包括离退休人员在内的机关事业单位人员的工资待遇，提高了三条生活保障线标准，增加居民收入水平。这些举措从投资和消费两个方面拉动了经济增长。其中，国债投资拉动当年经济增长约1.8个百分点。

2001年，继续执行稳健的货币政策，一是扩大公开市场操作，适时调节基础货币供应和商业银行流动性。二是充分发挥利率杠杆的作用，合理确定

本外币利率水平。三是加强信贷政策指导，优化信贷结构，促进经济结构调整。在防范金融风险的前提下，积极发展个人住房、助学、汽车等消费信贷业务。调整农村信用社贷款政策，进一步加大支农力度。改进对中小企业的金融服务，支持中小企业发展。上述措施使得稳健货币政策取得明显成效，货币供应量增长与经济增长基本相适应。

这一年还加大了对外开放的步伐，促进了外贸增长。这样，就从投资、消费和外需三个方面促进了经济增长。还通过深化改革，调整结构，实施西部大开发、科教兴国和可持续发展战略等途径，从增加供给总量和改善供给结构以及提高经济效益方面，促进了经济增长。2001年，国内生产总值比上年增长了8.3%，是"十五"计划开局良好的一年。需要说明的是，2001年经济增速虽然比2000年下降了0.1个百分点，但与1999年增速下降不同。1999年增速由作为波峰年1992年的14.3%下降到7.6%，是波谷年。而2001年是经济上升阶段增速略有曲折变化的一年。即由2000年8.4%转为2001年8.3%，再转为2002年的上升。

2002年的经济发展具有许多有利条件，但也有不利方面。在国际形势方面，世界经济增速明显放缓；世界贸易增速大幅下降，贸易保护主义抬头，各种贸易摩擦连续发生并不断升级；国际投资大幅下挫，全球跨国并购呈现收缩态势。对于我国这样对外依存度很高的国家来说，经济增长受到的影响很大。就国内来说，除了深化改革和调整结构等根本性困难以外，值得提出的还有两点：一是内需不足的局面仍有待继续扭转。二是2001年12月我国正式加入世界组织。从总体上说，这会促进我国经济的发展，但在短期也会形成对某些竞争力不强的行业和企业的冲击。为此，仍需要坚持扩大内需的方针，并继续实施积极的财政政策和稳健的货币政策。

第一，扩大国内需求，增加城乡居民特别是低收入群体的收入，提高居民的购买力。为此，一是采取更有力的措施，千方百计增加农民收入，切实减轻农民负担。二是进一步完善城镇社会保障体系。确保国有企业下岗职工基本生活费和离退休人员基本养老金按时足额发放，任何地方都不得发生新的拖欠。三是继续适当提高机关事业单位职工基本工资，并相应增加机关事业单位离退休人员离退休金。四是积极扩大就业和再就业。大力发展就业容量大的劳动密集型产业、服务业、中小企业。五是拓宽消费领域，改善消费环境。鼓励居民扩大住房、旅游、汽车、电信、文化、体育和其他服务性消费，培育新的消费热点。

第二，坚持实施积极的财政政策，继续发行1500亿元长期建设国债。国债资金的使用确保了长江中下游干堤加固、农村电网改造、城市基础设施、中央直属储备粮库等在建项目尽快建成投入使用，发挥效益。继续向中西部地区倾斜，安排好已开工的西部开发项目，新开工一批必要的项目，包括青藏铁路、"西电东送"、龙滩水电站、公伯峡水电站、百色和尼尔基水利枢纽工程等。安排建设高技术产业化、重大装备制造本地化和企业技术改造项目。天然林资源保护、重点防护林体系建设、环京津风沙源治理、天然草原恢复与建设等重点生态建设工程进展顺利。加大教育、卫生、文化、公检法司的投入力度。通过改进服务、拓展渠道、开放领域，积极鼓励和引导非公有制经济投向基础设施和公益事业。

第三，继续实行稳健的货币政策。金融机构在防范和化解金融风险的同时，积极支持经济发展。为此，银行调整了信贷结构，重点支持国债投资项目、农业结构调整、企业技术改造、中小企业特别是科技型中小企业的发展，尽量满足有市场、有效益、有信用的企业流动资金贷款需求，发展个人住房、助学贷款等消费信贷业务。银行还通过存贷款利率调整和市场化改革，公开市场业务操作，信贷政策以及再贷款与再贴现，推动了稳健的货币政策的实施，使得货币供应量增长与经济增长大体相适应。

坚持实施积极的财政政策和稳健的货币政策，充分发挥国债投资的带动作用，积极启动民间投资，扩大内需政策效应持续显现，推动了投资增长加快，企业效益明显改善，财政收入增收较多。2001—2002年，全社会投资增速由13%提高到16.9%。与此同时，消费受收入增长的影响，短期内不可能有显著的提升；国际经济发展的不确定性增加，2001年6月份，外贸出口开始出现负增长，在这种情况下，仍需要继续实行积极财政政策，通过扩大内部需求冲抵外需下降可能造成的影响。

二、2003—2007年，经济和投资从偏热走向过热

2003年，依据国内外形势变化，中央确定要坚持扩大内需的方针，并继

续实施积极的财政政策和稳健的货币政策,保持消费、投资需求对经济增长的双拉动。首先要努力扩大消费需求。为此,继续增加城镇居民特别是低收入者的收入,继续改善消费环境,完善消费政策,拓宽消费领域。同时保持投资较快增长。综合考虑各方面因素,2003年发行1400亿元长期建设国债,但要调整国债资金使用方向。首先用于续建项目和收尾项目,还要安排一些必要的新开工项目;加大对西部大开发、改善农村生产生活条件、企业技术改造、生态环境建设和科技卫生事业等方面的支持力度。拓宽社会投资和企业融资渠道,引导社会资金投入国家鼓励的产业和建设项目。在货币政策方面,在继续防范和化解金融风险的同时,加大金融对经济发展的支持力度。银行优先为国债项目提供配套贷款,增加对有市场、有效益、有信誉企业的贷款,加大对农业和农村经济、中小企业和服务业的信贷支持,规范发展消费信贷。

2003年经济发展是在抗击非典型性肺炎和实施适时适度的宏观调控中实现的。突如其来的非典疫情在很大程度上打断了增长的进程。疫情严重危害人民健康和生命,并对部分行业造成较大冲击,影响了经济发展。党中央、国务院出台了一系列防治非典、应对影响的政策措施。经过全国上下共同努力,疫情迅速得到控制。根据国家统计局的数据,非典疫情对当年经济增长率综合负面影响约为0.8个百分点。

2003年一季度,我国经济形势总体上很好,但由政府换届带来的行政性投资冲动也造成了局部领域的过热。其突出表现就是不少地方兴起的"政绩工程""形象工程""开发区过热"和"房地产热"等。同年8月,国务院发布《关于促进房地产市场持续健康发展的通知》,指出房地产业关联度高,带动力强,已经成为国民经济的支柱产业。同时,国内地价影响房价,房价正式进入新一轮的狂飙时期,全年整体大涨30%~40%。与此同时,消费不足和农业发展滞后的情况并没有改变。

根据上述情况,2003年3月的政府工作报告提出:"在调控中,注意适度微调和区别对待。"继续贯彻扩大内需的方针,以及与之相联系的积极的财政政策和稳健的货币政策。特别是加大"三农"工作力度,保护粮食主产区和广大农民的种粮积极性。采取措施增加供给,引导需求合理增长,缓解煤、电、油、运和重要原材料供应紧张状况。积极推进对经济结构增长和结构调整有重大促进作用的重点项目建设,特别是加快水利、能源、交通等项目的开工和建设。主要运用经济、法律手段，采取综合措施，引导和调控社会投资。进一步整顿和规范土地市场秩序，全面清理各类开发区，制止乱征滥占耕地。适当提高金融机构存款准备金率，控制货币信贷过快增长势头。央行也推出了上涨利率、上调首付等政策抑制房价过快增长。

为了实现经济的平稳较快速增长，2004年3月，十届人大二次会议提出：搞好宏观调控，既要保持宏观经济政策的连续性和稳定性，又要根据经济形势发展变化，适时适度调整政策实施的力度和重点。适时，就是把握好调控措施出台的时机，见微知著，防患于未然；适度，就是松紧得当，不急刹车，不一刀切。随着社会投资增长加快，逐步调减国债发行规模。拟发行建设国债1100亿元，比上年减少300亿元。充分发挥货币政策的作用，适当控制货币信贷规模，防止通货膨胀和防范金融风险。适当控制固定资产投资规模，坚决遏制部分行业和地区盲目投资、低水平重复建设。2004年，房价持续上涨，已经超过大部分普通人的承受极限，中央开始调控，同时减少土地供应，各种限制政策频出，但是依然挡不住房价的快速上涨。

这一时期，在宏观经济调控方面的一个最重要特点就是采取了有压有保的区别对待政策。就治理经济过热来说，最重要的有两个方面，即把住信贷和土地两个闸门，把住了这两点就能从源头上制止局部领域的投资膨胀。信贷方面，中国人民银行在2004年首次提出稳健的货币政策在取向上"适度从紧"，主要也是为了控制经济过热。在土地方面，主要是加强了土地管理的法制建设和司法力度，2004年10月，国务院做出了《关于深化改革严格土地管理的决定》，并依法广泛开展了以开发区为重点的全国土地市场的治理整顿。

其他投资调控措施还包括，2004年4月，国务院宣布调高钢铁、电解铝、水泥和房地产4个行业的固定资产投资项目资本金比例；4月28日，中央政府严查"铁本事件"[①]；4月29日，国务院办公厅发出通知，对所有在建、拟建固定资产投资项目进行全面清理。银监会也发出通知，决定全面清理银行业金融机构对在建、拟建项目已发放或已承诺发放的固定资产贷款，重点是对总投资（包括固定投资和流动投资）3000万元及以上项目发放的固定资产贷款。

---

① 铁本事件是指民营企业江苏铁本钢铁有限公司未经国家有关部门审批，于2003年6月开建800万吨钢铁项目的违规事件。

以上改善宏观调控的措施，控制了投资和经济趋热的势头。2004年，国内生产总值增长10.1%，全社会投资增长23%，比上年略有回落。但对经济偏热治理并没完全到位。至于那些具有根本性的体制改革、结构调整和经济增长方式转变问题，则更没有（也不可能）在这一年得到解决。

2005年，着力解决经济运行中的突出问题。继续搞好宏观调控，坚持区别对待、有保有压的原则，综合运用财税、货币、土地等手段，控制固定资产投资过快增长，遏制房地产投资过快增长和房价过快上涨的势头。进一步增加农业、能源、交通、社会事业等薄弱环节投入，促进协调发展，增强发展后劲。2006年，针对经济运行中投资增长过快、货币信贷投放过多、外贸顺差过大等突出问题，中央及时采取了一系列调控措施。加强土地调控，从紧控制新增建设用地，严肃查处违法违规用地行为；加强货币信贷管理，两次上调人民币贷款基准利率，三次上调金融机构存款准备金率；加强财政、税收对经济运行的调节；加强新上项目市场准入审核和监督检查；加强房地产市场调控和监管，着力调整住房供给结构。宏观调控措施逐步见效，固定资产投资增幅回落，银行信贷投放增速放缓，防止了经济增长由偏快转为过热，避免了经济大起大落。2007年，上半年防止经济增长由偏快转向过热，控制需求增长速度，特别是严格控制固定资产投资增长，控制不合理的出口增长。下半年在继续坚持上半年目标的同时，增加了稳定物价的目标，明确提出防止价格由结构性上涨转为明显通货膨胀，着力点主要是实施"适度从紧"到"从紧"的货币政策。

2005—2007年，在推进经济结构调整、转变经济发展方式和深化经济改革的同时，加强和改善了宏观调控。特别是在2005年实现了由1998年开始实行的扩张性积极财政政策向稳健财政政策的转变。但是，主要由于转轨时期地方政府冲动带来的投资膨胀，部分由于宏观经济调控没到位，以至于2005年的经济和投资继续趋于偏热，经济增速达到11.3%，全社会投资增速仍达到22.3%；2006—2007年陷入经济过热，经济增速分别达到12.7%和14.2%，全社会投资增速分别达到20.5%和21.3%。这一时期，房价依旧在持续上涨。为了稳定房价，中央政府先后颁布了"国八条""国六条"，限制政策频出，但市场依旧出现不少地王，房价高涨。直到2008年美国次贷危机，房价才开始下降。连续5年的经济趋热，既是经济中基本比例关系失衡的结果，又进一步加重了这些比例关系的失衡。这一点，尤为突出地表现在投资与消费的失衡和内需与外需的失衡上。投资率由 2003 年的 39.9% 上升到 2007 年的 40.7%，消费率由 52.9% 下降到 50.6%，货物和服务净出口总额占国内生产总值比重由 2.2% 上升到 8.7%[①]。

第三节　国际金融危机与 4 万亿投资计划

2008 年的全球性金融危机给世界经济造成重创，中国政府迅速、及时作出反应，于 2008 年 11 月推出 4 万亿元投资计划以及一系列扩大内需的刺激措施。中央政府的投资计划一出，也掀起了地方的投资热潮，到 2008 年 11 月，根据公布的地方政府两年投资计划，有 18 万亿元的投资规模，是中央投资计划的 4.5 倍。

一、政策出台背景

国际金融危机由美国次贷危机引起，并逐步演化为 1929 年大萧条以来最为严重的全球金融危机。美国、欧洲和日本等发达经济体以及金砖国家为代表的新兴经济体和发展中国家都受到严重的冲击。随着金融风险通过各种渠道扩散到全球，各国实体经济受到严重影响，出现不同程度的放缓或衰退。全球通货膨胀压力缓解，通货紧缩风险同步增加。我国经济下行压力也逐渐加大。

经济增速急速回落。从 2008 年下半年起，我国经济增速明显下滑。从 GDP 季度增长情况看，2008 年 1 季度和 2 季度时，增速还略高于 10%，而到 3 季度和 4 季度就分别下降到 9% 和 6.8%，到 2009 年 1 季度更滑落到 6.2% 的谷底。工业生产月度增长率由 2008 年 2 月份的 17.8% 下降到 6 月份的 16%，再下降到 9 月份的 11.4%，之后增幅持续回落，到 2009 年 1～2 月份，只有 3.8%。

出口额显著下降。从 2008 年 11 月开始，我国出口月度增速连续 13 个

---

① 汪海波、刘立峰：《中国经济 70 年》，山西经济出版社 2019 年版，第 474～480 页。

月出现负增长,2009年2~8月,出口下降幅度都在20%以上,直到2009年9月,降幅才逐步趋缓。2009年,我国出口下降了16%,增速比上年回落了33个百分点。2008年,我国净出口对国内生产总值增长的贡献率下降到9%,净出口对经济增长的拉动点数只有0.9个百分点;2009年,净出口的贡献率为-37.4%,拉动经济增长-3.5个百分点。这是1993年以来外需最明显的一轮收缩,影响超过亚洲金融危机[1]。

负面影响波及多个行业。纺织、钢铁、房地产等行业步入寒冬,生产经营陷入困境。尽管国家逐渐调高出口退税率,试图拉动加工贸易型企业的发展,但是,一些劳动密集型产品产量增长仍然明显放慢,沿海地区的加工贸易型企业大批破产。钢材销售量急剧下滑,钢价持续下跌,钢厂减产,铁矿石库存不断增加。到2008年11月份,我国粗钢和钢材产量分别同比下降12.4%和11%。全国企业家信心指数由2008年1季度的140.6下降到12月的94.6;制造业采购经理指数由2008年3月的58.4下降到11月的38.8。

呈现通货紧缩态势。居民消费价格指数(CPI)从2008年2月份的8.7%迅速回落到年底的1.2%的低水平,2009年还出现了通货紧缩的局面,全年CPI比上年下降0.7%,其中城市下降0.9%,农村下降0.3%。生产者价格指数(PPI)由2008年8月高峰值的10.1%下降到年底的不足2%,2009年各月继续收缩,到10月份,PPI同比下降了5.8%。房地产开发综合景气指数由2008年1月的106.59直线下降到2009年3月的94.74。显示出我国经济正显著趋冷。

国际金融危机对我国经济的冲击相当严重。为了抵御外部环境对经济的不利影响,必须采取积极灵活的宏观经济政策,出台更加有力的扩大内需政策。就当时的情况看,企业和消费者信心不足,贷款需求明显下降,单纯依靠宽松的货币政策是解决不了问题的。实施积极的财政政策,扩张中央政府投资,不仅能有效扩大内需、促进增长,最重要的是可以起到重振市场信心的作用,对于国内乃至全球经济都是重大利好因素。

---

[1] 表现在:一是在国际金融危机中,出口增长下降的幅度远超过亚洲金融危机。以危机前的出口增长水平为1,国际金融危机最低为-1.4,而亚洲金融危机仅为-0.6。二是冲击的速度更快。亚洲金融危机时出口增长从开始下降到达到谷底,用了11个月的时间,而国际金融危机仅用了5个月的时间。三是出口负增长的时间要长。在国际金融危机导致我国出口增长下滑以来的14个月中,有13个月出口处于负增长区间,而亚洲金融危机时同期只有6个月的负增长。国家发改委宏观院课题组:《2009—2010年中国宏观经济形势分析与预测》,中国经济出版社2010年版,第9页。

二、内容与成果

针对国内外经济形势的变化,中央及时调整宏观政策方向,迅速出台扩大国内需求的十项措施,包括加大政府投入、提高城乡居民收入、减税和增大金融支持力度,其中加大政府投入的主要内容就是实施两年4万亿元投资计划。

从2008年4季度到2010年底,新增了中央政府投资11800亿元,带动地方政府投资8300亿元、银行贷款14100亿元、企业自有资金等其他投资5800亿元,共同完成4万亿元的投资工作量。着力加强了七大重点领域投入,包括:①保障性安居工程;②农村民生工程和农村基础设施;③铁路、公路和机场等重大基础设施;④医疗卫生、教育、文化等社会事业;⑤节能减排和生态建设;⑥自主创新和产业结构调整;⑦汶川地震灾后恢复重建。

4万亿元投资计划按照"调结构、转方式、促民生"的基本方针安排投资,对扩大内需和加强经济社会薄弱环节发挥了重要作用。国家和地方分别建成了一批大型项目,民生工程不断向深度和广度推进,自主创新和节能减排投资显著加强,汶川地震灾后恢复重建取得重大成就。

保障性安居工程建设大规模推进,有效解决了中低收入家庭住房困难。2008—2010年,全国各类保障性住房开工建设量分别达到1170万套、400万套和590万套。2009—2010年两年的保障性住房开工建设量约占"十一五"时期总开工建设量的65%。到2010年底,全国累计以提供实物住房方式解决了2200万户城镇低收入家庭和部分中等偏下收入家庭的住房困难问题,通过实物住房保障的受益户数占城镇家庭总户数的比例达到9.4%,比2006年提高了6.4个百分点。在2009—2010年新增廉租房保障户数中,通过新建廉租房保障的比例由2008年的10%迅速提高到70%左右。

农村民生工程和农村基础设施建设明显加强,进一步改善了农村生产生活条件。南水北调等重大水利工程进展顺利,长江、淮河、海河等流域重点蓄滞洪区安全建设得到加强,7300多座大中型和重点小型水库除险加固任务如期完成。解决了1.23亿农村人口饮水安全问题和107万农村无电人口基本用电问题,建设农村户用沼气516万户,建成农村公路近21万公里,农村"水电路气"等民生工程超额完成"十一五"规划任务。全面实施新增千亿斤粮食生产能力规划,新增粮食生产能力62.8亿斤,建设生猪等标准化规模养殖小区及油糖棉生产基地，新增农副产品产量约 28 亿公斤。

重大基础设施建设成效显著，推动了交通运输能力供给和运输质量显著提升。京沪、哈大、武广、南广、贵广等重大铁路项目加快建设和建成通车。2009 年，郑西、武广两条时速 350 公里级别的高速铁路相继开通，2010 年，沪宁、沪杭两条城际高铁投入使用。截至 2010 年底，我国高铁投入运营里程达到 8358 公里，高铁运营里程高居世界第一。在投资带动下，公路基础设施投资规模、建设规模达到新中国成立以来的最高水平。重点加快了高速公路"断头路"的建设进程，2009 年启动了 3629 公里"断头路"建设，2010 年"断头路"建设规模约 2498 公里。

社会事业建设取得积极进展，基本公共服务体系进一步加强。建成县医院、乡镇中心卫生院、村卫生室和城市社区卫生服务中心等医疗卫生服务项目近 2.7 万个，完成中小学抗震加固面积 949 万平方米，改造农村初中校舍面积 802 万平方米，建成 1.2 万个乡镇综合文化站。公共卫生、教育和文化服务体系建设全面加强。政法基础设施建设稳步推进。

节能减排和生态建设成效明显，增强了污染治理和节能降耗能力。城镇污水、垃圾处理设施和重点流域水污染防治成果显著，新增污水处理能力 3700 万吨/日，垃圾处理能力 7.1 万吨/日。国家十大重点节能工程、循环经济和重点流域工业污染治理工程积极推进。天然林资源保护等生态建设重点工程顺利实施，完成营造林面积 1.15 亿亩，治理水土流失面积 1.6 万平方公里。

自主创新和产业结构调整步伐加快，促进了经济结构战略性调整。加快推进重大科技基础设施、重大信息工程和高技术产业化项目，加强了国家工程实验室、工程研究中心和企业技术中心建设，自主创新能力增强。十大重点产业调整和振兴规划实施取得积极进展，企业技术水平继续提高，产业结构优化升级步伐加快。

汶川地震灾后恢复重建完成，推动地震灾区实现了跨越式发展，城乡面貌焕然一新。震后一年半，农村住房重建全部完成；震后两年，城镇住房重建基本完成。不仅损毁的学校、医院得到全面恢复，还建成了一大批社会福利院、敬老院、社区服务中心、村民活动中心等公共服务设施。学校、医院等的抗震设防标准普遍提高，建筑物更加坚固安全，设施装备也明显改善。

交通、通信、能源、水利等基础设施功能全面恢复，一大批关系灾区长远发展的重大基础设施项目相继建成。灾区产业发展也明显超过震前水平。

三、实施效应分析

（一）经济与投资的总体表现

在积极的财政政策和适度宽松的货币政策的共同作用下，在针对投资、消费、出口的一揽子经济刺激计划的推动下，我国经济在短期内全面复苏，度过了新世纪以来经济发展最为困难的时期。

（1）经济增长实现 V 型反转

自 2009 年 1 季度中国经济增长陷入谷底的 6.2% 之后，第 2、3、4 季度，我国经济增长率分别达到 7.9%、8.9% 和 10.7%，全年增速保持在 9.2% 的高水平上。工业增速持续上升。从 1～4 季度数据看，规模以上工业增加值增长率分别为 5.1%、9.1%、12.4% 和 18%，形成强劲回升势头。全年工业增加值增长 8.7%，只比 2008 年回落了 1.2 个百分点。大多数工业产品产量增长率得到提升。无论是从国内生产总值还是从工业增加值季度增长率来看，都走出了一个标准的 V 型反转。我国在全球率先实现经济形势总体回升向好（见图 8-1）。

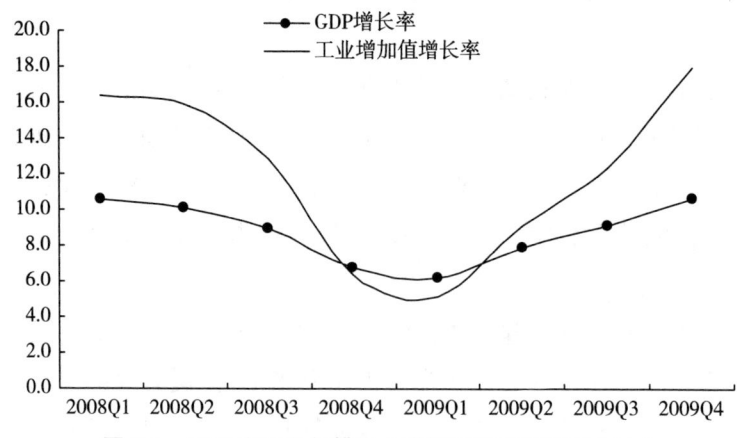

图 8-1　GDP 和工业规模以上增加值当季增长率（%）

资料来源：国家统计局。

（2）投资实现平稳较快增长

投资刺激计划的顺利实施，有力带动了固定资产投资的增长。2009年各月累计投资增长基本在30%以上，全年全社会固定资产投资增长29.9%，比2008年加快了4.1个百分点。投资对经济增长的拉动作用显著扩大。2001—2008年，资本形成对GDP的贡献率大都在40%～50%，消费的贡献率大多在40%左右，而净出口的贡献率则波动较大，最高达到22%，最低接近于零。而2009年，资本形成对GDP的贡献率迅速提升到87.6%，有力地弥补了净出口贡献率明显下降37.4%对经济增长造成的负面影响（见表8-1）。

表8-1　三大需求对国内生产总值增长的贡献率和拉动

年份	最终消费支出 贡献率（%）	最终消费支出 拉动（百分点）	资本形成总额 贡献率（%）	资本形成总额 拉动（百分点）	货物和服务净出口 贡献率（%）	货物和服务净出口 拉动（百分点）
2001	50.2	4.2	49.9	4.1	−0.1	
2002	43.9	4.0	48.5	4.4	7.6	0.7
2003	35.8	3.6	63.2	6.3	1.0	0.1
2004	39.5	4.0	54.5	5.5	6.0	0.6
2005	38.7	4.4	38.5	4.3	22.8	2.6
2006	40.4	5.1	43.6	5.5	16.0	2.1
2007	39.6	5.6	42.5	6.0	17.9	2.6
2008	44.1	4.2	46.9	4.5	9.0	0.9
2009	49.8	4.6	87.6	8.1	−37.4	−3.5
2010	43.1	4.5	52.9	5.5	4.0	0.4
2011	50.8	4.7	53.3	4.9	−4.1	−0.4

资料来源：《中国统计摘要2012年》。

（3）经济景气显著提高

2009年，我国工业生产逐季回升，企业利润由负增长转为正增长，全年规模以上工业企业利润增长13%，增幅较前8个月高20.6个百分点，略高于上年同期水平。2009年39个工业大类中，38个行业利润同比增长或降幅缩小。中国人民银行5000户企业调查显示，第四季度企业盈利指数为55.6%，较上季度上升1.9个百分点，连续三个季度回升。CPI于2009年11月结束了连续9个月的同比负增长，同比上涨0.6%；工业品出厂价格于2009年12月结束了连续12个月的同比负增长，同比上涨1.7%。随着宏观经济基本面的好转，全国财政预算收入同比增速从 1 月的 −17.1% 振荡攀升至 12 月的 55.8%。

（二）政策效应的基本评价

（1）4 万亿元投资计划直接拉动了经济增长

据一些初步测算结果，我国投资的乘数效应在 2 倍左右[1]。中央 4 万亿元的投资项目均为新增加投资，对经济增长产生新的拉动作用。根据 2009—2010 年固定资产投资额与固定资本形成额的比例，4 万亿元投资折合为资本形成额大约为 2.9 万亿元。2009—2010 年，GDP 合计为 74 万亿元，中央投资占 GDP 的比例则为 3.8%。按照两倍的乘数作用，4 万亿元投资计划拉动的经济总量约占 GDP 的 7.6%。考虑到 2006—2008 年净出口占 GDP 的比例只有 8% 左右，因此，中央投资计划本身就可以基本替代国际金融危机对外需减少的冲击。

相关研究结果也表明[2]，2009 年 2 季度以后的经济回升说明各项宏观调控措施及时有效，政策因素在当时经济走势中发挥了举足轻重的作用。模拟结果表明，政策在 1 季度的效果并不显著，而在 2 季度具有显著的拉动作用。若不存在扩张的政策，2 季度城镇固定资产投资增长率仅为 17%，政策介入后，固定资产增长率显著提高到 35%，政策对投资的增长具有决定作用。使用剔除政策拉动作用的城镇投资增长率和社会消费零售总额增长率模拟 2009 年 2 季度的经济增长率，GDP 增长率仅为 5.5%，而实际 GDP 增长率为 7.9%，提高了 2.4 个百分点，可见扩张性政策是卓有成效的。

（2）4 万亿元投资计划对就业的推动作用不容忽视

投资的就业效应，可以分为阶段性效应和长期性效应。阶段性效应是指投资项目建设期间创造的就业岗位，又称为项目性就业。长期性效应是投资项目建成后创造的就业岗位，也称为生产性就业。根据有关机构的计算，只考虑建筑工程投资，4 万亿元投资带动的建筑工程类项目性就业约为 5000 万人，项目建成后可创造生产性就业岗位约为 560 万人。因此，4 万亿元投资

---

[1] "中国 2007 年投入产出表分析应用"课题组："基于 2007 年投入产出表的我国投资乘数测算和变动分析"，《统计研究》2011 年 3 月；刘金山："乘数效应的区际差异"，《财经科学》2007 年第 6 期。

[2] 国家发改委宏观院课题组：《2009—2010 年中国宏观经济形势分析与预测》，中国经济出版社 2010 年版，第 24 ~ 25 页。

可直接创造就业岗位约为 5600 万人[①]。又根据"中国 2007 年投入产出表分析应用"课题组的计算，2009—2011 年间 4 万亿元投资可分别带动就业 1433 万人、3017 万人和 2202 万人。从实际运行结果看，2009—2010 年，我国城镇就业人员分别增加了 1219 万人和 1365 万人，一直保持在较高的水平（见图 8-2）。

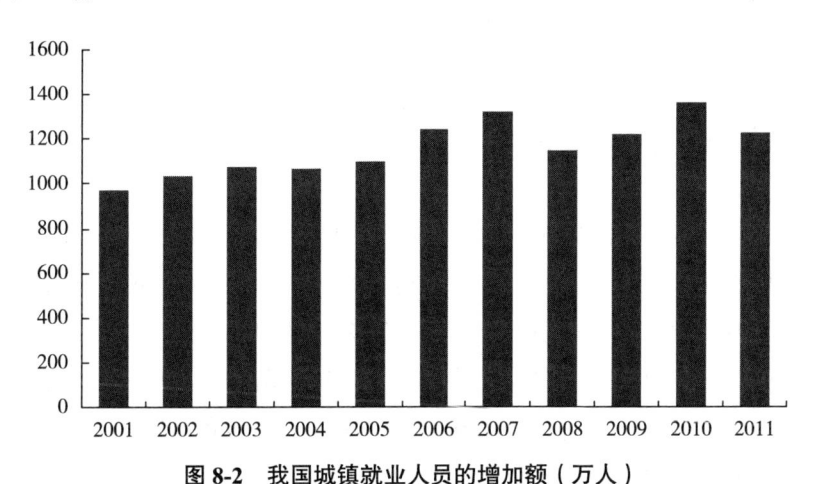

图 8-2 我国城镇就业人员的增加额（万人）

资料来源：《中国统计摘要 2012 年》。

（3）4 万亿元投资计划有力地促进了结构调整

4 万亿元的投向安排紧紧围绕改善人民群众生产生活条件、缩小城乡和区域发展差距、缓解基础设施瓶颈制约等目标，在新的发展阶段和更高层次上调整和优化了投资结构，为国民经济的长远发展夯实了基础。一批交通、能源基础设施投入使用，显著提高了经济运行的质量和效率，加快了人员和物资的流动速度，推动了城乡居民消费水平的提升。大力发展保障性安居工程，继续推进医疗卫生、教育、文化事业的发展，成为促进消费结构升级、刺激消费扩张的重要举措。尤其是自主创新和结构调整投资，有力促进了企业的技术进步，集中突破了一批关键技术和关键环节，完善了产业链和价值链，提高了我国企业在国际分工中的地位；鼓励了企业的设备更新，促进了关键设备、关键部件的国内生产，开发出了一批具有自主知识产权的高端装备。由于经济增长面临越来越显著的资源、能源约束，节能环保投资重点

---

① 张帅、张本波："四万亿投资计划的就业效应评估及建议"，《中国经贸导刊》2009 年第 15 期。

推进了节能改造工程、污染源治理工程、资源循环利用工程建设，为节能减排、发展绿色经济和循环经济提供了支撑。

第四节　城镇化快速增长阶段的投资

一、城镇化的阶段性特征

城镇化呈现快速发展的特征。这一时期，随着市场经济体制的逐渐完善，异地城镇化更为普遍，引导农村富余劳动力在城乡、地区间的有序流动，各部门陆续出台了一系列支持农村富余劳动力外出务工的政策。在这些政策支持下，外出务工人口规模快速增长。珠三角、长三角等城市群逐步成形，城市集聚效应更加明显。2001年，中国加入世界贸易组织，城市商业更加兴旺，市场更加繁荣[1]。

2001—2011年，我国城镇人口由4.8亿人增加到6.99亿人，城镇化率从37.7%提高到51.8%，年均增加1.41个百分点，城镇常住人口超过了农村常住人口，表明我国已经结束了以乡村型社会为主体的时代，开始进入到以城市型社会为主体的新的城市时代。城市数量由662个减少到657个。其中，地级以上城市由265个增加到284个，县级市由393个下降到369个，另外建制镇的数量一直保持在2万个左右；城区人口由35747万人略有下降到35426万人；建成区面积由24027平方公里增加到43603平方公里，增长了0.8倍；城市建设用地面积由24193平方公里增加到41805平方公里，增长了0.73倍。

这一时期，城镇化建设过度依赖土地扩张。2001—2011年，全国建制市建成区面积和城市建设用地面积年均分别增长6.23%和5.96%，而城镇人口年均增长仅有3.78%。城镇土地扩张与人口增长严重不匹配，土地的城镇化远快于人口的城镇化。同时，城镇空间扩张呈现无序蔓延的态势。就城市平均规模扩张而言，1996—2012年，平均每个城市建成区面积由30.4平方公里扩大到

---

[1] 朱鹏华："新中国70年城镇化的历程、成就与启示"，《山东社会科学》2020年第4期。

69.4 平方公里。城镇化进程中两极化倾向严重，一些特大城市规模急剧膨胀，中小城市数量和人口比重减少。农业转移人口市民化进程滞后。2012 年，中国户籍人口城镇化率仅有 35.3%，比常住人口城镇化率低 17.3 个百分点[①]。

二、城市建设投融资状况

（一）投资规模

2001—2011 年，我国城市市政公用设施建设投资由 2352 亿元增加到 13934 亿元，年均增长 20%，分别高于同期全社会投资和 GDP 现价增长率 0.2 个和 4.4 个百分点，城市基础设施投资超前于全部投资和经济增长，但是，超前程度比上一个阶段明显下降。这一时期投资波动较大，城建投资增速由 2001 年的 24.4% 提高到 2003 年的 42.9%，然后下降到 2006 年的 2.9%，再提高到 2009 年的 44.4%，然后下降到 2011 年的 4.3%。城市市政公用设施建设投资占全社会固定资产投资的比例由 2001 的 6.32% 下降到 2011 年的 5.84%，在 2003 年曾经达到 8.29% 的高点，之后趋于下降；城市市政公用设施建设投资占 GDP 的比例由 2.12% 提高到 2.86%，在 2003 年曾经达到 3.25% 的高点，之后趋于下降。

（二）投资结构

2001—2011 年，供水、燃气、集中供热、公共交通、道路桥梁、排水、防洪、园林绿化和市容环境等领域投资分别平均占全部市政公用设施投资的 4.2%、2.6%、3.6%、11%、45.9%、7.2%、2.2%、8.3% 和 2.5%。2001—2011 年，供水行业投资比例由 7.2% 迅速下降到 3.1%；燃气行业投资比例由 3.2% 下降到 2.4%；集中供热投资比例略有下降；公共交通投资比例由 8.3% 提高到 13.9%，这一时期，城市轨道交通投资的迅猛增长，投资比例趋于上升；道路桥梁投资比例由 36.4% 大幅上升到 50.8%；排水投资比例由 9.5% 下降到 5.5%；园林绿化投资比例由 6.9% 上升到 11.1%；垃圾等市容环境投资比例则保持平稳。市政建设投资的大头主要在道路桥梁、公共交通、园林绿化等设

---

① 魏后凯："中国城镇化的进程与前景展望"，*China Economist*，2015 年第 2 期。

施建设方面,而供水、排水等地下设施投资重要性下降。

(三)资金来源

随着经济的繁荣发展,财政收入大幅增长,政府掌握的土地等公共资源价值不断上涨,资本市场稳步发展,市场功能日趋深化,融资工具逐步完善,为城市基础设施融资渠道拓展发挥了重要作用。在城市基础设施资金来源中,中央财政拨款所占比例由2001年的4.5%下降到2011年的1.2%,地方财政拨款比例由16.1%提高到32.2%,市政设施建设属于地方政府的投资支出责任,因此,地方政府支出比例趋于上升。国内贷款比例则保持相对稳定。各年债券融资比例较低。利用外资比例明显下降,由2001年的4.2%下降到2011年的0.7%。自筹资金比例则由27.1%下降到24.6%。其他资金比例由11.7%下降到7.8%(见表8-2)。

表8-2　市政公用设施建设资金来源渠道(%)

	资金来源合计	中央财政拨款	地方财政拨款	国内贷款	债券	利用外资	自筹资金	其他资金
2001	100.0	4.5	16.1	25.7	0.7	4.2	27.1	11.7
2002	100.0	3.1	16.6	23.8	0.2	3.5	27.7	11.7
2003	100.0	2.8	17.2	33.7	0.4	2.1	31.7	9.3
2004	100.0	1.4	20.2	31.6	0.2	1.9	29.5	9.6
2005	100.0	1.2	19.1	32.8	0.1	3.1	31.4	8.2
2006	100.0	1.5	23.1	32.4	0.3	1.6	28.2	6.5
2007	100.0	1.2	30.6	28.1	0.5	1.2	26.0	6.5
2008	100.0	1.0	29.5	28.0	0.4	1.3	27.2	7.4
2009	100.0	1.0	24.7	36.9	1.1	0.6	22.7	8.7
2010	100.0	1.5	26.4	34.6	0.4	0.9	22.9	8.4
2011	100.0	1.2	32.2	28.2	0.8	0.7	24.6	7.8

资料来源:《中国城市建设统计年鉴2021年》。

三、城市建设和城市更新

(一)政策支持

在前一时期的拆建重构过程中,我国累积了很多旧区功能改造和价值提升的经验。这一时期，从整体功能性、整体发展角度出发的城市更新开始了。2004年的国土资源部令（第11号）之后，旧改模式变更，实行净地出让的"招拍挂"新模式，旧区拆除和安置工作由政府机构来负责。2007年《物权法》对不动产权的确认，保障了所有者的权益，有效防止了征地强拆的不公现象，规范了城市更新中的拆迁工作。2007年6月，广东省佛山市下发了《关于加快推进旧城镇旧厂房旧村居改造的决定及3个相关指导意见》，成为全国第一个明确提出"三旧"改造的城市；2007年，深圳发布《城中村（旧村）改造暂行规定》，政府鼓励国内外有实力的机构通过竞标开发或者参与城中村改造项目，全面启动城市更新工程。同年，深圳市发布《关于推进深圳市工业区升级改造试点项目的意见》，提出工业区升级改造分为综合整治和重建两种改造方式。2008年，原国土资源部与广东省签署了建设节约集约用地试点示范省合作协议，赋予广东省"三旧"（旧村庄、旧城镇、旧厂房）改造优惠政策。2007年，西安出台了《西安市城中村改造管理办法》，城中村改造综合用地以划拨方式供给，除用于安置村民生活及建设公共设施用地外，其余的改造综合用地，可以变更为经营性用地，进行开发建设。2009年，广州市出台了《关于加快推进三旧改造工作的意见》。

（二）地方实践

这一时期城市更新模式从"拆改留"式城市重建，开始转向小规模、渐进式的有机更新，关注自下而上社区参与和市场运作。以"老城做减法、新区做加法"为方针同步推进新区开发与老城重建。

2001年，北京798旧厂房改造，通过对旧厂房的改造，形成艺术商业街区，成为北京的城市文化地标、城市休闲目的地。798艺术区最初由民间自发形成，后演变为由政府和国有企业共同规划、建设和治理的集聚区。2002年，杭州清河坊历史街区进行改造，清河坊是杭城文脉所在和吴越文化发源地，有代表这个城市最传统、最古老的生活方式。清河坊改造工程也是杭州创建历史文化名城的重要举措，在改造上着重保护历史文脉，传承历史文化。2004年，苏州平江路历史街区改造，按照保持古城格局、展现传统风貌、美化环境景观、传承历史文化的基本要求，相继实施了房屋修缮、河道清淤、码头修整、驳岸压顶、绿化补种、路面翻建、管线入地等基础性工程。

2006年，广州市启动恩宁路地块旧城改造，对历史文化街区永庆坊进行微改造，让老城区焕发新活力。2007年，广州猎德村改造开始进行，坚持"市、区政府主导，以村为实施主体"的总体思路，摒弃政府单方面主导拆迁的做法，通过整体改造、拍卖部分旧村土地融资解决资金来源。2009年，成都启动东郊记忆旧区改造，对东郊老工业区中的原成都红光电子管厂旧址进行改造，保留了工业特色鲜明的建筑和物料，如今东郊记忆已成为深受各类艺术以及新兴文化人群喜爱的标志区域。

专栏8-1　历史文化街区"微改造"——广州永庆坊

永庆坊位于广州市荔湾区恩宁路。恩宁路始建于1931年，位于广州老城区核心地带，拥有全市最长最完整的骑楼街、丰富多样的文物古迹、完好保存的旧城生活风貌，有82处相关保护建筑，被誉为"广州最美老街"。随着城市扩张，城市中心向新城转移，西关里富贵人家的大房在岁月流逝中渐成危房，恩宁路逐渐落败。

2006年起，广州市启动了恩宁路地块的旧城改造工作，荔湾区政府通过BOT方式引入社会资本进行"微改造"，由企业改造、建设，负责招商与运营，15年运营期满后交回政府。政府通过公开招商引入万科集团，并采取"政府主导，企业承办，居民参与"的创新模式。

政府主导。在初期"大拆大建"和"减量规划"阶段，政府已经完成了对永庆片区房屋的征收和拆迁工作，除了12户居民以外，政府拥有了永庆片区所有房屋和土地的所有权。在永庆坊"微改造"模式中，政府建立起以"引入社会资本""搭建协商平台"和"保障公共利益"等内容为主的主导机制。

企业承办。根据政府与企业签订的BOT协议，万科在"微改造"建设结束之后将享有15年的运营期。此间，万科物业统一管理永庆坊服务中心，享有入驻企业的招商、管理入驻企业、活动策划等权限。

居民参与。居民可以通过多种途径参与地区更新：第一种是在遵循相关规划要求的前提下，居民自行改造住屋；第二种是居民可将物业出租给开发商运营，或自行出租获得收益；第三种是由政府征收，居民获得资金与置换居住空间。

永庆坊改造伊始，就考虑到街区对新业态的承载功能，通过导入新业态，注入产业造血功能，让老城区逐渐焕发新活力。开业运营的永庆坊一期吸引了近60家文化创意、精品民宿、创意轻食、文化传媒等商户和企业，成为青年创客的聚集之地。

作为西关文化和非遗文化的集合地，永庆坊还打造了"广州首个非遗街区"，囊括"广彩、广绣、珐琅、榄雕、醒狮"等多个非遗文化项目。

除可经营场地外，永庆坊保留至少12户原住居民日常生活的住所，浓浓的生活气息与时尚的商业形象相交融，形成了永庆坊独有的文化特质。

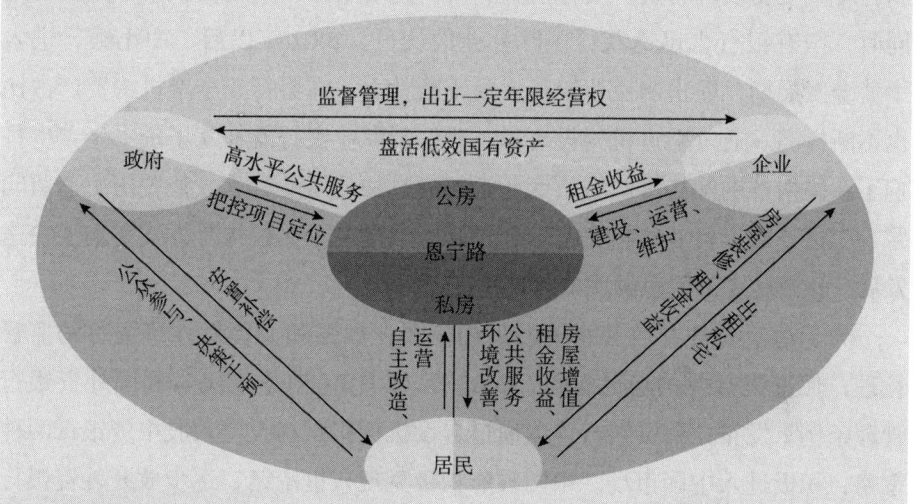

资料来源：《城市更新视角下历史文化街区"微改造"样本——广州永庆坊》，北京城市建设研究发展促进会 2023-02-13。

第五节　市场化和国际化深入推进时期的金融投资

一、金融改革红利释放和银行业的高速发展

2002年，全国金融工作会议明确把国有银行改革作为全国金融改革的重点，按照现代商业银行制度对国有银行进行股份制改造，实现国家信用

退出，要把国有银行办成一般意义上的股份制商业银行。改革分为三个步骤：首先，运用国家资源为银行减负，通过核销、注资、发债等方式对国有银行进行财务重组，彻底甩开历史包袱。四家国有银行先后完成股份制改造，再公开上市，成为公众持股银行，接受社会监督。其次，按照《公司法》《商业银行法》等法律法规要求搭建公司治理架构，提升公司治理水平和经营管理能力。再次，各家银行根据自身情况和经营范围引进境外战略投资者，打破国有银行产权结构的单一性，更好完善内控机制，强化公司治理能力。

改革完成后，国有银行的经营业绩显著提高，公司治理结构也更加完善和合理。主要表现为资产质量上升、盈利能力增强、不良贷款率下降，与此同时，国有银行也迅速获得国际社会的认可。2003年以后，中小银行进入了黄金发展期，股份制商业银行规模不断壮大，在银行业金融机构资产占比也不断提高。通过引进机构投资者，股份制商业银行既补充了资本金，也打响了在国内外的知名度。城市商业银行通过加强风险管理、处置历史遗留问题、引进战略投资者、扩充资本金、跨区域增设分支机构等方式实现了快速发展，逐渐转变为特色鲜明的区域性商业银行[1]。

为了适应对外开放和经济发展的需要，加强和完善对外资银行的监督管理，促进银行业的稳健运行，2006年12月，《中华人民共和国外资银行管理条例》发布，外资银行可以通过自设机构扩张和投资入股中资银行两种策略，积极进入中国市场。中国政府积极兑现入世承诺，逐步放开外资银行外汇业务，放宽外资银行从事人民币业务的客户和地域范围，这标志着中国银行业对外开放时代的来临。这一条例又经历了2014年7月和11月，以及2019年9月的三次修订，向全球金融机构和机构投资者传递了我国优化外资营商环境、增强金融市场活力和竞争力的积极信号。

随着金融市场建设日趋完善、金融交易产品日益丰富以及银行业对外开放工作的不断推进，商业银行金融创新工作取得重要进展。金融创新成为商业银行满足市场基本需求、提升核心竞争力、降低经营风险的重要发展路径，商业银行提供的产品和服务迅速丰富起来，客户享受银行服务的便捷性

---

[1] 陆岷峰、陶瑞："商业银行高额利润现象的平抑对策"，《财经科学》2012年第5期。

大大提高，单一的银行服务方式正被开放、灵活、多样化的服务模式所替代。进入新世纪以来的金融创新呈现出与传统金融创新显著不同的新特性，已经不仅立足于技术层面的改进，而是成为商业银行适应新环境、并通过自身改造和进化实现生存发展的关键所在[①]。

2003 年，银监会的成立标志着中国"一行三会"金融监管体制的初步建成，分业监管体制正式确立。中国银行业参照《巴塞尔协议》完善经营管理体制，监管体制逐渐与国际接轨。银监会成立后，制定了一系列服务中国国情的银行监管改革措施：一是逐步健全银行业监管体系和法律法规建设，围绕资本监管、风险管理和内部控制等内容制定一整套审慎监管的规章和制度；二是明晰银行监管的整体目标，强调维护金融稳定和秩序，同时鼓励银行业务创新，提高银行业整体竞争力；三是完善银行监管的手段和方法，秉承非现场监管为主、现场监管为辅的理念和方法，综合运用新一代信息科技手段，实现从一般行政性管理向多种手段协调配合监管转变。

银行融资进入快速扩张阶段。根据央行调查统计司对社会融资总量内涵和结构的定义，人民币和外币贷款合并为"银行表内贷款"，委托贷款、信托贷款和银行承兑汇票合并为"银行表外贷款"。银行表内业务由 2002 年的 1.87 万亿元增加到 2011 年的 8.04 万亿元，年均增长 17.6%。在表内融资中，人民币贷款由 1.79 万亿元增加到 7.47 万亿元；外币贷款由 722 亿元增加到 5712 亿元。银行表外业务增长也很快，2003 年只有 2636 亿元，到 2011 年，已经增加到 25313 亿元，年均增长 32.7%。其中委托贷款由 616 亿元增加到 13000 亿元；信托贷款由 2006 年的 842 亿元增加到 2011 年的 2013 亿元（见表 8-3）。

表 8-3　　　　　　　　　　银行融资工具规模（亿元）

	2002	2003	2004	2005	2006	2007	2008	2009	2010	2011
人民币贷款	17964	27728	22578	23500	31800	36300	49149	95996	77451	74700
外币贷款	722	2294	1375	1059	1003	2902	619	9304	4040	5712
委托贷款	176	616	3180	973	1885	3375	4262	6766	11005	13000
信托贷款	0	0	0	0	842	1717	3162	4370	3761	2013
银行承兑汇票	—	2020	—	29	1524	6692	1100	4652	22706	10300

---

① 陆岷峰、周军煜："中国银行业七十年发展足迹回顾及未来趋势研判"，《济南大学学报》2019 年第 4 期。

续表

	2002	2003	2004	2005	2006	2007	2008	2009	2010	2011
银行表内融资	18686	30021	23953	24559	32803	39202	49768	105299	81491	80412
银行表外融资	—	2636	2894	1002	4251	11784	8524	15788	37472	25313

资料来源：各年《中国货币政策执行报告》，中国人民银行货币政策分析小组。

二、规范发展时期的资本市场融资

1999年7月，《证券法》正式实施，资本市场进一步规范发展。贯彻落实"国九条"的部署安排，股权分置改革、证券公司综合治理、提高上市公司质量等一系列重大改革扎实推进，一些长期影响市场发展的历史遗留问题和深层次矛盾逐步解决，资本市场出现重要变化。

（一）多层次市场体系基本形成

中小企业板设立。2004年5月，经国务院批准，中国证监会同意在深圳证券交易所主板市场内设立中小企业板块。中小企业板上市条件与主板一致，主要针对流通股本规模相对较小的公司。同年6月，新和成、华兰生物等首批8家公司上市交易。

创业板推出。2000年5月，国务院原则同意中国证监会关于设立二板市场的请示，将二板市场定名为创业板市场，由深交所承担试点筹备工作。2009年10月，创业板正式开板。同年10月30日，首批28家公司上市交易。创业板集聚了一批优秀企业，在支持创新创业企业发展壮大、优化产业升级、服务实体经济等方面做出了重要贡献。

全国中小企业股份转让系统建立。也称"新三板"市场，是为创新型、创业型、成长型中小微企业发展服务的全国性证券交易场所，在多层次资本市场中具有承上启下的作用。2001年6月，经国务院同意、中国证监会批准，中国证券业协会发布《证券公司代办股份转让服务业务试点办法》，设立代办股份转让系统。2006年，国务院批准允许中关村园区股份公司进入该系统进行股份报价转让试点。截至2010年底，共有126家公司在代办系统挂牌，其中两网（STAQ和NET系统）公司8家，退市公司44家，股份报价公司74家。

交易所债券市场规范发展。1998年《证券法》发布，对公司债券的发行和上市作了特别规定，公司债券的发行仍采用审批制，但上市交易采用核准制。2005年4月，上交所对大宗交易实施细则进行了调整，降低进行大宗交易的数量门槛，取消大宗交易成交价格限制。2005年12月，资产证券化试点启动。2006年11月，推出认股权证和分离交易的可转换公司债券。2007年8月，中国证监会发布实施《公司债券发行试点办法》，启动了完全基于企业商业信用、无担保的上市公司债试点。

期货市场稳步发展。从2004年起，一批基础性商品期货品种陆续上市，包括棉花、燃料油、玉米、黄大豆2号、白糖、豆油、精对苯二甲酸、锌、菜籽油、棕榈油等。2008年1月，第一个贵金属期货品种——黄金期货在上海期货交易所上市。2006年9月，中国金融期货交易所在上海成立。2010年4月，首个股指期货品种沪深300指数期货合约挂牌上市。随着期货品种数量不断增多，交易量逐步增长，市场功能逐渐发挥，服务实体经济的能力持续增强。

（二）基础制度改革取得重要进展

股权分置改革[①]基本完成。2005年4月，中国证监会发布《关于上市公司股权分置改革试点有关问题的通知》，正式启动股权分置改革试点。同年5月，中国证监会、国务院国资委联合发布《关于做好股权分置改革试点工作的意见》，推进大中型上市公司解决股权分置问题。两批46家上市公司股权分置改革试点顺利完成后，股权分置改革转入全面推进阶段。截至2007年底，沪深两市共1298家公司完成或进入股权分置改革程序，占应改革公司的98%，股权分置改革基本完成，结束了上市公司两类股份、两个市场、两种价格并存的历史，为市场定价机制和资源配置功能发挥奠定了基础。

新股发行体制改革探索深化。1999年《证券法》明确股票发行实行核准制，将地方政府和行业主管部门向中国证监会推荐企业改为由证券公司推荐企业。2001年3月，中国证监会取消原有对企业发行审核中的额度和指标

---

① 股权分置改革是改革我国股市股权结构不合理的状况，把国有股、法人股等不能上市流通的股票变为流通股，从而保证股票市场健康发展。

限制。12月，中国证监会发布《证券发行上市保荐制度暂行办法》，决定从2004年2月起在股票发行中正式实行保荐制。2009年6月和2010年10月，中国证监会先后发布《关于进一步改革和完善新股发行体制的指导意见》和《关于深化新股发行体制改革的指导意见》，进一步完善新股发行体制机制。

上市公司监管持续加强。2005年10月，《国务院批转证监会关于提高上市公司质量意见的通知》发布，中国证监会陆续出台清理大股东占用、股权激励管理、强化信息披露监管、提高公司治理水平、推动市场化并购重组等一系列政策措施。中国证监会会同地方政府和有关部门全面开展"清欠"攻坚战，至2006年底，清理大股东和实际控制人占用上市公司资金工作取得显著成效。2007年3月，中国证监会发布《关于开展加强上市公司治理专项活动有关事项的通知》，推进了公司治理、内部制衡和激励约束机制的完善。2006年，中国证监会发布《上市公司收购管理办法》，2008年发布《上市公司重大资产重组管理办法》，对上市公司收购、重大资产重组作出制度调整，适应了股权分置改革后的市场变化。

上市公司退市制度建立。1999年7月施行的《证券法》确定了退市制度框架，规定国务院证券监督管理机构可以授权证券交易所依法暂停或者终止公司股票或者公司债券上市。2001年4月，PT水仙正式退市，成为第一家退市上市公司。2006年1月，新修订的《证券法》和《公司法》正式施行，从法律上赋予证券交易所暂停、恢复、终止上市的权限。2001—2011年，沪深两市共45家公司被强制退市，平均每年4家。

（三）双向开放稳步推进

境内企业境外上市力度加大。随着中国加入WTO，特别是2003年6月《内地与香港关于建立更紧密经贸关系的安排》签署后，境内企业赴境外上市增多，包括银行、保险、能源等在内的一大批大型企业和行业龙头企业在中国香港、美国、新加坡等地上市。

QFII、QDII制度建立。为引入境外长期资金，促进境内市场发展，2002年11月，中国人民银行和中国证监会开始试点实施QFII制度。中国证监会、中国人民银行和国家外汇管理局于2006年8月发布《合格境外机构投资者境内证券投资管理办法》，正式建立QFII制度。为推动内地金融机构"走出去"、促进资本跨境有序双向流动，2007年6月，中国证监会发布《合格境内机构投资者境外证券投资管理试行办法》，试行QDII制度。

证券期货经营机构"引进来"和"走出去"。根据加入WTO的承诺，2002年，中国证监会发布外资参股证券公司、基金管理公司相关规则，沪深交易所分别发布《境外特别会员管理暂行规定》。2002年，首家合资基金公司——招商基金管理公司成立。2003年，首家合资证券公司——华欧国际获批成立。截至2012年末，共批准设立13家外资参股证券公司、43家外资参股基金管理公司、3家外资参股期货公司。同时，24家证券公司、20家基金管理公司和6家期货公司经批准设立境外子公司[①]。

第六节 市场化融资成为投资的动力源泉

这一时期，我国投融资体制已经形成了一整套改革思路，创造出一整套行之有效的方式方法，并开始在经济建设中系统推进。深化投资体制改革，确立企业投资主体地位；推动市场化和民营化改革，创造更多元化的途径；为根本解决城市建设的可持续性问题，土地财政成为城市政府投融资的基本模式。

一、确立市场化主体地位并为民间投资松绑

（一）明确和落实各类投资主体地位

改革开放以来，国家对原有的投资体制进行了一系列改革，打破了传统经济体制下高度集中的管理模式，初步形成了投资主体多元化、资金来源多渠道、投资方式多样化、项目建设市场化的新格局。但是，投资体制还存在不少问题，特别是企业的投资决策权没有完全落实，市场配置资源的基础性作用尚未得到充分发挥，政府投资决策的科学化、民主化水平仍然较低，投资宏观调控和监管的有效性需要增强。2004年7月，国务院发布了《关于投

---

① 中国证券监督管理委员会：《中国资本市场三十年》，中国金融出版社2021年版，第11~15页。

资体制改革的决定》，这是 1988 年投资体制改革方案后的又一次重大改革举措，放宽、放活成为本轮改革的着力点。

（1）改革企业投资管理制度，确立企业投资主体地位

按照"谁投资、谁决策、谁受益、谁承担风险"的原则，落实企业投资自主权；合理界定政府投资职能，提高投资决策的科学化、民主化水平，建立投资决策责任追究制度；进一步拓宽项目融资渠道，发展多种融资方式；培育规范的投资中介服务组织，加强行业自律，促进公平竞争；健全投资宏观调控体系，改进调控方式，完善调控手段；加快投资领域的立法进程；加强投资监管，维护规范的投资和建设市场秩序。通过深化改革和扩大开放，最终建立起市场引导投资、企业自主决策、银行独立审贷、融资方式多样、中介服务规范、宏观调控有效的新型投资体制。

（2）改革项目审批制度，转变政府投资职能

对于企业不使用政府投资建设的项目，一律不再实行审批制，区别不同情况实行核准制和备案制。严格限定实行政府核准制的范围，《政府核准的投资项目目录》以外的企业投资项目，实行备案制。合理界定政府投资范围，明确划分中央政府与地方政府的投资事权。健全政府投资项目决策机制，规范政府投资资金管理。加强政府投资项目管理，改进建设实施方式。对非经营性政府投资项目加快推行"代建制"。综合运用经济的、法律的和必要的行政手段，对全社会投资进行以间接调控方式为主的有效调控。灵活运用投资补助、贴息、价格、利率、税收等多种手段，引导社会投资，优化投资的产业结构和地区结构。

（3）规范政府投资管理，创新政府投资方式

为加强政府投资资金规范使用和管理，保证政府投资资金安全、有效运用、提高政府投资收益，一方面，根据资金来源、项目性质和调控需要，将政府资金使用方式分为直接投资、资本金注入、投资补助、转贷和贷款贴息等方式，并确定不同资金类型和运用方式的管理办法；另一方面，实施财政投资评审制度，对财政预算内基本建设资金安排的建设项目、财政预算内专项资金安排的建设项目、政府性基金、预算外资金等安排的建设项目、政府性融资安排的建设项目的评审内容、评审方法、操作程序进行了详细规定，明确了财政部门、评审机构、主管部门和建设单位的义务与职责。

（4）改进项目融资管理，拓展投融资渠道

首先，国家发展改革委、中国银监会等部门联合发布《关于加强宏观调控，整顿和规范各类打捆贷款的通知》，制止和打击地方政府及政府部门违规担保和金融机构违规发放贷款的行为，切实规范地方政府以回购方式举借政府性债务，加强对融资平台注资和融资行为管理；其次，规定企业债券不得用于弥补亏损和非生产性支出，不得用于房地产买卖、股票、期货等高风险投资；再次，中国银监会发布《固定资产贷款管理办法》，对金融机构完善内部控制提出要求，实行贷款全流程管理，结合《项目融资业务指引》，加强固定资产贷款审慎经营管理，规范金融机构固定资产贷款业务经营行为。

（5）完善宏观调控方式，推进诚信建设与法治建设

国务院办公厅颁布《关于加强和规范新开工项目管理的通知》，严格规范投资项目新开工条件，建立和健全新开工项目管理联动机制，强化新开工项目监督检查；国家发改委颁布《国家电子政务工程建设项目管理暂行办法》，对使用中央财政性资金的国家电子政务工程建设项目的申报和审批、建设、资金、监督、验收评价、运行管理等环节进行规范，并建立信息共享机制；建设部颁布《建筑市场诚信行为信息管理办法》，提出制定全国统一建筑市场各主体诚信标准，建立建筑市场各主体信用档案，建立全国联网统一建筑市场信用管理平台，对外发布各主体诚信行为记录信息和开展对建筑市场各方主体信用评价工作。

这一阶段通过众多具体改革措施，构建起了社会主义市场经济投资体制框架的基本形态[①]。

（二）积极为社会资本松绑

2002年11月，党的十六大报告明确指出：必须毫不动摇地鼓励、支持和引导非公有制经济发展。个体、私营等各种形式的非公有制经济是社会主义市场经济的重要组成部分，对加快生产力发展具有重要作用。坚持公有制为主体，促进非公有制经济发展，不能把这两者对立起来。各种所有制经济完全可以在市场竞争中发挥各自优势，相互促进，共同发展。要充分发挥个

---

① 刘以雷："改革40年我国投资体制的历史变迁"，https://www.sohu.com/a/284295897_828724。

体、私营等非公有制经济在促进经济增长、扩大就业和活跃市场等方面的重要作用。放宽国内民间资本的市场准入领域，在投融资、税收、土地使用和对外贸易等方面采取措施，实现公平竞争。依法加强监督和管理，促进非公有制经济健康发展。完善保护私人财产的法律制度。

2007年10月，党的十七大报告强调指出：坚持和完善公有制为主体、多种所有制经济共同发展的基本经济制度，毫不动摇地巩固和发展公有制经济，毫不动摇地鼓励、支持、引导非公有制经济发展，坚持平等保护物权，形成各种所有制经济平等竞争、相互促进新格局。推进集体企业改革，发展多种形式的集体经济、合作经济。推进公平准入，改善融资条件，破除体制障碍，促进个体、私营经济和中小企业发展。以现代产权制度为基础，发展混合所有制经济。加快形成统一开放竞争有序的现代市场体系，发展各类生产要素市场，完善反映市场供求关系、资源稀缺程度、环境损害成本的生产要素和资源价格形成机制，规范发展行业协会和市场中介组织，健全社会信用体系。

2001年12月，国家计委《关于促进和引导民间投资的若干意见》出台，指出民间投资是指个体、私营经济以及它们之间的联营、合股等经济实体的投资。要逐步放宽投资领域，除国家有特殊规定的以外，凡是鼓励和允许外商投资进入的领域，均鼓励和允许民间投资进入；在实行优惠政策的投资领域，其优惠政策对民间投资同样适用；鼓励和引导民间投资以独资、合作、联营、参股、特许经营等方式，参与经营性的基础设施和公益事业项目建设。对民间投资项目，政府主要从产业政策、城乡规划、环境保护、资源利用、土地使用和公共安全等方面进行审核；要改革行政审批制度，减少程序，提高效率，尽快建立民间投资项目登记备案制度。统计部门要改进对民间投资的统计方法，及时、准确、全面地反映民间投资状况。

2002年12月，建设部出台《关于加快市政公用行业市场化进程的意见》，指出市政公用行业特许经营制度是指在市政公用行业中，由政府授予企业在一定时间和范围对某项市政公用产品或服务进行经营的权利，即特许经营权。2004年3月，建设部颁布了《市政公用事业特许经营管理办法》，对实施特许经营的若干行为做出了比较明确的规定。《办法》规定特许经营的范围，即城市供水、供气、供热、公共交通、污水处理、垃圾处理等行业。这些行业市场化程度相对比较高，经营性比较强，一般可以通过市场机制得到补偿；能够通过特许经营的方式，达到投资主体多元化和提高运行效率的目的。《办法》规定了企业参加特许经营权的竞标必须具备的条件，提出开放市政公用行业市场，鼓励外资、民营资本进入，允许跨行业、跨地区参与经营，但要防止单纯以资本运作为目的。

2005年2月，国务院出台了《关于鼓励支持和引导个体私营等非公有制经济发展的若干意见》，即民间投资"非公36条"，提出着力消除影响非公有制经济发展的体制性障碍，确立平等的市场主体地位，明确提出了今后一个时期鼓励、支持和引导非公有制经济发展的总体要求。允许非公有资本进入电力、电信、铁路、民航、石油等垄断行业和领域，进一步引入市场竞争机制。支持非公有资本积极参与市政公用事业和基础设施的投资、建设与运营，在规范转让行为的前提下，具备条件的公用事业和基础设施项目，可向非公有制企业转让产权或经营权，鼓励非公有制企业参与市政公用企业、事业单位的产权制度和经营方式改革。

2010年5月，国务院发布了《关于鼓励和引导民间投资健康发展的若干意见》，即民间投资"新36条"，被认为是"改革开放以来国务院出台的第一份专门针对民间投资发展、管理和调控的综合性政策文件"。"新36条"提出要规范设置投资准入门槛，创造公平竞争、平等准入的市场环境。市场准入标准和优惠扶持政策要公开透明，对各类投资主体同等对待，不得单对民间资本设置附加条件。国有资本要把投资重点放在不断加强和巩固关系国民经济命脉的重要行业和关键领域，在一般竞争性领域，要为民间资本营造更广阔的市场空间。要求清理和修改不利于民间投资发展的法规政策规定，切实保护民间投资的合法权益，培育和维护平等竞争的投资环境。"新36条"将破除、拆除民间投资发展中存在的"玻璃门""弹簧门"等现象作为重点，针对上述行业和领域存在的准入难问题，进一步明确和细化了"非公36条"等文件中有关放宽市场准入的政策规定，提出了鼓励民间资本进入相关行业和领域的具体范围、途径方式、政策保障等一系列政策措施，并努力增强可操作性、提高文件的可执行力。

"新36条"出台后，中央部委层面推出了20多个实施细则，许多省市也出台了相应的配套政策措施。但是，政策的真正落地仍然是一个艰难的过程。国有企业占据了行业内绝大多数的资源,对于行业内有竞争关系的民营企业造成阻碍。即使在一些放开准入门槛的领域,民间投资参与也存在各种障碍,要么到处碰壁,要么被迫退出,要么虽然进入项目招标流程,却被一些特殊条款拒之门外。行政管制、行政垄断加剧了企业的不公平竞争,破坏了市场的最优化配置,限制了民营资本的参与度和市场活力。公私合作项目为民企参与基础设施、公用服务投资提供一个机会。但是,从签约项目的主体类型看,国企占了绝大部分,真正的民企参与程度较低。在教育、文化、医疗等公共领域,政府管制非常多,民企很难获得与国有企业一样的公平待遇。

当然,体制与政策松绑还是给民间资本创造了较好的外部环境,促进了民间投资的快速增长。2004—2011 年,我国民间投资由 1.8 万亿元增加到 17.5 万亿元,年均增长 37.6%。民间投资增长总体超前于全部投资增长,2005 年、2006 年,民间投资增速高于全部投资 20 个百分点左右,2007—2009 年,民间投资与全部投资增长的差距明显缩小。到 2011 年,民间投资增速又迅速上升,高于全部投资 9 个百分点。由于这一时期各年民间投资增长均大幅超前于全部投资,民间投资占全部投资的比例也由 2005 年的 35.6% 上升到 2011 年的 58.1%,比例上升趋势十分明显(见图 8-3)。

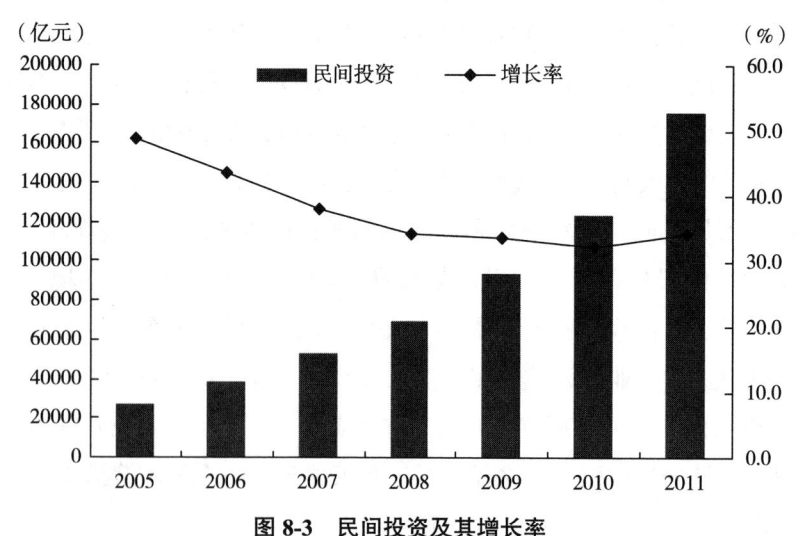

图 8-3 民间投资及其增长率

资料来源:国家统计局网站。

二、融资平台成为政府投融资的重要主体

我国大部分基础设施投融资活动并不是也不可能由地方政府自己完成，为此，地方政府创新出一套适合经济发展以及基础设施建设需要的融资模式和制度框架，而地方政府融资平台在其中发挥着核心性的作用。这一时期，各类政府性投资公司作为政府授权基础设施和公共服务建设与运营机构，代替政府行使投融资职能，成为地方投资与建设的平台和载体。根据中国人民银行《2010年中国区域金融运行报告》，截至2010年年末，全国共有地方政府融资平台1万余家，较2008年年末增长25%以上。

（一）融资平台产生的背景

所谓融资平台是指地方政府通过划拨土地、注入优质资产、国企股权等方式出资设立，资产规模和财务状况达到融资标准的政府性投资公司，公司以地方财政对公司的注资、补贴、偿债基金等作为保证，甚至由地方政府提供隐性担保，通过向银行贷款或发行企业债券等方式融入资金，重点投向城市基础设施、公用事业等公益性或准公益性项目。融资平台名称各异，通常有城市建设投资公司、资产经营管理公司、各类基础设施投资公司等。政府融资平台具有以下特征：一是政府主导或绝对控股；二是主要职能是融入政府所需要的建设资金；三是由地方财政直接或间接承担偿债责任或提供担保；四是所筹资金主要用于地方基础设施或公共服务项目建设。

在我国，地方政府融资平台的出现及其迅速崛起有其必然性。

首先，城市化和工业化产生巨大资金需求。我国城市化率每年以1个多百分点的幅度快速增加，众多城市处在城市化加速阶段。城市化进程和基础设施建设有着紧密的联系，地方政府需要进行大规模的基础设施投资。我国工业化已进入中后期发展阶段，重化工业和劳动密集型产业的转型需要大量资金，电子信息、新能源、新材料等战略性新兴产业也需要大量资金。对于地方政府来讲，要满足日益增加的各项支出增长需要，就必须确立稳定、高效的融资方式，构建新的融资主体或载体。地方投融资平台应运而生，成为城市建设和产业发展的主要力量。

其次，财税体制对政府投融资产生较大约束。长期以来，我国地方政府

财力与事权不匹配的情况比较严重。省以下转移支付不完善，上级政府很容易、事实上也往往尽量截留财权，同时将支出责任推给下级政府，造成基层政府支出责任普遍大于可支配财力（甚至是转移支付后），导致其无法充足提供辖区居民所要求的基本公共服务。地方政府为了完成上级交付的任务，或者从个人升迁考虑，就有了足够的压力或者动力通过各种擦边球、合理但不合法甚至违法（包括变相举债）的形式来获得投资与发展的资金。地方政府要创新融资体制，融资平台成为必然的选择。

再次，正规渠道的缺乏迫使地方政府进行体制创新。1994年通过的《预算法》规定，地方预算不能列赤字，除法律和国务院另有规定外，地方政府不得发行地方政府债券。1996年发布的《贷款通则》规定，地方政府不能作为银行借款人。地方政府既不能为建设性资本投入公开发债融资，也不能向银行借款。这些规定使得地方政府基本上无法在法律上获得相应的融资权限，导致地方政府变着法子，绕着弯子，寻求各种变通的非正规的方式达到融资目标。从一定程度上讲，融资平台正是地方政府在夹缝中求发展的非正规融资载体，也是地方政府迄今为止能够找到的最合适的投资与建设主体。

最后，土地制度和政策为平台创造了空间。一方面，独家垄断土地的征用制度给政府带来了巨大的土地增值空间。征地补偿标准极低，政府可以较低的代价获得廉价的土地资产。另一方面，独家垄断的土地出让制度保障了政府收益的顺利实现，城市经营性用地实行招拍挂，导致城市土地价格不断攀升，土地出让收入迅速增加，成为政府投资的重要资金来源，土地资产的抵押功能增强，成为城市基础设施的主要融资方式。不断增长的土地收益及其抵押功能，使地方政府融资平台获得了生存和发展的能力，也成为"政银合作"不断走向深入的关键因素。

（二）融资平台的作用

融资平台是地方政府投融资体系的关键环节和重要枢纽，是地方政府在既有制度框架下为满足融资需求所采取的创新举措，它在推动城镇建设、促进产业发展、繁荣社会事业、缩小城乡差距等方面发挥着十分重要的作用。

第一，拓展了融资渠道。通过构建融资平台筹集资金，有效地弥补了地方政府在城市投资与建设中的资金缺口，缓解了城市基础设施的供求矛盾，融资平台成为地方政府城市建设筹资的主导力量。根据国家审计署的审计结果，截至2013年6月末，由融资平台举借的债务合计7万亿元，占全部地方政府债务的39%，成为地方政府债务的主要组成部分。特别是融资平台既能够与银行对接获得贷款，可以通过发行债券进行直接融资，还能够通过信托公司、保险公司、证券公司等方式融资，从而极大地扩充了地方政府的融资渠道，成为地方政府信用扩张的主要途径，进而对基础设施投资形成了有力支持。

第二，优化了资源配置。融资平台将地方政府所拥有的众多资产进行整合，还将一些资产证券化，通过抵押、质押、发债和出售资产等手段融通项目建设所需资金。地方政府授权或委托融资平台整合城市资源，增强城市基础设施建设的投融资功能，健全造血机能，实现资源资产化、资产资本化的市场化运作，扩大城市经济总量，确保城市资源增值，回收城建资金并用于其他城市项目建设。这种运作机制把政府组织协调优势和负责城市建设的融资平台的市场化融资优势结合起来，把政府资产和城市可利用资源移交融资平台管理和运营，实现城市资源资本化运作，增强融资平台的市场实力和信用等级，创建优良的信用合作平台，解决了基础设施建设融资难题。

第三，促进了战略调整。除了完成大型基础设施和公用事业项目投融资任务外，融资平台还担负了壮大国有经济、国有资产保值增值的重任，有力地促进了地方国有经济战略性调整。融资平台通过收购不良金融资产、国企改制重组，有效地缓解了国企改革的压力，改善了信用环境，促进了城市范围内产业和区域的协调发展，为实现国有经济合理布局发挥了重要作用。例如，重庆渝富资产经营管理公司的经营范围就是资产收购、处置及相关产业投资，公司大量打折回购重庆市国企遗留下来的不良债务，重组四大资产管理公司的债务，凭借自身的资本优势，整合优质资源，扶持企业乃至整个产业的发展，对工业、科技、能源等实体产业和金融领域进行战略投资。

第四，转变了投入方式。融资平台的出现从根本上改变了政府资金投入方式。所有的政府建设项目，都以项目公司的方式实行市场化运作，改变了传统经济体制下财政直接投资的模式。越来越多的地方政府通过融资平台发行城投债的方式，为政府项目建设融资。融资平台还通过委托贷款、信托贷款、资管计划、融资租赁等非标融资方式，积极吸纳利用社会资本共同参与基础设施建设。同时，融资平台还与民间资本合作进行项目投资，河北沧州市建设投资有限公司和广东赢时科技合资共同组建的沧州建投物联网科技发展有限公司是国内平台公司较早与社会资本合作的典范。青岛西海岸旅游投资集团与国企通过股权合作和项目合作共同打造红树林度假世界，是政府、国企、民企多赢合作的典型案例。

第五，刺激了经济增长。融资平台的主要职责就是为基础设施建设项目提供投资和融资，这无疑将通过增加地方投资而刺激经济增长。融资平台在应对经济和金融危机、促进经济复苏、实现"扩内需、保增长"方面发挥了积极作用。2008年，在国家4万亿政府投资项目中，中央政府出资1.18万亿元，需要地方财政配套1.2万亿～1.3万亿元，剩下的则需通过市场融资，在这个过程中，融资平台扮演了重要的角色。根据银监局的统计，2009年全国金融机构发放的贷款中有近40%投向了各级地方政府平台公司。

第六，完善了基础设施。融资平台承担了地方政府绝大多数基础设施的投资与建设任务。天津城投集团先后独家承担了海河上游综合开发、中心城区金融城开发改造项目，直接参与了滨海新区于家堡金融商务区的建设。城投集团还承担了天津地铁、京津高铁、京沪高速铁路、津秦客运专线等交通网络建设。上海城投先后在道路、桥隧、地铁、环境整治、供排水、燃气及动迁房和重大工程配套商品房等诸方面投资建成了几十项重大基础设施，为缓解上海多年的"交通拥挤、住房紧张、环境污染"矛盾、提高城市综合竞争力、确保城市安全运营作出重大贡献。在重庆市，2003—2010年，"八大投"承担了重庆2000公里的高速公路，5000多公里的高等级公路，20多座城市区域横跨长江、嘉陵江的大桥，以及150公里的城市地铁、轻轨建设任务。

（三）融资平台的问题及其成因

地方政府融资平台在我国经济发展中发挥了重要作用，一些地方政府融资平台也取得了较好的业绩。但是，在我国城市化快速发展的过程中，地方政府融资平台的风险也在不断累积，并引起了社会各界的广泛关注和忧虑。

1. 公益性职能过多，经营状况趋于恶化

融资平台承担了过多的公益性项目投资责任，例如城市道路、水利设施、文化教育等项目建设，无法产生更多的现金流，更无法弥补投资和经营的亏损。多数平台公司没有建立起还款约束机制和还款保障机制，难以形成自借、自用、自还于一体，负债经营、自我平衡的债务融资体系。经过一段时间的高强度投入，融资平台的资产负债率提高很快，能够用于产生现金流的优质资产越来越少，企业造血机能逐步丧失。先期成立的一些融资平台已经丧失了基本融资功能，地方政府不得不再成立新的融资平台，以适应不断增长的融资需要。

2. 行政干预较多，公司治理结构不完善

融资平台是具有政府背景的投资公司，很难摆脱政府的行政干预。长期以来，在融资平台的运作过程中，项目投资、融资和经营的决策权并不在公司及其经理人手中，地方政府官员实际上是融资平台的决策者和管理者，平台公司仅仅担当着"执行者"的角色，更像是一个"工具人"。在很多情况下，融资平台董事会和经理层成员往往兼有行政官员的身份，官员需要接受来自行政系统的任务，企业的经营决策被地方政府所左右，丧失了自身的独立法人意志。融资平台公司既是政府的职能部门，又是市场中的法人主体，这种双重角色显得不伦不类，难以成为真正的市场主体。

3. 企业过度负债，偿还存在较大不确定性

融资平台债务是地方政府的隐性债务，其债务的监管是一本糊涂账。各地举债融资方式不一，且多头举债、举债程序不透明。不仅商业银行难以全面掌握，而且地方政府自己对不同层次融资平台公司的负债和担保状况也未必完全清楚。由于很难及时掌握各级政府总体负债规模，银行无法准确评估地方政府偿债能力。如果地方政府没有把政府债务，特别是平台债务的偿还纳入年度预算，安排偿债资金，一旦进入偿债高峰期，并且本息偿还额巨大，就会出现债务危机。地方政府借款很少顾及债务结构和实际偿债能力，盲目对融资平台公司提供担保，导致债务规模超过地方财力的承受能力。

4. 融资行为不规范，运营缺乏监管

为实现地方政府的增长目标，长期以来，融资平台采取了许多违规的做

法。例如，监管部门明确规定不得以 BT 方式举借政府性债务。然而，在融资额满足不了投资需求时，融资平台仍普遍性地采用 BT 模式弥补不足。一些地方政府继续违规向融资平台公司注资或提供担保。当融资平台通过委托贷款、信托、基金公司等非标方式融资时，地方政府提供担保函现象也大量存在。监管部门明确要求地方各级政府不得授权融资平台公司承担土地储备职能和进行土地储备融资，但不少地方仍将土地储备中心挂在城投公司名下，有的还是两块牌子一套班子运作。

5. 对土地的依赖性较强，债务风险加大

根据国家审计署的统计，2012 年底，4 个省本级、17 个省会城市本级承诺以土地出让收入为偿债来源的债务余额 7746.9 亿元，占这些地区政府负有偿还责任债务余额的 54.6%。这些地区 2012 年以土地出让收入为偿债来源的债务需偿还本息 2315.7 亿元；与此同时，扣除成本性支出和按国家规定提取的各项收入后的可支配土地出让收入却减少了 179.5 亿元，债务本息为当年可支配土地出让收入的 1.25 倍。由于经济下行风险加大，以及国家加大对房价的严厉调控，房地产市场低迷，土地出让规模和价格都有所下降，在很大程度上影响到地方政府土地收益的稳定性，由此造成地方政府土地融资风险增加。

（四）融资平台早期政策监管

从 2010 年开始，伴随着地方政府融资平台公司债务管理和不规范运作问题的凸显，中央有关部门陆续出台了一系列的清理规范政策措施。

针对地方融资平台带来的债务问题，国务院于 2010 年 6 月出台了《关于加强地方政府融资平台公司管理有关问题的通知》，要求将地方融资平台公司直接借入、拖欠或因提供担保、回购等信用支持形成的债务纳入清理范围，对其进行一次全面清理，并按照分类管理、区别对待的原则，妥善处理债务偿还和在建项目后续融资问题。同时，《通知》明令禁止只承担公益性项目融资任务并且主要依靠财政资金偿还债务的平台公司今后再承担融资任务，这类公司在履行完偿债责任之后不能再保留融资平台的职能。此外，《通知》还严格禁止政府部门以财政收入为信用担保进行融资的行为。

为进一步规范投融资平台公司的债券融资行为，有效防范融资平台公司和地方政府债务风险，更好地发挥债券融资对地方基础设施建设的积极作用，促进企业债券市场健康发展，2010年11月，国家发改委出台了《关于进一步规范地方政府投融资平台公司发行债券行为有关问题的通知》，提出继续支持符合企业债券发行条件的地方融资平台发行债券融资，提高直接融资的比重，规范地方融资平台的担保行为，确保资产的真实有效，同时强化对债券募集资金在使用过程中的监管。

2011年，为进一步做好地方政府融资平台贷款风险监管工作，银监会发出《关于切实做好2011年地方政府融资平台贷款风险监管工作的通知》，提出继续按照"逐包打开、逐笔核对、重新评估、整改保全"十六字方针，明确以"降旧控新"为目标，严格加强新增平台贷款管理，严格信贷准入条件。该通知还提出，要全面推进存量平台贷款整改，对于到期的融资平台贷款本息，一律不得展期和以各种方式借新还旧。该通知要求，对融资平台贷款的抵押担保进行整改，各银行应严格执行相关规定，对于地方政府及其部门、机构以直接或间接形式提供的原有担保，应重新落实合法的抵押担保。

三、土地财政成为政府融资体系的重要引擎

作为特定阶段我国经济社会的一种特殊现象，土地财政不止涉及土地财政问题，还有土地金融问题；不只是财政收入渠道，更是投资建设模式。我国的土地财政是指地方政府的可支配财力及其融资活动高度依赖土地的运作的一种财政发展模式，是以政府为主体、围绕土地所进行的财政收支和政府投融资活动，是土地制度、财政制度、金融制度有机结合和共同作用的结果。可以说，我国土地财政的真正目的并不是为了简单的收支，而是旨在融资和投资，实现地方经济和城镇建设的滚动发展。

（一）土地财政的规模与结构

土地财政包含财政与金融的双重内涵，其涉及范围较广，表现形式多样，可以大致归为以下三个方面的内容：与土地相关的税收收入、土地出让金收入以及土地贷款收入。

1. 土地税收收入

土地税收是由于地方政府的公共投资及其他行为带来了土地价值及其增值，而以"土地价值溢价回收"为目的的土地征税。目前的财税体制涉及土地课税的税种有十几种，最主要的有耕地占用税、城镇土地使用税、土地增值税、契税和房产税。

《中华人民共和国城镇土地使用税暂行条例》（国务院令[1988]第17号）规定，在城市、县城、建制镇、工矿区范围内使用土地的单位和个人，为城镇土地使用税的纳税义务人，土地使用税以纳税人实际占用的土地面积为计税依据，依照规定税额计算征收。

《中华人民共和国土地增值税暂行条例》（国务院令[1993]第138号）规定，转让国有土地使用权、地上的建筑物及其附着物并取得收入的单位和个人，为土地增值税的纳税义务人，按照纳税人转让房地产所取得的增值额和规定的税率计算征收。

《中华人民共和国耕地占用税暂行条例》（国务院令[2007]第511号）规定，耕地占用税的纳税人是占用耕地建房或者从事非农业建设的单位或者个人，以纳税人实际占用的耕地面积为计税依据，按照规定的适用税额一次性征收。

《中华人民共和国契税暂行条例》（国务院令[1997]第224号）规定，契税的纳税义务人是在我国境内转移土地、房屋权属，承受的单位和个人。征税对象包括：国有土地使用权出让、转让，房屋买卖、赠与、交换。

《中华人民共和国房产税暂行条例》（国发[1986]90号）规定，房产税是按照房产的计税价值或房产租金收入向房产所有人或经营管理人征收的一种税，目的是运用税收杠杆加强对房产管理，控制固定资产投资规模，合理调节房产所有人和经营管理人的收入，其税源稳定，易于控制管理，是地方财政收入重要的税源之一。

2001—2011年，我国城镇土地使用税由66亿元提高到1104亿元，年均增长33.2%；土地增值税由10.3亿元提高到2063亿元，年均增长69.9%；耕地占用税由38亿元提高到1072亿元，年均增长39.5%；契税由157亿元提高到2764亿元，年均增长33.2%；房产税由228.6亿元提高到1102亿元，年均增长17%（见图8-4）。

图 8-4　2001—2011 年我国各类土地税收（亿元）

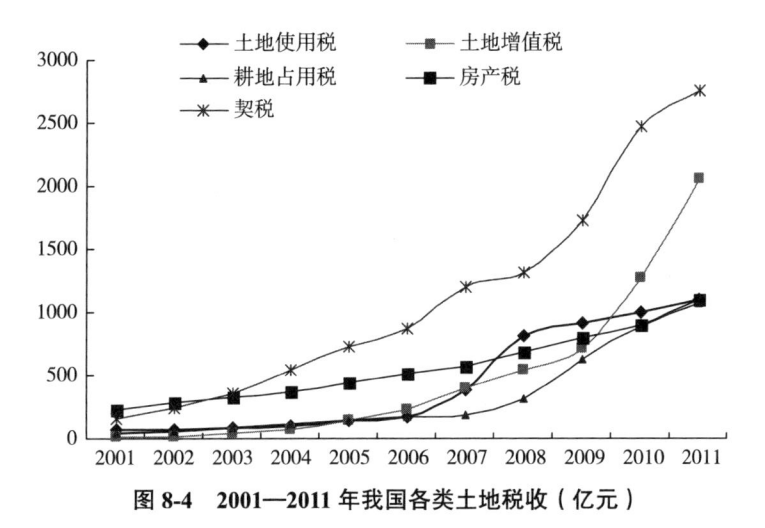

资料来源：国家税务总局网站。

土地税收总额由 2001 年的 500 亿元提高到 2011 年的 8104 亿元，年均增长 32.1%。土地税收占地方税收的比例由 2001 年的 7.2% 提高到 2011 年的 19.8%；土地税收占地方财政收入的比例由 6.4% 提高到 15.5%（见图 8-5）。可见，随着我国城市建设和房地产市场的发展，土地税收明显超前于全部地方税收和财政收入的增长。

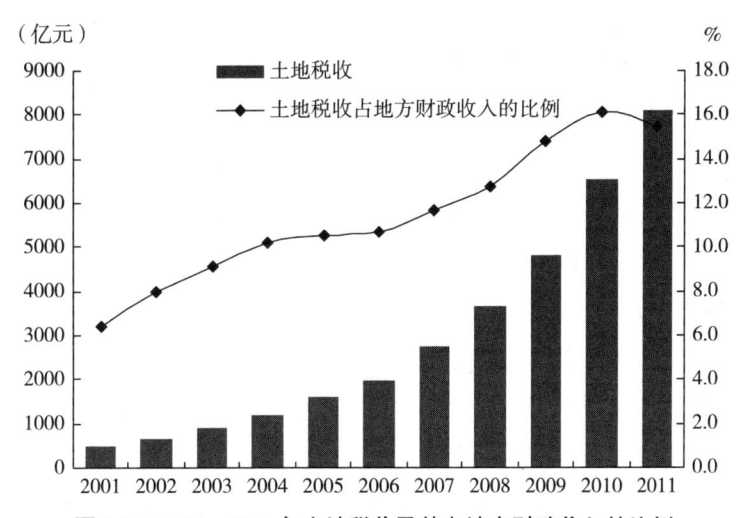

图 8-5　2001—2011 年土地税收及其占地方财政收入的比例

资料来源：国家税务总局网站，各年中国统计年鉴。

2. 土地出让金收入

我国实行土地社会主义公有制，国家所有土地的所有权由国务院代表国家行使。土地出让收入存在的基础是土地所有权与使用权相分离，是土地所有权在经济上的体现。土地出让收入是市县人民政府依据土地管理法、城市房地产管理法等有关法律法规和国家有关政策规定，以土地所有者身份出让国有土地使用权所取得的收入，主要是以招标、拍卖、挂牌和协议方式出让土地取得的收入，也包括向改变土地使用条件的土地使用者依法收取的收入，划拨土地时依法收取的拆迁安置等成本性的收入，依法出租土地的租金收入，等等。

随着我国城市化进程的加快，在以政府为主导的经济发展模式下，土地出让收入成为地方政府财政收入的主要来源，对城市的发展起到了重要作用。2001—2011 年，全国地方财政基金收入中的土地出让收入由 1296 亿元上升到 33166 亿元，年均增长 38.3%。

从土地出让环节看，扣除征地拆迁和土地开发后的土地净收益才是地方政府的可支配财力。2007 年以前，统计中没有土地成本的数据。根据全国财政预算执行情况报告，2008 年，土地出让收入 10772 亿元，扣除土地成本 3778 亿元，土地净收益为 6394 亿元；到 2011 年，土地出让收入上升到 33166 亿元，土地成本也提高到 23630 亿元，土地净收益只有 9536 亿元。在土地出让总收入中，土地成本增长较快，导致净收益增长远远滞后于总收入的增长。

2008 年和 2009 年的土地净收益占土地出让收入的比例维持在 63%，而 2010 年和 2011 年则分别下降到 54%、28.1%。可见，征拆成本迅速增加，地方政府从土地出让环节得到的收益明显缩减。我们对 2001—2007 年土地成本占土地出让收入的比例进行估算，即由 70% 下降到 64%，并依此推算出相关年份的土地净收益。结果表明，土地净收益占地方财政收入的比例波动较大，由 2001 年的 5% 提高到 2003 年的 17.7%，又下降到 2005 年的 12.4%，之后逐步提高到 2010 年的 38.7%，2011 年迅速下降到 18.2%（见图 8-6）。

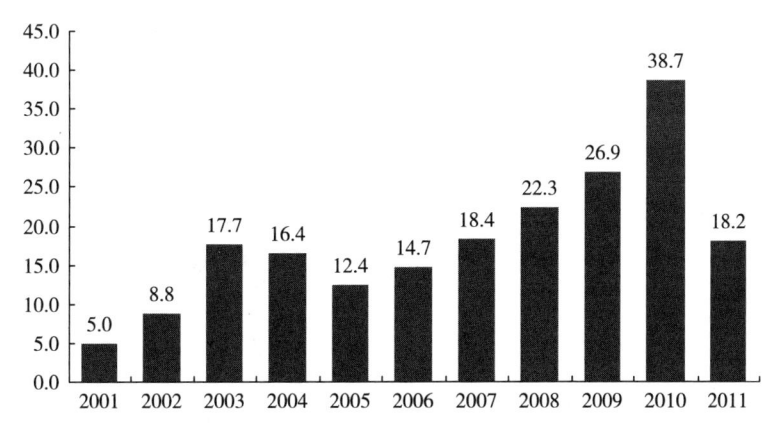

图 8-6 2001—2011 年土地净收益占地方财政收入的比例（%）

资料来源：同图 8-5。

3. 土地贷款收入

政府的土地收入还包括通过土地资产抵押获得的贷款收入。土地抵押贷款收入是将政府未来的土地出让收入"贴现"，政府提前支配这部分收入。根据国土部发布的《中国国土资源公报》，截至 2012 年底，全国 84 个重点城市处于抵押状态的土地面积为 34.8 万公顷，抵押贷款总额 5.9 万亿元。再根据国家审计署的报告，截至 2010 年底，全国地方政府性债务余额 10.7 万亿元。2010 年底，地方政府负有偿还责任的债务余额中，承诺用土地出让收入作为偿债来源的债务余额为 25473.5 亿元，占当年全部地方政府债务的 24%。1997 年以来，我国地方政府性债务规模随着经济社会发展逐年增长。根据报告中提供的分阶段债务平均增长率，可以计算 2001—2010 年地方政府债务规模，并根据 2010 年与土地相关债务占全部债务的比例计算出各年与土地相关债务量，到 2010 年，与土地相关政府债务达到 2.5 万亿元。再根据国家审计署 2013 年底的审计结果，2011—2013 年，地方政府债务分别约为 13 万亿元、15.9 万亿元和 17.9 万亿元，与土地相关的政府债务分别达到 3.1 万亿元、3.8 万亿元和 4.3 万亿元（见图 8-7）。

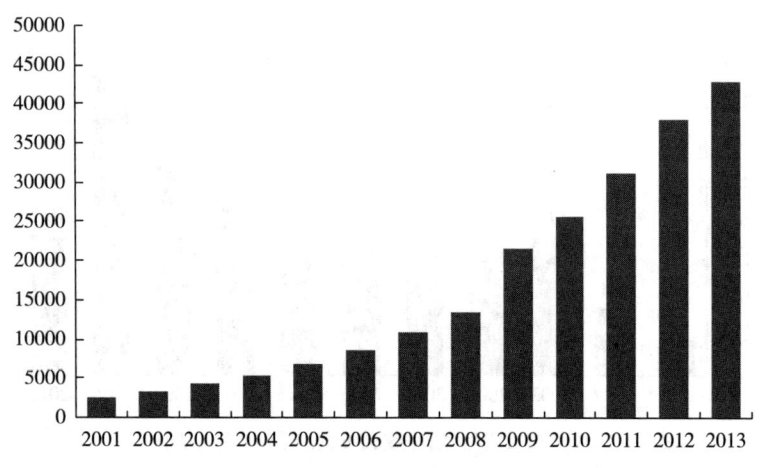

图 8-7 2001—2013 年地方政府与土地相关债务余额（亿元）

资料来源：根据国家审计署报告计算。

（二）我国土地财政的基本特征

1. 在征地和出让环节上的独家垄断，使级差地租的主要部分留在了政府手中

在征地和出让环节上的独家垄断，使得地方政府能够以相对廉价的方式征收大量的建设用地，并通过建设用地的出让积累起大量的建设资金。现行的土地管理法于 1986 年制定，先后于 1988 年、1998 年、2004 年三次修改。根据以往《土地管理法》的规定，从事非农业建设使用土地的，必须使用国有土地或者征为国有的原集体土地，也就是说集体土地要想转为建设用地，必须经过地方政府征用为国有土地的环节。直到 2020 年 1 月新修订的《土地管理法》才删去了从事非农业建设使用土地的，必须征用为国有土地的规定，把政府征地范围缩小到公共事业等领域。这意味着在很长一段时间，地方政府在土地征用环节处于垄断地位。而在土地出让环节，涉及房地产和商业用地，一般是开发企业从政府部门购得国有土地，然后进行开发并对外销售，也是地方政府垄断的。"双头垄断"的土地征用和出让制度给地方政府带来了实实在在的好处，地方政府可以通过低价收储和高价出让将级差地租的主要部分留在自己手中。

2. 通过城镇化和工业化供地价格的双轨制，促进了产业集聚发展，使得中国商品在国际上保持了竞争力

1994年的分税制改革以后，中央财政重现活力，与此同时，地方政府财源却显著缩减。为了尽可能地扩大自有财力，同时，赢得地区间经济增长的锦标赛，地方政府想方设法发展工业。工业能创造长期的税收增加，即使地方政府出让工业用地的收益甚微，甚至亏本出让，也可以通过提高商住用地的出让价格并叠加未来的工业税收加以补偿。因此，地方政府往往高价出让商住用地，低价出让工业用地，存在提高房地产用地价格、压低工业用地价格的"横向补贴"现象。通过城镇化和工业化用地价格的双轨制，即用房地产用地高价出让补贴工业用地低价出让，可以促进各类产业集聚区的发展，使得产品在国内和国际上保持价格上的竞争力。但是，由于工业用地采取了极低的价格，根本无法冲抵征地成本，其亏损部分只能由城镇化开发收益弥补，这就增加了地方政府城镇化土地出让的压力，间接推动了房地产用地价格的上涨。

3. 地方政府土地开发和出让的主要目的是满足公共投资需要，完善基础设施和提供公共服务

地方政府土地储备和出让并非全部用于房地产开发，其运营土地特别是房地产用地的重要目标还是为了满足公共项目的投资需求。地方政府通过先征地、后整理、再出让的方式运营土地，获得的级差地租收益，可以用于满足市政、学校、医院等公共投资的需要。比如，地方政府有100万亩储备土地，一半是公共服务、公益事业用地，如公租房、学校、市政等。另一半用于房地产开发，地产开发用地出售的收益一部分可用于征地拆迁成本支出，另一部分则转用于城市基础设施和公共服务设施的建设（见图8-8）。因此，商住地价及其房价的上升在一定程度上也是基础设施、公共服务建设需求及其成本上升带来的，基础设施、公共服务搞得越多、越豪华，对地方政府土地供应的要求越高，从而进一步刺激地价和房价上涨。

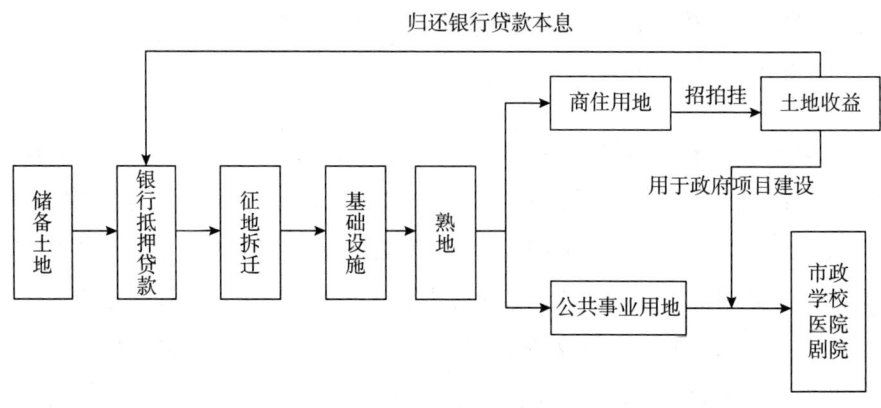

图 8-8　土地财政的流程

4. 通过饥饿型、不饱和供地方式，控制供地节奏、时机，实现土地收益的最大化

地方政府的选择性土地经营策略推动了土地收益的不断增长，也推动地价持续上涨。地方政府是土地市场的唯一供给者，什么时候推多少地块，都由政府说了算。为实现土地收益的最大化，地方政府常常通过对土地供给的有计划的适度饥饿控制，推动建设用地价格保持单边持续上扬。地方政府并不急于完成供地计划，而是有节制地供应土地，形成资源稀缺的市场压力，保持土地市场的饥饿感。土地供给减少，房企拿地放缓，商品房供应量减少，房价则必然上涨。将每年房地产开发企业新购置土地面积与商品房价格作比较，可以看出土地供应节奏与商品房价之间的关系。2009年、2012年，房企新购置土地面积分别同比分别下滑18.9%、19.5%，相对应的商品房价格则分别增长23.2%、8.1%。只要房企新购置土地面积增长低位运行或负增长，房价上涨的幅度就大。地方政府采取这样的方式供地、拿地、用地、管地，最终只能导致地价和房价的不断飙升。

5. 地方政府对工业用地供应存在内生偏好，通常采用低价出让方式开展招商引资竞争

由于招商引资来的企业可以增加本地就业和税收收入，由此形成产业集聚，产生外溢效应与规模效应，有利于提高地区的生产率，因此，政府通常对工业用地采取低价出让策略，并愿意增加这部分用地供给。这种供地结构偏好有利于实现地方政府通过工业用地进行引资竞争的目标，但是，也产生了低价、超量供应工业用地与高价、缩量供应居住用地的倾向，致使工业与居住用地供应出现结构性失衡。根据国家标准（GBJ137—1990）对建设用地四个大类用地（居住、工业、道路广场和绿地等）结构比例规定，工业用地占比一般不超过25%，居住用地占比不超过32%[①]。而我国工业用地供给比例大多数时间高于国家标准，而商住用地比例则远低于国家标准。这种现象的长期存在一方面造成了招商引资的恶性竞争和工业用地的低效利用；另一方面，带来了居住用地供应不足，成为房价过快上涨的基础性因素。

第七节 投融资的成就、经验和启示

一、主要成就

（一）投资高速增长与结构优化提升

固定资产投资统计从2003年开始，2003—2011年，我国固定资产投资[②]保持高速增长势头，年均增速达到26.6%。这一时期投资的波动也比较大，增速由2003年的29%，下降到2006年的24.3%，又回升至2009年的30.4%，再下降到2011年的24%，总体趋于下降，与高点相比，增速下降了近6个百分点（见图8-9）。在支出法GDP中，资本形成率（投资率）由2002年的36.3%上升到2011年的47%，上升趋势十分明显，也是改革开放以后，投资率上升最为明显的一个时期。

---

① 范剑勇、莫家伟、张吉鹏："居住模式与中国城镇化——基于土地供给视角的经验研究"，《中国社会科学》2015年第4期。

② 固定资产投资（不含农户）是指城镇和农村各种登记注册类型的企业、事业、行政单位、城镇个体户进行的计划总投资500万元及以上的建设项目投资和房地产开发投资，包括原口径的城镇固定资产投资加上农村企事业组织项目投资。

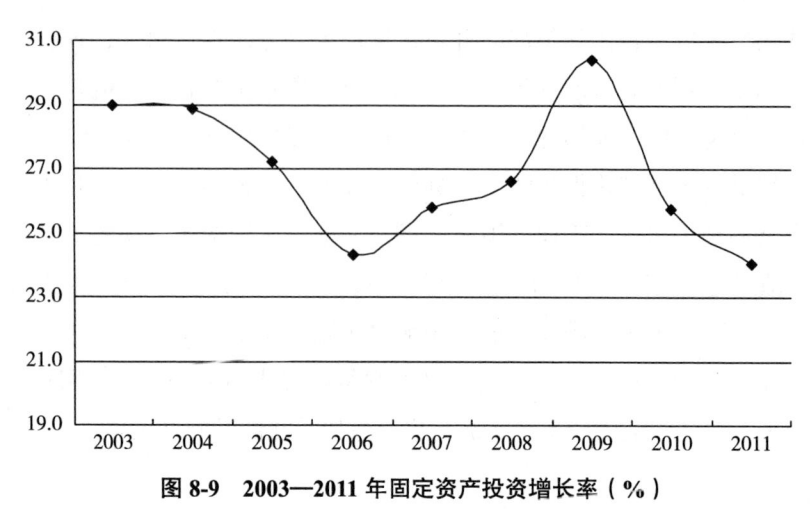

图 8-9　2003—2011 年固定资产投资增长率（%）

资料来源：国家统计局。

2003—2011 年，在国民经济主要领域中，农业、采矿业、制造业、基础设施、房地产和社会领域投资分别年均增长 34.1%、27%、32.6%、21.4%、27.1% 和 19.1%，农业和制造业投资领先增长，采矿业、基础设施和房地产业投资也超前于全部投资增长，而社会领域投资则相对滞后。在采矿业中，煤炭、黑色金属、有色金属和非金属矿投资增速都比较快，只有石油和天然气开采投资增速较慢。在制造业中，木材加工、家具制造、金属制品、通用和专用设备、电气机械等行业投资平均增速都超过了 40%。在基础设施行业中，交通投资年均增长 20.7%，水利投资年均增长 22.2%，环境保护投资年均增长 17%，公共设施投资年均增长 25%，信息传输和服务投资年均增长 5.6%。这一时期，信息产业投资增速较慢。科技、教育、卫生、文化体育投资分别增长 27.3%、13.5%、24.7% 和 27.5%。教育投资增长相对较慢。

2003—2011 年，制造业投资比重由 23.4% 大幅提高到 33.9%，平均比重为 28.8%；基础设施投资比重由 25.2% 下降到 18%，平均为 21.7%；房地产投资比重由 24.2% 略有上升到 25%，平均为 23.8%；社会领域投资比重由 5% 下降到 3.1%，平均为 3.9%。在采矿业中，煤炭和石油开采业投资平均比重分别达到 1.5% 和 1.6%。在制造业中，农副产品加工投资比重为 1.4%，纺织业投资比重为 1.2%，化学投资比重为 2.9%，非金属制品业投资比重为

2.6%，钢铁业投资比重为2.2%，通用设备投资比重为1.8%，交通运输投资比重为2.3%，电气机械投资比重为1.6%。电力投资比重达到7.3%。在基础设施中，交通投资平均比重为11%，通信投资比重为1.7%，水利投资比重为1.1%，公共设施投资比重为6.8%。在社会领域中，教育、卫生、文化体育投资比重分别为2%、0.8%和1%（见表8-4）。

表8-4　　　　　　　　2003—2011年主要行业投资比重（%）

	2003	2004	2005	2006	2007	2008	2009	2010	2011	年均
全部投资	100	100	100	100	100	100	100	100	100	100
制造业	23.5	24.8	27.2	28.2	30.2	31.2	30.3	30.6	33.9	28.8
基础设施	25.2	23.0	22.0	22.0	20.5	20.2	22.5	21.6	18.0	21.7
交通运输	12.4	12.0	11.8	12.0	11.1	10.6	12.0	11.4	9.2	11.4
水利、环境和公共设施	9.2	8.3	8.1	8.0	7.9	8.3	9.2	9.2	8.1	8.5
水利管理业	1.6	1.3	1.1	1.0	0.9	1.0	1.1	1.2	1.1	1.1
环境管理业	0.6	0.4	0.4	0.4	0.5	0.5	0.6	0.6	0.5	0.5
公共设施管理业	7.1	6.6	6.6	6.6	6.5	6.8	7.5	7.0	6.6	6.8
房地产业	24.2	24.6	22.8	23.1	24.4	24.1	22.2	23.6	25.0	23.8
社会领域	5.0	4.7	4.3	4.0	3.5	3.3	3.6	3.4	3.1	3.9
科技	0.6	0.5	0.6	0.5	0.4	0.5	0.6	0.5	0.6	0.5
教育	3.2	3.1	2.6	2.3	1.9	1.6	1.7	1.5	1.3	2.1
卫生、社会保障	0.8	0.8	0.8	0.8	0.7	0.7	0.9	0.8	0.8	0.8
文化、体育	1.0	0.9	0.9	0.9	1.0	1.0	1.1	1.1	1.0	1.0

资料来源：国家统计局。

2002—2011年，东、中、西、东北地区投资年均分别增长24.4%、31.1%、28.7%和28.5%，东部地区投资相对落后。东部地区投资比重由52.3%下降到42.8%，平均为46.9%；中部地区投资比重由16.9%提高到23%，平均为20.4%；西部地区投资比重由21.5%提高到23.5%，平均为22.4%；东北地区投资比重由9.2%提高到10.7%，平均为10.3%（见图8-10）。投资在区域间的协调与均衡发展得到较好的体现。

图 8-10　2002—2011 年我国四大区域投资比重（%）

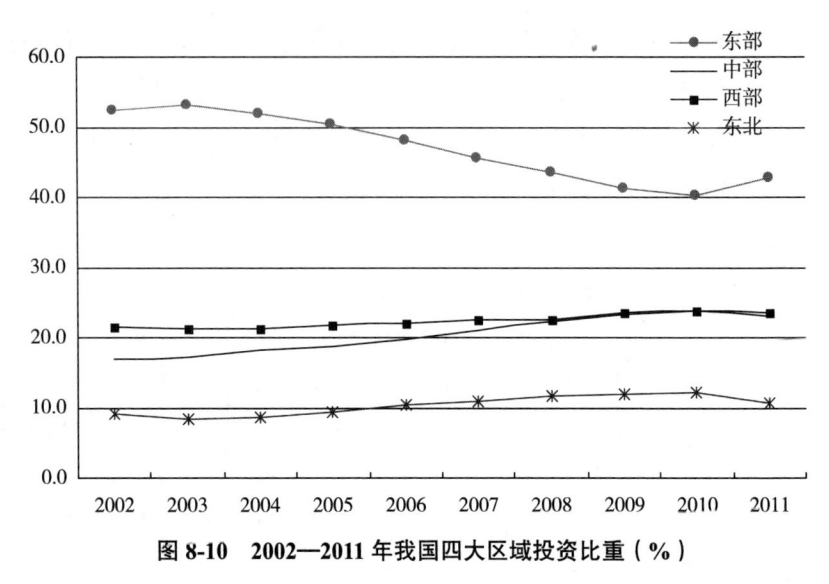

资料来源：国家统计局。

（二）促进转型发展与实现新的跨越

经济发展的黄金十年。中国经济总量占世界的份额由 2001 年的 4% 提高到 2011 年的 10% 左右，对世界经济增长的贡献率超过 20%。2008 年，中国 GDP 超过德国居世界第三位，2010 年超过日本居世界第二位。从外贸上看，加入世界贸易组织以后，中国外贸突飞猛进。2001—2011 年，中国的进口总额从 2435 亿美元增长至 17435 亿美元，出口总额从 2661 亿美元增长至 18984 亿美元，常年保持贸易顺差。外汇储备在这一期间有了大幅度的增长，从 2001 年的 0.21 万亿美元增长至 2011 年的 3.18 万亿美元。从城市化看，2001—2011 年，中国经历了历史上最快速度的城市化，城市化率从 37.6% 增长至 51.8%，城镇人口在历史上首次超过了农村人口。

工业整体素质稳步提升。按照国际标准工业分类，在 22 个大类中，我国在 7 个大类中名列第一，钢铁、水泥、汽车等 220 多种工业品产量居世界第一位。2010 年，我国制造业产出占世界的比重为 19.8%，超过美国成为全球制造业第一大国。加大兼并重组和淘汰落后产能力度，有效促进了工业整体素质和国际竞争力提升。高技术制造业规模不断扩大。2011 年，我国规模以上高技术制造业增加值占全部规模以上工业的比重为 9.1%，装备制造业增加值占规模以上工业增加值的28.9%。新能源、新材料、新医药等新兴产业蓬勃发展，成为经济增长新亮点。重大技术装备自主化水平也有了显著提高，自主创新能力和核心技术掌控能力显著增强。

进出口商品结构不断优化。在出口总额中，工业制成品占比由2002年的91.2%提高到2011年的94.7%；机电产品由48.2%提高到57.2%；高新技术产品由20.8%提高到28.9%。通过加大财税支持、加强金融服务和提高贸易便利化水平等措施，积极扩大进口。先进技术、设备、关键零部件进口快速增长，大宗资源能源产品进口规模不断扩大。2011年，机电产品进口7533亿美元，比2002年增长3.8倍；高新技术产品进口4630亿美元，增长4.6倍。铁矿砂及其精矿进口6.9亿吨，比2002年增长5.2倍；原油进口2.5亿吨，增长2.7倍。

基础设施实现新的飞跃。能源生产供应能力稳步提高。2011年，能源生产总量达到31.8亿吨标准煤，比2002年增长1.1倍。能源结构进一步优化。非化石能源占一次能源消费比重由2002年的7.3%提高到2011年的8%。交通运输能力持续增强。铁路迎来了史无前例的跨越式发展，高速铁路从无到有飞速发展，生产出时速高达350公里的动车组。"五纵七横"国道主干线和西部开发八条公路干线建成。邮电通信业蓬勃发展。2011年，移动电话用户达到98625万户，比2002年增长3.8倍。新兴业务不断发展壮大，快递等新兴业务不断涌现。2011年，互联网上网人数达到5.1亿人，稳居全球第一。

区域发展呈现良性互动态势。西部地区基础设施建设取得突破性进展。青藏铁路、西气东输、西电东送、支线机场、干线公路相继建设完工；中部地区承东启西的区位优势进一步凸显，生态经济区、城市群和综合交通枢纽建设快速发展；东北地区资源型城市转型以及国有企业、国有林区垦区等多项改革扎实推进。各地区发展潜力不断释放，区域比较优势得到充分发挥，呈现出协调发展的趋势。2011年，中部地区、西部地区生产总值占全国的比重分别为20.1%、19.2%，分别比2002年提高1.3、2.0个百分点[①]。

---

① 国家统计局：《从十六大到十八大经济社会发展成就系列报告》，国家统计局网站。

专栏8-2　　西气东输工程

"西气东输"是我国距离最长、口径最大的输气管道，西起塔里木盆地的轮南，东至上海。全线采用自动化控制，供气范围覆盖中原、华东、长江三角洲地区。

"西气东输"管道工程采取干支结合、配套建设方式进行，管道输气规模设计为每年12立方千米。项目第一期投资预测为1200亿元，上游气田开发、主干管道铺设和城市管网总投资超过3000亿元，是我国距离最长、管径最大、投资最多、输气量最大、施工条件最复杂的天然气管道。

实施"西气东输"工程，有利于促进我国能源结构和产业结构调整，带动东部、中部、西部地区经济共同发展，改善管道沿线地区人民生活质量，有效治理大气污染。这一项目的实施，为西部大开发、将西部地区的资源优势变为经济优势创造了条件，对推动和加快新疆及西部地区的经济发展具有重大的战略意义。

2002年7月4日，"西气东输"工程试验段正式开工建设。2003年10月1日，靖边至上海段试运投产成功，2004年10月1日全线建成投产，2004年10月1日，"西气东输"工程全线投产，2005年1月1日实现全线商业运营的整体建设目标。

"西气东输"管道工程起于新疆轮台县轮南镇，途经新疆、甘肃、宁夏、陕西、山西、河南、安徽、江苏、上海以及浙江10省（区、市）66个县，全长约4000千米。穿越戈壁、荒漠、高原、山区、平原、水网等各种地形地貌和多种气候环境，还要抵御高寒缺氧，施工难度世界少有。

2009年，继"西气东输"工程后又一项天然气远距离管网输送工程——"川气东送"工程启动，该工程西起四川达州，跨越四川、重庆、湖北、江西、安徽、江苏、浙江、上海6省2市，管道总长2170公里，年输送天然气120亿立方米，相当于2009年中国天然气消费量的1/7。2021年9月23日，"西气东输"三线中段（中卫—吉安）工程在宁夏中卫正式开工建设。2022年9月28日，"西气东输"四线工程正式开工，工程起于新疆乌恰县，止于宁夏中卫市，管道全长约3340公里。

二、经验和启示

（一）投融资的经验

1. 面对严峻的经济形势，采取迅速有力的调控措施

有效应对国际金融危机巨大冲击，保持了经济平稳较快发展良好态势。中国提出的两年 4 万亿元中央投资计划和每年 5000 亿元的减税计划约占 GDP 的 7%。而金融危机重灾区的美国的刺激计划只占 GDP 的 5%，欧洲和日本就更低了，发展中国家刺激政策也相对较弱。中国是全球刺激力度最大的国家，这种做法是否必要呢？从亚洲金融危机时看，1998 年和 1999 年中国国债投资分别只有 1000 亿元和 1100 亿元，之后几年国债投资规模增加也不多。由于各年的政策力度较小，在一定程度上造成连续四年的经济恢复效果不佳，积极财政政策长期难以退出。从这个意义上讲，高强度的财政刺激政策有助于经济的迅速复苏。在全球金融危机一周年时，德国《商报》指出，中国虽然也受到危机影响，但行动果断有力，它以"令人瞩目的速度"推出经济刺激方案，不仅强化了国内需求，也成为全球危机中"新的牵引"。

2. 明确投资的基本方向，促进结构调整取得新进展

在发展道路上提出了坚持走中国特色新型工业化、信息化、城镇化、农业现代化道路，推动信息化和工业化深度融合、工业化和城镇化良性互动、城镇化和农业现代化相互协调，促进工业化、信息化、城镇化、农业现代化同步发展。科技创新是提高社会生产力和综合国力的战略支撑，必须摆在国家发展全局的核心位置。要推进经济结构战略性调整，必须以改善需求结构、优化产业结构、促进区域协调发展、推进城镇化为重点，着力解决制约经济持续健康发展的重大结构性问题。要加大统筹城乡发展力度，增强农村发展活力，逐步缩小城乡差距，促进城乡共同繁荣。坚持工业反哺农业、城市支持农村和多予少取放活方针，加大强农惠农富农政策力度，让广大农民平等参与现代化进程、共同分享现代化成果。适应经济全球化新形势，必须实行更加积极主动的开放战略，完善互利共赢、多元平衡、安全高效的开放型经济体系。

3. 通过体制机制的完善，不断增强投资增长活力动力

阶段性和体制性问题通过反周期的短期政策措施是无法解决的。只有不断规范政府和市场主体行为，发挥市场配置资源的基础性作用，完善长期投资管理工具的功能，才能为宏观调控创造良好的制度环境。政府应集中力量办大事、办难事、办急事，防止政府职能的不合理扩张。建立符合科学发展观的政绩考核体系，降低经济增长和投资扩张的目标要求。加大对土地财政资金使用的监督，使得土地收益能够真正用在与民众密切相关的公共服务领域。更多运用经济杠杆调控投资，根据资源短缺程度和外部性要求，确定生产要素的市场价格，对投资起到正确的导向作用。完善技术、环保、能耗、资源综合利用、安全等市场准入标准，对不符合国家经济社会发展要求的项目进行限制，淘汰落后产能。打破行政垄断，营造公平的市场准入环境。在国家没有禁止和限制的产业领域，对所有投资主体都应持一视同仁的开放态度。

4. 解决发展不平衡问题，使人民群众得到更多的实惠

这一时期，发展中不平衡、不协调、不可持续问题依然突出，科技创新能力不强，产业结构不合理，农业基础依然薄弱，资源环境约束加剧，制约科学发展的体制机制障碍较多，深化改革开放和转变经济发展方式任务艰巨。城乡区域发展差距和居民收入分配差距依然较大，生态环境、食品药品安全、安全生产等关系群众切身利益的问题较多，部分群众生活比较困难。这些问题有的是以往经济发展进程中积累下来的老问题及其新表现，有的是改革开放以来在经济体制改革和经济发展方式转变进程中产生的新问题及其集中爆发。对于任何国家来说，在经济快速发展、经济体制深化改革的进程中，出现这样那样的问题是难以避免的，只有牢牢抓住经济建设这个中心，着力把握发展规律、创新发展理念、破解发展难题，加快形成符合科学发展要求的发展方式和体制机制，才能不断在实现发展成果由人民共享、促进人的全面发展上取得新成效。

5. 加大经济转型升级力度，促进增长方式的根本转变

"十五"期间，特别是 2003 年以来，我国经济增长模式出现逆转，突出

表现为：过度重工业化，重工业占工业总产值1998年以后不断上升，2003年达到64.3%，与"大跃进"时期的工业发展模式相似；资源密集、能源密集、资本密集、污染密集的行业（如钢铁、水泥、电解铝、煤炭等）发展过快。钢产量约占世界的25%，煤炭产量约占世界的31%，水泥产量更是惊人，占世界的40%以上[①]。在"十五"期间，能源消耗大幅度增长，2001—2005年，万元GDP能源消费量由1.43吨标准煤/万元提高到1.63吨标准煤/万元，尤其是煤炭产量和消费量陡增，导致各类主要污染物重新大幅度上升。这显示了增长模式又开始转向更多的资源消耗、能源消耗、污染排放，必须加大经济转型的力度，走可持续的发展道路。

（二）投融资的启示

1. 调控需要多种政策组合

由于单一政策工具作用有限，因此，面对日益复杂的宏观经济形势，需要借助于多种政策手段，多管齐下，形成合力。改革前20年的投资调控，操作上主要表现为压缩基建投资规模、控制贷款规模，国债政策、税收政策、利率杠杆等间接手段较少采用，政策的组合使用少。这一时期的投资调控，尽管仍然采用了行政手段，但是，行政手段的作用已转化为"发信号""打招呼"，在此基础上，越来越注重发挥经济手段和法律手段的主导作用，避免经济的大幅波动。财政政策与货币政策、土地政策和环保政策、投资政策与消费政策、扩大内需与结构调整的多种政策配合与协调使得政策组合更加丰富，更能应对复杂的局面，更能平衡各方的利益与诉求。

2. 政策调整应更具灵活性

这一时期的投资调控具有决策反应速度快，注重结构调整，政策之间力求协调的特点。宏观调控的重点始终针对泡沫行业，而对农业、能源等关键的支持力度不减。虽然各商业银行的分支行均严格按照总行的产业目录进行项目贷款，国家严控投资的产业已很难得到银行的继续支持；但是，银行

[①] 胡鞍钢等："'十五'计划实施情况评估报告"，《国情报告》第八卷，2005年（上）。

自觉调整信贷结构,电力、交通、石油、石化、社会事业成为信贷投放的重点。与货币政策相配合,中央政府的财政政策也转为中性,即适当压后政府项目的预算拨款。由此可见,投资调控可能是见势快、动手早的调控,注意准确把握调控的时机、节奏和力度,对看准的问题采取果断有力的措施。

3. 充分估计行政性调控造成的损害

投资调控具有复杂性的特征,由于微观主体结构发生了较大变化,政府宏观政策最先受到伤害的往往不是国有企业,而是冲锋陷阵的民营企业。从"铁本事件"可以清楚看到,地方政府生病、民营企业吃药的做法打击了民营企业持续发展的积极性和可能性。由于行为能力和其他客观因素的制约,政府干预经济的结果往往不能实现预期的社会经济目标。许多行业的发展规律表明,与政府调控方向相反的企业决策反而容易在未来某个时期获得成功。政府严控其发展的钢铁、有色、水泥、纺织、造纸等行业,由于内部产品品种、规格、技术和质量水平不同,其中必然存在符合经济发展要求的投资机会,但是,行政调控很难区别对待,难免伤及无辜。

4. 建立防止政府投资冲动的长效机制

在片面政绩观支配下,各级政府必然会通过各式各样的土地、税收、基础设施等方面的优惠政策招商引资,以扩大本地的经济总量。由于地方政府的投资活动缺少必要的约束机制,导致其主导的投资往往成为超越经济发展需要、恶性透支未来的无限制扩张。对地方政府行为的节制可以来自于中央政府的纵向约束,也可以来自于本地区内部的横向监督。如果单纯依靠中央政府的宏观调控,而来自于本地区的民主监督和制约机制没有建立起来,地方政府的投资冲动将会反复不断出现。因此,应在政府官员政绩考核中加入外部性及可持续发展、就业以及社会进步等方面的内容;增强地方人大对地方政府投资项目以及债务融资的民主监督与制约;提高社会公众对城市规划、建设的民主参与程度。

第九章

中国特色社会主义新时代的投资（2012—2022年）

党的十八大以来的十年，中国特色社会主义进入新时代，坚持以人民为中心的发展思想，坚定不移贯彻新发展理念，着力推进高质量发展，推动构建新发展格局，实施供给侧结构性改革，推动我国经济实力实现历史性跃升。投资领域推动结构优化，创新体制机制，提高质量效益，持续发挥有效投资对优化供给结构的关键性作用。

在经历了长时期的高速增长之后，我国经济增长开始进入趋势性下行通道，GDP 增长速度由 2011 年 1 季度的 10.2% 下降到 2013 年 4 季度的 7.7%，在这种形势下，亟需对未来发展态势做出判断。2013 年 12 月，中央经济工作会议上首次提出要理性对待经济发展的新常态，指出中国经济面临增长速度换挡期、结构调整阵痛期、前期刺激政策消化期"三期叠加"的状况。中国经济发展进入新常态，这是综合分析世界经济长周期发展阶段性特征及其相互作用作出的重大判断。

以推进供给侧结构性改革为主线，引领新常态，能够增强经济质量优势。2015 年以后，我国经济增长持续下行与 CPI 持续低位运行，居民收入有所增加而企业利润率下降，消费上升而投资下降，旧经济疲态显露而以信息产业为依托的新经济生机勃勃，经济的结构性分化日趋明显。2015 年 11 月，中央财经领导小组第十一次会议上首次提出供给侧结构性改革。2015 年底的中央经济工作会议首次明确了去产能、去库存、去杠杆、降成本、补短板的"三去一降一补"任务。

第一节　投资在应对风险挑战和疫情冲击中发挥重要作用

一、经济新常态下的投资调控

基于对"新常态"的判断，我国宏观调控思路发生了重大转变，可以概括为以下几个方面。一是不再过度追求高增长，而是对经济增速实施"区间调控"，增加对经济波动的容忍度。增长速度的升降是正常的，只要波动在合理范围内，就要持平常心。二是不再"大水漫灌"，不搞强刺激，注重补短板、强基础、增后劲，既提高宏观调控效率，又协同推进结构调整优化。三是增强前瞻性、针对性和灵活性，适时适度进行预调微调。同时，更加重视预期管理和引导，以提振整个市场的信心，力争以更低的调控成本获取更好的调控效果[①]。

投资调控贯彻了上述宏观调控的基本思想。按照2012年中央经济工作会议要求：要牢牢把握扩大内需这一战略基点，培育一批拉动力强的消费增长点，增强消费对经济增长的基础作用，发挥好投资对经济增长的关键作用。增加并引导好民间投资，同时在打基础、利长远、惠民生、又不会造成重复建设的基础设施领域加大公共投资力度。继续实施积极的财政政策和稳健的货币政策，充分发挥逆周期调节和推动结构调整的作用。适当扩大社会融资总规模，保持贷款适度增加，保持人民币汇率基本稳定，切实降低实体经济发展的融资成本。继续坚持房地产市场调控政策不动摇。高度重视财政金融领域存在的风险隐患，坚决守住不发生系统性和区域性金融风险的底线。

这一时期，投资调控的主要做法是：第一，多管齐下扩大有效投资。统筹各类建设资金，确保完成"十二五"规划重点项目建设，启动实施一批新的重大工程。包括：中西部铁路和公路、内河航道等重大交通工程，信息、电力、油气等重大网络工程，清洁能源及油气矿产资源保障工程，水利、高标准农田等农业工程，科技创新和结构升级工程，棚户区和危房改造、城市地下管网等民生工程，节能环保和生态建设工程。第二，释放民间投资潜力。抓好民间投资36条及实施细则的落实工作。抓紧清理和修订有关民间投资的行政法规、部门规章及规范性文件，制定清晰透明、公平公正、操作性强的市场准入规则。尽快在金融、石油、电力、公用事业等领域，向民间资本推出一批符合产业导向、有利于转型升级的项目，发挥示范带动效应。

[①] 刘伟、陈彦斌："新时代宏观经济治理的发展脉络和鲜明特点"，《经济日报》2021年10月12日。

第三，创新政府资金引导机制。优化财政资金支持方式，对属于竞争性领域的产业，可由直接支持具体项目改为设立投资基金，吸引社会资金投入。创新政府投资方式，通过投资补助、资本金注入等方式，撬动民间投资参与重点建设。第四，加大调控政策力度，控制房地产价格过快上涨。2013年2月，国务院常务会议确定五项加强房地产市场调控的政策措施，即"新国五条"，执行以限购、限贷为核心的调控政策，坚决打击投资投机性购房。由于一、二线城市严格限购，三、四线城市仍保持高库存，2014年上半年我国房地产市场降至冰点，之后房地产政策全面反转，市场逐渐恢复，房地产市场成交逐渐回暖。

2012—2015年，全社会投资增速由18%下降到8.6%，固定资产投资增速由20.7%下降到10%，呈现逐年下降的局面。同期，现价GDP增速也由10.4%下降到7%。这一时期，我国经济正处于"三期叠加"阶段，不仅表现为经济增速的放缓，更表现为增长动力的转换、经济结构的再平衡以及发展模式的系统转型，增长过程中困难与挑战增多，新动力源还相对薄弱，短期内难以弥补传统动力消退带来的影响。政府投资对整个投资增长的贡献有限，民间投资增长动力明显不足，无法形成对全部投资的有效支撑。

二、深化供给侧结构性改革中的投资调控

2015年以后，我国经济进入了一个分化发展的新阶段，传统经济显著疲态，而新经济生机勃勃；北方经济不景气，而南方特别是西南地区投资繁荣，经济的结构性分化趋于明显。迫切需要改善供给侧环境、优化供给侧机制，通过改革制度供给，大力激发微观经济主体活力，增强我国经济长期稳定发展的新动力。由此，在适度扩大总需求的同时，着力加强供给侧结构性改革，成为宏观调控的新要求，这既突破了传统宏观调控框架的局限，也明确了构建宏观调控框架的新方向。

2015年底，中央经济工作会议提出，在适度扩大总需求的同时，去产能、去库存、去杠杆、降成本、补短板，提高供给体系质量和效率，提高投资有效性。要支持企业技术改造和设备更新，降低企业债务负担，创新金融支持方式，提高企业技术改造投资能力。要补齐软硬基础设施短板，提高投

资有效性和精准性，推动形成市场化、可持续的投入机制和运营机制。要加大投资于人的力度，使劳动者更好适应变化了的市场环境。要加强农业现代化基础建设，落实藏粮于地、藏粮于技战略。要按照加快提高户籍人口城镇化率和深化住房制度改革的要求，通过加快农民工市民化，扩大有效需求，打通供需通道，消化库存，稳定房地产市场。要明确深化住房制度改革方向，以满足新市民住房需求为主要出发点，以建立购租并举的住房制度为主要方向，把公租房扩大到非户籍人口。要发展住房租赁市场，鼓励自然人和各类机构投资者购买库存商品房，成为租赁市场的房源提供者，鼓励发展以住房租赁为主营业务的专业化企业。

"三去一降一补"成效显著。在去产能方面，2018年工业企业产能利用率较2016年提高3.2个百分点；在去库存方面，2018年商品房待售面积回落到2013年末水平；在去杠杆方面，宏观杠杆率趋稳，2018年非金融实体部门杠杆率为243.7%，较2017年末降低0.3个百分点；在降成本方面，2018年工业企业每百元营业收入中的成本较2015年降低1.8元；补短板方面，2016—2018年生态、水利、高技术产业投资年均增速分别为35.6%、10.6%和15.5%。与此同时，一些新矛盾和新问题也逐渐出现。在去产能方面，煤炭、钢铁行业淘汰了一大批落后产能，但并没有完全除去，特别是国有"僵尸企业"仍面临债务处置问题，债务处理机制尚未有效建立；在去库存方面，加大棚改力度，棚改补偿模式由实物、货币安置并重，转向货币安置优先；与此同时，央行推出的"抵押补充贷款"创新性政策工具，解决了棚改货币化安置的资金问题。另外，继续放松购房限制，降低首付比例，房价开始又一轮狂飙模式，成交量和成交价均被刷新纪录；在去杠杆方面，由于采取的政策力度比较大，短期形成了政策的叠加效应，对金融市场形成了一定冲击；在降成本方面，减税降费措施的效果仍有待提升；在补短板方面，科技领域"卡脖子"问题仍然存在[①]。

2015—2017年，全社会投资增速分别为8.6%、7%和6.2%，固定资产投资增速分别为10%、8.1%和7.2%。与此同时，现价GDP增速分别达到7%、

---

① "巩固、增强、提升、畅通——2019年，中国经济将向何处发力"，《光明日报》2019年1月17日。

8.4%和11.5%。投资结构持续优化，民生、高技术、工业技术改造等领域投资保持较快增长。实体经济振兴取得积极进展，制造业创新中心、工业强基、绿色制造、智能制造等重大工程稳步实施。基础设施保障水平进一步提升，交通基础设施网络布局不断优化。新兴产业蓬勃发展，集成电路、人工智能、大数据、数字经济、新一代信息基础设施、民用空间基础设施、通用航空、健康惠民等一批重大工程顺利实施。

三、高质量发展新阶段的投资调控

党的十九大报告作出了"我国经济已由高速增长阶段转向高质量发展阶段"的重大判断。转向高质量发展阶段的宏观经济治理框架，在继续以供给侧结构性改革为主线的基础上，目标体系更加丰富，治理方式更加系统。就目标体系而言，不仅关注经济增长、通胀水平与经济结构，而且更加关注系统性金融风险、民生保障与生态环境质量等多个方面。就治理方式而言则更加系统化，从系统论出发优化经济治理方式，加强全局观念，在多重目标中寻求动态平衡。例如，2017年中央经济工作会议提出，推动高质量发展是当前和今后一个时期确定发展思路、制定经济政策、实施宏观调控的根本要求，必须加快形成推动高质量发展的指标体系、政策体系、标准体系、统计体系、绩效评价、政绩考核，创建和完善制度环境，推动我国经济在实现高质量发展上不断取得新进展。2018年中央经济工作会议针对较为复杂严峻的经济局面，全方位提出了"稳就业、稳金融、稳外贸、稳外资、稳投资、稳预期"的"六稳"工作。

这一时期，投资调控的主要任务是：第一，增加中央预算内投资规模和地方政府专项债券发行规模。按照"资金跟着项目走"要求，安排好地方政府专项债券项目，集中支持有一定收益的基础设施和公共服务项目。第二，加强公共卫生、物流设施、农林水利、城乡基础设施等领域补短板，推进新型基础设施投资。推动城市更新，加大城市停车场和充电设施、城乡污水垃圾处理设施、采煤沉陷区综合治理、独立工矿区和城区老工业区搬迁改造等建设力度。第三，坚持房住不炒主基调，加强房地产市场调控。调控政策持续升级，限制政策不断加码，房地产上涨势头明显减弱。与此同时，市场成交放缓，一、二线城市和三、四线城市房产分化加剧。第四，继续加大金融支持，发挥政府资金的导向作用，规范创新政府和社会资本合作（PPP）模式，支持民间资本参与补短板和新型基础设施建设。稳妥推进基础设施领域不动产投资信托基金（REITs）试点，充分调动包括民间投资在内的各类社会资本积极性，盘活存量资产。

2017—2019年，全社会投资增速分别为6.2%、5.9%和5.1%，固定资产投资增速分别为7.2%、5.9%和5.4%。与此同时，现价GDP增速分别达到11.5%、10.5%和7.3%。这一时期，投资和经济增速都趋于下滑，但是，投资质量还是有了明显提升，新经济和高技术产业投资比重持续上升，投资结构绿色低碳转型步伐加快，区域和产业投资的亮点频现。

四、全力应对新冠疫情冲击的投资调控

新冠肺炎疫情是中华人民共和国成立以来发生的传播速度最快、感染范围最广、防控难度最大的一次重大突发公共卫生事件。

这一时期，投资增速出现明显下降，主要还是疫情的冲击和影响，这主要体现在：①各地均实行了非常严格的封闭隔离措施，人流、物流受到限制，造成项目停工或进展缓慢，无法形成投资完成额，封闭的时间越长，对投资的影响越大；②疫情对餐饮、酒店、航空、旅游、零售等服务业的影响很大，相关企业出现数月甚至更长时间无法开工，全年没有盈利的情形，从而减弱这些行业的投资意愿；③疫情较为严重地区制造业企业供应链中断或市场销售出现困难，持续时间较长会发生供应链转移，相关企业的新投资也将受到影响；④多省市发生持续大规模疫情传播，防疫和民生等财政经常性支出明显增加，加之减税退税导致财政收入明显收缩，基层政府只能被动压缩建设资金；⑤防控政策加码导致物流中断和供应链断裂，不少企业的生产经营出现严重困难，盈利水平明显下降。疫情持续及其防控措施常态化，社会投资者的预期转弱、信心不足的问题很突出。

2020年，全力以赴做好疫情防控救治工作，扎实做好医疗物资保障和生活必需品保供稳价工作，快速实现口罩等医疗防护物资、医疗救治设备、医治床位从严重短缺到基本满足疫情防控需要；千方百计协调解决重点物资生

产核心岗位用工,保障粮油与肉禽蛋菜奶等食品的市场供应和价格基本稳定,多措并举确保能源供应安全稳定,有效保障医疗废物、废水安全处置。注重科研攻关和临床救治、防控实践相协同,第一时间研发出核酸检测试剂盒,加快有效药物筛选和疫苗研发,国产疫苗接种正式启动,充分发挥科技对疫情防控的支撑作用。在投资领域,深入挖掘和激发投资需求潜力,加大"两新一重"领域投资力度。加快下达中央预算内投资计划,及时调整优化结构,进一步集中力量办好国家层面的大事、难事、急事。重点支持公共卫生等疫情暴露的短板弱项和铁路、公路、水运、机场、重大水利、重大科技和能源基础设施、城镇老旧小区改造等领域建设。扩大地方政府专项债券使用范围,支持国家重大战略项目建设。用好向民间资本推介项目长效机制,支持民间投资参与重大工程建设。

2021年,严格落实人、物、环境同防措施,加强公共卫生防控救治能力建设,及时有效处置局部地区聚集性疫情,多措并举抓生产、增供应、强监测、畅物流,维护正常生产生活秩序。宏观政策适应跨周期调节需要,保持对经济恢复必要支持力度,同时考虑为应对困难挑战预留政策空间。积极的财政政策提质增效、更可持续。基础设施补短板力度持续加大。中央预算内投资注重聚焦大事、急事、难事,"十四五"规划《纲要》102项重大工程项目有序实施,"两新一重"和补短板项目建设积极推进。公共卫生、防灾减灾、重大科技和能源领域基础设施建设步伐加快,150项重大水利工程累计开工62项,新开工改造城镇老旧小区达5.6万个。开展基础设施领域不动产投资信托基金(REITs)试点,有效盘活基础设施存量资产。加快推进新型基础设施建设,建成全球最大的5G独立组网网络。污染防治、生态保护修复、深度节水控水、水土保持等领域重大工程项目稳步实施。

2022年,切实抓好交通物流保通保畅,确保重点产业链不被阻断。推动投资关键作用的充分发挥,建立并高效运转推进有效投资重要项目协调机制,强化用地、环评、用能等要素保障和重大问题协调,做到"资金、要素跟着项目走",加快推进重点任务落实和重大项目建设。创新设立政策性开发性金融工具,分两批投放基金7400亿元,为重大项目建设补充资本金,支持2700多个重大项目全部开工。加快地方政府专项债券发行使用并进一步扩大支持范围。鼓励引导社会资本盘活老项目、投入新项目,促进存量资产和新增投资良性循环,累计发行上市基础设施领域不动产投资信托基金(REITs)试点项目24个,总发行规模超过780亿元。全面推进城镇老旧小区改造,全国实际新开工老旧小区改造5.25万个。城市基础设施建设短板加快补齐,城市燃气管道等老化更新改造积极推进。

2020—2022年,全社会投资增速分别为2.7%、4.8%、4.9%,固定资产投资增速分别为2.9%、4.9%、5.1%,呈现触底回升的态势,三年平均增速分别达到4.1%和4.3%,虽然与疫情前的2019年还有1个百分点的差距,但是增长正在逐步恢复,表现出一定的韧性。

这一时期,国家提出"稳地价、稳房价、稳预期"的政策基调,房地产"三道红线"政策[1]出台,房价持续阴跌,城市分化继续加剧,涨跌并存。政府再次出手救市,解除限购限贷政策,"金融16条"、"三支箭"[2]、买房退税等政策相继开始实施,但是市场反应疲软,成交依旧低迷。尽管经历了史无前例的疫情冲击,投资仍然能够保持一定增长,实属不易,因此,这一时期的投资增长表现出一定的韧性。

第二节 投资优化供给结构作用明显增强

一、投资发挥关键作用,支撑经济平稳运行

投资聚焦高质量发展和全面提质增效,总量保持平稳增长,建设规模不断扩大,有效发挥了扩大国内需求、稳定经济增长的关键作用。投资持续平稳增长。2012—2022年全社会固定资产投资由28.2万亿元增加到57.9万亿元,年均增长8.4%;固定资产投资由27.2万亿元增加到2022年的54.4万亿元,年均增长9.6%,其中民间投资由15.3万亿元增加到2022年的31万亿

---

[1] 注:房地产三道红线指:①房地产公司剔除预收账款的资产负债率不得大于70%;②房地产公司的净负债率不得大于100%;③房地产公司的现金短债比不得小于1倍。

[2] 注:"三支箭"是指金融机构增加对房企的信贷投放,对房企发行债券提供支持,恢复房企及涉房企业的股权融资功能。

元,年均增长 7.5%。建设规模不断扩大。2021 年全国施工项目建设规模达 148.9 万亿元,是 2012 年的 3.5 倍;新开工项目建设规模 37 万亿元,是 2012 年的 2.3 倍。投资增长有效支撑经济平稳运行(图 9-1)。从投资对经济增长的贡献看,2012—2022 年,我国资本形成率平均每年为 43.9%,有效投资与消费升级良好互动的局面正在逐渐形成。固定资产投资有效发挥了对经济平稳运行的支撑作用。

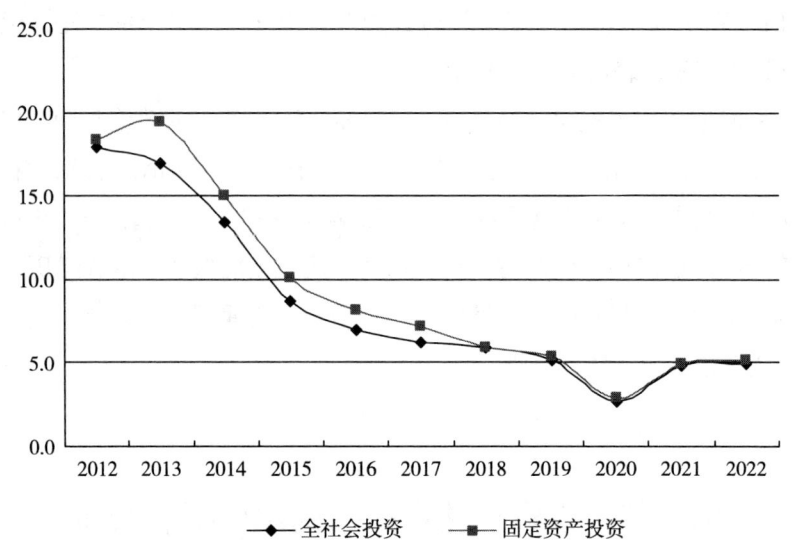

图 9-1　2013—2022 年全社会投资和固定资产投资增速(%)

资料来源:《中国统计摘要 2023 年》。

二、受经济转型和疫情影响,投资增速进入下行通道

这一时期,世界进入新的动荡变革期,投资面临的外部环境挑战明显增多。进入高质量发展新阶段,结构转型、动能转换、绿色发展任务繁重,投资面临产能约束、债务约束、政策约束和生态约束,很难实施"大水漫灌"式强刺激方式,投资高速增长期已过。2012—2022 年,全社会投资增速由 18% 下降到 4.9%,下降了 13 个百分点;固定资产投资增速由 18.4% 下降到 5.1%,下降了 13.3 个百分点。这一时期,固定资产投资年均增速比 2002—2011 年下降了 17.4 个百分点,出现了大幅度的回落。在支出法国内生产总值中,投资率由 2012 年的 46.2% 下降到 2022 年的 43.5%。与此同时,消费率

由的 51.1% 上升到 53.2%（见图 9-2）。消费对经济的拉动作用增强，而投资的拉动作用则趋于减弱。

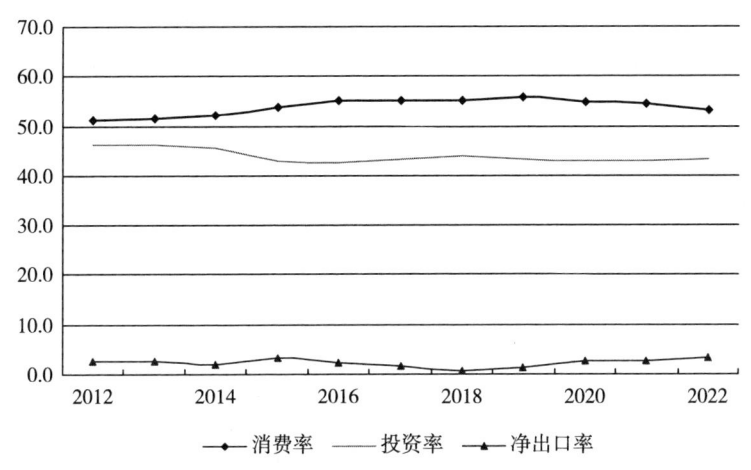

图 9-2　2012—2022 年三大需求占 GDP 的比例（%）

资料来源：《中国统计摘要 2023 年》。

三、产业投资优化升级，投资结构更趋合理

投资领域持续推进供给侧结构性改革，农业投资基础不断巩固，工业投资加快转型升级，服务业投资保持快速增长，投资结构持续优化。

农业投资基础更加巩固。2013—2021 年，第一产业投资年均增长 17.1%，增速高于全部投资 8.6 个百分点。其中，农业投资年均增长 17.5%，畜牧业年均增长 22.6%。第一产业投资比重稳步上升。2021 年，第一产业占全部投资的比重为 4.8%，比 2012 年提高 2.2 个百分点。第一产业的投资力度加大，既提高了农业生产效率，也为国家现代化建设奠定了坚实基础。

工业投资转型步伐加快。2013—2021 年，我国第二产业投资年均增长 5.9%，其中，工业投资年均增长 7.2%，工业技改投资年均增长 8.6%。2021 年，技改投资占工业投资的比重为 36.2%，比 2012 年提高 3.8 个百分点，成为工业投资增长的主要拉动力。2013—2021 年，制造业投资年均增长 7.7%。代表先进生产力的装备制造业投资增速快于传统原材料制造业，装备制造业投资年均增长 7.3%，增速比原材料制造业投资高 3.1 个百分点。

服务业投资引领快速发展。2013—2021年，我国第三产业投资年均增长8.9%。2021年，第三产业投资占全部投资的比重为66.6%，比2012年提高4.9个百分点，比第二产业投资高35.9个百分点。第三产业投资发展壮大，推动第三产业在国民经济中的比重明显提高，进一步彰显服务业投资对经济增长的重要作用。

四、区域投资统筹推进，促进经济社会协调发展

不断拓展深化以"西部大开发、东北振兴、中部崛起、东部率先发展"为主要内涵的区域发展总体战略，重点区域投资能力和水平不断增强。

四大区域投资表现差异较大。2013—2021年，东部地区投资年均增长9%，2021年东部地区占全国投资的比重为41.4%，比2012年略有提高0.4个百分点；中、西部地区投资分别年均增长11.2%和9.7%，2021年，中、西部地区占全国投资的比重分别为28.3%和25.7%，比2012年分别提高5和1.6个百分点；而东北地区投资出现明显滑坡，平均增速下降，2021年占全国的比重为4.3%，比2012年下降近7个百分点（见图9-3）。

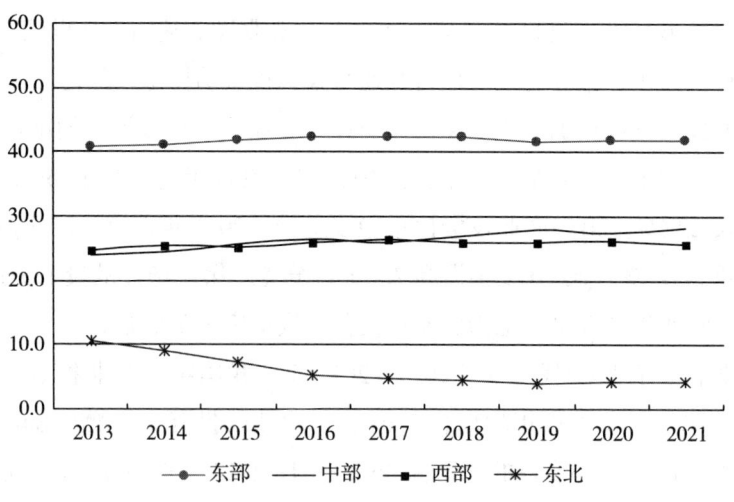

图9-3 2013—2021年各地区固定资产投资比重（%）

资料来源：国家统计局。

"京津冀""长三角""粤港澳"投资统筹推进。党的十八大以来，新的

区域增长极蓬勃发展。2013—2021年，京津冀三省市投资年均增长5%，在推动京津冀协同发展的进程中，产业升级转移有序，2021年北京、天津高技术制造业投资同比分别增长99.6%和22.5%，河北信息传输、软件和信息技术服务业投资增长22.8%。2013—2021年，长三角三省一市投资年均增长8.6%，长三角一体化发展进展顺利，基础设施互联互通水平持续提升，现代化综合交通运输体系基本建成。粤港澳大湾区建设蓬勃发展，2016—2020年大湾区固定资产投资累计超过2万亿元，年均增长11.5%，港珠澳大桥、广深港高铁香港段等重大基础设施项目相继建成。

长江经济带和黄河流域投资共促高质量发展。依托长江经济带发展战略，2013—2021年，长江经济带覆盖的11个省市投资合计年均增长11.4%，增速比全国高1.7个百分点；2021年长江经济带占全国投资的比重为44.3%，比2012年提高8个百分点。黄河流域稳步推进生态保护和高质量发展，2013—2021年黄河流域9个省区投资合计年均增长7.8%。近年来，黄河流域优化调整区域经济和生产力布局，2020年和2021年黄河流域投资增速分别比全国高1.1和0.7个百分点。

五、高水平开放成效显著，双向投资向纵深发展

我国对外开放水平达到前所未有的高度，利用外资和对外投资稳居世界前列，愈加注重结构升级和协调发展，对接国际先进经贸规则的制度性开放成为吸引外资和对外投资的重要优势。

利用外资大国地位巩固。党的十八大以来，我国吸引外资规模保持增长态势，一直稳居发展中国家首位，近几年来，引资规模稳居全球第二。2013—2021年，非金融领域累计利用外商直接投资金额1.2万亿美元，2021年利用外资金额比2012年增长55.3%，年均增长5%。外商投资企业数量快速增加，市场主体活力不断增强。2021年，我国新设外商投资企业数量4.8万家，较2012年增长近1倍。吸引外资更加注重结构优化，不断引导投资向高新技术产业、现代服务业等产业倾斜。2021年，服务业实际使用外资9065亿元，占当年利用外资总额的78.9%，比2012年提高30.7个百分点。

对外投资合作向纵深推进。2013—2021年，我国对外投资流量稳居

全球前列，对外直接投资流量累计达 1.4 万亿美元，年均增长 8.2%。2021 年，我国对外直接投资流量为 1788 亿美元，占当期全球对外直接投资流量的 10.5%，排名世界第 2 位。截至 2021 年，我国对外直接投资存量 2.8 万亿美元，占当期全球存量的 6.7%，比 2012 年提高 4.4 个百分点，排名由第 13 位上升到第 3 位。对外合作渠道不断拓宽，范围遍及全球 189 个国家（地区），设立对外直接投资企业超过 4.5 万家。对外投资领域日趋广泛，涵盖国民经济的 18 个行业大类。2021 年流向租赁和商务服务、制造、批发和零售的投资均超百亿美元，租赁和商务服务业保持第一位，制造业位列第二[①]。

"一带一路"双向投资成果丰硕。2013—2022 年，我国与共建国家的累计双向投资超过 3800 亿美元，其中对共建国家的直接投资超过 2400 亿美元，涵盖经济社会发展的多个领域。这一时期，我国在共建国家的承包工程年均完成营业额大约 1300 亿美元，中老铁路、雅万高铁、蒙内铁路、匈塞铁路、比雷埃夫斯港等一批标志性项目陆续建成并投运，大幅提升了互联互通水平。我国还与共建国家合作建设了一系列经贸合作区，合作共建的海外产业园超过 70 个，截至 2022 年底累计投资已经超过 600 亿美元。共建国家也积极投资中国，共享中国的发展机遇，十年来累计对华投资超过 1400 亿美元，在华新设的企业接近 6.7 万家。

六、基础设施投资有序推进，民生相关投资成效显著

持续加大基础设施领域投入，重大交通、水利、通信工程投资建设成绩显著，社会领域投资增长迅猛。

交通运输和水利工程投资建设大力推进。2013—2021 年，全国基础设施投资年均增长 11.1%，增速比全部投资高 2.6 个百分点；2021 年，基础设施投资占全部投资的比重为 21.3%，比 2012 年提高了 4 个百分点。2013—2021 年，铁路运输业、道路运输业投资分别年均增长 1.9%、11.8%；水利管理业投资

---

① 国家统计局：《党的十八大以来经济社会发展成就系列报告：高水平开放成效显著 合作共赢展现大国担当》。

年均增长9.9%，乌东德、白鹤滩水电站相继并网发电，大江大河治理及防洪薄弱环节建设投入逐年加大，重点流域区域水安全保障能力明显增强。

信息通信和公共设施投资大幅跃升。2013—2021年，我国信息传输业投资年均增长13.2%，占全部投资的比重由0.7%提高到1%。"宽带中国"战略深入推进，新一代信息基础设施重大工程取得新进展。截至2021年底，全国5G基站个数达到142.5万个，5G网络已覆盖全部地级市，千兆光网覆盖3亿户家庭。2013—2021年，公共设施管理业投资年均增长12.2%，占全部投资的比重由7.1%提高到8.9%。截至2021年底，我国已有411个城市共实施2.3万个城市更新项目，总投资达5.3万亿元，城市功能短板加快补足，城市安全韧性得到进一步提高。

房地产及社会领域投资促进人民生活品质提高。2013—2021年，我国房地产开发投资累计完成103万亿元，年均增长7.8%。2021年，房地产开发投资占全部投资的比重为23.9%，比2012年下降1.5个百分点；房屋施工面积97.5亿平方米，比2012年增长70.1%；商品房销售面积由2013年的13.1亿平方米增加到2021年的17.9亿平方米；商品房销售额由8.1万亿元增加到18.2万亿元。2021年城镇和农村居民人均住房面积达41平方米、50.2平方米，分别比2012年增加8.1平方米、13.1平方米。

社会领域投资持续保持两位数增长，公共卫生、民生保障等领域短板加快补齐，教育、卫生等设施条件大幅改善，人民生活品质不断提升。2013—2021年，社会领域投资年均增长15.7%，增速比全部投资高7.2个百分点。其中，教育投资年均增长16%，为实现义务教育普及、高等教育大众化奠定了坚实基础；卫生投资年均增长19.2%，城乡医疗服务水平明显改善，医疗保障水平大幅提高。特别是新冠肺炎疫情暴发以来，2020—2021年，卫生投资分别达到26.8%和19.5%，为加强疫情防控能力建设奠定良好基础。

七、内生动力持续增强，投资新动能积聚发展

持续推进绿色低碳投资，不断强化创新引领，深化"放管服"改革，优化营商环境，积极培育投资发展新动能。

绿色低碳投资成为新趋势。2013—2021 年，生态保护和环境治理业投资年均增长 24.8%，生态治理力度不断加大，环境基础设施建设投入持续增加，污染源治理取得成效。2021 年，全国水力发电、太阳能发电投资增长 22.5% 和 48.7%，分别比全部电力生产投资增速快 17.3 和 43.4 个百分点，可再生能源发电装机达到 10.63 亿千瓦，占总发电装机容量的 44.8%，风电、光伏发电利用率分别达到 96.9% 和 98%，清洁能源消纳取得新进展。

新动能新产业投资亮点纷呈。2013—2021 年，始终将科技创新摆在国家发展全局的核心位置，全国科学研究和技术服务业投资保持快速增长，年均增速达 12.1%。高技术产业投资年均增长 16.3%。其中，高技术制造业投资年均增长 15.7%，比全部制造业投资快 8.7 个百分点；高技术服务业投资年均增长 17.3%，比全部服务业投资快 8.4 个百分点。

民间资本推进形成多元化格局。2013—2021 年，我国民间投资年均增长 8.9%，占全部投资的比重均稳定过半，其中 2021 年为 56.5%，成为拉动投资增长的重要力量。这一时期，随着投融资体制改革不断深化、"负面清单"制度落地实施，营商环境持续优化，多种所有制投资"百花齐放"的格局逐步形成。2021 年，我国港澳台企业投资同比增长 16.4%，外商企业投资增长 5%，增速均快于全部固定资产投资。同时，随着商事制度改革的深入推进，新产业新业态新商业模式蓬勃发展，小微企业投资快速增长，2016—2021 年，小微企业投资年均增长 7.5%[①]。

第三节 实现产业链供应链安全稳定发展

保持产业链供应链的安全稳定是实现安全发展的重要内容，必须充分发挥我国产业链供应链韧性足的优势，紧紧抓住开放和创新两个重要环节，把主动权掌握在自己手中，确保重要产业链供应链安全。

---

① 国家统计局：《固定资产投资效能平稳提升 优化供给结构关键作用不断增强——党的十八大以来经济社会发展成就系列报告之八》。

一、美国封锁打压对我国产业安全的影响

（一）全方位限制我国高科技企业发展

近十多年来，美国担心中国在高科技领域的崛起会对美国的国家利益和全球霸权造成威胁，一直不断打压中国高科技企业。其手段包括出口管制，美国政府对中国在半导体、高端芯片等关键领域的科技进口实施严格管制，限制中国获得美国先进技术设备；技术转让限制，美国政府限制企业与中国进行技术转让和合作，防止中国从美国获取先进科技；制裁中国科技企业，将华为、中兴等知名中国科技企业列入实体清单并采取多种打压措施。2011年，美国政府开始对华为展开调查，并禁止美国公司向华为出售技术和设备。2018年对中兴通讯进行制裁，限制其购买美国的零部件和软件。2019年，对无人机制造公司大疆进行制裁，限制其在美国的销售和使用。2023年，美方终止为华为提供4G技术的许可证，限制华为在WiFi 6、WiFi 7以及人工智能等领域的发展。2018年3月至2022年12月，美国政府及其商务部、国防部、财政部等职能部门，共把885家中国公司、机构及个人纳入到管制名单中；还有138家中国机构被列入过"未经证实"（UVL）黑名单，合计已有1000余家中国实体被列入"黑名单"。

美国还联合盟友不断加大对中国高科技企业的封锁。随着对华科技战明显升级，美国开始拉拢日本、荷兰等其他国家加入中美之间的芯片、人工智能（AI）行业战略竞争。2023年1月，美国和欧盟签署了行政安排，进一步研究人工智能（AI）、计算和相关隐私保护技术，以优化农业、医疗、应急反应、天气预报和电网运营等关键领域的限制措施，试图联合欧洲削弱中国在AI技术的领先地位。美国还希望通过对华为等中国企业的出口限制，为印度创造机会，寻求将印度作为替代中国的供应链选项。在半导体制造的许多环节，日本的市场占有率很高，且拥有很大优势，甚至是垄断地位。美国要在半导体制造设备方面对我国卡脖子，就要联合日本。2023年5月，日本政府提出对出口到中国大陆的23种关键芯片制造设备实施贸易管制，禁止出口范围甚至包括28纳米以上的芯片，许多家电、汽车、物联网产品所使用的低端芯片都将受到影响。6月30日，作为全球最大的光刻机生产国荷兰宣布，进一步收

紧光刻机出口政策，高端 DUV 光刻机 9 月 1 日起将限制向中国出口。

（二）持续推动制造业回流美国

美国推动制造业回流不是一届政府的短期行为，而是国家发展的长期战略，这与美国希望推动经济增长模式转变有关，也与借此打压中国制造有很大的关系。

2008 年全球金融危机后，奥巴马政府推出所谓的"新经济战略"，要让美国经济由服务业独大转向实体经济回归，政府重新重视国内产业尤其是制造业发展。2009—2012 年，奥巴马政府先后推出了多个政策帮助复兴美国的制造业。2009 年颁布了《复兴与再投资法》《重振美国制造业框架》。2010 年，出台了《美国制造业促进法案》。2012 年 3 月，奥巴马政府宣布由联邦政府投资 10 亿美元成立国家制造业创新网络（NNMI），促进美国制造业科技创新和成果转化。2014 年 12 月，国会将《振兴美国制造与创新法案》定为法律。由于政策力度较大，还是有不少企业选择回流美国。2011 年达到 64 家，2013 年上升到了 210 家，此后逐年递增。但美国人工成本太高，许多企业依然拒绝回流。

特朗普上台后，采取了更激进的措施号召制造业回流，动用行政手段威胁企业搬回美国，尝试通过提供税收优惠吸引本国企业回到本土投资生产，同时大幅提高对中国商品的关税。2018 年《美国先进制造业领导战略》提出支持智能和数字制造系统、先进工业机器人、人工智能、高性能材料等 15 个重点方向的发展。2020 年 6 月，美国两党参议院提出了《美国晶圆代工业法案》，以促进芯片制造业回流，增强半导体制造竞争力。但是，很多企业担心未来政策变化导致难以生存下去，所以，回流的积极性并不高。特朗普发动的对中国的贸易战，并未扭转美国制造业下滑的现状，美国总体贸易逆差创历史新高，工作岗位并未明显回流美国。

2021 年 1 月，拜登政府发布《关于确保未来由美国工人在美国制造》的行政令，强调政府要根据适用的法律，最大限度地使用美国生产的商品、产品和材料以及提供的服务。2022 年 9 月，美国国会通过了《芯片与科学法案》和《通胀削减法案》，为投资半导体、电动汽车和制药等产业回流提供税收减免、财政补贴和其他激励措施。加之俄乌冲突持续加剧带来的能源成本急剧上升，欧洲去工业化步伐加快，一批欧洲企业转向美国。据美国的非营利组织 Reshoring Initiative 的估计，2021 年，美国制造业回流带回了约 26 万个就业机会，既包括台积电、英特尔、三星到美国建设高端的晶圆制造厂，也有如福耀玻璃这样的劳动密集型产业。2022 年，几乎所有与芯片制造相关的科技巨头都在美国设立了新厂。

但是，美国制造业回流困难重重。从占总用电量比例来看，2022 年，全美工业部门用电占比为 25.8%，甚至低于 2013 年制造业回流政策密集出台前的 26.5%；作为制造业回流重点产业的原生金属产业、汽车产业、其他运输设备产业、机械产业，年复合增长率均低于或远低于 GDP 年复合增长率。① 咨询公司科尔尼的一份报告指出，美国企业想回流，要考虑五个因素：工资、人才、交货时间、运费和环保。其中，工资和人才是最大的问题。2023 年 9 月，美国汽车工人联合工会（UAW）正式对美国三大车企——通用汽车、福特汽车和 Stellantis 集团（全球第四大汽车集团）发起罢工。这是美国汽车工人联合工会成立八十多年来，汽车工人首次针对汽车三巨头同时举行罢工。UAW 在谈判中寻求为其成员加薪 40% 以上和固定福利养老金。若满足上述条件，"汽车三巨头"的劳动力成本每年将增加 450 亿～800 亿美元，并威胁到它们未来的生存能力。可见制造业在美国面临的困难。

（三）构筑"以价值观相同"为基础的供应链

过去十多年来，美国大力推进构筑"以价值观相同"为基础的全球高技术产业供应链，在供应链领域的"排华"不断升级。印太地区是美国等西方国家的重要着力点。2021 年 9 月，美国、日本、印度和澳大利亚的"四方安全对话（QUAD）"在华盛顿召开峰会，同样涉及供应链安全。2022 年 3 月，美国提出建立"芯片四方联盟"（Chip4），其成员包括美国、日本、韩国和中国台湾地区，目标是实现芯片生产闭环，将中国大陆相关企业排除在外。5 月，拜登在日本东京宣布，将启动一项新的亚太经济伙伴关系，即"印太经济框架"（IPEF），IPEF 共有 13 个初始成员国，侧重于互联互通的经济（贸易）、有韧性的经济、清洁的经济和公平的经济四个关键支柱。

---

① 王杰锋：《从工业用电量看美国"制造业回流"》，《瞭望》2023 年第 25 期。

美国也有针对性调整与东盟、印度等国的关系。2022年5月，东盟—美国特别峰会在华盛顿举行，会议发表的"联合愿景声明"表示，美国和东盟将在未来加强经济纽带和连通性方面，继续推动更强劲、更公平、更具包容性的经济增长和可持续发展，通过促进对高标准、透明、低碳和适应气候变化的基础设施项目的投资，满足东盟对基础设施的需求；继续合作促进贸易和投资，促进有复原力的全球供应链和无缝的区域连通性。印度在全球高新科技领域也有一定影响力，可以成为抑制中国的棋子，自然受到美西方国家的高度重视。2022年4月，欧盟与印度宣布成立欧盟—印度贸易和技术委员会，其目标是共同应对技术安全以及贸易等领域的挑战。这是欧盟与域外国家成立的第二个贸易和技术委员会，也是印度与其他国家成立的首个贸易和技术委员会。2022年5月，印度又成为美国发起的IPEF的首批成员国。[①]

二、我国产业链供应链展现强大活力和韧性

（一）外资并没有"脱钩"迹象，反而呈现稳步增加势头

面对诸多挑战，外资企业仍表现出了增长韧性。近年来，中国吸引外资在全球始终处于领先地位。根据联合国贸易和发展会议报告，2021年流入中国的FDI总额为1730亿美元，比上年增长约20%。据商务部统计数据，2022年，吸收外资继续保持稳定增长，实际使用外资首次超过1.2万亿元，按可比口径同比增长6.3%。以美元计达到1891.3亿美元，增长8%，引资规模依然保持世界前列。值得注意的是，尽管有美国的打压限制，2023年，发达国家仍在加大对中国市场的投资，上半年，我国新设外商投资企业2.4万家，增长35.7%。法国、英国、日本、德国等国对我国投资分别增长了173.3%、135.3%、53%、14.2%。外部环境持续恶化以及新冠疫情过后，并没有降低中国投资的吸引力，外资企业围绕打造先进产业链和升级创新链，持续在华增资。

---

① 王存刚："美国等西方国家在高新科技领域的行动与影响"，《中国信息安全》2022年第10期。

（二）美西方处心积虑"去中国化"，却难以减少对中国依赖

从特朗普到拜登，美国对中国采取了贸易战、科技战、人才战、人权战、金融战等复合手段，联合盟友进行极限施压；但是，却没有导致中美脱钩，美国对中国的贸易逆差一直保持高水平，2021年高达3550亿美元，2022年的贸易逆差反而上升到3830亿美元。尽管西方各国都在谈论减少对中国的依赖，但中国却持续巩固世界第一制造业大国和贸易大国的地位。[①]2022年，全球芯片销售市场规模为5735亿美元，中国销售额就有1803亿美元，占比达到31%，是全球第一大芯片市场。美国芯片企业的销售大头都在中国。在高通、德州仪器、英伟达的营收中，中国大陆分别占64.6%、49%和47%。一些欧盟政客出于政治偏见和地缘政治考虑，频繁威胁减少对中国的依赖，但是，他们又不得承认，欧盟和中国是深度融合的经济体。欧盟委员会主席承认，在向清洁能源转型过程中，欧洲在关键矿产方面98%依赖中国。2022年，全欧洲46%的风电是由中国产品贡献的。据西班牙《先锋报》网站的报道，欧盟依赖进口材料和产品有数百种，其中，有204种产品被定义为存在"战略依赖"。从来源国上看，64种来自中国，占31%，45种又是极其关键的，后果不能承受。

（三）我国产业链现代化水平提升，在高技术领域抢占先机

德国《焦点》周刊刊文《领先的高科技供应商之间的转变》，指出中国已从单纯量大的"中国制造"转变成了质量优秀的"中国智造"。1990年，全世界高科技出口中，美国占23.3%、日本占17.5%、德国占10.8%，中国仅占比0.6%。到2020年，全世界高科技出口份额彻底变化，美国降至7.1%，德国降到5.6%，而中国则跃升到23.8%，超过美日德总和。在美国对中国高科技领域重点打压的半导体制造方面，中国在全球的生产份额从1990年的不足1%上升到2020年15%，而美国的份额从37%下降到12%。2023年9月，《日本经济新闻》以全球经济活动中的63个关键最终产品、服务、核心零部件、材料为对象，进行了2022年主要商品和服务市场份额调查。在电

---

① 2012—2022年，印度出口在全球的份额只上升了0.2个百分点，越南稍多一点，上升0.9个百分点，而中国上升了3.3个百分点。中国制造业增加值在全球的份额以每年1个百分点的速度提高。

动汽车、电池用原材料、液晶面板等 18 个行业中，中国企业的市场占有率持续上升。其中中国企业所占的份额超过三成的行业就有 13 个。2018 年《科技日报》报道的制约我国工业发展的 35 项"卡脖子"技术，到 2023 年至少已经攻克了 60%。随着华为 Mate 60 Pro 横空出世，以及中国版 EUV 光刻机的即将问世，中国的科技实力正在实现对美国的超越。

（四）深化产业链供应链的国际合作，让发展成果惠及世界

在新一轮产业链供应链重构中，我国具备超大规模市场的需求潜力、完整的产业配套能力、高水平的人力资本和创新能力、高水平的对外开放以及持续改善的营商环境等优势。与一些国家煽动"脱钩断链"形成鲜明对比的是，中国始终坚持深化国际合作，与其他国家一道共筑畅通高效、开放包容的产业链供应链体系。2021 年底，我国累计向国际社会提供约 3720 亿只口罩，超过 42 亿件防护服，84 亿人份检测试剂，超过 20 亿剂新冠肺炎疫苗，成为对外提供疫苗最多的国家。中欧班列作为新形势下中国对外贸易发展的重要物流载体，为保障国际供应链产业链稳定畅通提供了有力支撑，已通达欧洲 24 个国家 200 个城市。从 2011 年首辆中欧班列成功开行，到 2022 年开行 1.6 万列、发送 160 万标箱。共建"一带一路"倡议有力推动了多边合作，带动亚洲及沿线地区协同发展，特别是在东南亚地区，为当地带来大量工业园、港口等设施，有力支撑了全球制造业发展。

三、我国产业链供应链安全面临风险和挑战

（一）跨国公司开始探索"中国 +1"策略

美国持续加大对中国的技术封锁和出口管制，对中国进口商品加征高关税，外资在华业务前景产生诸多不确定性，一些企业开始采取"中国 +1"策略，即外企在华设厂的同时，也在东南亚或南美地区建立生产基地，形成对中国生产线的备份。这一方面可以使外企继续享受中国市场红利、基础设施和产业生态，另一方面也可以减少对华供应链依赖，规避美国制裁风险，为未来可能的"脱钩"做好准备。目前，美欧国家生产基地的多元化布局正在

逐步进行，东南亚的越南、印尼，南亚的印度，南美的墨西哥，均成为重要选项。

（二）外资迁往周边国家对我国产业带来冲击

近年来，部分外资将产业链转向东南亚和南亚地区。韩国三星在越南投资了约 180 亿美元，拥有 6 家工厂，其中 2 家专注于智能手机的制造，产品用于供应北美和欧洲市场。与此同时，三星在中国的工厂接连关闭。2019 年 9 月底，三星暂停在广东惠州最后一座手机工厂的生产。2020 年 8 月，三星关闭了在中国的最后一家电脑工厂，2020 年 11 月底，三星又关闭了在天津的电视工厂。苹果也在开展在中国以外市场的布局。先是于 2020 年将部分 Airpods 的生产线从中国迁移至越南，2021 年 6 月，又将平板电脑"iPad"的部分生产由中国转移到越南。三菱电机、东芝机械等日本知名企业也将部分产线迁往东南亚国家。

（三）中资企业更多到东南亚和墨西哥等国建厂

目前，比亚迪旗下子公司比亚迪电子在越南富寿市富河工业园区建有电子工厂，能够年产 432.5 万台平板电脑和 5000 万个光学镜片，同时，还计划投资超过 2.5 亿美元，进一步发展新能源乘用车业务。中国家居企业如顾家家居、乐歌股份等也在越南开设了工厂。富士康、立讯精密、温斯顿、和硕、歌尔等也纷纷在越南设立工厂。根据于 2020 年生效的《美国—墨西哥—加拿大协定》，汽车零部件的 75% 必须在美国、墨西哥和加拿大生产，才能享受零关税。截至 2022 年三季度，已有金力永磁、拓普集团、立中集团等 25 家特斯拉中国产业链企业规划在墨西哥建厂。中资企业到海外建厂主要是为了提升国际竞争力，将海外市场作为生产跳板，把产品出口到欧美日韩等国家。在这个过程中，也对我国的出口产生替代效应。

四、牢牢掌握产业链供应链安全的主动权

就像美国在对与中国的全面脱钩做准备一样，中国也在做与美国脱钩的准备，而以我为主，做大做强自己，尽可能快地掌握主动权是主要目标。

（一）全面提升产业链供应链的现代化水平

推动传统产业转型升级、技术水平提升，把产业链打造得更加坚实，增强在高铁、电力装备、新能源、通信设备领域的产业链竞争力，加强在人工智能、量子通信等前沿领域进行新兴产业链布局。构建大中小企业紧密协作、融合发展的产业生态，培育具有生态控制力的企业，支持中小企业做专做精。推动实现产业链供应链的数字化、智能化、高效协同化，实现产业链供应链业务协同、信息协同、价值增值协同。

（二）加速构建安全畅通多元发展的供给体系

大力推进跨区域的供应链网络和产业生态建设，形成在关键时刻和极端情况下实现自我循环、经济正常运转的循环畅通产业链条。尤其是在断链风险较大的领域，完善必要的产能备份和多元化供给方案，增强产业链供应链弹性韧性。优化产业链供应链布局，在中西部地区选择一批发展潜力较大的二三线城市，以这些城市的国家级经开区、高新区和自创区为平台和载体，探索构建沿海地区高端产业链的备份生产线和生产基地。

（三）在开放中增强产业链供应链国际竞争力

在开放合作中提升产业链供应链水平，形成国际合作和竞争新优势。只有坚持扩大开放，加强对外合作，形成你中有我、我中有你的供应链形态，使得对方不敢轻易断供，才能保障产业链自主可控。高质量共建"一带一路"，推动《区域全面经济伙伴关系协定》（RCEP）高质量实施。加快推进规则标准等制度型开放，积极申请加入CPTPP，推进中日韩高质量FTA谈判，建设更高水平开放型经济新体制。探索制定更高水平的负面清单管理制度，开放更多产业，推动经贸合作向更广领域发展。积极对接国际高标准经贸规则，推动供应链的绿色低碳转型。

（四）采取积极有效措施维护自身的合法权益

向实施制裁方提出防止出口管制扩大化，减少管制物项的数量，避免供应链中断的意见，减轻对相关企业的困扰。相关制造类企业及供应链企业要做好相关产品的储备，积极寻求国际或国产替代产品。发挥民间行业组织和供应链力量，配合政府向国际组织的申诉。对采取歧视限制性措施的外国公司，依照《反国外制裁法》的规定进行反制裁，禁止或者限制其进入中国市场，禁止其在中国开办分公司。对实施制裁的国家实施包括稀土金属、锂电材料等产品禁运。①

第四节　城镇化高质量发展阶段的投资

一、城镇化的阶段性特征

这一时期，城镇化率开始呈现增速减缓的趋势，更加注重城镇化质量的提升。以《国家新型城镇化规划（2014—2020年）》《国家新型城镇化规划（2021—2035年）》为标志，城镇化全面进入以"人的城镇化"为核心、以提升城镇化质量为主的新阶段。农业转移人口市民化成效显著，户籍制度改革取得历史性突破，1亿农业转移人口和其他常住人口在城镇落户目标顺利实现，居住证制度全面实施，基本公共服务覆盖范围和均等化水平显著提高。城镇化空间格局持续优化，"两横三纵"城镇化战略格局基本形成，中心城市和城市群成为带动全国高质量发展的动力源，京津冀、长三角、珠三角等城市群国际竞争力显著增强，城市规模结构进一步优化。城市可持续发展能力持续增强，城市发展方式加快转变，基础设施和公共服务明显改善。

2012—2022年，我国城镇人口由7.21亿人增加到9.21亿人，城镇化率由53.1%增至65.2%，年均增加1.21个百分点。城市数量由657个增加到691个。其中，地级以上城市由285个增加到300个，县级市由368个增加到392个，另外，建制镇的数量一直保持在2万个左右；城区人口由36989万人增加到45748万人；建成区面积由45565平方公里增加到62421平方公里；城市建设用地面积由45750平方公里增加到59424平方公里。按2020年

---

① 2023年7月3日，商务部、海关总署联合发布公告，为维护国家安全和利益，对镓和锗两种金属相关物项实施出口管制。

末户籍人口规模划分，100万～200万、200万～400万、400万以上人口的地级以上城市分别有96个、46个和22个，分别比2012年末增加14个、15个和8个；50万以下、50万～100万人口的城市分别有47个和86个，分别减少7个和22个。

城市群建设成效显著。"19+2"城市群布局总体确立，京津冀协同发展、粤港澳大湾区建设、长三角一体化发展取得重大进展，成渝地区发展驶入快车道，长江中游、北部湾、关中平原等城市群集聚能力稳步增强。城市经济实力显著增加。GDP万亿俱乐部不断扩容，2012年万亿GDP城市仅有7个，上海成为第一个GDP超过2万亿的城市；2022年，万亿GDP城市增至24个，上海、北京、深圳GDP突破3万亿元，重庆、广州、苏州、成都GDP突破2万亿。城市群一体化发展水平明显提高。直辖市、省会城市、计划单列市和重要节点城市等中心城市辐射功能不断增强，城市龙头作用进一步发挥，带动所在区域中小城市发展壮大。同时，县城补短板强弱项扎实推进。

这一时期，城镇化发展步入中后期，城市的综合承载能力稳步提升，人居环境持续改善，城市发展质量显著提高，为推进中国式现代化建设奠定了坚实的物质基础。城市建设由大规模增量建设转为存量提质改造和增量结构调整并重，从"有没有"转向"好不好"，进入城市高质量发展的重要时期。在城镇化推进过程中，城市发展也积累了一些矛盾和问题，过去注重追求速度和规模，城市的整体性、系统性、宜居性、包容性和生长性不足，一些大城市的"城市病"问题突出，不少城市老旧房屋和市政管线存在安全隐患，适应城市高质量发展要求的城市更新体制机制和政策体系还没有完全建立，这些与人民群众对美好生活的向往相比还有差距。

二、城市建设投融资状况

（一）投资规模

2012—2021年，我国城市市政公用设施建设投资由15296亿元增加到23372亿元，年均增长5.3%，分别低于同期全社会投资和GDP现价增长率3.5个和3.6个百分点，城市基础设施投资与全社会投资增速同步回落，而且回落速度更快速。这一时期，城建投资增速大起大落，2014—2015年分别出现负增长，2019年零增长（见图9-4）。说明城市建设投资进入新的低速发展阶段。城市市政公用设施建设投资占全社会固定资产投资的比例由2012的5.43下降到2021年的4.23%；城市市政公用设施建设投资占GDP的比例由2.84%下降到2.04%。城镇化投资力度减弱，在经济中的地位趋于下降。

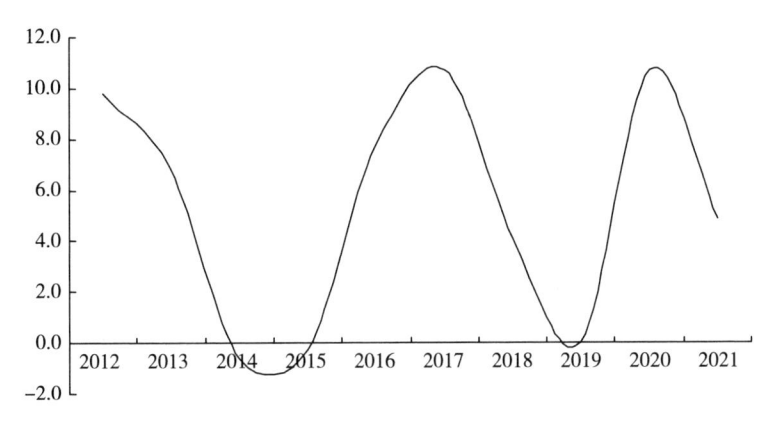

图9-4 城市市政公用设施建设投资增长率（%）

资料来源：《中国城市建设统计年鉴2021年》。

（二）行业投资结构

2012—2021年，供水、燃气、集中供热、公共交通、道路桥梁、排水、防洪、园林绿化和市容环境等领域投资分别平均占全部市政公用设施投资的3.1%、1.9%、2.7%、23.6%、41.6%、6.9%、0.2%、9.4%和2.7%。2012—2021年，供水行业投资比例由2.7%提高到3.3%，燃气行业投资比例由2.7%下降到1%；集中供热投资比例由4.1%下降到1.7%；公共交通投资比例由13.5%大幅提高到27.1%；道路桥梁投资比例由48.4%下降到37%；排水投资比例由4.6%提高到8.9%；防洪投资比例由1.6%下降到0.2%；园林绿化投资比例由11.8%下降到7%，而市容环境投资比例由1.9%提高到3.1%。市政建设投资的大头主要在道路桥梁、公共交通、园林绿化等设施建设方面，特别是轨道交通投资上升十分明显。

（三）不同类别城镇投资

在城市、县城和建制镇，基础设施投入水平存在显著差距。2011年，城市基础设施投资达到 13934 亿元，而县城和建制镇分别只有 2859 亿元和 1168 亿元；城市基础设施人均投资额达到 3936 元，而县城和建制镇分别只有 2216 元和 811 元，城市人均水平分别是县城和建制镇的 1.8 倍和 4.8 倍（见表 9-1）。2018 年，城市基础设施投资达到 20123 亿元，而县城和建制镇分别只有 3026 亿元和 1787 亿元，均有所增加；城市基础设施人均投资额达到 4713 元，而县城和建制镇分别只有 2177 元和 1110 元，城市人均水平分别是县城和建制镇的 2.1 倍和 4.2 倍（见表 9-2）。2021 年，城市基础设施投资达到 23372 亿元，而县城和建制镇分别只有 4087 亿元和 1849 亿元，均比 2018 年有所增加；城市基础设施人均投资额达到 5114 元，而县城和建制镇分别只有 2940 元和 1005 元，城市人均水平分别是县城和建制镇的 1.7 倍和 5 倍（见表 9-3）。县城与城市的差距缩小，而建制镇与城市的差距拉大。

表 9-1　2011 年各类城镇基础设施人均投资额

	人口（亿人）	投资（亿元）	人均投资额（元）
城市	3.54	13934	3936.2
县城	1.29	2859	2216.3
建制镇	1.44	1168	811.1

资料来源：《中国城乡建设统计年鉴 2011 年》。

表 9-2　2018 年各类城镇基础设施人均投资额

	人口（亿人）	投资（亿元）	人均投资额（元）
城市	4.27	20123	4712.6
县城	1.39	3026	2177.0
建制镇	1.61	1787	1109.9

资料来源：《中国城乡建设统计年鉴 2018 年》。

表 9-3　2021 年各类城镇基础设施人均投资额

	人口（亿人）	投资（亿元）	人均投资额（元）
城区	4.57	23372	5114.2
县城	1.39	4087	2940.3
建制镇	1.84	1849	1004.9

资料来源：《中国城乡建设统计年鉴 2021 年》。

（四）资金来源

随着经济的繁荣发展，财政收入大幅增长，政府掌握的土地等公共资源价值不断上涨，资本市场稳步发展，市场功能日趋深化，融资工具逐步完善，为城市基础设施融资渠道拓展发挥了重要作用。在城市基础设施资金来源中，中央财政拨款所占比例由2012年的1.1%提高到2021年的2.6%，地方财政拨款比例则由29.1%下降到23.8%；国内贷款比例由28.6%下降到13.8%；债券融资比例在2020年和2021年分别达到8%和5.5%；自筹资金比例则由24.5%下降到22.5%；其他资金比例由11.6%提高到17.5%（见表9-4）。

表9-4　　　　　　　城市基础设施资金来源渠道（%）

年份	资金来源合计	中央财政拨款	地方财政拨款	国内贷款	债券	利用外资	自筹资金	其他资金
2012	100	1.1	29.1	28.6	0.2	1.0	24.5	11.6
2013	100	0.9	22.2	26.2	0.3	0.4	29.2	14.7
2014	100	0.6	25.8	27.3	0.6	0.3	26.8	12.7
2015	100	1.2	26.6	24.1	1.1	0.3	25.7	13.2
2016	100	0.7	29.9	25.1	0.8	0.2	22.9	15.0
2017	100	1.5	27.7	25.3	0.8	0.1	25.4	11.7
2018	100	1.3	23.9	23.6	0.6	0.2	26.8	17.0
2019	100	2.0	26.7	24.7	1.9	0.2	23.0	13.8
2020	100	2.4	25.5	16.9	8.0	0.3	23.0	14.4
2021	100	2.6	23.8	13.8	5.5	0.2	22.5	17.5

资料来源：《中国城市建设统计年鉴2021年》。

三、城市建设和城市更新

（一）政策支撑

这一时期，国家相继出台《国务院关于加快棚户区改造工作的意见》《国务院办公厅关于推进城区老工业区搬迁改造的指导意见》等重要文件，指出要加快推进各类棚户区改造，重点推进资源枯竭型城市及独立工矿棚户区、三线企业集中地区的棚户区改造，稳步实施城中村改造。2016年，国土资源部印发《关于深入推进城镇低效用地再开发的指导意见（试行）》，2017年印发《城镇低效用地再开发工作推进方案（2017—2018年）》，提出鼓励土地权利人自主改造开发，鼓励社会资本积极进入，规范推进城镇低效用地再开发。2017年，住房城乡建设部印发了《关于加强生态修复城修补工作的指导意见》，要求尊重自然生态环境规律，落实海绵城市建设理念，采取多种方式、适宜的技术，系统地修复山体、水体和废弃地，构建完整连贯的城乡绿地系统。2020年，《国务院办公厅关于全面推进城镇老旧小区改造工作的指导意见》提出：按照高质量发展要求，大力改造提升城镇老旧小区，改善居民居住条件，到"十四五"期末，力争基本完成2000年底前建成的需改造城镇老旧小区改造任务。2021年3月，《"十四五"规划纲要》要求加快推进城市更新，改造提升老旧小区、老旧厂区、老旧街区和城中村等存量片区功能。2021年8月，《住房和城乡建设部关于在实施城市更新行动中防止大拆大建问题的通知》提出严格控制大规模拆除，原则上城市更新单元（片区）或项目内拆除建筑面积不应大于现状总建筑面积的20%。9月，中共中央办公厅、国务院办公厅印发《关于在城乡建设中加强历史文化保护传承的意见》，提出在城市更新中禁止大拆大建、拆真建假、以假乱真。切实保护能够体现城市特定发展阶段、反映重要历史事件、凝聚社会公众情感记忆的既有建筑，不随意拆除具有保护价值的老建筑、古民居。

北京、上海、广州、南京、杭州、深圳等城市结合各地实际情况，从广度和深度上全面推进城市更新工作，呈现以重大事件提升城市发展活力的整体式城市更新、以产业结构升级和文化创意产业培育为导向的老工业区更新再利用、以历史文化保护为主题的历史地区保护性整治与更新、以改善困难人群居住环境为目标的棚户区与城中村改造，以及突出治理城市病和让群众有更多获得感的城市双修等多种类型、多个层次和多维角度地探索新局面[①]。这一时期，各地在城市更新的实施机制与制度建设方面进行了大胆探索与突破。2015年2月"广州市城市更新局"挂牌成立，之后深圳、东莞、济南等地成立城市更新局。在城市更新管理法律、法规方面，上海出台《上海市城市更新实施办法》《上海市城市更新规划土地实施细则（试行）》《上海市城市更新规划管理操作规程》《上海市城市更新区域评估报告成果规范》等重要文件，深圳出台《深圳市城市更新办法》《深圳市城市更新办法实施细则》《深圳市城市更新标准与准则》等重要文件。

---

① 阳建强："1949—2019年中国城市更新的发展与回顾"，澎湃在线 2019-12-23。

（二）地方实践

这一时期城市更新实践更多面向高质量发展要求，面向棚户区、老旧小区、历史文化街区、工业遗产等空间对象，采用微改造、城市修补、渐进式、参与式、"绣花功夫"等精细化方式，推动建成环境改善再利用；依托政府引导、市场运作、多元参与的共同治理体系，发挥市场自下而上发展动力，更好地盘活存量资源。通过土地集约利用、空间复合开发，打造智慧、高效、可持续的城市功能。据不完全统计，2022年，全国有571个城市实施城市更新项目达到6.5万个[①]。

城市更新项目不断涌现，尤其是北上广深等一线城市，受起步时间早、发展速度快、土地资源紧缺等因素的影响，对城市更新的需求更为迫切。这些城市在多元主体参与方面进行了大量的实践探索。例如，2011年，深圳市南山区大冲村旧改项目开始全面建设，是当时广东最大的旧改项目。改造后，大冲村化身为新型、时尚、现代化的商业商务中心及居住社区，成为深圳高新区的重要配套基地。2018年7月，北京市劲松街道尝试引入社会资本参与社区改造，与物业服务企业达成合作，共同探索实现社区长效良性发展的创新模式。"劲松模式"打造了老旧小区改造模式的"综合服务模式"，融合投资、设计、改造、服务、运营全链条，通过高效的管理，实现精细化的衔接，提升了老旧小区改造的效果。2018年，深圳市水围村城市更新项目开始建设，打造集酒店、商圈、写字楼、住宅公寓等业态高度集合的临河国际风情社区。与此同时，开发公司承租村民楼，结合青年人才需求，量身定制改造和运营方案，改造后出租给福田区政府作为人才公寓使用。

专栏9-1　深圳市南山区大冲村城中村改造

大冲村历史悠久，是深圳西部地区最古老的村落之一。项目经历了房地产市场的繁荣时期，借助广东"三旧改造"政策东风，采用了合理的项目投融资、开发、经营模式，取得了理想的资金平衡与盈利效果，

[①] 秦海翔："实施城市更新行动 让城市更宜居、更韧性、更智慧"，《中国经济时报》2023年6月2日。

成为全国城中村改造的成功案例。

一、投资与建设模式

大冲村项目2012年开始开发建设，华润置地作为实施主体进行改造。涉及到1000多户原居民及300多户非原居民的动迁、7万多暂住人口的搬迁、近1500多栋建筑、约110万平方米的拆除。项目建成集住宅、公寓、酒店、写字楼、商业于一体的高端城市综合体。其中，华润自有物业共分为5期开发，总建筑面积159万平方米，回迁物业110多万平方米，政府保障性住房5.36万平方米，公共配套设施6.45万平方米，总投资超过300亿元。

在实施过程中，采用了"政府主导、市场化运作、股份公司参与"的运作模式。政府监管，华润置地负责出资和开发，村委会负责组织协调村民利益和意愿。平衡兼顾村民、社会及开发商的利益，并在三者间建立密切的合作关系，使村民、社会及开发商的利益在未来发展中融为一体。

项目通过土地开发的"一二级联动"平衡资金。采取部分安置、部分出售、分期投入、滚动开发模式，以安置区作为启动，安置部分拆迁户，剩余房产出售，产生利润，滚动进入下一期的开发成本，较好缓解了实施主体的资金压力。

二、经济和社会效益

企业取得丰厚回报。2014年10月，华润城润府1期开盘便售完，均价4.75万元/平方米。2014年11月，华润城1期加推，均价5万元/平方米，3小时售罄。一期华润即基本实现了项目的盈亏平衡，二期开始即有盈利。

集体经济提质增效。改造后，大冲股份公司的集体物业囊括了写字楼、酒店、商业以及住宅等物业，每年租金收入由旧改前的约6000万元增加到近6亿元，实现了集体资产的高效增值。

产业经济融合发展。片区拥有超大型购物中心，国际标准甲级写字楼群，不同档次组合的高品质酒店群。改造后的深圳·华润城形成了"产、学、研、投、创"全产业链，建成粤港澳大湾区具有辐射能力的南山科技金融城。

> 片区功能配套升级。企业在区域范围内配建了约 12 万平方米公共设施，含两所学校、公交首末站等，无偿移交政府使用或由政府回购，有效提升了公共设施水平，成为与城市整体形象相适应的超大规模商业、商务中心及居住社区。

第五节　方式转变和风险防控时期的金融投资

一、走向高质量发展阶段的银行融资

银行融资扩张速度比上一个阶段明显下降。银行表内融资规模由 2012 年的 9.1 万亿元增加到 2022 年的 20.4 万亿元，年均增长 8.4%。其中，人民币贷款由 8.2 万亿元增加到 20.9 万亿元；外币贷款则明显下降。2012 年，银行表外融资达到 3.6 万亿元。2017 年 11 月至 2018 年 1 月，一行三会发布"资管新规"、流动性管理新规、银信业务和委托贷款新规等，并启动银行业市场乱象整治工作，影子银行业务得到进一步遏制，非标投资持续向表内转移，部分不符合金融服务实体经济要求的领域融资受到限制。2018—2022 年，银行表外业务大幅度净减少（见表 9-5）。在表外融资中，2013 年，委托贷款规模达到 2.5 万亿元的历史高点，2018—2021 年，委托贷款每年都在减少。信托贷款 2012—2017 年每年都有所增加，2018 年以后，则出现持续的下降。

表 9-5　　　　　　　银行融资工具规模（亿元）

	2012	2013	2014	2015	2016	2017	2018	2019	2020	2021	2022
人民币贷款	82038	88914	97816	112693	124372	138432	156712	168835	200310	199404	209147
外币贷款	9163	5848	3554	-6427	-5640	18	-4201	-1275	1450	1714	-5254
委托贷款	12838	25465	25070	15911	21854	7994	-16062	-9396	-3954	-1696	3580
信托贷款	12848	18448	5174	434	8593	22232	-6975	-3467	-11020	-20073	-6003

续表

	2012	2013	2014	2015	2016	2017	2018	2019	2020	2021	2022
银行承兑汇票	10499	7751	−1285	−10569	−19531	5364	−6343	−4757	1746	−4917	−3412
银行表内融资	91201	94762	101370	106266	118732	138450	152511	167560	201760	201118	203893
银行表外融资	36185	51664	28959	5776	10916	35590	−29380	−17620	−13228	−26686	−5835

资料来源：各年《中国货币政策执行报告》，中国人民银行货币政策分析小组。

这一时期，银行业对实体经济的支撑作用明显增强，保持对实体经济资金供给充裕。坚决清理脱实向虚、乱加杠杆、以钱炒钱活动，金融体系服务实体经济质效明显提升。2017—2021年，银行业总资产年均增长8.1%。同期，银行保险机构信贷投放和债券投资分别增加72.3万亿元和25.7万亿元，其中，基础设施和制造业贷款分别增加13万亿元和6.5万亿元。科技企业信贷和绿色信贷年均增速超过15%。普惠型小微企业贷款年均增速25.5%。金融扶贫成效显著，基础金融服务覆盖率超过99%[1]。

发挥政策性、开发性金融作用。一是积极支持政策性、开发性金融机构立足职能定位和业务范围，在风险可控前提下加大对国家重点领域、薄弱环节的支持力度，实现对商业性金融的合理引导和有效补充。二是为稳住经济大盘，支持政策性、开发性银行运用政策性、开发性金融工具，通过发行金融债券等进行筹资，用于补充重大项目资本金，引导金融机构加大配套融资支持，抓紧形成更多实物工作量。

普惠金融服务见到明显成效。银行表内信贷投放结构得到显著优化，在加大金融总量供给的同时，提升对实体经济重点领域和薄弱环节的服务质量。普惠金融特别是小微金融服务的快速发展成为重点。这一时期，普惠型小微企业贷款年均增速大大高于全部贷款增速。2013年底，党的十八届三中全会明确提出发展普惠金融；2016年初，国务院印发《关于推进普惠金融发展规划（2016—2020年）的通知》。对小微企业贷款的政策制定与导向要求逐渐细化，从支持全口径小微贷款发展到侧重普惠小微贷款，提高小微不良

---

[1] 中国银保监会党委："持之以恒防范化解重大金融风险"，《求是》2022年10月。

容忍度，着力疏通小微企业融资堵点、破解融资难题。2022年，我国普惠小微贷款的余额接近24万亿元，授信户数超过5600万户。

处理了一大批突出的风险点。一方面，金融行业加大拨备计提和不良贷款的处置力度。过去十年累计消化不良资产16万亿元，一大批突出的风险隐患得到消除。2017年至2022年7月末累计处置不良资产13.5万亿元，超过之前12年处置额总和。另一方面，监管对金融违法违规行为进行严厉惩治，依法处置安邦集团、华信集团等严重违法违规企业，完成接管包商银行和"明天系"6家保险信托机构。影子银行风险有序化解。截至2022年上半年，高风险的类信贷影子银行规模较历史峰值压降约29万亿元[①]。蕴含巨大隐患的保本理财退出市场，同业理财较峰值压降99%，同业投资和非标融资大幅减少。落实房地产长效机制，合理满足房地产市场融资需求，房地产泡沫化金融化势头得到根本性扭转。

进一步完善金融监管体系。为防范我国发生系统性金融风险，对应急事件作出快速反应，解决由于监管职责不清晰、交叉监管和监管空白等造成的金融乱象频发、监管套利问题，2017年召开的第五次全国金融工作会议决定设立国务院金融稳定发展委员会。2018年，中国银行业监督管理委员会和中国保险监督管理委员会的职责整合，组建中国银行保险监督管理委员会。金融监管体制由"一行三会"转变为金融稳定委员会与"一行两会"共同组成的新架构。2023年3月，党的二十届二中全会通过了《党和国家机构改革方案》，提出组建国家金融监督管理总局，统一负责除证券业之外的金融业监管。将中国人民银行对金融控股公司等金融集团的日常监管职责、有关金融消费者保护职责，中国证券监督管理委员会的投资者保护职责划入国家金融监督管理总局。

二、改革发展新阶段的资本市场融资

党的十八大以来，资本市场以注册制为龙头的关键性制度创新取得突破性进展，市场制度供给不断优化，市场广度深度进一步拓展。多层次资本市

[①] "中国金融业这十年"，《每日经济新闻》2022年10月8日。

场建设进一步完善。

（一）进一步适应实体经济的发展

十年间，资本市场对实体经济的适配性大幅增强，股债融资累计达到 55 万亿元。尤其是 2017—2021 年，首次公开发行股票（IPO）和再融资金额合计 5.2 万亿元，交易所债券市场发行 33.9 万亿元。其中，2021 年 IPO 和再融资金额合计约 1.5 万亿元，股票和交易所债券市场融资合计超 10 万亿元，均创历史新高。截至 2021 年末，直接融资存量规模 98.8 万亿元，约占社会融资规模存量的 31.5%。十年来，我国股票市场规模增长 238.9%，债券市场规模增长 444.3%，两个市场均位居全球第二，股票市场投资者超过 2 亿，为服务高质量发展作出重要贡献。实体上市公司利润占规上工业企业利润的比重由十年前的 23% 增长到目前的接近 50%。证券期货经营机构的总资产十年间增长 5.5 倍，公募基金管理规模为 26 万亿元，增长了 8 倍，行业实力大幅增强。到 2021 年，我国资本市场拥有超过 4800 家上市公司、6700 多家新三板挂牌企业，和 3.6 万家区域性股权市场挂牌企业。上市公司和挂牌企业群体分布在 90 多个行业大类，成为中国经济的"基本盘"，非金融上市公司市值占比从 2012 年的 68% 上升至当前的 84%[1]。在上市公司数量迅速增长的同时，其整体结构也发生了根本性变化，加快向科技引导型方向迈进。截至 2022 年 6 月末，A 股战略性新兴产业上市公司超过 2200 家，新一代信息技术、生物医药等高科技行业市值占比由 2017 年初的约 20% 提高到约 37%。

这一时期，股票市场的上市公司数量急剧增加，尤其是 2019—2023 年，共有 1923 家公司上市，相当于之前 20 年的总和。股票发行实行注册制后，事前事中事后全链条监管薄弱，发行人主体责任没有压实，中介机构专业把关责任及交易所审核责任不健全，带病上市的公司不断增加。2024 年初，证监会加大了对上市公司欺诈发行、财务造假，以及大股东违规占用等违法行为的打击力度，把好"入口关"，坚持"申报即担责"。至此，终止或撤回 IPO 的公司数量呈现明显增加态势。2020 年以前，终止或撤回 IPO 的公司数

---

[1] "资本市场这十年"，《每日经济新闻》2022 年 10 月 10 日。

量均为数十家，但2021—2023年，从百余家上升到了两百余家。2024年前两个月，已有46家公司终止或撤回IPO申请，超过去年同期。这有利于从源头提高上市公司质量，引导资本市场的资源配置到重大领域、重大价值和薄弱环节中去。

（二）多层次市场体系日益完善

科创板试点注册制改革成功实施。2019年1月，中国证监会发布《关于在上海证券交易所设立科创板并试点注册制的实施意见》，坚持面向世界科技前沿、面向经济主战场、面向国家重大需求，主要服务于符合国家战略、突破关键核心技术、市场认可度高的科技创新企业。同年6月，科创板正式开板。7月，科创板首批25家公司上市交易，标志着设立科创板并试点注册制这一重大改革举措正式落地。截至2023年7月22日，科创板上市公司家数达到546家，总市值约6.6万亿元，平均市盈率超38倍，近七成公司实现超募。科创板日益成为畅通科技、资本和产业良性循环的重要平台。

创业板改革并试点注册制顺利落地。由于创业板存在包容性不足、板块同质化等问题，证监会经过深入研究，充分听取各方意见，制订了创业板改革总体方案。2020年4月，中央全面深化改革委员会审议通过《创业板改革并试点注册制总体实施方案》，确定"一条主线、三个统筹"的改革思路，着眼于打造一个规范、透明、开放、有活力、有韧性的资本市场，推进发行、上市、信息披露、交易、退市等基础性改革，坚持创业板与其他板块错位发展。截至2023年1月9日，创业板上市公司达到1232家，总市值超11万亿元，九大战略新兴产业公司合计市值占比超过70%。

新三板成为全国性的证券交易场所。2012年7月，国务院批准设立全国中小企业股份转让系统。同年9月，全国中小企业股份转让系统有限责任公司在国家工商总局完成登记注册，原代办股份转让系统和报价转让系统挂牌公司转入全国股转系统。2016年6月，新三板市场实施分层管理，首批953家挂牌公司进入创新层。2018年4月，全国股转公司与香港交易所签署《合作谅解备忘录》，支持企业同时在两地挂牌融资。2019年10月，中国证监会启动全面深化新三板改革。同年12月，中国证监会对《非上市公众公司监督管理办法》进行修订并发布，对挂牌公司的发行机制、公司治理、差异化信息披露等作出了针对性调整。全国股转公司修订发布新三板分层管理办法，新设精选层。

区域性股权市场规范发展。2011年以来，中国证监会负责牵头的清理整顿各类交易场所工作在全国范围内展开，一批严重违法违规的交易场所被取缔或关闭，市场秩序明显好转。2013年8月，国务院办公厅出台《关于金融支持小微企业发展的实施意见》，首次提出要在清理整顿的基础上，将区域性股权市场纳入多层次资本市场体系。2017年5月，中国证监会出台《区域性股权市场监督管理试行办法》，统一区域性股权市场的业务和监管规则。2019年6月，中国证监会发布《关于规范发展区域性股权市场的指导意见》，区域性股权市场规范发展的制度基础进一步夯实。2020年，中国证监会启动浙江省区域性股权市场制度和业务创新、北京区域性股权市场股权投资和创业投资份额转让、区块链建设等试点。

（三）基础制度改革取得突破

注册制改革全面稳步推进。党的十八届三中全会通过的《中共中央关于全面深化改革若干重大问题的决定》明确提出，要推进股票发行注册制改革。2015年12月，全国人大常委会授权在注册制改革中调整适用《证券法》有关规定，2018年2月将授权延期两年。中国证监会把握尊重注册制基本内涵、借鉴国际最佳实践、体现中国特色和发展阶段三个原则，推动形成了从科创板到创业板、再到全市场"三步走"的改革布局，初步建立了"一个核心、两个环节、三项市场化安排"的注册制框架。2020年4月，中央深改委第十三次会议审议通过了《创业板改革并试点注册制总体实施方案》。创业板试点存量市场注册制改革稳步有序推进。当然，这一改革也存在比较明显的漏洞和问题，给股票市场造成了系统性的风险隐患。

并购重组市场化改革不断深化。2014年以来，中国证监会大幅取消和简化行政审批，完善分道制方案，动态调整支持行业类型，实施境外投资项目、经营者集中、外国投资者战略投资与并购重组并联审批，丰富并购重组支付工具，提高并购重组审核效率。2019年，修订《上市公司重大资产重组管理办法》，允许符合条件的企业在创业板重组上市。2019年8月和2020年6月，中国证监会先后出台《科创板上市公司重大资产重组特别规定》《创业板上市公司持续监管办法（试行）》，明确科创板和创业板公司并购重组实施注册制的有关安排。

退市制度改革深入推进。2014年以来，中国证监会持续深化退市制度改革，建立健全多元化退市指标体系，进一步落实交易所退市主体责任。2020年11月，中央深改委第十六次会议审议通过了《健全上市公司退市机制实施方案》，强调要坚持市场化、法治化方向，完善退市标准，简化退市程序，拓宽多元退出渠道，严格退市监管，完善常态化退出机制。

（四）产品体系不断丰富

推出优先股。推出优先股制度是丰富资本市场层次的重要举措，有利于扩充企业融资渠道、降低杠杆率，为希望收益稳定的投资者提供新的投资渠道。2013年11月，国务院发布《关于开展优先股试点的指导意见》，明确开展优先股试点。2014年3月，中国证监会发布《优先股试点管理办法》，规范优先股的发行和交易行为。自2014年以来，已累计发行优先股筹资1.1万亿元。

债券产品蓬勃发展。交易所债券产品在2012年的国债、企业债和可转债等品种的基础上，新增了地方政府债、政策性金融债、资产证券化等品种。地方政府在交易所发行债券的数量显著增加。2017年积极响应和服务国家战略，试点发行扶贫债、创新创业债、绿色债、熊猫债、"一带一路"债、可续期债、项目收益债等新品种。截至2020年，累计发行扶贫公司债及资产支持证券141支，发行规模765亿元；创新创业债券试点发行87支，发行规模235亿元；累计发行绿色债券282支，发行规模2907亿元；累计发行资产支持类证券5万亿元。2020年4月，基础设施领域公募REITs试点推出。

期货和衍生品体系日趋完备。2013年以来，5年期国债期货、铁矿石期货和期权、上证50ETF期权、上证50股指期货、中证500股指期货、原油期货等期货和期权品种先后上市交易，填补了相关领域品种的空白，覆盖国民经济主要领域的期货产品体系初步形成。2020年10月，广州期货交易所筹备组成立。截至2022年底，国内（不包括中国港澳台地区）上市的期货期权品种数量达到110个，其中商品类93个（期货65个、期权28个），金融类17个（期货7个、期权10个）。2022年一共上市16个期货期权新品种，包括 2 个期货品种、14 个期权品种。

基金产品规模迅速扩大。在股票基金、混合基金、债券基金、货币市场基金等基础品类的基础上，陆续推出债券、跨市场和跨境、商品期货等 ETF 基金。2014 年 8 月，《公开募集证券投资基金运作管理办法》实施，将公募基金产品的审查由核准制改为注册制。2017 年和 2018 年分别顺利推出 FOF 基金、养老目标基金。2013 年 6 月，新修订的《证券投资基金法》实施，将私募证券投资基金纳入监管。2014 年 2 月，基金业协会正式开始私募基金登记备案，私募基金总管理规模从 2014 年末的 1.49 万亿元增长到 2022 年末的 20 万亿元。

（五）高水平双向开放加快推进

互联互通取得实质性进展。2014 年 11 月和 2016 年 12 月，沪港通、深港通相继开通，沪深港通北向南向看穿式监管稳步推进，内地与香港市场互联互通不断深化。2015 年 5 月，内地与香港基金互认制度落地。2019 年 6 月，沪伦通正式开通，中日 ETF 互通推出。2020 年 10 月，深港 ETF 互通推出。截至 2022 年底，沪港通、深港通持有 A 股市值合计约 22409.7 亿元，外资持股合计 1172.7 万亿股、持股市值 2.38 万亿元，占流通 A 股市值的 3.59%、占总股本市值的 2.72%。

境外投资者限制大幅放宽。2016 年 8 月，沪港通总额度取消。深港通推出时不设总额度限制。2019 年 1 月，QFII 总额度由 1500 亿美元增至 3000 亿美元。同年 9 月，取消 QFII 和 RQFII 投资额度以及 RQFII 试点国家和地区的限制。2019 年 11 月，中国证监会全面推开 H 股"全流通"改革。2020 年 9 月，中国证监会、中国人民银行和国家外汇管理局发布《合格境外机构投资者和人民币合格境外机构投资者境内证券期货投资管理办法》，进一步建立健全合格境外机构投资者制度。

A 股纳入多个国际知名指数。2018 年 6 月 1 日，A 股被正式纳入摩根士丹利资本国际公司（MSCI）相关指数，2018 年 6 月，A 股正式纳入 MSCI 新兴市场指数，纳入因子逐步提升至 20%，这是 A 股市场国际化的重要一步。2019 年 6 月，富时罗素首次将 A 股纳入其全球股票指数系列，纳入因子逐步提升至 25%。2019 年 9 月，标普道琼斯将 A 股以 25% 因子纳入其全球宽基指数。至此,三大国际指数公司 MSCI、富时罗素、标普道琼斯全部纳入 A 股。A 股被纳入国际知名指数,带来增量资金,外资连续多年保持净流入,优化了投资者结构,深化了价值投资理念。

证券期货经营机构加快开放。2020 年 1 月 1 日起,期货公司外资股比限制正式取消。2020 年 4 月 1 日起,证券、基金公司外资股比限制正式取消。2020 年 7 月,中国证监会和中国银保监会发布《证券投资基金托管业务管理办法》,允许符合条件的外国银行在华分行和子行申请基金托管资格。2022 年,我国已有摩根大通、高盛、野村、UBS(瑞银)等 12 家外资控股或全资证券基金期货公司,渣打银行等 3 家外资银行在华子行获得基金托管资格。桥水、贝莱德等外资私募证券基金相继设立 38 家全资子公司[①]。

第六节　投融资体制改革和创新

这一时期,充分发挥市场在资源配置中的决定性作用和更好发挥政府作用,全面深化投融资体制改革,进一步转变政府职能,深入推进简政放权、放管结合、优化服务改革,建立完善企业自主决策、融资渠道畅通、职能转变到位、政府行为规范,宏观调控有效、法治保障健全的新型投融资体制。

一、投融资体制改革的突破进展

2013 年,党的十八届三中全会通过《中共中央关于全面深化改革若干重大问题的决定》,2016 年《中共中央、国务院关于深化投融资体制改革的意见》,确定了投融资体制改革的顶层设计。新一轮投资体制改革紧紧围绕以上文件全面展开。

《中共中央关于全面深化改革若干重大问题的决定》是对我国改革的又一次系统谋划和整体推进,是适应发展进入新阶段,改革进入攻坚期和深水

---

① 中国证券监督管理委员会:《中国资本市场三十年》,中国金融出版社 2021 年版,第 15～22 页。

区的需要，形成了系统完备、科学规范、运行有效的制度体系。《决定》提出要深化投资体制改革，确立企业投资主体地位。企业投资项目，除关系国家安全和生态安全、涉及全国重大生产力布局、战略性资源开发和重大公共利益等项目外，一律由企业依法依规自主决策，政府不再审批。强化节能节地节水、环境、技术、安全等市场准入标准，建立健全防范和化解产能过剩长效机制。建立透明规范的城市建设投融资机制，允许地方政府通过发债等多种方式拓宽城市建设融资渠道，允许社会资本通过特许经营等方式参与城市基础设施投资和运营。

《中共中央、国务院关于深化投融资体制改革的意见》则是根据经济体制改革的总体要求，确立企业投资主体地位，坚持企业投资核准范围最小化，原则上由企业依法依规自主决策投资行为。建立企业投资项目管理负面清单、权力清单和责任清单"三个清单"管理制度。优化管理流程，实行备案制的投资项目，备案机关要通过投资项目在线审批监管平台或政务服务大厅，提供快捷备案服务，不得设置任何前置条件。实行核准制的投资项目，政府部门要依托投资项目在线审批监管平台或政务服务大厅实行并联核准。进一步明确政府投资范围，优化政府投资安排方式，规范政府投资管理，加强政府投资事中事后监管，鼓励政府和社会资本合作。同时，要创新融资机制，畅通投资项目融资渠道。

落实企业投资自主权。党的十八大以后，党中央、国务院大力推进"放管服"改革，投融资体制改革取得新的突破，但是，企业投资项目管理仍然存在一些问题，比如核准范围大、前置条件多、核准条件和标准不明确、审查周期长、中介服务不规范等，项目备案在实际操作中成为变相行政许可的问题也较为普遍，事中事后监管和过程服务仍需加强等。2016年12月，国务院发布《企业投资项目核准和备案管理条例》，坚持政府核准的项目范围最小化原则，明确仅对关系国家安全、涉及全国重大生产力布局、战略性资源开发和重大公共利益等企业投资项目实行核准管理，其他项目一律实行备案管理。需要核准的项目的具体范围，依照政府核准的投资项目目录执行。项目核准存在的主要问题，该条例逐一加以规范。对不需要核准的项目实行备案管理，既防止备案成为变相行政许可，又切实发挥备案的作用。

规范政府投资行为。长期以来,缺乏体系化的法律对政府投资活动及其行为进行规范。2019年7月,国务院颁布实施《政府投资条例》,确立了政府投资管理的基本制度框架。科学合理界定政府投资的范围,坚持"有所为有所不为",确保政府投资聚焦重点、精准发力。为进一步深化"放管服"改革,提高决策效率,该条例规定审批部门应当通过投资项目在线审批监管平台办理政府投资项目审批手续。为确保政府投资科学决策,从制度上防止"拍脑袋"决策、"政绩工程"和"形象工程",该条例规定进一步规范政府投资项目审批制度,明确了项目单位应当编制和报批的文件、投资主管部门或者其他有关部门审批项目的依据和审查事项,并规定审批重大政府投资项目应当履行中介服务机构评估、公众参与、专家评议、风险评估等程序。

扩大投资的对外开放。积极促进外商投资,保护外商投资合法权益,规范外商投资管理,推动形成全面开放新格局,促进社会主义市场经济健康发展。国务院先后印发了《关于扩大对外开放积极利用外资若干措施的通知》(国发〔2017〕5号)、《关于促进外资增长若干措施的通知》(国发〔2017〕39号)、《关于积极有效利用外资推动经济高质量发展若干措施的通知》(国发〔2018〕19号)三个外资综合性政策文件,出台产业、科技、税收、人才等方面65条措施。2017年修订《外商投资产业指导目录》,外资限制措施减少近1/3。2018年出台新版外商投资准入负面清单,在汽车、金融、能源等领域推出系列开放措施。2019年3月,十三届全国人大二次会议表决通过了《中华人民共和国外商投资法》,11月,司法部等部门出台了《外商投资法实施条例》。释放出中国开放的大门不会关闭,中国的营商环境只有更好,中国推动建设开放型世界经济的脚步不会停滞的信号。

构建宽容便利的融资体系。大力发展直接融资,强化政银企社之间合作和信息共享,加强信贷管理和金融创新;完善股票、债券等多层次资本市场,建立上海证券交易所战略新兴板,支持创新创业企业融资;完善相关法律规则,推动特殊股权结构类创新企业在境内上市;对项目收益权质押融资做出了具体规定;结合国有企业改革和混合所有制机制创新,优化能源交通等领域投资项目的直接融资;明确国家开发银行、中国进出口银行和农业发展银行定位,调动政策性、开发性金融机构积极作用;完善保险投资机构对项目建设的投资机制，放宽保险资金投资范围，创新鼓励保险资金运用方式；推动交通项目建设企业应收账款证券化，盘活存量资产，优化金融配置；完善固定资产投资项目资本金制度，下调一些行业最低资本金比例；开放"沪港通""深港通""债券通"，促进股票市场和债券市场的进一步对外开放，深化对外合作投融资机制。

二、促进民间投资健康发展

（一）促进民间投资的政策措施

为了鼓励民间投资持续健康发展，党中央、国务院先后印发了鼓励社会投资、激发民间投资、盘活存量资产等方面的体制改革和政策措施，民间投资环境不断优化，投资活力进一步增强。

党的十八大提出"要保证各种所有制经济依法平等使用生产要素、公平参与市场竞争、同等受到法律保护。"党的十八届三中全会提出"坚持权利平等、机会平等、规则平等，废除对非公有制经济各种形式的不合理规定，消除各种隐性壁垒，制定非公有制企业进入特许经营领域具体办法"；党的十九大报告指出，中国特色社会主义进入了新时代，要"毫不动摇巩固和发展公有制经济，毫不动摇鼓励、支持、引导非公有制经济发展"；党的二十大报告强调：要毫不动摇鼓励、支持、引导非公有制经济发展，优化民营企业发展环境，依法保护民营企业产权和企业家权益，促进民营经济发展壮大。完善产权保护、市场准入、公平竞争、社会信用等市场经济基础制度，优化营商环境。

2016年10月，国家发展改革委印发了《促进民间投资健康发展若干政策措施》，从促进投资增长、改善金融服务、落实完善相关财税政策、降低企业成本、改进综合管理服务措施、制定修改相关法律法规等6个方面提出了26条具体措施，旨在进一步解决制约民间投资发展的重点难点问题。

2017年9月，针对民间投资增长仍面临着不少困难和障碍，部分鼓励民间投资的政策尚未落实到位等问题，国务院下发《关于进一步激发民间有效投资活力促进经济持续健康发展的指导意见》，提出了深入推进"放管服"改革，不断优化营商环境，开展民间投资项目报建审批情况清理核查，提高审批服务水平，努力破解融资难题，为民间资本提供多样化融资服务等意见。

2017年12月，针对部分民营企业境外投资经营活动存在不规范的问题，国家发展改革委等5部委联合研究起草了《民营企业境外投资经营行为规范》，从完善经营管理体系、依法合规诚信经营、切实履行社会责任、注重资源环境保护、加强境外风险防控等方面对民营企业境外投资经营活动进行规范。

2021年12月，中央经济工作会议提出要正确认识和把握资本的特性和行为规律。要发挥资本作为生产要素的积极作用，同时有效控制其消极作用。要为资本设置"红绿灯"，依法加强对资本的有效监管，防止资本野蛮生长。要支持和引导资本规范健康发展，坚持和完善社会主义基本经济制度，毫不动摇巩固和发展公有制经济，毫不动摇鼓励、支持、引导非公有制经济发展。

稳投资在稳定经济增长中发挥重要作用，而民间投资在其中占据关键地位。2022年10月，《国家发改委关于进一步完善政策环境加大力度支持民间投资发展的意见》出台，提出发挥重大项目牵引和政府投资撬动作用，推动民间投资项目加快实施，支持民间投资参与科技创新项目建设，深化"放管服"改革，健全完善政府守信践诺机制，支持制造业民间投资转型升级，鼓励民间投资以多种方式盘活存量资产，加强民间投资融资支持，促进民间投资健康发展等21条政策措施（见表9-6）。

表9-6　"十八大"以后促进民间投资健康发展主要政策文件

时间	政策文件	内容
2012.2	关于印发鼓励和引导民营企业积极开展境外投资的实施意见的通知	国家发改委、工信部、外交部等13部委联合下发，提出18条实施意见
2014.11	国务院关于创新重点领域投融资机制鼓励社会投资的指导意见	提出39条鼓励民资参与重点领域建设的政策措施
2016.7	国务院办公厅关于进一步做好民间投资有关工作的通知	提出促进民间投资健康发展的8项要求

续表

时间	政策文件	内容
2016.10	促进民间投资健康发展若干政策措施	从促进投资增长、改善金融服务等方面提出26条具体措施
2017.9	国务院办公厅关于进一步激发民间有效投资活力促进经济持续健康发展的指导意见	深入推进"放管服"改革，优化营商环境，降低企业经营成本，增强民间投资动力，加强政策统筹协调，稳定市场预期和投资信心
2017.11	关于发挥民间投资作用推进实施制造强国战略指导意见	工信部、发改委等16部门联合下发，提出促进民间投资参与制造业强国的8项重点任务
2017.12	国家发改委、工信部等五部委《民营企业境外投资经营行为规范》	从完善经营管理体系、依法合规诚信经营、切实履行社会责任等方面对民营企业境外投资经营活动进行规范
2021.12	中央经济工作会议	正确认识和把握资本的特性和行为规律，发挥资本作为生产要素的积极作用，同时有效控制其消极作用
2022.10	国家发改委《关于进一步完善政策环境加大力度支持民间投资发展的意见》	发挥重大项目牵引和政府投资撬动作用，推动民间投资项目加快实施等21条政策措施

（二）民间投资增长与结构变动

1. 民间投资增长进入下降通道

这一时期，民间投资增长出现了大幅度下滑。2013年以后，民间投资增速逐年下滑，由2013年高峰时的20.1%下降到2015年的8.8%。2016年，民间投资增速断崖式下跌到2.8%。2018年，民间投资增长8.7%，比上年同期高3.5个百分点。2019年，民间投资增速重又下降到4.7%，2020年，受疫情影响，民间投资增速继续下滑到1%，2022年，民间投资增速不足1%。2012年以后，民间投资增长和全部投资增长的差距趋于收缩，到2016年，民间投资增速大幅下降，低于全部投资4.5个点。2018年，民间投资增速回升，高于全部投资2.8个百分点。2019年、2020年和2022年，民间投资增速又回落到全部投资增速以下（见图9-5）。2013—2022年，民间投资占固定资产投资的比例由57.9%下降到54.2%，下降了3.7个百分点。

图 9-5　民间投资及其增长率

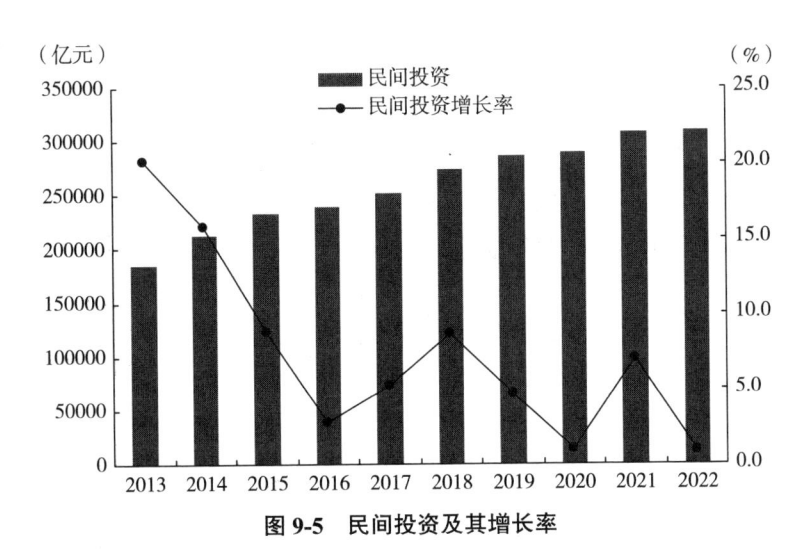

资料来源：国家统计局网站。

这一时期，民间投资面临诸多长短期问题困扰。

内外需增速减缓趋势明显，不利于形成稳定投资预期。主要经济体通胀高企，美联储实施高利率政策，世界经济面临滞胀的风险。美国对我国高技术企业制裁不断升级，制造业供应链向东南亚等国转移产生出口替代效应，外需增长压力较大。内需增长也相对乏力。2023年一季度，GDP同比增长 4.5%，虽超过预期，但仍低于过去三年平均增速。3月份，消费增长出现明显反弹，但近两年平均增速仅为 3.3%。CPI同比上涨 0.7%，PPI同比下降 2.5%，同步走弱。一季度，全国工业产能利用率为 74.3%，比上年同期下降 1.5 个百分点，也是 2020 年二季度以来低点。内外需的不确定性较多，不利于民间投资预期改善。

结构转型升级的难度较大，新旧动能转换尚待时日。民营企业创新投入长期不足，加之经济下行和疫情影响，更难拿出资金进行研发投入。民营企业普遍缺乏高端创新型人才，特别是中小城市的民营企业人才流失严重，加大了创新驱动转型升级的难度。具备发明专利的科技型民营企业占比较少，企业的科技支撑不足，普遍缺乏关键核心技术和自主品牌。目前，大部分民营企业仍处于数字化转型的早期阶段，资金、人才、数据资源利用等存在短板，成效不够理想。由于难以适应技术进步的潮流，民营企业很容易"昙花一现"。

多轮政策支持的声势很大，传导效果仍有待观察。多年来各级政府出台了一系列支持民间投资的政策，但有些政策没有落实或落地。有些宏观政策缺乏配套的细则，没有相应的协调和配套措施。政府部门的审批事项仍然不少、时间仍然较长、标准仍然不统一。审批事项下放后，一些基层部门有的不愿意接，有的接不好。政策制定过程粗糙、含金量不足，以及部门利益冲突、与现行法律抵触等问题，也使得政策的执行与传导存在障碍。不少企业仍感融资难、土地贵、房租贵、税费高、人力成本高。

2. 民间投资结构有所调整

从分行业民间投资比例变动情况看，2012—2020年，农业投资比例由2.8%提高到5.5%，提高了近1倍。采矿业投资比例由3.2%下降到1.4%，下降明显。制造业投资比例由46%下降到41.6%，下降了4.4个百分点，制造业投资地位下降。在制造业中，非金属矿制造投资比例由5%下降到4.4%；黑色金属制造投资比例由1.6%下降到1.2%；有色金属制造投资比例由1.5%下降到1%；通用设备制造投资比例由3.3%下降到2.8%；汽车制造业投资比例由2.5%下降到2%；通信制造投资比例上升较快，由1.6%上升到3.2%。在服务业中，交通运输投资比例由2.6%提高到2.8%，公共设施投资比例由2.4%提高到3.3%，这主要得益于PPP模式的大力推广。教育投资比例由0.5%提高到0.96%，文体投资比例由1%提高到1.6%，这反映出民间投资流向公共服务领域的规模仍然较低。房地产民间投资比例由2012年的29.2%下降到2020年的25.5%（见表9-7）。

表9-7　　　　　2012—2020年民间投资结构（%）

	2012	2013	2014	2015	2016	2017	2018	2019	2020
全部民间投资	100	100	100	100	100	100	100	100	100
农业	2.83	2.99	3.40	4.10	4.61	4.91	5.08	4.95	5.56
采矿业	3.19	2.87	2.44	2.00	1.69	1.29	1.35	1.53	1.41
煤炭采选	1.27	1.08	0.81	0.64	0.51	0.39	0.41	0.53	0.44
石油天然气开采	0.07	0.09	0.10	0.07	0.07	0.05	0.04	0.02	0.03
黑色矿采	0.57	0.51	0.47	0.33	0.21	0.15	0.16	0.17	0.15
有色矿采	0.50	0.44	0.38	0.31	0.28	0.22	0.19	0.17	0.16
非金属矿采选	0.68	0.63	0.58	0.56	0.55	0.43	0.50	0.61	0.61

续表

	2012	2013	2014	2015	2016	2017	2018	2019	2020
制造业	46.06	45.40	45.08	44.68	44.86	44.24	44.89	44.08	41.63
非金属矿物制品	5.05	4.71	4.68	4.52	4.32	4.14	4.62	4.65	4.37
黑色金属冶炼	1.65	1.41	1.19	0.95	0.94	0.79	0.85	0.92	1.16
有色金属冶炼	1.53	1.60	1.53	1.34	1.21	1.08	1.08	1.06	1.06
通用设备制造	3.32	3.44	3.48	3.52	3.32	3.23	3.24	3.09	2.82
专用设备制造	3.25	3.21	3.14	3.16	2.97	2.91	3.09	3.24	3.07
汽车制造	2.48	2.43	2.39	2.44	2.62	2.74	2.67	2.33	1.98
运输设备制造	0.70	0.70	0.72	0.63	0.59	0.58	0.52	0.45	0.46
电气机械	3.19	2.96	2.89	2.89	3.06	3.10	3.22	2.92	2.59
通信制造	1.58	1.62	1.61	1.70	1.78	2.17	2.32	2.95	3.15
电力、热力、燃气	2.07	2.12	2.28	2.77	3.00	2.98	2.51	2.26	2.51
建筑业	0.73	0.56	0.64	0.64	0.54	0.44	0.41	0.14	0.12
交通运输	2.59	2.95	3.11	3.51	3.33	3.26	3.03	2.92	2.78
铁路	0.07	0.07	0.08	0.09	0.06	0.05	0.06	0.11	0.11
道路	0.91	1.00	1.10	1.22	1.21	1.28	1.25	1.36	1.26
水利和公共设施	2.77	3.07	3.52	4.13	4.26	4.87	4.78	4.48	3.96
水利	0.20	0.25	0.25	0.30	0.32	0.33	0.27	0.24	0.20
公共设施	2.41	2.63	3.05	3.59	3.68	4.24	4.14	3.77	3.26
房地产	29.18	28.60	27.40	25.49	24.76	24.44	23.84	24.27	25.50
教育	0.50	0.51	0.58	0.61	0.67	0.72	0.75	0.92	0.96
卫生	0.30	0.33	0.42	0.58	0.67	0.80	0.79	0.78	0.80
文化、体育	0.99	1.03	1.09	1.10	1.11	1.19	1.53	1.70	1.62
社会组织	0.79	0.61	0.53	0.61	0.44	0.34	0.25	0.19	0.14

资料来源：国家统计局网站。

从区域投资结构看，1995—2017年，东、中、西部地区民间投资保持相同发展态势，1997—2006年，各地区民间投资总额处于稳步增长阶段，2006—2017年，各地区民间投资总额急剧增长。东部地区民间投资总额一直远高于其他地区。1995年，东部地区民间投资总额分别是中、西部地区的3.8、5.1倍；而2017年，东部地区民间投资总额分别是中、西部地区的1.6、2.4倍。2017年，东、中、西部民间投资分别是2006年的42倍、123倍和112倍，而全国民间投资增长倍数为68倍。可见，中西部地区的民间投资发展相比东部地区更快，且大于整体的平均值，导致东部地区民间投资总量规模上的优势在逐渐减小。东部地区的民间投资占全国民间投资比例最高，且在2011年以前一直维持在50%以上，但总体处于不断下降态势，2017年该比重为46%；西部地区比重最小，微幅波动中总体呈上升趋势，但增长幅度小于中部地区。

三、"放管服"改革取得积极成效

党的十八大以来，"放管服"改革以"简政放权""放管结合""优化服务"为主要抓手，三管齐下，通过规范行政权力的运行范围，优化行政权力的运行机制，赋予市场投资主体更加稳定、公平、透明、可预期的市场环境，从而激发了市场活力，推动有效市场和有为政府的更好结合。

2013年，国务院正式提出简政放权、放管结合；2014年再次强调强化放管结合；2015年又将"优化服务"纳入其中，形成了"放管服"三管齐下、全面推进的格局。"放"就是在重构政府与市场关系前提下政府职能的再定位，凸显市场配置资源的决定性作用。通过政府的减权限权为市场增活力、为发展添动力，对权力做减法、给责任做加法、为市场做乘法，纠正政府职能的缺位、错位、越位等问题。"管"就是强调政府职能的回归和转型，强调政府职能变革要适应经济新常态、科学技术新变革和全面深化改革的新要求，提高行政效能，打造有为政府。"服"就是服务，也可理解为赋能，要求在"放"与"管"改革的基础上，政府治理理念、治理机制方面要加速变革，建设服务型政府。

2021年4月，国务院办公厅日前印发《关于服务"六稳""六保"进一步做好"放管服"改革有关工作的意见》，提出精简享受税费优惠政策的办理流程和手续。提升金融、社保等惠企政策覆盖度、精准性和有效性。从严查处行政机关为特定中介机构垄断服务设定隐性壁垒等违规行为。规范改进认证服务。优化涉企审批服务，大力推进减环节、减材料、减时限、减费用。持续提高投资审批效率，简化、整合投资项目报建手续，推进实施企业投资项目承诺制。深化工程建设项目审批制度改革，加强全过程审批行为和时间管理，规范预先审查、施工图审查等环节。坚持放管结合、并重，把有效监管作为简政放权的必要保障。完善"双随机、一公开"监管、"互联网+

监管"等方式，实施更加精准更加有效的监管。严格规范行政执法，推动建立规范行政裁量权基准制度。

2021年6月，国务院印发了《国务院关于深化"证照分离"改革进一步激发市场主体发展活力的通知》，提出持续深化"放管服"改革，统筹推进行政审批制度改革和商事制度改革，在更大范围和更多行业推动照后减证和简化审批，创新和加强事中事后监管，进一步优化营商环境，激发市场主体发展活力。在全国范围内实施涉企经营许可事项全覆盖清单管理，按照直接取消审批、审批改为备案、实行告知承诺、优化审批服务等四种方式分类推进审批制度改革，同时在自由贸易试验区进一步加大改革试点力度。

"放管服"改革不断向纵深推进，实施了一系列改革创新举措，取得了突破性进展。近年来，分9批取消下放国务院部门审批事项618项，占原有1700多项的40%；取消了"非行政许可审批"这一审批类别，今后各部门不能再通过部门规章或文件设定；取消中央指定地方实施的行政审批269项；中央层面核准的投资项目数量累计减少90%，外商投资项目95%以上已由核准改为备案管理；在地方，多数省份减少审批事项50%左右，有的超过70%；一大批被取消下放的审批事项"含金量"高，受益面广。

近年来，各地落实党中央、国务院部署，全方位深化投资领域"放管服"改革，依法依规推进重大项目加快建设，努力释放更多改革红利，增强经济发展动力和企业获得感。江苏省推行"纳入即保供""拿地即开工""交地即发证""竣工即交付"，为重大项目建设提供全方位要素保障。为加快推进项目建设，各地成立重大项目并联审批工作专班，通过集中联合办公、并联审批，限期解决"堵点"问题。山东省采取联审联办、分段办理等措施，对重点项目开工建设所需立项、用地、规划、环评、能评、施工许可等前期手续，简化办理流程，最大程度缩短办理时限。浙江省发挥数字化改革先行优势，实现投资项目审批"极简无感"、服务监管"精准高效"。[1]

---

[1] 王优玲、赵文君：《促进重大项目落地 增强经济发展动力——深化投资领域"放管服"改革经验综述》，新华社2022-10-24。

第七节　地方政府投融资模式的新旧转换

这一时期，地方政府债务不断膨胀，中央政府监管趋于严格，并希望通过"开正门、关旁门"的方式，建立规范的地方政府融资渠道，拓展政府与社会资本合作方式，同时，约束地方政府的投融资行为，防范地方政府财政风险，形成良性循环的债务融资模式，持续推进基础设施和公共服务设施建设。

一、拓宽正规债务融资渠道

（一）地方债成为地方政府重要融资渠道

规范地方政府融资行为、形成债务风险约束机制成为这一阶段地方政府投融资的主要政策基调。财政部在地方政府独立发债的制度设计方面迈出了重要步伐。2014年5月，财政部印发了《2014年地方政府债券自发自还试点办法》，试点自发自还地方政府债券的地区包括上海、浙江、广东、深圳、江苏、山东、北京、青岛、宁夏、江西等10个省（区、市），涵盖了东、中、西部地区，发行总额为1092亿元，其余地区的地方债仍由财政部代发代还。与原有模式相比，新模式实现了多方面的突破：首先，地方政府债券首次以地方政府信用资质为基础，由地方政府自主发行和偿还；其次，地方政府债券期限由以前的3年、5年、7年拉长至5年、7年和10年；再次，试点首次要求地方政府债券要进行信用评级，并要公开披露发债主体的经济、财政状况，以及债务数据。开展地方政府债券自发自还试点，有利于消除偿债主体不清晰问题，进一步强化市场约束，控制和化解地方债务风险，探索建立地方债券市场并推动其健康发展。

2014年8月，十二届人大第十次会议通过了修改的《中华人民共和国预算法》，明确赋予地方政府适度举债权。《预算法》第35条规定，经国务院批准的省、自治区、直辖市的预算中必需的建设投资的部分资金，可以在国务院确定的限额内，通过发行地方政府债券举借债务的方式筹措。举借债务的规模由国务院报全国人民代表大会或者全国人民代表大会常务委员会批准。同年9月,《国务院关于加强地方政府性债务管理的意见》(国务院43号文)提出:赋予地方政府依法适度举债权限。经国务院批准,省、自治区、直辖市政府可以适度举借债务,市县级政府确需举借债务的由省、自治区、直辖市政府代为举借。地方政府举债采取政府债券方式。没有收益的公益性事业发展确需政府举借一般债务的,由地方政府发行一般债券融资,主要以一般公共预算收入偿还。有一定收益的公益性事业发展确需政府举借专项债务的,由地方政府通过发行专项债券融资,以对应的政府性基金或专项收入偿还。这就为城市政府债务融资的规范化发展打开了窗口(见图9-6)。

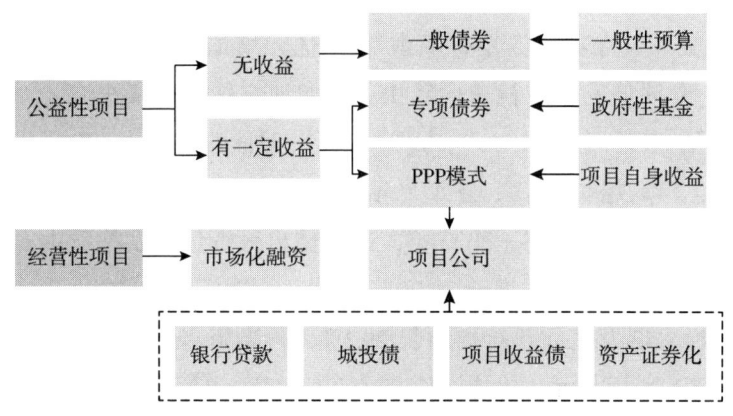

图9-6 43号文之后的城市政府融资体系

按照项目是否有收益划分,地方政府债券分为一般债券和专项债券。按资金用途划分,地方政府债券可以分为新增债券、置换债券和再融资债券。2015年以来,地方政府债新增限额不断增大,发行规模逐渐增加,其中,专项债成为地方政府发债的主力品种,在地方政府融资活动中扮演着极其重要的角色,逐渐成为地方政府增加基建投资、稳定经济增长的重要融资渠道(见表9-7)。

表9-7　　　　　　　　　　地方政府债券分类

标准	分类	特点
项目收益情况	一般债券	发行项目没有收益,以一般公共预算收入作为还本付息资金来源,列入一般公共预算管理
	专项债券	发行项目有一定收益,以公益性项目对应的政府性基金收入或专项收入作为还本付息资金来源,列入政府性基金预算管理,并且不计入财政赤字

续表

标准	分类	特点
项目资金用途	新增债券	用于存量和新项目的建设（增加债务余额）
	置换债券	用于置换非债券形成存在的地方政府存量债务（不增加债务余额），2015—2018年置换债券累计发行12.2万亿元
	再融资债券	用于偿还部分到期地方政府债券本金，也涉及到存量隐性债务置换

资料来源：《地方政府专项债券发展现状及特点分析》，https://zhuanlan.zhihu.com/p/609824550。

2015—2022年，我国地方债发行额由3.83万亿元增加到7.37万亿元，年均增长9.8%，其中，一般债券发行额由2.86万亿元下降到2.23万亿元，年均下降3.5%，专项债券发行额由9744亿元增加到5.13万亿元，年均增长26.8%，专项债发行增长速度较快。新增地方债规模从5912亿元增加到4.75万亿元，年均增长34.7%。其中，新增一般债券规模从4953亿元增加到7182亿元，年均增长5.4%，新增专项债规模从959亿元快速增加到4万亿元，年均增长70%。2018—2022年，地方债再融资债券发行额由6817亿元增加到2.61万亿元，年均增长39.9%，其中，再融资一般债券发行额由5459亿元增加到1.52万亿元，年均增长29.1%，再融资专项债券发行额由1358亿元增加到1.09万亿元，年均增长68.4%（见表9-8）。

表9-8　　　　　地方债发行额及年均增长率（亿元、%）

指标名称	2015	2016	2017	2018	2019	2020	2021	2022	年均增长
债券发行额小计	38351	60458	43581	41652	43624	64438	74898	73676	9.8
一般债券发行额	28607	35340	23619	22192	17742	23034	25669	22360	−3.5
专项债券发行额	9744	25119	19962	19459	25882	41404	49229	51316	26.8
新增债券发行额	5912	11699	15898	21705	30561	45525	43709	47566	34.7
新增一般债券发行额	4953	7662	7961	8177	9073	9506	7865	7182	5.5
新增专项债券发行额	959	4037	7937	13527	21487	36019	35844	40384	70.6
再融资债券发行额	0	0	0	6817	11484	18913	31189	26110	39.9
再融资一般债券发行额	0	0	0	5459	8045	13528	17804	15178	29.1
再融资专项债券发行额	0	0	0	1358	3439	5386	13385	10932	68.4

资料来源：《中国地方政府债务信息公开平台》。

2015—2017年间，专项债的类型主要为置换专项债和新增专项债，以置换专项债为主。这一阶段专项债的主要特点是：项目类型单一，发债期限较短。新增专项债基本都是土地储备专项债，期限为3年或者5年。2018年以后，专项债的类型主要为新增专项债、置换专项债和再融资专项债，以新增专项债为主。随着原有债务基本在2018年置换完成，置换债基本结束，近年来新增债都保持了较大规模的增长。同时，随着2015年发行的部分专项债进入了偿付期，2018年首次提出了再融资债券这一概念。这一阶段专项债的主要特点是：

第一，支持领域越来越多。2018—2019年，专项债以土地储备专项债、棚改专项债为主。Wind数据显示，2018年土地储备专项债、棚改专项债发行规模分别为5227亿、3145亿，二者合计占当年新增专项债发行规模的62%，2019年这一比例上升至64%。由于专项债大部分用于棚改、土储两大领域，并未形成有效投资，所以，2019年9月的国常会提出，专项债资金不得用于土地储备和房地产相关领域、置换债务以及可完全商业化运作的产业项目。2020年以来，专项债向"两新一重"领域倾斜，投资领域逐渐拓宽。2021年，专项债重点投向扩展至9大领域，涉及铁路、收费公路、农业、水利、产业园区基础设施等超20个子项。2022年5月，国务院要求在交通基础设施、能源等9大领域基础上，将新型基础设施、新能源项目等纳入支持范围。

第二，作为资本金的占比越来越高。为了充分发挥专项债资金撬动社会投资作用，2019年6月，中办国办发布《关于做好地方政府专项债券发行及项目配套融资工作的通知》，允许将专项债作为符合条件的重大项目资本金，资本金比例一般在20%左右。为了用好用足这项政策，此后专项债可作项目资本金政策不断调整。2020年将各省份专项债可用作资本金规模占总规模比重上限调整至25%，可作资本金的领域拓宽至铁路、收费公路、干线机场、内河航电枢纽和港口、城市停车场、天然气管网和储气设施、城乡电网、水利、城镇污水垃圾处理、供水等10个领域。2022年，可用作项目资本金的领域又增加了新能源、煤炭储备设施、国家级产业园区基础设施3项。专项债作资本金的项目要求比较高，符合条件的项目数量较少，主要是铁路、轨道交通等大型基础设施项目。

第三，发行期限越来越长。2015年以来，地方政府专项债券期限不断拉长，长期债券占比不断提高。发行期限从原来3年、5年，逐步扩大到10年、15年、20年，可以有效缓解地方政府的偿债压力，减少发行成本、资金闲置成本，吸引更多市场化的投资主体。2018年以前，专项债券发行期限及比例结构实施严格监管。2018年二季度开始，监管有所放松，表现为增加专项债期限品种，不再限制专项债券期限比例结构，逐步提高专项债券长期债券发行占比，重大项目鼓励发行10年期以上的长期专项债券等。2020年开始，既要保证专项债券融资期限与项目资金需求结构相匹配，降低期限错配风险，防止资金闲置浪费，又要避免人为将偿债责任后移。截至2023年3月末，地方政府债券剩余平均年限8.7年，其中一般债券6.2年，专项债券10.3年。

（二）专项债扩大投资的效果相对有限

符合专项债要求的优质项目减少。"好项目少"是专项债使用管理中最常听到的抱怨。一方面，经过长期的规模化投资，基础设施和公用事业日臻完善，客观来讲，符合专项债发行条件的项目越来越少，专项债的利用难度加大。另一方面，专项债逐步延伸到保障性安居工程、社会事业等公益性领域，专项债现金流自求平衡这一硬约束的效力正在减弱，导致专项债"不专"和趋于"一般化"。尽管地方政府对于专项债的需求仍然旺盛，但优质项目的减少反而使部分地区出现资金供给过剩现象。另外，在多数情况下，目前的专项债投向要求只有省市级政府投资项目才能匹配，适宜县级政府需要的项目覆盖领域少且资金量小。

前期工作不扎实导致项目实施出现问题。专项债按照项目储备量分配的机制，不利于提高投资效益。一是项目准备工作仓促。部分项目规划及前期论证不足，"临时拼凑"应付申报，导致推进过程中反复出现规划选址变更、设计方案调整、项目主体变化等情况。项目调整频繁，造成工程推进的延缓，也造成资金使用进度迟缓和闲置问题。二是部分项目编制不符合实际。为了达到收益自求平衡的要求，一些地方在编制项目时夸大收入预期，作出过分乐观估计；一些项目在估算融资成本时，没有充分考虑外部环境的变化，成本预测偏小，导致专项债项目自求平衡的实际能力偏弱，加大了后期财政还本付息压力。

项目审核机制与资金需求存在不适配。一是专项债现行审核模式下存在资源错配的可能。因债券发行项目需同时经财政部与国家发改委审核通过，存在下达债券额度与审核通过项目数的不匹配，影响债券使用效益，并易造成后续审批通过项目缺少债券额度的问题。二是专项债项目审核的政策连续性不够。专项债要求列入当年准备清单内的项目才能够在年度新增限额内安排发行，由于每年审核的项目领域侧重点以及审核标准存在差异，一些跨年度的项目出现在不同年度的审核结果不一致，容易造成在建的项目不能接续发行债券，存在因建设资金短缺造成项目停工甚至烂尾的风险。

专项债项目配套融资较为困难。2022年，全国新增专项债4万亿元，占固定资产投资的7%，按照资金流量表计算，政府投资占资本形成的比例在17%左右。初步估计，专项债占政府投资的比例约为40%，也就是说，还有60%左右的政府性项目资金仍需通过其他渠道筹集。但实践中专项债项目的自筹资金、配套融资等的落实却非常困难。由于收益在满足专项债发行中融资自求平衡要求后，很难再适应商业银行的收益性要求，且银行对于专项债项目的收益测算和劣后融资地位存有疑虑，提供市场化配套融资的意愿并不强。此外，受债务负担增加、监管政策趋严和违约事件多发影响，城投公司对专项债项目的融资支撑也受到限制。

二、融资平台的艰难转型发展

（一）针对融资平台的政策持续规范

2012年初，银监会发布《关于加强2012年地方政府融资平台贷款风险监管的指导意见》，要求各银行业金融机构以降旧控新为重点，继续推进地方政府融资平台贷款风险化解工作。对仍按平台管理类的新增贷款进行重点监管，对退出类贷款的变动情况进行跟踪监测，以实现全年融资平台贷款"降旧控新"的总体目标；通知还要求，各银行要将从"压缩类"平台中减少的贷款额度用于投向"支持类"平台，以在融资平台贷款总量不增的情况下实现贷款结构调整。

2017年5月，财政部等6部委发布《关于进一步规范地方政府举债融资行为的通知》（50号文），提出推动平台公司尽快转型为市场化运营的国有企业，依法合规开展市场化融资。地方政府及其所属部门不得干预平台公司日常运营和市场化融资。地方政府不得将公益性资产、储备土地注入平台公司，不得承诺将储备土地预期出让收入作为平台公司偿债资金来源。金融机构为融资平台公司等企业提供融资时，不得要求或接受地方政府及其所属部门以担保函、承诺函、安慰函等任何形式提供担保。

同月，财政部发布了《关于坚决制止地方以政府购买服务名义违法违规融资的通知》（87号文），提出严格按照规定范围实施政府购买服务，严格规范政府购买服务预算管理，严禁利用或虚构政府购买服务合同违法违规融资。《通知》通过"负面清单"的方式，限定了政府购买服务的范围，重点将"工程设施建设"类排除在外，严禁将铁路、公路、机场等基础设施建设，土地前期开发，农田水利等建设工程作为政府购买服务项目。

2018年9月，中办、国办印发了《关于加强国有企业资产负债约束的指导意见》，提出对严重资不抵债失去清偿能力的融资平台，依法实施破产重整或清算。2021年3月，国务院发布了《关于进一步深化预算管理制度改革的意见》，提出严禁地方政府以企业债务形式增加隐性债务，清理规范地方融资平台公司，剥离其政府融资职能，对失去清偿能力的要依法实施破产重整或清算，坚决防止风险累积形成系统性风险。

（二）融资平台转型步伐进一步加快

中央监管部门多次发文，要求清理规范地方融资平台公司。一些地方政府也出台了融资平台转型方案，总的方向是：空壳类平台公司要撤销；兼有公益性项目建设、运营职能的平台公司，要通过兼并重组转型为公益类国有企业；有竞争力的平台公司转型为一般经营性企业。

1. 众多城投公司退平台

据安信证券研究院统计，截至2023年2月，全国共有3366家城投发布"退平台"公告。2011年为退出高峰，退出数量1453家，然后逐年回落。2016年呈现小幅上升，并于2019年达到小高峰后回落。2022年数量又有所增加，达到111家。

城投退平台的原因主要包含三点。①响应监管要求剥离政府融资职能。2014年起监管部门就开始切割城投公司和地方政府的债务关系，退出融资平台是城投公司及地方政府顺应监管要求的必然选择。②更好地参与政府项目。早期阶段的城投公司退出融资平台，多是为了在名义上转变为社会资本，以便满足财政部50号文、80号文等的规定，继续参与PPP和政府购买服务项目。③可以进一步扩大融资通道。针对平台的融资政策全面收紧后，也就是退出融资平台后，城投公司可以不受地方债务监管政策约束，通过抵押资产、第三方增信等为市场化方式融资[①]。

退平台后的城投公司具备以下特征：①现在已转型为市场化运行主体。公司转型后依法开展市场化经营、自负盈亏。②退出政府融资平台，不再承担政府融资职能。意味着厘清了政府与城投公司的边限，城投公司不再是政府的投融资工具，不会新增隐性债务。同时，存量隐性债务或已经妥善化解。③后续举借的债务，政府不再承担任何偿债责任。这也意味着退平台后的城投公司不再拥有地方政府信用背书。

2. 进一步拓展业务类型

城投公司持续创新业务，从传统政府项目投融资主体向综合开发、项目运营和金融投资主体转变。

第一，推动基础设施投资建设运营。这是政府投资公司的基础性业务。城市发展需要谋划并实施一大批基础性、系统性和长远性的重大项目，很多项目无法直接吸引外来投资主体落地实施，需要政府投资公司发挥牵头、组织和兜底作用，高质量推进基础设施项目投资建设和运营管理。

第二，实施高质量产业园区开发业务。包括工厂搬迁、工业园区的升级改造、商业街区改造升级、文化旅游项目综合开发。加强经济开发区、高新区、产业集中区、特色商品交易和物流仓储园区等产业园区投资运营管理业务。建设污水处理项目、危险废弃物处理项目、能源管理项目、工业厂房、办公用房、物流设施、仓储设施等。

第三，整合公用事业和公共设施运营管理。涉及城市供水、供气、污水处理、垃圾处理、公共交通、智慧城市等公用事业领域，既能产生经营性现金流还能形成核心资产。优化旧城改造等城市更新投资项目，代表政府实施

---

① "又有大量城投退出政府融资平台"，https://zhuanlan.zhihu.com/p/607467544?utm_id=0。

棚户区改造、安置房建设、公租房建设等城市更新项目，争取专项资金和财政补助、专项债和政策性银行贷款等低成本资金支持。依托上述项目策划和培育核心资产。

第四，在本地区域范围内，加强股权投资培育优势产业集群。在招商引资重大项目股权投资、上市公司 Pre-IPO 参股、重点产业集群 VC 和 PE 投资、政府引导基金等领域，政府投资公司可以大有作为。通常需要引入高水平的合作伙伴，以股权投资基金的形式推进金融资本和实体经济的深度融合，为被投资项目提供增值服务，实现投资者和投资标的企业的互利共赢[1]。

3. 转型发展的基本路径

城投公司的信用重构。一是利用好政府间接信用。公司需要持续争取股东方——地方政府在资本金、城市经营性资产、重点资源及项目上的支持，建立地方政府股东与公司市场化的战略支持、业务孵化运作机制。二是整合外部优质信用。积极引入央企、大型国企、省级平台公司等优质信用主体，通过设立基金、成立合资公司、组成联合体等形式进行合作，提升整体信用等级，获得大规模、低成本融资。三是强化平台自身信用。在整合利用外部信用的同时，加强对优质资源和经营性资产的整合，提升运营能力，实现业务盈利。通过公司自身良好的业务盈利及现金偿还能力，实现自身融资的可持续性。

城投公司的资产重构。一是对政府经营性资产的整合重组。地方政府可以对自身的资产进行梳理、清查，根据公司发展战略及业务板块构造，通过股权划转，政府划拨、出让出售等方式注入资产，扩大公司资产规模和经营实力。二是对公益性资产进行剥离或以 PPP 模式运作。公司需要根据新情况，对公益性资产进行剥离，并换取政府方的资本金注入；还可以将公益性资产与经营性资产进行捆绑运作，通过 PPP 模式实现存量资产的盘活，提升经营水平和盈利能力。三是通过外部资产收购，优化资产结构。公司可采用并购、联合、收购、控股、参股等多重形式，实现对外部优质资产的获取及控制，增强公司可持续经营能力[2]。

---

[1] "解码融资平台转型升级"，《中国经营报》2021 年 5 月 8 日。

[2] 万文清、余秀娟："新形势下政府平台公司融资创新思路"，https://www.sohu.com/a/336381492_522926。

（三）城投公司转型中存在的问题

城投公司在我国城市建设和经济发展中发挥了重要的作用，一些地方城投公司也取得了较好的业绩。但是，由于缺乏有效的制度保障和约束，公司市场化转型并未取得预期的效果，一些公司退平台不过是"虚晃一枪"，与地方政府的关系"剪不断，理还乱"，产生的隐性债务风险持续累积，演变成为影响经济稳定发展的"灰犀牛"。

第一，城投公司并未与政府信用有效切割。首先，城投公司投融资活动仍然与地方政府信用挂钩，一些地方政府仍以直接、间接形式为城投公司融资行为提供担保，商业银行和资本市场也默认公司背后的政府背景。其次，城投公司仍在大量承担政府赋予的基础设施、公共服务投融资职能，很多无法取得合理回报，公司造血机能和融资能力逐步丧失。再有，城投公司是国有资产投资公司，缺少来自市场的竞争压力，谋划市场化项目的能力不足，内部提质增效的动力不强，投资和经营效率较低；最后，也是最为关键的，市县主要领导干预过大且缺乏约束，造成过度投资、低效投资、问题投资。

第二，"城投信仰"正面临崩塌的危险。长期以来，公众认为政府投资公司债务不会出问题的重要原因就是对其政府背景的信任。由于政府投资公司大量承担了政府赋予的基础设施、公共服务领域的投融资职能以及市场主体不愿意做的项目，很多投资无法取得合理市场回报，加之融资行为不规范，运营缺乏监督约束，造血机能和融资能力较弱，债务风险持续加大。再加上近年来房地产市场持续低迷、土地融资受阻，城投公司普遍处境艰难。"城投信仰"面临崩塌危险。

第三，城投公司的债务风险呈蔓延态势。2013年，我国城投公司债务余额只占当年GDP的6.7%；2022年，这一比例已经超过了50%。城投债借新还旧规模持续上升，2014年，城投债券用于借新还旧的比例只有14.9%，到2022年和2023年前3季度已经分别上升到76.5%和70.5%（见图9-7），而新增融资比例明显下降。政府投资公司债务已经成为未来经济发展的"灰犀牛"，随时可能引发区域性、系统性金融风险。在信息化程度很高的今天，地方政府的债务问题已经很难捂得住，靠说狠话甚至诉诸法律也难以实质性平息公众的疑虑。一些市县政府的债务已经到了依靠自身能力甚至省级政府救助都无法得到有效解决的地步。这不但影响存量债务化解，也影响增量债务融资，地方政府隐性债务风险问题"等不得，拖不得"。

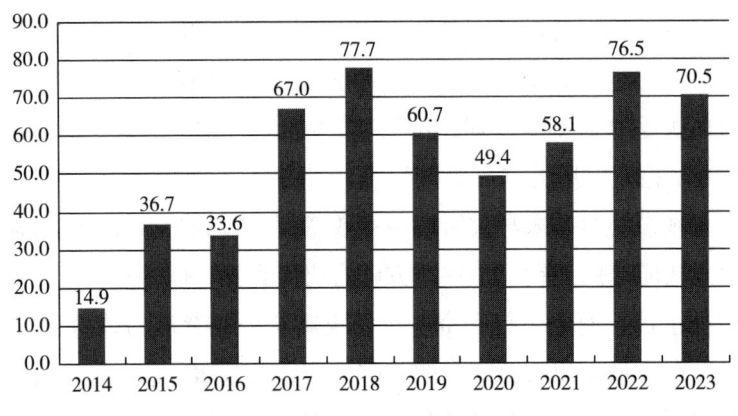

图 9-7　2014—2023 年 1-8 月城投债借新还旧比例（%）

资料来源：互联网。

三、从大力推进到规范发展 PPP

为了缓解地方政府财政压力和债务风险，中央政府大力倡导通过 PPP 方式，引导社会资本进入公共投资领域。2014 年 9 月，财政部发布了《关于推广运用政府和社会资本合作模式有关问题的通知》，提出推广运用政府和社会资本合作模式，要做好制度设计和政策安排。2014 年 12 月，财政部印发了《政府和社会资本合作模式操作指南（试行）》，用于规范政府、社会资本和其他参与方开展政府和社会资本合作项目的识别、准备、采购、执行和移交等活动。2014 年 11 月，《国务院关于创新重点领域投融资机制鼓励社会投资的指导意见》出台，提出在公共服务、资源环境、生态建设、基础设施等重点领域进一步创新投融资机制，充分发挥社会资本特别是民间资本的积极作用。2014 年 12 月，《国家发展改革委关于开展政府和社会资本合作的指导意见》出台，为具体落实国发 60 号文提出了实施 PPP 的基本原则、项目范围及模式、工作机制和规范管理方法。

2015 年 4 月，由国家发展和改革委员会等 6 部门发布了《基础设施和公用事业特许经营管理办法》，以鼓励和引导社会资本参与基础设施和公用事业建设运营，提高公共服务质量和效率，保护特许经营者合法权益，保障社会公共利益和公共安全，促进经济社会持续健康发展。办法适用于能源、交通运输、水利、环境保护、市政工程等基础设施和公用事业等广泛领域的特许经营活动。2016年7月，《中共中央 国务院关于深化投融资体制改革的意见》也鼓励政府和社会资本合作，提出各地区各部门可以根据需要和财力状况，通过特许经营、政府购买服务等方式，在交通、环保、医疗、养老等领域采取单个项目、组合项目、连片开发等多种形式，扩大公共产品和服务供给。要合理把握价格、土地、金融等方面的政策支持力度，稳定项目预期收益。要发挥工程咨询、金融、财务、法律等方面专业机构作用，提高项目决策的科学性、项目管理的专业性和项目实施的有效性。

2014年以来，我国PPP改革发展取得成效，发展成为全球最大的区域PPP市场。截至2022年8月，全国PPP综合信息平台管理库累计入库项目10306个、投资额16.4万亿元，覆盖19个行业，其中签约落地项目8374个、投资额13.6万亿元。

一是扩大财政资金有效投资稳大盘。PPP通过以时间换空间，适度放大财政杠杆作用，发挥了财政的宏观调控作用，吸引和撬动社会资源支持基础设施建设，推动重大项目开工，着力稳定经济大盘。截至2022年8月，全国累计开工建设PPP项目6612个、投资额10.8万亿元。

二是精准有效落实国家重大战略。PPP改革以来，聚焦经济社会发展的关键领域和薄弱环节，有效落实"两新一重"、绿色低碳、区域协调发展等国家重大战略。截至2022年8月，PPP支持"两新一重"开工建设项目5715个，投资额9.4万亿元；支持污染防治与绿色低碳开工建设项目3738个，投资额3.7万亿元；支持长江经济带、黄河流域、京津冀地区等协调发展开工建设项目5589个，投资额9.7万亿元。

三是提高人民幸福感获得感。PPP项目的实施改善了人民的物质生活条件，完善了基础社会保障，提升了美好生活体验，对新时代满足人民日益增长的美好生活需要具有重要意义。截至2022年8月，交通领域开工建设项目966个，投资额3.6万亿元；文化、旅游、体育、健康、养老、教育等6个服务消费领域开工建设项目876个，投资额7176亿元。

四是推进政府治理能力现代化。PPP作为一种市场化、社会化公共服务供给管理方式，推动政府职能转变，提高政府治理能力和水平。搭建线上智能审核机制，加强撮合对接，强化财政支出责任风险监测，提高财政资金使用效能。截至 2022 年 8 月，8198 个开展物有所值定量评价项目较传统方式节约投资 3.9 万亿元，节约率达 27%。

五是激发市场主体创新创业活力。PPP 模式推动形成了公开公正公平竞争的市场环境，优化了资源配置，充分释放出社会资本的创新活力，催生出生态环境导向的开发模式（EOD）等新的城市开发运营模式。通过市场竞争，"让专业人干专业事"，发挥社会资本在资本、技术、管理上的积极性和创造性，强调投资、建设、运营全生命周期一体化管理，推动公共产品技术升级，提升传统基础设施数字化水平，降低公共服务供给成本，促进公共服务提质增效①。

这一时期，PPP 的跃进式发展也带来了一系列的风险和问题，不得不采取"休克疗法"暂停整顿。

第一，政府负担并未实质减轻。根据全国 PPP 综合信息平台项目库的资料，自 2017 年第三季度开始，使用者付费项目比重出现断崖式下降，近三年稳定于 6% 附近；可行性缺口补助项目比重快速上升，近三年稳定于 59% 附近；政府付费项目逐渐呈现缓慢下降的趋势，近三年稳定于 35% 附近。可行性缺口补助是 PPP 项目最主要的回报机制，政府付费次之，使用者付费最少。这意味着绝大部分 PPP 项目，政府未来还是要履行支付和补贴义务的，无疑会增加政府未来财政负担。

第二，项目对民企缺乏吸引力。2014 年以来，民企在 PPP 成交市场中的数量与规模份额，呈逐年下降趋势，国有企业仍在中标社会资本中占据较大份额。PPP 项目大多为微利项目，收益率一般为 6%～8%，对社会资本而言，相对于前期巨额的资金投入，收益偏低，吸引力不足。市政道路、工业园区等基础设施建设带有一定公益性质，且许多项目几乎是无经营收益的，从这个角度来看，不适合 PPP 模式；铁路、公路、港口等大型基础设施的资本回收周期长，且后续运营维护费用高、时间长，也不容易受到社会资本的青睐。

第三，配套制度改革仍不到位。市政公用事业相关领域价费体系较为模

---

① "发挥 PPP 效能 助力高质量发展——党的十八大以来我国 PPP 改革事业发展综述"，《中国财经报》2022-10-11。

糊，财政补贴机制尚未完善，制约了社会资本投资回报的合理测算[①]。以水务市场为例，许多社会资本参与到水务PPP项目中，解决了政府的资金困境，但是问题也由此产生，下游水价改革不到位，仍由政府定价，尚未放开。企业投资和运营成本上升，却无法形成价格联动，社会资本相对处于弱势，议价空间较小，收益难以保障。

第四，项目监管环节相对滞后。地方政府的监管意识不足，重融资轻管理。地方政府更大程度上把PPP作为缓解财政支出压力的方式，忽视了提高基础设施和公共服务质量和效率的这一基本出发点，导致一些社会资本方利用监管漏洞，包装存量项目，骗取财政补贴，严重偏离PPP项目初衷。在PPP的实践过程中，社会公众的监督也有所缺失，绩效评价流于形式。

《国务院关于2022年度中央预算执行和其他财政收支的审计工作报告》也披露了PPP项目审计情况。在抽查的408个项目中，发现三个问题：一是入库环节审核不严。11个地区的19个项目是由中介机构通过夸大预期收入、调减财政支出责任等方式虚假包装后得以入库，其中14个项目存在政府部门虚构财政财务数据的现象。二是履约环节不尽诚信。11个地区的14个项目以承诺办理用地手续引入社会资本，但由于占用基本农田无法获得用地许可等，导致项目因土地未落实而停工停建或进度缓慢。三是建设运营环节不当推责揽责。一方面，6个地区将新城新区产业规划、城市运营等职能，与具体项目"整体打包"交由社会资本方实施，因远超社会资本方能力，大多半途而废。另一方面，10个地区在15个项目中违规约定由政府方或当地国企负责运营，不当承担了应由社会资本方承担的风险。部分项目形成损失浪费。

四、盘活基础设施的存量资产

我国工业化和城镇化领域存在大量存量资产低效、浪费、闲置、呆滞的情况，将缺乏流动性的基础设施存量资产盘活，转化成流动性强的产品，不仅能实现存量资产的功能活化和高效利用，形成存量资产和新增投资的良性循环，还有利于解决当前地方政府财力压力困境问题，为城镇化和工业化提

---

① 管清友："中国式PPP的十大痛点"，新浪财经2016年6月13日。

供新的资金来源。

（一）盘活基础设施存量资产的空间

基础设施的资产规模和服务能力不断提升。2003—2022 年，我国交通、水利、通信等基础设施累计投资额高达 171 万亿元[①]，1979—2021 年，我国市政设施累计投资额达到 27.5 万亿元[②]。到 2018 年底，交通、水利、通信等基础设施存量资产总量达 70 万亿元[③]。随着网络化、数字化、融合化、绿色化水平不断提高，基础设施品质不断提升，资源利用效率显著提高，形成了越来越多的优质资产。交通能源、城市建设等基础设施具有稳定现金流入，属于经营性或准经营性资产，更容易通过市场方式和工具进行盘活。

盘活基础设施资产的重点领域和区域相对集中。由于不同基础设施领域和不同地区的基础设施资产收益率和市场潜力具有明显的差异，能够被市场接受纳入处置范围的基础设施项目的规模和数量也就明显不同。可聚焦重点领域，重点盘活存量规模较大、当前收益较好或增长潜力较大的基础设施项目资产，统筹盘活存量和改扩建有机结合的项目资产，有序盘活长期闲置但具有较大开发利用价值的项目资产。聚焦重点区域，推动建设任务重、投资需求强、存量规模大、资产质量好的地区，以及地方政府债务率较高、财政收支平衡压力较大的地区，加快盘活存量资产。

（二）聚焦盘活存量资产重点方向

2022 年 5 月，国务院办公厅发布了《关于进一步盘活存量资产扩大有效投资的意见》，提出了盘活存量资产的重点方向。

重点领域。一是重点盘活存量规模较大、当前收益较好或增长潜力较大的基础设施项目资产，包括交通、水利、清洁能源、保障性租赁住房、水电气热等市政设施、生态环保、产业园区、仓储物流、旅游、新型基础设施等。二是统筹盘活存量和改扩建有机结合的项目资产，包括综合交通枢纽改造、工业企业退城进园等。三是有序盘活长期闲置但具有较大开发利用价值

---

① 资料来源于《中国统计年鉴》，其中，2018—2022 年按照相关行业的增长率合并计算。
② 根据《中国城市建设统计年鉴 2021 年》的数据计算。
③ 根据《第四次全国经济普查公报》的数据计算。

的项目资产，包括老旧厂房、文化体育场馆和闲置土地等，以及国有企业开办的酒店、餐饮、疗养院等非主业资产。

重点区域。一是推动建设任务重、投资需求强、存量规模大、资产质量好的地区，积极盘活存量资产，筹集建设资金，支持新项目建设，牢牢守住风险底线。二是推动地方政府债务率较高、财政收支平衡压力较大的地区，加快盘活存量资产，稳妥化解地方政府债务风险，提升财政可持续能力，合理支持新项目建设。三是围绕落实京津冀协同发展、长江经济带发展、粤港澳大湾区建设、长三角一体化发展、黄河流域生态保护和高质量发展等区域重大战略以及推动海南自由贸易港建设等，鼓励相关地区率先加大存量资产盘活力度，充分发挥示范带动作用。

重点企业。盘活存量资产对参与的各类市场主体一视同仁。引导支持基础设施存量资产多、建设任务重、负债率较高的国有企业，把盘活存量资产作为国有资产保值增值以及防范债务风险、筹集建设资金、优化资产结构的重要手段，选择适合的存量资产，采取多种方式予以盘活。鼓励民营企业根据实际情况，参与盘活国有存量资产，积极盘活自身存量资产，将回收资金用于再投资，降低企业经营风险，促进持续健康发展。

（三）优化完善存量资产盘活方式

2022年7月，国家发展改革委办公厅发布《关于做好盘活存量资产扩大有效投资有关工作的通知》，提出了盘活存量资产的重点主要方式。

发挥基础设施领域不动产投资信托基金（REITs）独特作用。REITs能够为早期投资提供有效退出方式，盘活存量基础设施并带来现金资产，为重资产类企业提供了新的权益融资渠道。发行REITs产品，可以帮助原始权益人提前回收底层优质资产权益，缩短投资周期并提高资金周转率，从而降低企业自身杠杆率，使其经营更加顺畅，引导企业更加注重不动产长期运营水平。同时，REITs原始权益人回收的资金能充分发挥撬动作用，以项目资本金的方式投资新的基建补短板重点项目，促进旧基建摆脱粗放式发展、新基建扩大有效投资，形成良好的投资循环。

规范有序推进政府和社会资本合作（PPP）。PPP模式中盘活存量项目常用的是TOT方式，即政府将存量资产所有权有偿转让给社会资本或项目公司，并由其负责运营、维护和用户服务，合同期满后资产及其所有权等移交给政府的项目运作方式。除了 TOT 方式外，还有改建—运营—移交（ROT）、转让—拥有—运营（TOO）、委托运营等多种方式。鼓励具备长期稳定经营性收益的存量项目采用 PPP 模式盘活存量资产，提升运营效率和服务水平。社会资本方通过创新运营模式、引入先进技术、提升运营效率等方式，有效盘活存量资产并减少政府补助额度的，地方人民政府可采取适当方式通过现有资金渠道予以奖励。

积极推进产权规范交易。充分发挥产权交易所的价值发现和投资者发现功能，创新交易产品和交易方式，加强全流程精细化服务，协助开展咨询顾问、尽职调查、方案优化、信息披露、技术支撑、融资服务等，为存量资产的合理流动和优化配置开辟绿色通道，推动存量资产盘活交易更加规范、高效、便捷。采取多种方式加大宣传引导力度，吸引更多买方参与交易竞价。

发挥国有资本投资、运营公司功能作用。鼓励国有企业依托国有资本投资、运营公司，按规定通过进场交易、协议转让、无偿划转、资产置换、联合整合等方式，盘活长期闲置的存量资产，整合非主业资产。通过发行债券等方式，为符合条件的国有资本投资、运营公司盘活存量资产提供中长期资金支持。

探索促进盘活存量和改扩建有机结合。吸引社会资本参与盘活城市老旧资产资源特别是老旧小区改造等，通过精准定位、提升品质、完善用途等进一步丰富存量资产功能、提升资产效益。因地制宜积极探索污水处理厂下沉、地铁上盖物业、交通枢纽地上地下空间综合开发、保障性租赁住房小区经营性公共服务空间开发等模式，有效盘活既有铁路场站及周边可开发土地等资产，提升项目收益水平。在各级国土空间规划、相关专项规划中充分考虑老港区搬迁或功能改造提升，支持优化港口客运场站规划用途，实施综合开发利用。

挖掘闲置低效资产价值。推动闲置低效资产改造与转型，依法依规合理调整规划用途和开发强度，开发用于创新研发、卫生健康、养老托育、体育健身、休闲旅游、社区服务或作为保障性租赁住房等新功能。支持金融资产管理公司、金融资产投资公司以及国有资本投资、运营公司通过不良资产收购处置、实质性重组、市场化债转股等方式盘活闲置低效资产。

兼并重组等其他盘活方式。积极探索通过资产证券化等市场化方式盘活存量资产。在符合反垄断等法律法规前提下，鼓励行业龙头企业通过兼并重组、产权转让等方式加强存量资产优化整合，提升资产质量和规模效益。通过混合所有制改革、引入战略投资方和专业运营管理机构等，提升存量资产项目的运营管理能力。

（四）盘活基础设施存量资产的难点

盘活基础设施存量资产需要先期的大规模投入、明晰的产权界定、完善的法律规范和有效的政策扶持，涉及的利益主体众多，社会影响也较大，因此难度也就大。

低效资产的处置过程难度较大。部分资产由于产权存在瑕疵，难以正常进行流转交易；部分资产由于破旧老化，难以再继续发挥效用；部分资产形成时间相对较长，长期游离于政府和企业内部监管之外。对这些进行资本运作相对困难，需要付出更多的精力。

资产的确权难度比较大。部分资产存在产权不清晰、不规范的问题；比如资产所有权分散的问题，部分资产所有权分散在不同单位，此外，还有摸不清的资产担保、质押情况。

资产收益不理想成为最大障碍。很多基础设施资产有很好的使用价值，并且实实在在地被使用着。但是，由于收费和价格机制不完善，导致经营者难以通过市场机制调节，及时弥补成本上升和规避财务风险损失，降低了资产的投资价值，限制了市场交易的空间。

容易形成新的地方政府债务。基础设施存量资产重组和资本运营过程需要筹集和投入相当规模的资金进行债务化解、人员安置和新的项目开发，在上述过程中，可能因为模式设计和实施方式不当，或者由于政府提供隐性担保，增加新的地方政府债务。

盘活资产需要符合较高标准。采用 REITs、PPP 等模式，往往要求项目权属清晰，具有成熟的市场化运营能力，已产生持续、稳定的收益。部分产业园区、仓储物流存量资产的用地权属关系不清，在转让时面临一定限制，使得项目无法达到比较"干净"的重组要求。

五、防范化解地方政府债务风险

（一）地方政府债务规模及风险

《新预算法》在为地方政府举债"开正门"的同时，也设置了若干安全阀来防范风险，确立地方政府举债的基本规则。一是举债主体，规定只能是经国务院批准的省级政府；二是限制用途，要求只能是用于公益性资本支出，不得用于经常性支出；三是债务规模，实行债券发行限额管理，不能超额发行；四是还债能力，应当有偿还计划和稳定的资金来源；五是控制风险，国务院建立地方政府债务风险评估和预警机制、应急处置机制以及责任追究制度。这从法律上解决了地方政府债务怎么借、怎么管、怎么还的问题，有利于把地方政府融资引导到阳光下，建立起规范合理的地方政府举债融资机制。

国发43号文也对地方政府融资机制和债务管理作出了明确要求，为了实现建立规范的地方政府举债融资机制的目标，43号文提出了两个主要措施，即规模控制和预算管理、控制和化解债务风险。为了实行对地方政府债务的规模控制，2015年12月，财政部《关于对地方政府债务实行限额管理的实施意见》具体指导了如何实施规模控制，要求合理确定地方政府债务总限额，并逐级下达分地区地方政府债务限额。为了控制和化解地方政府性债务风险，43号文提出要建立风险预警机制、建立风险应急处置机制、严肃财经纪律。关于建立风险应急处置机制，2016年10月，国办函88号文印发了《地方政府性债务风险应急处置预案》，预案按照债务风险事件的性质、影响范围和危害程度等情况，把地方政府性债务风险事件划分为特大、重大、较大、一般四个等级，并针对不同等级给出了对应的应急处置措施。

长期以来，我国资产管理业务快速发展，在满足居民和企业投融资需求、改善社会融资结构等方面发挥了积极作用，但也存在部分业务发展不规范、多层嵌套、刚性兑付、规避金融监管和宏观调控等问题。为规范金融机构资产管理业务，统一同类资产管理产品监管标准，有效防控金融风险，更好地服务实体经济，2018年4月，中央金融管理部门印发了《关于规范金融机构资产管理业务的指导意见》，简称《资管新规》）。主要规定包括：严格非标准化债权类资产投资要求，禁止资金池，防范影子银行风险和流动性风险；坚持产品和投资者匹配原则，加强投资者适当性管理，强化金融机构的勤勉尽责和信息披露义务；分类统一负债和分级杠杆要求，消除多层嵌套，抑制通道业务；明确资产管理业务不得承诺保本保收益，打破刚性兑付。这些严厉措施对依赖非标融资渠道的政府融资平台产生重大影响，再融资渠道进一步收窄；也迫使融资平台加快转型升级，从城市的建设者向城市的运营管理者转变，加快产业链整合，发挥协同效应，促进多元化发展。

2018年3月，中共中央办公厅印发《关于人大预算审查监督重点向支出预算和政策拓展的指导意见》，明确提出：积极稳妥化解累积的地方政府债务风险，坚决遏制隐性债务增量，决不允许新增各类隐性债务。2018年4月，中国人民银行等部门联合发布《关于加强非金融企业投资金融机构监管的指导意见》，规范非金融企业投资金融机构行为，强化对非金融企业投资金融机构的监管，有效防范风险传递，促进非金融企业与金融机构良性互动发展。2018年8月，国务院发布《关于防范化解地方政府隐性债务风险的意见》，要求地方政府通过"统筹资金、偿还一批；债务置换、展期一批；项目运营、消化一批；引入资本、转换一批"等方式在5—10年内化解地方政府隐性债务。2018年9月，中办、国办印发了《关于加强国有企业资产负债约束的指导意见》，提出对严重资不抵债失去清偿能力的融资平台，依法实施破产重整或清算。2021年4月，国务院发布了《关于进一步深化预算管理制度改革的意见》，提出把防范化解地方政府隐性债务风险作为重要的政治纪律和政治规矩，坚决遏制隐性债务增量，妥善处置和化解隐性债务存量。清理规范地方融资平台公司，对失去清偿能力的要依法实施破产重整或清算。

地方政府债务管理取得了一定成效。国务院43号文出台以及《新预算法》颁布实施后，我国地方政府债务进入了规范化的发展阶段，部分政府融资平台的隐性债务被剥离，地方政府相对债务水平有所下降。根据财政部的显性债务数据统计，2014—2022年，地方政府一般债务余额由9.4万亿元增加到14.4万亿元，专项债务余额由6万亿元增加到20.7万亿元，全部债务余额由15.4万亿元增加到35万亿元。全部债务占GDP的比例（负债率）由23.9%增加到29%，年均提高0.63个百分点，上升幅度较小，我国地方政府显性债务水平保持平稳（见表9-9）。

表 9-9　　　　　　　　　地方政府债券债务情况

	2014	2015	2016	2017	2018	2019	2020	2021	2022
一般债务余额	94272.4	99272.4	107072.4	103322	109939	118694	127395	137709	143944.7
专项债务余额	59801.9	60801.9	64801.9	61384	73923	94378	129220	166991	206706.3
全部地方债务余额	154074.3	160074.3	171874.3	164706	183862	213072	256615	304700	350651
GDP	643563	688858	746395	832036	919281	986515	1015986	1143670	1210207
负债率	23.9	23.2	23.0	19.8	20.0	21.6	25.3	26.6	29.0

资料来源：各年全国财政预算和决算报告。

债务率是年末政府债务余额/当年财政收入，反映地方政府通过动用当期财政收入满足偿债需求的能力。从各国实践看，大多都将该指标标准设定为100%左右。如果仅从地方政府债务余额与地方财政总收入（包括地方本级收入与中央对地方转移支付收入）之比计算的债务率I来看，近年来，我国地方政府的债务率均超过100%，2019—2022年分别达到121.4%、139.9%、157.6%和170.2%。地方政府显性债务率呈现上升态势，已经明显超过了警戒线。如果加上土地收益，由地方政府债务余额与地方综合财力计算的债务率II则要明显低于债务率I，但是，上升趋势也比较明显，到2022年末，已经超过了120%（见表9-10）。

表 9-10　　　　　　2014—2022年地方政府债务率变化情况

	地方政府债务余额（亿元）	地方财政总收入（亿元）	债务率I（%）	地方综合财力（亿元）	债务率II（%）
2014	154074	127464	120.9	170070	90.6
2015	160074	138163	115.9	170710	93.8
2016	171874	146681	117.2	184138	93.3
2017	164706	165171	99.7	217230	75.8
2018	183861	167578	109.7	232674	79.0
2019	213072	175492	121.4	248076	85.9
2020	256615	183439	139.9	267581	95.9
2021	304700	193293	157.6	280344	108.7
2022	350651	205963	170.2	272817	128.5

注：地方财政总收入=地方本级收入+中央对地方转移支付收入；地方综合财力=地方财政总收入+土地收益。

资料来源：各年中央和地方预算执行情况报告。

上述分析只是基于直接和显性债务水平，如果把有政府背景的隐性债务加上，对我国地方政府债务风险的判断会出现明显的不同。地方政府的隐性债务主要以融资平台作为载体，通过违法违规举债、变相举债所形成，且没有纳入政府债务限额管理的地方政府债务。主要表现形式为以下几种：①地方人大、政府出具承诺函，对债务承担保证责任；②以企事业单位名义举债，地方政府统一使用、归还的债务；③以政府购买服务形式进行融资；④以PPP项目违规举债融资，采取政府回购、承诺固定投资回报等方式搞"明股实债"，包括政府或其指定机构回购社会资本投资本金或兜底本金损失；政府向社会资本承诺固定收益回报等；⑤利用政府产业引导基金融资，地方政府对其他的有限合伙人有隐形担保条款，并提供抵质押物。

由于隐性债务的定义较为模糊，且举借往往违规违法，天然具有隐蔽性，因此其规模难以准确判定，各方测算的结果也各有不同。2020年12月IMF国别报告指出，中国地方隐性债务规模为48.6万亿元，是地方显性债务的1.9倍左右，约占全部政府债务的51%。国际清算银行（BIS）数据显示我国2020年政府部门信贷的名义价值为68万亿元，除去显性债务，地方政府隐性债务规模为21万亿元。瑞银估算2022年底地方融资平台债务余额为59万亿元，其中，估计约73%（43万亿）的地方融资平台债务属于地方政府隐性债务，而其余部分则属于商业性企业债务[①]。根据有关统计，在融资平台的隐性债务中，标准债（城投债）约占42.9%，银行贷款占35.9%，非标债（信托、基金、定融）占21.2%[②]。这其中，城投债是地方政府必保的部分，风险相对较小，而银行贷款和非标债务违约风险较大。

（二）地方政府债务风险化解

2018年10月，财政部发布了《地方政府隐性债务统计监测工作指引》《地方全口径债务清查统计填报说明》《政府隐性债务认定细则》等相关文件，并在《地方全口径债务清查统计填报说明》中列举了六种化债方式。

---

① 中国城望控股集团："地方隐性债务化解系列——专题三：地方政府性债务现状"，https://baijiahao.baidu.com/s?id=1774824956304874396&wfr=spider&for=pc。

② 德泓咨询："城投化债——非标转标资产证券化"，https://baijiahao.baidu.com/s?id=1779502174031040804&wfr=spider&for=pc。

安排财政资金偿还：安排年度预算资金、超收收入、盘活财政存量资金等来偿还债务。一方面，由于社保、就业、教育、卫生等民生性刚性支出持续增加，能省下用于还债的资金实际上非常有限。另一方面，财政资金偿还隐性债务归根结底取决于地区财力的强弱，自身财力雄厚的地区，违规举债现象较少，债务负担较轻；而债务负担较重的区域，安排财政资金偿债能力同样较弱。

出让政府股权以及经营性国有资产权益偿还：主要是依靠出售地方优质国企股权获得收益偿还地方政府隐性债务。例如，茅台集团先后两次进行股权无偿转让，而受让公司则通过减持出售股份来换取现金流，从而起到化解平台公司债务压力的目的。但是，并非所有的地方都有"贵州茅台"这样得天独厚的国企资源，这种方式通常难以复制到其他区域。

利用项目结转资金、经营收入偿还：由企事业单位利用项目结转资金、经营收入偿还（不含财政补助资金）。这需要地方政府投融资平台拥有较优质的项目，也就是能够产生稳定现金流的优质项目。

合规转化为企业经营性债务：将具有稳定现金流的国企债务合规转化为融资平台公司的经营性债务。例如，古井贡酒发布公告称将安徽古井贡酒集团60%股权无偿划转至亳州国有资本运营公司。

借新还旧或展期：通过由企事业单位与金融机构协商通过借新还旧、展期等方式偿还债务，例如，2022年12月，贵州遵义道桥经与各银行类金融机构友好平等协商，实现债务展期。这种方式将地方隐性债务风险向金融系统转移，大面积的展期降息将导致银行尤其是地方城商行、农商行盈利能力下降、不良资产率提高，引发财政金融风险共振。

破产重整或清算：对债务单位进行破产重整，并按照公司法等法律法规进行清算，以化解相应的债务。目前市场上还没有看到真正意义上的城投破产重整或清算案例，但是，已有城投公司被申请破产清算。例如，2023年7月，中泰信托正式向上海金融法院递交执行转破产申请，要求对贵州凯里开元城市投资、黔东南州凯宏城投予以破产清算。

除上述化债方式外，还可以采取由资产管理公司（AMC）购买地方城商行、农商行的城投债，以市场化的方式剥离融资平台的债务。实际上，目前已有多家AMC参与地方债务化解。2023年4月，中国信达与贵州省政府签署战略合作协议，随后发文称，将通过组建50人金融专家团，围绕防范化解风险、助力国企改革等方面与贵州开展合作；5月，中国信达也与山东省地方金融监管局对接，称将集中公司专业能力，组建服务山东金融专家团，重点围绕风险化解、服务实体经济、国企改革、新旧动能转换等领域开展合作。

这一时期，虽然中央政府通过各种政策措施控制住了地方政府显性债务扩张，但是，由于地方公共投资需求持续增长，反而更大程度加重了融资平台的隐性债务负担。从根本上讲，不解决政府投资冲动问题，化债过程又是一本糊涂账，没有责任追究和惩罚措施，只会使地方政府债务风险一轮一轮积累扩散，最终拖垮整个经济。地方政府投融资不能成为法外之地、灰色地带，要从制度层面建立长效机制，让政府投资主体有担当、有约束、守规矩。要扩大政府投资负面清单，收缩战线、有取有舍、有保有压，让有限资金尽早发挥效益。要着力扩大有合理回报的投资需求、有本金和债务约束的金融需求。要把债务风险作为政府投资考核的重要指标，对债务违约情况严重的城市（地区）实行项目限批。

第八节　投融资的成就、经验和问题

一、主要成就

综合国力和国际影响力显著增强。2012—2022年，我国GDP年均增长6.3%，远高于同期世界和发展中经济体的平均增长水平。2022年，我国GDP达121万亿元，按不变价计算为2012年的1.82倍。经济占全球份额稳步提升，国际影响力与日俱增。按年平均汇率折算，2021年，我国经济总量占世界经济的比重达18.5%，比2012年提高7.2个百分点，稳居世界第二位。2013—2021年，我国对世界经济增长的平均贡献率超过30%，居世界第一。2022年，我国人均GDP达8.57万元，按年平均汇率折算达1.27万美元，连续4年超过1万美元，稳居上中等收入国家行列，接近世界银行划分的高收入国家门槛值（2021 年提高到 1.32 万美元）。

基础产业和基础设施建设加强。农业基础进一步巩固。随着一系列强农惠农政策落实，农业综合生产能力不断提高，确保了国家粮食安全和重要农产品供给。交通运输发展成就突出。2012—2022 年，高速铁路营业里程由不到 1 万公里增加到 4.2 万公里。2022 年，共有 55 个城市开通城市轨道交通运营线路 308 条，运营线路总长度 1.03 万公里。信息通信水平快速提升。2022 年，我国移动互联网接入流量 2618 亿 GB，是 2012 年的 297 倍。2022 年末，累计建成并开通 5G 基站 231 万个，5G 用户达 5.61 亿户，全球占比均超过 60%。能源生产能力稳步提升。水电、风电、太阳能发电装机和核电在建规模稳居世界第一。

创新型国家建设取得新进展。2022 年，全年研发经费支出与国内生产总值之比为 2.55%，比 2012 年提高 0.64 个百分点，已超过 OECD 国家疫情前 2.47% 的平均水平。科教兴国、人才强国战略扎实推进，研发人员总量稳居世界首位。世界知识产权组织报告显示，我国在全球创新指数中的排名由 2012 年的第 34 位跃升至 2022 年的第 11 位。2022 年末，全国市场主体达到 1.69 亿户，比 2012 年增长近 2 倍，每年净新增超 1000 万户。"三新"经济规模持续扩大。2022 年，"三新"经济增加值相当于 GDP 的比重达到 17.4%，比 2016 年提高 2.1 个百分点。

经济结构不断优化升级。"制造强国"战略加快实施，产业发展向中高端迈进。2022 年，我国工业增加值突破 40 万亿元大关，占 GDP 比重达到 33.2%。2013—2021 年，规模以上高技术制造业、装备制造业增加值年均分别增长 11.6%、9.2%，分别快于规模以上工业 4.8 个、2.4 个百分点。消费的基础性作用不断发挥，成为经济增长主要推动力。城镇化水平不断提高。2022 年，我国常住人口城镇化率为 65.2%，比 2012 年提高 12.1 个百分点。区域重大战略有效实施，城市群和都市圈承载能力不断提高，一批中心城市辐射带动作用日益增强。

人与自然和谐共生加快形成。蓝天、碧水、净土保卫战取得重大进展。2021 年，全国地级及以上城市平均空气质量优良天数比例为 87.5%，比 2015 年提高 6.3 个百分点；PM2.5 年均浓度为 30 微克/立方米，下降 34.8%。能源革命深入推动，碳达峰碳中和有序推进，2022 年，清洁能源占能源生产总量的比重为26.9%，比2012年提高11.6个百分点。2021年，单位国内生产总值能耗比2012年累计降低26.4%，年均下降3.3%。生态修复全面加强，国土绿化取得明显成效。2022年，全国森林覆盖率达24%。2022年末，共有国家级自然保护区474个，国家公园5个，以国家公园为主体的自然保护体系加快构建。

全面开放新格局加速形成。2022年，我国货物和服务贸易总额近6万亿美元，成为全球第一大贸易国。资金技术密集型产品出口快速增长。2021年，机电产品、高新技术产品出口额分别比2012年增长68.4%、62.9%，增速明显快于全部出口。2022年，我国实际使用外资1891亿美元，比2012年增长65%，再创历史新高，保持全球第二。推动服贸会、进博会、广交会"三会"联动发展。共建"一带一路"成效显著，2013—2022年，我国与"一带一路"沿线国家进出口额从6.5万亿元增至13.8万亿元，年均增长8.6%。2022年1月1日，区域全面经济伙伴关系协定（RCEP）生效实施，全球最大的自贸区正式启航。

社会领域建设全面加强。2022年，九年义务教育巩固率、高等教育毛入学率分别达95.5%、59.6%，分别比2012年提高3.7、29.6个百分点。文化产业快速发展，2021年，文化及相关产业增加值占国内生产总值的比重为4.56%，比2012年提高1.2个百分点。医疗服务供给能力显著提升，2021年末，全国医疗卫生机构床位达945万张，比2012年末增长65%。疫情防控中暴露出的一些经济社会发展短板正在快速补上，2022年，全国ICU病床总数达到21.6万张，每10万人ICU床位数量接近15张，比2020年前大幅提高。

项目实施取得重大成就。根据国家发展改革委《"十三五"规划实施总结评估报告》提供的资料，"十三五"时期，我国"八纵八横"高速铁路网加快形成，运营总里程达到3.8万公里，超额完成规划目标。国家高速公路网主线基本建成。北京大兴国际机场、港珠澳大桥、洋山港四期建成运营。准东—皖南等跨区输电通道、中俄东线天然气管道等能源大通道投运，国家石油储备二期工程全部竣工投产。新一代运载火箭长征五号成功发射，大型客机C919进入审定试飞阶段，ARJ21飞机投入商业运营。首艘国产航母顺利下水，"雪龙2号"极地破冰船交付使用。北斗三号全球卫星导航系统建成开通，"通导遥"一体化的国家民用空间基础设施体系加快形成。

二、主要经验

《中共中央关于党的百年奋斗重大成就和历史经验的决议》和党的二十大报告阐述了这一时期的发展历程，在经济、社会领域总结了以下几个方面的经验，这也是投资取得重要突破的原因所在。

第一，进行科学完整的战略部署。党的十八届五中全会、党的十九大、党的十九届五中全会和历次中央经济工作会议集中对我国发展作出部署，作出坚持以高质量发展为主题、以供给侧结构性改革为主线、建设现代化经济体系、把握扩大内需战略基点、打好防范化解重大风险、精准脱贫、污染防治三大攻坚战等重大决策。

第二，完善基本经济制度。毫不动摇巩固和发展公有制经济，毫不动摇鼓励、支持、引导非公有制经济发展，支持国有资本和国有企业做强做优做大，建立中国特色现代企业制度，增强国有经济竞争力、创新力、控制力、影响力、抗风险能力；构建亲清政商关系，促进非公有制经济健康发展。

第三，实施创新驱动战略。把科技自立自强作为国家发展的战略支撑，健全新型举国体制，强化国家战略科技力量，加强基础研究，推进关键核心技术攻关和自主创新，强化知识产权创造、保护、运用，基础研究和原始创新不断加强，一些关键核心技术实现突破，战略性新兴产业发展壮大，进入创新型国家行列。

第四，全面深化体制改革。加强改革顶层设计，敢于突进深水区，敢于啃硬骨头，敢于涉险滩，敢于面对新矛盾新挑战，冲破思想观念束缚，突破利益固化藩篱，坚决破除各方面体制机制弊端，各领域基础性制度框架基本建立，许多领域实现历史性变革、系统性重塑、整体性重构，国家治理体系和治理能力现代化水平明显提高。

第五，实行积极主动的开放战略。坚持共商共建共享，推动共建"一带一路"高质量发展，推进一大批关系共建国家经济发展、民生改善的合作项目。坚持对内对外开放相互促进，"引进来"和"走出去"更好结合，推动贸易和投资自由化便利化，构建面向全球的高标准自由贸易区网络，建设自由贸易试验区和海南自由贸易港，推动规则、规制、管理、标准等制度型开放。

第六，完善宏观经济治理。创新宏观调控思路和方式，增强宏观政策自主性，实施积极的财政政策和稳健的货币政策，坚持推进简政放权、放管结合、优化服务，坚持金融为实体经济服务，防范化解经济金融领域风险，强化市场监管和反垄断规制，防止资本无序扩张，维护市场秩序，激发各类市场主体活力。

第七，实施区域协调发展战略。促进京津冀协同发展、长江经济带发展、粤港澳大湾区建设、长三角一体化发展、黄河流域生态保护和高质量发展，推动西部大开发形成新格局，推动东北振兴取得新突破，推动中部地区高质量发展，鼓励东部地区加快推进现代化，支持革命老区、民族地区、边疆地区、贫困地区改善生产生活条件。

第八，统筹城乡发展战略。推进以人为核心的新型城镇化，加强城市规划、建设、管理。始终把解决好"三农"问题作为全党工作重中之重，实施乡村振兴战略，加快推进农业农村现代化，坚持藏粮于地、藏粮于技，实行最严格的耕地保护制度，推动种业科技自立自强、种源自主可控，确保把中国人的饭碗牢牢端在自己手中。

三、存在问题

第一，政府间协同协作存在障碍，未能形成有效政策合力。中央和地方政府的协同配合历来是我国应对风险和挑战的有效手段。中央决策聚焦战略方向，同时赋予地方一定的政策空间和手段，这样才能形成调控合力和杠杆效应。这一时期，重要领域规则制定与监管权掌握在中央政府手中，地方政府特别是基层政府只是具体执行者，缺少创新空间，也没有创新手段，一定程度上被捆住了手脚。中央部门出台不少文件，但是，一些政策较为宏观，措施难落地，实质性帮助少。事情要做，却没有相应的财力和物力支撑，地方政府也只能出台大量文件，一级一级用文件推进文件的执行。在这种情况下，地方配合中央扩大投资显得心有余而力不足。

第二，面临制度性的壁垒与障碍，市场主体很难保持投资信心。改革开放以来，民营经济从来不缺乏积极性和创造力，之所以活力不足，说明体制机制障碍并未真正消除。基础设施和公共服务领域准入限制过多，行政管制、行政垄断加剧了不公平竞争，破坏了市场的最优化配置，限制了民营资本的参与度。涉及民营企业的民商事、行政案件得不到公平处理，执行难问题长期存在。一些官员不作为、乱作为、假作为，利用公权力侵害民企合法利益。"政策朝令夕改""新官不认旧账"等公权力违约时有发生，导致民营企业无所适从。这些年不断加码的行政性限制措施、各式各样的监督检查，极大限制了民营经济的生存空间。

第三，融资难融资贵难以解决，企业融资环境未见改善。金融组织体系不完善，国有商业银行仍居于垄断地位，缺乏专营的小微金融机构，民营企业很难获得融资。资本市场结构不合理，创业板融资比例偏低，新三板和区域性股权市场融资规模小，对民营企业的支持不够。融资环境趋于恶化，一些银行看到民营企业经营出现困难，便赶快让企业提前归还贷款，导致企业因资金链断裂。商业信用环境的恶化进一步加剧中小微企业融资难融资贵问题，尤其是民营企业和中小企业"货卖出去了、钱收不回来"的现象长期存在，成为压垮民营中小企业的"最后一根稻草"。

第四，新旧模式转换接续不顺畅，地方政府正常融资需求难以得到满足。在地方政府融资新旧模式的切换过程中，急于打破既有的模式，却把其中有用的东西一起抛弃；急于建立全新的融资模式，但现有的体制环境又不兼容。地方政府债务融资的深层次矛盾依旧。尽管地方债发行规模连年迅速扩张，但是，仍然有许多地方反映新增规模无法满足实际需要，特别是公益性的投资需要。城投公司的市场化转型十分艰难，仍然承担大量的政府融资功能和事务性工作。作为政府重要融资平台，城投公司仍在很大程度上依附于地方政府，转型之路并不容易，政府融资平台的功能并未发生实质变化。

第五，房地产政策调控出现误判，造成了市场衰退和社会动荡。针对房地产市场过热的紧缩政策过于强悍和不留余地，有关政策直接导致房地产失去投资价值，从土地一二级市场到住房一二级市场，都出现了资金循环不畅，从整体上破坏了房地产市场的流动性，制约了刚需和改善型住房需求扩张，并逐步传导到信贷和债券投资领域，不但没有实现房地产调控目标，反而造成了严重的次生灾害，给购房人、投资人、金融机构、生产商、供应商均造成严重损失。因此，房地产投资只有重回"政府归政府、市场归市场"，才能恢复和畅通循环，发挥经济的支柱作用。

第六，资本无序成长与扩张，违法行为损害正常经济秩序和社会安定。

互联网平台公司成为阻碍市场竞争、损害消费者和其他市场参与者利益、破坏实体经济秩序的杀手。一些外卖平台采取不正当竞争行为，频繁对商户、消费者"二选一"，让商家和消费者深受其害。

第七，资本的外流规模扩大，削弱资本积累能力的同时减少了投资机会。这一时期高强度投资扩张导致较为严重的生产过剩，又由于我国经济增长乏力和美国及其盟友加速脱钩断链，使得生产过剩无法通过内外需扩张得到消化。资本在寻找不到更好的获得空间的情况下，外流规模有扩大的趋势。根据《2021年全球财富迁移报告》的数据，2018—2020年，我国跨境资金流出的规模从7.8万亿人民币增长到8.4万亿人民币。在过去的十年中，累计的资金外流规模已经超越了65万亿人民币。这其中包含了对国内经济波动的担忧，特别是对资本盈利能力薄弱的担忧，也直接导致我国资本积累能力削弱。当大量资本流向海外市场时，国内的投资机会相应减少。在减少经济的波动性和降低金融风险的基础上，实现资产的保值甚至增值，成为中国未来投资健康发展的重要问题。

第十章
基本实现社会主义现代化时期的投资（2023—2035 年）

第十章　基本实现社会主义现代化时期的投资（2023—2035年）

党的二十大报告提出，从2020年到2035年基本实现社会主义现代化，构建更加完善的社会主义市场经济体制，达到中等发达国家水平，进入创新型国家前列，建成现代化经济体系。为此，需要充分发挥有效投资在扩大国内需求、优化供给结构和畅通经济循环中的动力引擎作用。

第一节　中华人民共和国成立以来投资的经验和教训

一、投资的经验

中华人民共和国成立70多年，固定资产投资走过了辉煌的历程，规模不断扩大，结构不断优化，体制不断创新，引领和推动中国式现代化取得了历史性成就、发生历史性变革，成为中国特色社会主义建设重要的动力因素，由此也积累了丰富和宝贵的经验。

第一，投资始终是经济发展的主要动力源。曼昆对国家经济增长率和投资率的研究表明："增长与投资之间是相关的，把GDP中相当大的部分用于投资的国家往往有高的增长率，把GDP中一小部分用于投资的国家往往增长率也低。"[①] 1979—2022年，我国用41.7%的年均投资率（资本形成率）实现了9%的年均经济增长率，也证明了这一点。相关经济学理论也认为，投资具有双重效应，既构成当期需求，拉动短期的经济增长，同时又形成未来的供给能力，对长期增长产生影响。未来的技术创新、人力资本培育等都依赖资本投入。因此，从整体来讲，特别是在经济快速发展阶段，中国投资能够保持较高的增长水平是一件好事。投资是我国经济发展的主要推动力，也是实现中国式现代化的重要推动力。

---

① 曼昆：《经济学原理》（下册），北京大学出版社1999年版，第152~153页。

但是，也必须注意到，我国大规模、高速度的投资增长期已经过去。"十一五"时期，全社会投资年均增长22.3%（现价），"十二五"时期年均增速下降到16.8%，到"十三五"时期，年均增速大幅下降到5.4%。投资增速快速回落到个位数，进入了相对低速的增长平台。投资的债务约束、生态约束、产能约束越来越明显，因此，投资增长率不应再成为关注的焦点，提高投资质量和效益成为当务之急。要努力加大技术创新、人力资本、产业升级等方面的投入，不断创造新供给；积极寻求投资与消费的结合点，在扩大投资中保障消费供给、改善消费环境、提升服务功能、扩大消费潜力；从"以物为中心"向"以人为中心"转变，在生命健康、养老服务、教育托幼等领域加大投入，不断满足人民对美好生活向往。

第二，推动投资结构升级和新动能增加。今天的投资结构是明天的产业结构，投资形成未来的供给能力，可以对长期经济增长和产业转型升级产生重要影响，因此，选择投资重点时，应该以产业升级为主要目标。无论是改革初期轻纺工业的发展，入世以后加工贸易的发展，还是收入增加和内需扩大背景下房地产和汽车工业的发展，以及基础设施带动的重化工业发展，投资结构调整都是主要的推动力量。党的十八大以来，投资在优化供给结构中发挥了关键性的作用，推动产业结构不断迈向中高端，高新技术产业、战略性新兴产业、现代服务业的投资和产出比重不断提升。投资结构调整是产业转型发展的先决条件，正是因为投资方向不断向中高端迈进，我国的产业转型才能不断向前推进。

经济结构扭曲既是前期投资失衡的结果，也是未来投资调整优化的方向。未来投资结构调整就是要把握新科技革命浪潮的基本趋势，适应人与自然和谐共生的要求，高效集聚全球创新要素，围绕产业高端化、数字化、绿色化、安全化、融合化发展路径，建设具有完整性、先进性、安全性的现代化产业体系。要推动传统产业转型升级，避免"低端产业"简单退出；加快产业数字化融合化转型，推动数字经济与实体经济、制造经济与服务经济等深度融合；把低碳化发展理念融入现代化产业体系建设全过程各环节，推动产业链供应链绿色低碳发展；按照自主可控、安全可靠、竞争力强的要求，突破供给约束堵点卡点，提高产业链供应链的安全水平；加大矿产资源勘探开发，推动能源和重要矿产资源"增储上产"，确保能源资源安全。

第三，综合运用调控手段平复投资波动。我国的宏观调控先后经历了从新中国成立初期的"计划管理"到"综合平衡"、从"总量调控"到"总量+结构"调控、从"需求结构调整"到"需求+供给"结构性调控、从"逆周期调控"到"跨周期调控"的实践转型，形成了双向调控、双轨调控、区间调控、定向调控、精准调控等特色调控方式方法[1]。兼顾了经济周期形态转变过程中各种经济总量之间的平衡，显著提高了宏观调控对经济发展趋势性的掌控能力，保持了稳增长和防风险的动态平衡[2]。投资由于在一定程度上更容易受到调控，更能快速有效体现政府的宏观决策意图，也就成为政府工作的有效抓手。从历史上看，投资调控既是我国宏观调控的重要目标变量，往往也是我国宏观调控优先选择的方式。

投资调控是政府从国民经济运行的总体要求和目标出发，对整个投资活动进行的调节与控制。从狭义理解，投资调控就是运用财政和货币政策，调节投资需求，从而调节总需求，进而实现总量平衡。政府的投资调控偏重短期需求管理，是要通过对投资的调节，防止经济大起大落，是一种反周期的政策措施；从广义理解，政府的投资调控不只限于运用财政货币政策，还包括运用规划、产业、土地、环保等政策。因此，投资调控又是需求与供给、短期与长期、总量与结构的统一。当经济运行中的短期失衡问题比较突出时，财政货币政策应及时打"组合拳"，防止失衡的升级。与此同时，发挥产业、土地和节能环保政策在投资调控中的作用，实现政策功能互补。

第四，制定战略和规划推动高效率投资。我国投资决策的一个重要特征就是效率高。在国外，某些大型公共项目可能要拖延很长时间而无法完成，反映出相关国家规划和批准程序的繁琐，以及政府管理和技术效率低下。英国人经常感叹中国的效率，他们常用北京首都机场建T3航站楼和伦敦希思罗机场建T5航站楼作比较，一个用了4年，一个用了整整20年。2009年，英国就开始谋划建设高速铁路2号线（HS2），但是，直到2023年，议会仍在争论是否将原计划的从伦敦到曼彻斯特的线路大幅度缩减。用英国《独立报》的话来说："和中国速度相比，英国体制实在是太过僵硬。"

---

[1] 庞明川："新中国70年宏观调控的转型、创新与基本经验"，《财经问题研究》2019年11月。
[2] 刘金全、郭惠萍："宏观调控跨周期设计的机理、特征与实施方式"，《广东社会科学》2022年第5期。

制定具有前瞻性的发展战略与规划，并将其按照科学严格的计划付诸实施，是中国投资成功的重要原因。中国有自己的现代化发展目标，党代会都会确立未来五年的工业化和城镇化目标，除了像"文革"时期等少数不正常情况，大多数五年规划（计划）都能顺利完成；有一个稳定的政治核心，能够实现上情下达权威性和下情上达的有效性，保证战略和规划坚定执行；坚持先行先试，改革的模式、路径、体制、机制不设统一的模板，具有多样性、多元化的特点，保持了战略和规划执行的灵活性。当然，通过自上而下行政体系的执行力可以保证投资的效率，也可能不利于经济、社会、生态的可持续发展，可能忽视基层的差异性，导致路径依赖、结构趋同和千篇一律。

第五，有效利用公共资源获得投资资金来源。土地财政是指地方政府的可支配财力及其融资活动高度依赖土地的运作的一种财政发展模式，是以政府为主体、围绕土地所进行的财政收支和政府投融资活动，是土地制度、财政制度、金融制度有机结合和共同作用结果。我国土地财政的真正目的并不是为了简单的收支，而是旨在融资和投资，实现地方经济和城镇建设的滚动发展。人口红利、改革红利、开放红利是推动中国经济长期快速增长的主要因素。不过，不容忽视的是，土地红利也是助推经济增长和基础设施建设的动因之一，其效果甚至不亚于其他因素。我们也可以把土地红利算作一种制度红利，因为如果没有特有的土地制度的支撑，土地财政就不会有这样大的能量，成为推动我国城镇化和工业化跨越发展的重要力量。

随着房地产市场的景气回落，城镇化进入减速发展的新阶段，中小城市出现人口净流出，土地财政及其融资功能对地方发展的贡献明显减少，地方政府都在寻找新的建设性资金的筹资渠道。要在逐步减少对房地产依赖的同时，促进新兴的产业发展，增加股权投资孵化培育企业，拓宽财政收入的未来稳定渠道。近年来，各地政府积极发展产业引导基金，涌现出许多带有地方特色的运营模式，其中成功的案例就是"合肥模式"。通过发挥国有资本的引领作用，合肥政府逐步构建起了几十条特色产业链，培育出了京东方面板、蔚来汽车、安世半导体、闻泰科技等高技术企业，直接带动合肥市地区生产总值连续三年超万亿，实现了城市能级的巨大跃升。土地财政向税收财政、股权财政、数据财政、碳财政、国资财政等公共资源导向财政的转换将成为必由之路。

第五，处理好投资中政府与市场的关系。我国的投资活动既有政府积极引导的作用，也是市场机制逐步发挥重要作用的结果。传统计划经济时期，政府通过行政手段把资金直接配置到重点产业和区域中，实际上降低了投资的效率与活力。改革开放以来，我们对政府和市场关系的把握更加科学、更加合理，逐步减少政府对微观经济活动的直接干预，把政府投资聚焦到市场失灵领域，通过政府资金和政策引导民间资本的投向。保持足够的财政支出强度，优化组合赤字、专项债、贴息等工具，加大中央的专项转移支付力度。鼓励和吸引更多民间资本参与国家重大工程建设。积极利用政府投资补助、贷款贴息等方式，支持符合条件的民间投资项目建设。鼓励国有企业与民营企业进行股权融合、战略合作、资源整合，投资基础性、战略性和安全性领域。

民营经济、民间投资更是不可或缺的重要力量。民营经济贡献了经济50%以上的税收、60%以上的GDP、70%以上的技术创新成果、80%以上的城镇劳动就业、90%以上的企业数量。2012—2022年，民间投资占全部固定资产投资的比例平均达到56%。民间投资向好，全国投资就会向好；民间投资不好，全国投资也不会好。激发民间投资活力，有利于促进经济结构转型和新兴产业成长，拓宽政府项目的资金来源和优化公共服务供给，推动消费升级和创造稳定就业，为经济发展增添持久动力。要在市场准入、审批许可、招标投标等方面，营造统一、公平、开放、透明的市场环境。清除各种显性和隐性的市场壁垒，促进生产要素跨区域有序自由流动。稳步推动规则、规制、管理、标准等制度型开放。

第六，发挥中央和地方政府的两个积极性。毛泽东同志在《论十大关系》中指出要在巩固中央统一领导的前提下，扩大地方的权力，让地方办更多的事情，发挥中央与地方两个积极性。自新中国成立到改革开放之前，中央和地方的行政体制经历了"三收两放"，两次放权分别发生在"大跃进"和"文革"时期。但是，放权的一个前提是国家仍然拥有对经济资源的全面控制，地方政府的竞赛围绕中央的指标控制进行，所以，放权仍然是另外一种形式的集权。改革开放以后，特别是实行分税制改革以后，中央与地方事权和支出责任逐步有了更加明确的划分，地方政府拥有了自己的财政权、投资权和企业管理权。但是，总的来讲，财政、金融、土地等关键要素的分配，主导权仍然掌握在中央政府手中。

政府投资是政府的资本性（建设性）支出，在多级政府体系下，政府投资也有一个事权—支出责任划分的问题。中央和地方按照投资事权划分相应承担和分担支出责任。应加强中央政府在保障国家安全、维护全国统一市场、推动区域协调发展等方面的投资事权。加强地方政府公共产品与服务提供职责，将直接面向基层、量大面广、与当地居民密切相关、由地方提供更方便有效的公共服务确定为地方投资事权，赋予地方政府充分自主权，依法保障地方投资事权履行，更好地满足地方公共服务需求。针对中央与地方共同投资事权过多、相互交叉且不规范的情况，逐步减少并规范中央与地方共同投资事权，避免由于投资职责不清造成不同层次政府间互相推诿和扯皮。

第七，在对外开放中不断拓展投资新空间。改革开放以来，我国利用外资的发展历程极不平凡，从少到多，逐步走向全球引资大国，并开始向引资强国迈进。利用外资的主要经验是：始终坚持邓小平同志有效利用"两种资源、两个市场"的核心思想，作为统领我国对外开放的基本方针；加强法制建设，不断完善利用外资的政策法律与制度基础，构建较为完整的涉外法律体系；充分发挥良好的投资环境和获益机会以及跨国公司的资本和技术资源优势，实现东道国与跨国公司的互利双赢[1]；加强产业政策导向，逐步形成符合我国国情和可持续发展需要的外商投资产业导向政策体系，推动利用外资与产业结构调整和优化升级相结合；不断改善营商环境，发挥引资优势和吸引力，让外商有利可图；实行进口替代和出口导向相结合的利用外资战略，使外资在经济社会发展中发挥积极作用；实施从经济特区、沿海开放城市、经济技术开发区、沿江沿边开发城市到广大中西部地区循序渐进的梯度区域开放战略[2]；建设完备的产业配套能力、高效的基础设施，形成对外资的强大吸引力；强化市场监管和中央政府的统一管理，维护国家经济安全。

第八，适度超前开展基础设施投资。在我国很多发展时期或特定发展

---

[1] 赵晋平："改革开放30年我国利用外资的成就与基本经验"，《国际贸易》2008年第11期。
[2] 卢进勇等："中国国际投资发展史研究：意义、重点和突破点"，《国际经济合作》2019年第5期。

区域，基础设施都具有超前发展的特征。基础设施建设对经济发展具有长期的影响力，必须有科学的预见性，超前考虑发展的阶段性、长期性要求。基础设施的建设期较长，运营期更长，也需要进行提前谋划。基础设施建设具有显著的空间溢出效应，能够促进各类要素合理流动和高效集聚，加速推动以城市群、都市圈为主要资源要素承载地和增长极的空间形态成长。基础设施具有区域公共产品属性，可以缩小城乡之间、不同层级城市之间和地区之间的发展差距，促进区域协调发展和实现共同富裕；基础设施建设有利于城市功能品质和宜居水平提升，丰富优质产品和服务供给，提升格调品位，增进民生福祉，让人民群众体会到更多的获得感、幸福感、安全感。

适度超前需要考虑必要性与可能性的有机结合，把握不同时空条件下的结构、布局与节奏。适度超前开展基础设施投资是具有战略眼光和长远考虑的前瞻投资；是不断聚焦补短板、强弱项、扬优势的精准投资；是持续优化基础设施空间布局、结构和功能的协调投资；是能够分辨轻重缓急、优先次序的有序投资；是既体现创新精神，又能减少犯错概率的审慎投资；是合理控制债务风险、实现可持续发展的有效投资。因此，我们这里所讲的适度超前开展基础设施投资，更大程度上是以长远眼光、积极行动推进的基础设施投资，既能满足高质量发展的长远需要，同时又尽量不脱离要素支撑和财务承受能力，不要对可持续发展造成过多负担和风险，是统筹必要和可能、发展与安全、短期与长期、供给与需求等方面关系的投资。

二、投资的教训

中华人民共和国成立以来的投资，也出现过这样和那样的问题，有些是投资自身出现的问题，有些则是外部环境作用的结果，这给未来的投资发展和体制改革提供了思考和探索的空间。

第一，投资的大起大落，往往成为经济周期波动的重要诱因。我国的投资波动是经济波动的主要原因和推动力。在物资和资金匮乏、市场供不应求的年代，投资规模的急速扩大导致供需失衡、物价上涨，不得不采取行政方式压缩投资，停缓建项目，造成经济的大幅波动；而在物资和资金条件充裕和市场供过于求的时候，投资规模的持续扩大虽然不会对物价水平造成明显的影响，却可能造成产能严重过剩，推动债务无节制扩张，对财政和金融体系稳定造成潜在的伤害，在这个过程中由于没有表现出物资供应不足和通货膨胀现象，因此，其危害并不容易被调控者所察觉，仍在持续推动投资增长，反而给未来积累起更大的风险，造成投资的浪费。因此未来债务水平以及承受力可以作为判断投资增长合理性的重要指标。

第二，急躁冒进与盲目冲动，反而降低了投资的转化效率。中华人民共和国成立以后，各届党政领导都有尽快改变贫穷落后面貌、尽早实现中国式现代化的强烈愿望，追求"快"成为永恒的主题，在"快"与"好"的权衡中，前者通常会占据更为重要的位置。政府官员也希望在任职期间有所作为，展开激烈的晋升锦标赛，热衷于制造投资的"宏大叙事"，而对项目的可行性研究，特别是项目合理回报的评估却粗糙潦草，造成一些缺乏合理回报和还债基础的项目进入投资过程。这样一来，政府行政力量推动和市场信号扭曲造成产能过剩，新区新城盲目扩张导致市政设施长期无法产生效益，城市建设追求"贪大求洋"和"形象工程"，部分地区形成超出本地需求的基础设施投资冗余，超过财力承受能力的投资引发地方政府债务危机。

第三，过分高估外部环境或风险威胁，可能带来调控力度过大。"三线"建设是20世纪60年代中期的一项重大战略决策，但是，区域转移和产业重构的方式方法的局限，也造成了资源配置效率低下，生活服务不配套，投入产出比不高等问题，反映出当时的领导人过高估计了冷战时期的战争风险，以及决策过程不够严谨科学等问题。2008年国际金融危机，国家实施了4万亿元投资扩张计划，虽然取得了重大经济和社会发展成果，但是，政府介入程度过大，财政和货币政策过于宽松，政府融资平台发展速度过快，刺激了政府投资的急剧扩张，又由于体制不健全、约束不到位，造成土地财政、政府债务、资产泡沫、生产过剩等一系列的问题。

第四，投资主体行为和决策存在缺陷，难以解决结构失衡问题。地方政府的公司化和商业化是我国经济发展的一个重要特征。政府官员的注意力往往都在风光体面的新城建设上，老城区设施陈旧，功能退化，但是，很少有地方政府埋头旧城改造。地方政府的公司化和逐利化导致其投资决策行为扭曲、偏离目标，与其公共服务职能要求的距离越来越远。官员对政府投资项目的选择和决策考虑更多的是如何让上级满意，而不会眼光向下，认真考虑当地公众的福祉利益，社会公众的知情权和参与权被实质性剥夺。无法根据公众意愿确定投资的优先次序，将资金投入公众最迫切需要的公共服务领域。

第五，政府投资事权和支出责任不清晰，造成服务提供不足、配置效率低下。投资事权重叠交叉，职责同构。在政府间的事权划分中，各级政府的投资职责并无明显区别，地方政府的事权几乎全都是中央政府事权的延伸或细化[1]。这导致由谁负责公共服务的提供，以及由谁为这些责任提供资金的分工仍然模棱两可，各级政府普遍缺乏责任感。部分投资事权划分不合理，存在"中央出钱干地方的事""地方出钱干中央的事"的现象，不利于地方因地制宜发挥主动性，也导致中央部门陷入大量的具体事务。投资事权重心明显下移，"中央点菜，地方买单"情况大量存在，导致地方政府承担的事权责任与其收入和支出能力不对称，地方财政不堪重负，难以为继。

第二节　世界百年未有之大变局和中国式现代化进程

一、世界格局新旧交替，进入深度的动荡变革期，中国亟需把主动权掌握在自己手中

世界政治经济格局发生深刻变化，呈现竞争优势重塑、经贸规则重建、治理体系重构的态势。新兴市场国家和发展中国家群体性崛起，对世界经济增长的贡献率已达 80%，经济总量占世界的比重近 40%，是当之无愧的经济主引擎。这些国家在国际事务和全球治理中的话语权和影响力也不断提升，国际力量对比正在发生深刻变化。与此同时，仅占世界人口 1/5 的西方大国

---

[1] 楼继伟：''推进各级政府事权规范化法律化'',《人民日报》2014 年 12 月 1 日。

国内却出现了严重的社会分裂和政治失序,种族歧视和民粹主义大行其道,国家治理面临严重困境。但是,这些国家仍然主导着全球政治经济秩序,在全球治理主要机制中居于统治地位,掌控全球治理规则制定权。他们回避抗击疫情、气候变化、全球化的责任,反而不断强化意识形态对抗,构建"小院高墙",打造"平行体系",采取不负责任的宏观政策,有意挤压新兴市场国家和发展中国家的发展空间和资源。西方阵营和非西方阵营对立日趋严重,已持续一段时间的俄乌战争则使两大阵营的撕裂和对立达到顶峰。

中美矛盾冲突对抗进入新阶段。这是冷战结束以来美国对华战略演变中负面因素不断累积的产物,是美国对华战略由接触与合作为主转向竞争与遏制为主的重要标志。近几届美国政府主张对华打贸易战、遏制中国崛起、规制中国行为等,把中国视为军事和地缘政治威胁。近年来,美国视中国为"最严峻的竞争对手",推行"印太战略",强化"五眼联盟",兜售"四边机制",拼凑"三边安全伙伴关系",强拉盟友对抗中国,中国在主权、人权、科技、投资、市场准入等方面面临更多欧美联合打压。可见,美国等国对来自中国挑战的焦虑以及自身逐步失去竞争力的担忧难以化解,阻挠和压制中国的崛起复兴已经成为其对外关系的主基调。但是,美国拉拢盟友对抗中国的效果不佳,欧洲和东亚一些国家对美国的做法渐渐厌倦,从经济利益或是从国家安全的角度考虑,并不想和美国一起围堵遏制中国。随着金砖国家、上海合作组织等新经济体的出现和壮大,世界秩序将不再由美国决定。这给中外双方在重大地区和国际问题上达成战略共识,坚定相互支持,促进共同发展创造了有利条件和广阔空间。

全球供应链出现"破损"与重构。在中美贸易争端下,加征关税导致中美双方企业和相关上下游企业转而寻求建立新的供应链关系,以往相对成熟的供应链模式被打散、分裂成多条供应链体系,引发了全球供应链体系的倒退。新冠疫情突袭而至后,全球产业链供应链遭受更加严重的冲击,与此同时,民粹主义、排外主义、保护主义抬头。美国等国将科技、经贸问题政治化、武器化、意识形态化,对中国商品加征巨额关税,持续鼓动供应链"去中国化",极力推进制造业回流或向亚太其他低成本国家或地区转移。越来越多的跨国公司出于对供应链安全和稳定的考虑,改变其全球供应链布局策略,加速了全球供应链朝着多元化、近岸化、本土化方向发展[①]。中国在全球产业链、供应链与价值链中的地位受到一定挑战,产业链供应链不稳、不强、不安全的隐忧显现出来。为此,必须紧紧抓住开放和创新两个重要环节,把主动权掌握在自己手中,切实维护我国产业链供应链的安全稳定。

二、新一轮科技革命和产业变革深度演进,加快重塑全球经济版图,给中国带来无限的发展潜力

全球科技创新进入密集活跃期。进入21世纪以来,新一轮科技革命和产业变革正在重构全球创新版图、重塑全球经济结构。以人工智能、量子信息、移动通信、物联网、区块链为代表的新一代信息技术加速突破应用,以合成生物学、基因编辑、脑科学、再生医学等为代表的生命科学领域孕育新的变革,融合机器人、数字化、新材料的先进制造技术正在加速推进制造业向智能化、服务化、绿色化转型,以清洁高效可持续为目标的能源技术加速发展引发全球能源变革,空间和海洋技术正在拓展人类生存发展新疆域,信息、生命、制造、能源、空间、海洋等的原创突破为前沿技术、颠覆性技术提供了更多创新源泉。科技革命和产业变革带来的万物互联也促进了基础设施的网络化和融合化发展,推动了基础设施的转型升级,除了网络基础设施、算力基础设施外,其他新型基础设施形态也不断涌现,例如,区块链、量子互联网和数字孪生体等新型基础设施。

科技革命影响世界经济发展格局。新一轮科技革命与产业变革深刻影响着经济社会运行方式、国际竞争范式和世界格局发展走势,其主要特点在于:第一,科技创新呈现出多元深度的融合特征。随着科学技术的不断进步,产业间的边界逐渐模糊,相互嵌入、衍生、转化、合成、赋能,由此推动新技术、新产品、新业态和新模式不断涌现。第二,万物互联不断创造形成新的要素资源。通信网络的升级、智能终端的普及以及各种传感器的使用,促进人、机、物的泛在连接、相互识别和有效沟通。随着万物互联时代的到来,生产设备、感知设备、互联网终端甚至生产商本身都在源源不断地生产

---

① 商务部:《跨国公司在中国:全球供应链重塑中的再选择》。

数据，数据成为一种新的资产、资源和生产要素。第三，产业创新发展进入活跃时期。人工智能、大数据、物联网、云计算、边缘计算等科技创新持续推进，对全球供应链、产业链、价值链产生前所未有的影响，加速经济的数字化、网络化、智能化进程。

我国科技创新的空间和潜力巨大。"十四五""2035年""2050年"等一系列规划，明确了科技创新发展方向和目标，将现代信息技术、智能制造、新能源、新材料以及新医药等领域作为战略性新兴产业发展方向，持续加大科技投入力度。2022年，全社会研发投入突破3万亿元，研发投入强度首次突破2.5%，基础研究投入比重连续4年超过6%。具有核心竞争力的创新型领军企业迅速成长，到2022年，已累计培育8997家"小巨人"企业、848家制造业单项冠军企业、5万多家专精特新企业。目前，我国基础科学研究短板依然突出，重大原创性成果缺乏，底层基础技术、基础工艺能力不足，工业母机、高端芯片、基础软硬件、基础材料等瓶颈仍然突出，关键核心技术受制于人的局面仍未从根本上改变。未来将加强原创性引领性科技攻关，实施一批重大战略性科学计划和科学工程，超前布局国家重大科技基础设施，支持产业共性基础技术研发，推进互联网、大数据、人工智能同实体经济深度融合，推动制造业产业模式和企业形态根本性转变，促进产业迈向全球价值链中高端。

三、着力推进高质量发展，形成发展韧性和活力，增强了我国应对不稳定性不确定性的优势和条件

经济发展具有强大韧性和活力，为抵御各种风险挑战奠定坚实基础。2022年，我国国内生产总值达到121万亿元，经济实力、科技实力、综合国力跃上了新台阶。建成世界最大的高速铁路网、高速公路网，机场港口、水利、能源、信息等基础设施建设取得重大成就。2008年国际金融危机以来，我国一直是世界经济增长的第一引擎。世界银行报告显示，2013—2021年，中国对世界经济增长的平均贡献率达38.6%，比七国集团（G7）成员国贡献率的总和高12.9个百分点。2000年，中国制造业增加值仅占全球6.6%，到2022年，比重提高到近30%。我国拥有全球最完整、规模最大的工业体系，

以及强大的生产能力、完善的配套能力，拥有1亿多市场主体和1.7亿多受过高等教育或拥有各类专业技能的人才，还有9亿多劳动年龄人口，相当于美国、日本、欧盟的总人口。我国拥有庞大的内需市场与全球规模最大的中等收入群体，就算是疫情严重的2020年，全国社会消费品总额也达到6万亿美元，成为全球第二大消费市场。

新动能层出不穷、快速成长，推动我国经济向高质量发展阶段演进。在载人航天、探月工程、深海工程、超级计算、量子信息、"复兴号"高速列车、大飞机制造、5G芯片等领域取得一批重大科技成果，以创新为主要引领和支撑的经济体系和发展模式正在形成。先进制造业和现代服务业深度融合，高技术制造业和装备制造业发展向好，产业基础能力和产业链现代化水平进一步提升，新的经济增长点持续增加。2022年，我国新能源汽车产销连续8年保持全球第一，全球销量占比超过60%。新一代信息技术广泛应用，线上线下加速融合，无接触配送、直播带货、在线诊疗、远程办公等新业态、新模式蓬勃兴起，既促进了产业结构调整，也满足了个性化、品质化、多样化需求。截至2022年底，我国短视频用户规模达10.1亿，网络直播用户规模达7.5亿。由于新动能领域蕴含着巨大商机，资金持续向相关领域集聚，投资潜力和空间扩大。

四、构建新发展格局，塑造和延长了战略机遇期，为我国经济社会发展拓展了更大空间

构建新发展格局意义十分重大。加快形成以国内大循环为主体、国内国际双循环相互促进的新发展格局，是党中央根据发展阶段、环境、条件变化做出的战略决策，是事关全局的系统性深层次变革。只有加快构建新发展格局，才能更好顺应发展大势，依托国内大市场优势，充分挖掘内需潜力，畅通国内国际双循环，增强我国发展的韧性和潜力；只有加快构建新发展格局，才能更好践行新发展理念，使创新、协调、绿色、开放、共享发展相互协同、形成合力，促进生产、分配、流通、消费更多依托国内市场，形成国民经济良性循环；只有加快构建新发展格局，才能更好把握机遇、应对挑战，有效化解外部冲击和外需下降带来的影响，在各种可以预见和难以预见

的风险挑战中，增强我们的生存力、竞争力、发展力、持续力；只有加快构建新发展格局，才能更好利用大国经济纵深广阔的优势，提高我国对全球要素资源的吸引力、在全球产业链供应链中的影响力，释放巨大而持久的发展动能。

战略机遇期被赋予了新的内涵。以往的战略机遇具有明显的外生性，当前，我国经济发展的内生优势不断显现，越来越可以依靠自身努力争取和创造新的机遇。第一，创造新需求。消费对经济发展的基础性作用将进一步增强，要促进消费需求增长，实现消费结构升级；发挥投资对优化供给结构的关键作用，拓展投资空间，优化投资结构，促进有效投资；积极寻求投资与消费的结合点，实现投资与消费的良性互动，创造更多的国内需求。第二，培育新产业。数字经济和新型基础设施的先行优势将得到充分发挥，加快运用工业互联网、人工智能、大数据、物联网等改造传统产业，推动集成电路、航空航天、机器人、先进轨道交通装备、医药及医疗设备等产业创新发展，提升制造业国际竞争力。第三，拓展新空间。东西南北中同步开发、沿海内陆共同发展的态势将更加凸显，不同地区的区位、交通、资源、市场优势也将发生动态变化，将给更多地区带来发展机遇和增长空间。各地区可以找准自己在新发展格局中的定位，率先探索有利于促进全国构建新发展格局的有效路径。加快形成新发展格局是主动塑造和延长我国战略机遇期的必然选择，其中蕴含着巨大的政策利好、广阔的投资空间和难得的发展红利。

五、世界和中国的不确定难预料因素显著增多，各种"黑天鹅""灰犀牛"事件随时可能发生

世界经济正在走向惊涛骇浪。2023 年 5 月 2 日，美联储宣布连续第 10 次加息，联邦基金利率创下 16 年来新高。美联储加息原本要遏制通胀，却造成金融机构持有的债券贬值和借贷成本上升，导致其资产崩溃，硅谷银行、签名银行、第一共和银行等数家银行相继倒闭，美国银行业也因此持续受到冲击，甚至可能引发新一轮金融危机。曾准确预测美国次贷危机的纽约大学教授鲁比尼指出，随着数十年的赤字、借贷和杠杆率激增，世界

经济正走向前所未有的经济危机、金融危机和债务危机的交汇点[①]。在私营部门，家庭、企业和公司以及金融部门的债务堆积如山；公共部门，联邦、州和地方政府债券、其他正式债务以及隐性债务都将随着社会老龄化而继续增长。随着各国央行被迫提高利率，资产泡沫破裂，偿债比率飙升，政府、企业和居民收入下降，经济危机和金融崩溃将相互影响。未来如何权衡抗通胀、防风险和稳增长之间的关系，仍然是宏观调控的无解难题，以美国和欧洲多家银行倒闭为特征的全面危机可能导致全球经济的萎缩。

债务风险影响我国经济安全稳定。根据中国社会科学院国家金融与发展实验室的数据，1993—2022年，我国的宏观杠杆率由107.8%上升至273.2%。目前，我国的宏观杠杆率显著高于新兴市场国家平均水平，几乎与美欧等发达国家持平，而我国的人均GDP只是美国的1/6。政府债务问题尤其突出，到2022年，中央与地方债务余额合计60.9万亿元，占GDP的50.3%。2021年，国债和地方债需要支付利息至少2.46万亿元，占全国一般预算支出的10%。地方债务问题更为突出，自2017年以来，地方政府债务余额以年均16.3%的速度快速增长，远高于同期名义经济增速（7.8%），这还不包括规模庞大的隐性债务。"十四五"时期，多数省市的债务可持续性堪忧，大约1/4省级财政将50%以上的财政收入用于债务还本付息。为此，我们不得不花费较长的时间修复资产负债表，将在一段时期内限制消费和投资的扩张。政府债务的大幅度增加也对未来财政可持续性提出了更大的挑战，压缩了未来政府债务融资空间。

第三节 全面建成社会主义现代化强国目标下的投资取向

实现有效投资是全面建成社会主义现代化强国的关键环节，是加快构建新发展格局、着力推动高质量发展的必然要求，是推动经济实现质的有效提升和量的合理增长的重要举措。而要素供给结构、产业结构、需求结

[①] "末日博士鲁比尼的'崩溃警告'：全球正走向金融、经济和债务危机的交汇点"，《华尔街见闻》2022年12月9日。

构、工业化、城镇化、绿色化等变化趋势和特征则影响着投资的方向和路径，投资必须以这些趋势为指引，而不可能脱离开这些趋势以及其中的规律性。

一、供需结构明显变化情况下的投资选择

（一）要素结构变动与投资增长

1.要素结构的变化趋势

战后世界大部分国家都已摆脱低收入，步入中等收入国家行列，但是，只有少数国家能够成功脱离中等收入，进入高收入国家行列，更多的国家则长期困于"中等收入陷阱"。2019—2022年，我国人均GDP连续4年跨上1万美元台阶，一些研究认为，中国已经跨越了"中等收入陷阱"。2022年，我国GDP突破120万亿元人民币，总量是日本的3倍多，达到美国的70%以上。英国汇丰银行预测，以正常的增长速度，预计此后十年左右中国经济总量将超过美国。按照2022年世界银行1.32万美元的高收入国家标准，"十四五"期间，如果经济保持4%的年均增长率，我国人均GDP可望达到高收入国家标准。无论如何，未来一个时期都是中国迈向高收入国家的冲刺阶段。

决定增长的变量提升空间和潜力减小。劳动力方面：农民可以进城的，基本都进城了，靠从农业、农村向工业和城市转移人口以提升生产率的空间已经不大。2011年，全国劳动年龄人口（16~69岁）为9.4亿人，2022年劳动年龄人口降到8.7亿人，持续减少了5500万人。2022年，全国就业人员73351万人，相比2017年末的77640万人有所下降，这是1961年以来的连续5年下降。2017—2022年，出生人口分别为1723万人、1523万人、1100万人、1003万人、1062万人和952万人。"十三五"时期，20~34岁生育旺盛期妇女年均减少473万，是带动出生人口数量下降的重要因素。总和生育率（育龄期每个妇女平均的生育子女数）从1970年代之前的6左右，降至1990年的2左右，再降至2022年的1.1，全球只有4个国家的生育率比我国低。Wind数据显示，我国90后比80后少1172万人，00后又

比90后少4700多万人，10后比00后也少了24万人。劳动年龄人口、就业人口、出生人口下降，意味着市场的劳动力供给减少，劳动力成本会继续提升，人口红利正在逐步减少甚至消失，这在一定程度上削弱传统产业的国际竞争力。

资本方面，投资效率下降是不争事实。增加投资虽仍有空间，但其效率却远不如之前。增量资本产出率，即每单位产出所需的资本投资额，从2007—2011的3.37升至2012—2022年的6.16（见图10-1）。这表明，生产每单位产出所需的资本投资明显增加了。资金融通和使用效率趋于下降。2007年，国际金融危机时，社会融资存量规模与GDP的比率只有119%，到2022年已经高达284%，比率持续上升。再从GDP/M2的比例看，2014—2022年分别为52.4%、49.5%、48.2%、49.2%、50.3%、49.7%、46.3%、48.2%和45.4%。而美国2018年的GDP/M2的比例为150%，我国与之相差3倍。这说明金融与货币投入量大，创造价值少，资金周转使用效率低。

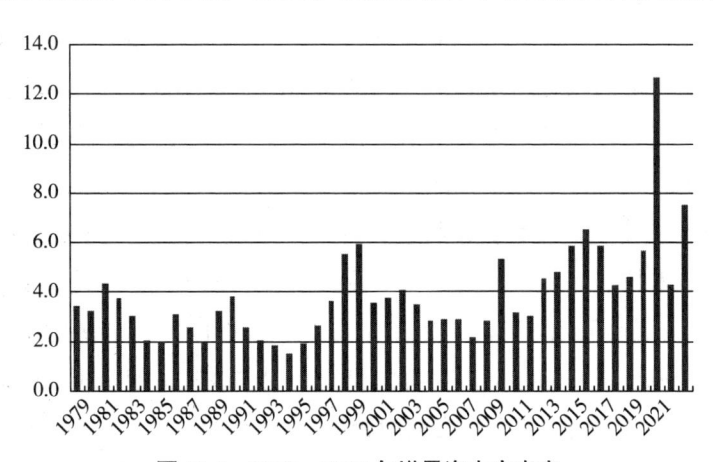

图10-1 1979—2022年增量资本产出率

资料来源：《中国统计摘要2023年》。

全要素生产率方面，经济增速放缓主要源于全要素生产率（TFP）增长放缓。使用生产函数分析中国潜在增长率的变化，以及资本、劳动力和全要素生产率对经济增长的贡献。有研究显示，中国的潜在增长率从2006—2010年的10.2%降至2011—2013年的8.9%，其中，全要素生产率对经济增长的贡献从2008年的3.2个百分点降至2013年的1.1个百分点。麦肯锡全球研究院（MGI）研究报告的结论也较为接近；MGI（2015）发现，

2000—2010 年间，中国全要素生产率年均增长 4.2%，而 2011—2014 年间则下降至 2.4%，全要素生产率差距解释了两个时期经济增速差距的 72%。国家统计局的数据也显示，我国全要素生产率是美国的 40%，是德国的 44%，是日本的 62%。

2. 要素结构变化情况下的投资选择

综合考虑我国要素投入和全要素生产率的变动趋势，未来我国经济潜在增长率将落入 4% ~ 5% 甚至更低的空间。从生产和供给的角度，我国生产要素的投入和生产率潜力都已进入一个瓶颈期。如果依然沿用改革前 40 多年的增长方式，没有深层次、大力度的改革和创新举措，生产和供给的能力必然趋缓。要逐步摆脱依赖资源和资本投入，同时又要维持中高速增长，那么重新提升全要素生产率是关键。提高全要素生产率，实际上就是要通过增加人力资本投入、提升技术创新能力，激发创新活力。

提升国民素质，促进人的全面发展。要把提升国民素质放在突出重要位置，构建高质量的教育体系和全方位全周期的健康体系，优化人口结构，拓展人口质量红利，提升人力资本水平和人的全面发展能力。巩固义务教育基本均衡成果，完善办学标准，推动义务教育优质均衡发展和城乡一体化。突出职业技术（技工）教育类型特色，深入推进改革创新，优化结构与布局，大力培养技术技能人才。分类建设一流大学和一流学科，支持发展高水平研究型大学。把保障人民健康放在优先发展的战略位置，坚持预防为主的方针，深入实施健康中国行动，完善国民健康促进政策，健全国家公共卫生防护网，为人民提供全方位全生命期健康服务。

坚持创新驱动发展，提高科技创新能力。以国家战略性需求为导向推进创新体系优化组合，加快构建以国家实验室为引领的战略科技力量。优化提升国家工程研究中心、国家技术创新中心等创新基地。重点加强工程中心、重点实验室、技术转移中心、产业基地及相关技术设施平台投入。完善技术创新市场导向机制，强化企业创新主体地位，促进各类创新资金向企业集聚，形成以企业为主体、市场为导向、产学研用深度融合的技术创新体系。发挥大企业引领支撑作用，支持创新型中小微企业成长为创新重要发源地，推动产业链上中下游、大中小企业融通创新。选好用好领军人才和拔尖人才，赋予更大技术路线决定权和经费使用权。实行以增加知识价值为导向的分配政策，完善科研人员职务发明成果权益分享机制。

（二）需求结构调整

进入新世纪，我国投资率由2001年的36.3%提高到2011年高点48%，之后趋于下降，到2022年，投资率下降到43.5%，下降了4.5个百分点；与此同时，消费率则由2011年的50.6%上升到2022年的53.2%（见图10-2）。投资对经济增长的贡献率由2013年的高点53.1%下降到2021年的13.7%，下降了40个百分点；与此同时，消费对经济增长的贡献率则由50.2%提高到58.3%。消费对经济的拉动作用明显增强，而投资的拉动作用则趋于减弱（见图10-3），经济增长向消费、投资、出口三大动力协调驱动转变。

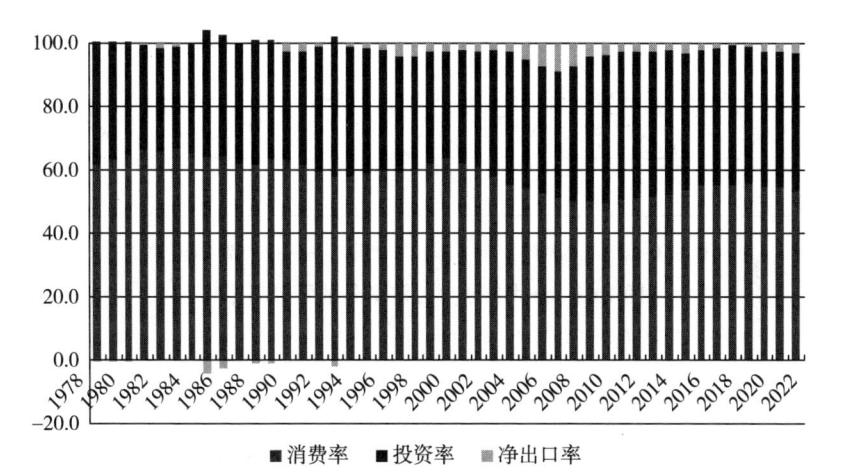

图10-2 消费、投资、净出口占支出法生产总值的比例（%）

资料来源：《中国统计摘要2023年》。

收入增长和消费升级推动消费率上升。我国有14亿多人口，人均国内生产总值已经突破1.2万美元，是全球最有潜力的消费市场。新型消费蓬勃发展，网络零售、跨境电商、移动支付等新业态新场景不断涌现，传统商业企业加快数字化、智能化改造，线上线下消费加快融合。新产品受到青睐，2022年，我国新能源汽车销量688.7万辆，保有量达到1310万辆，新能源乘用车保有量占全球的63%。2022年，我国消费品进口额达到了1.93万亿元，比 2012 年增长了 1 倍多，占进口总额的 11%。我国居民的消费结构进入快速升级阶段，恩格尔系数已由 1978 年的 63.9% 下降到 2022 年的 30.5%。目前，我国城乡人均收入和人均消费水平仍然存在 10 年左右的差距，未来城乡消费升级将持续向前推进，农村消费者可能将城市消费升级复制一遍，带来消费需求增长的持久动力。强大的国内市场已经成为我国的重要战略资源和发展优势，将推动消费率持续提高。

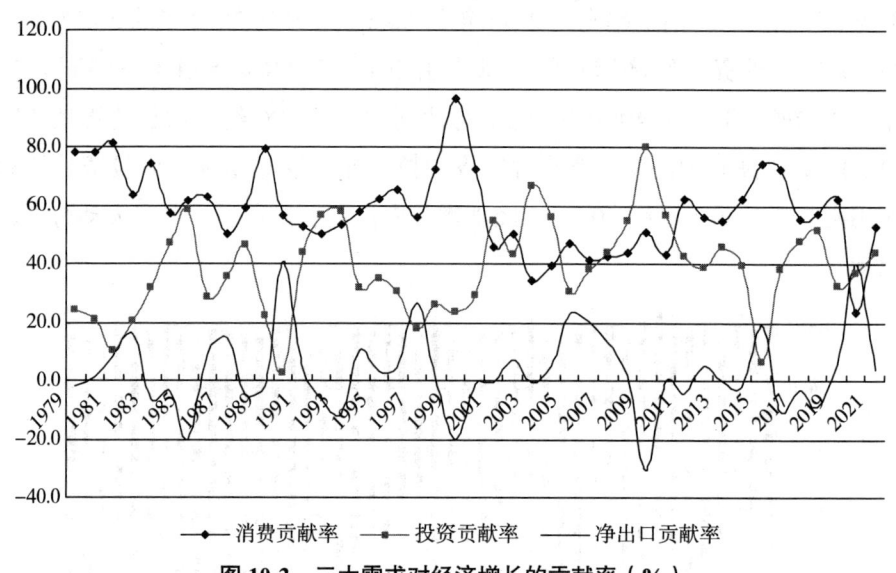

图 10-3　三大需求对经济增长的贡献率（%）

资料来源：《中国统计摘要 2023 年》。

储蓄率下降导致投资率趋于下降。近年来，我国储蓄率和投资率同步下降，2010—2022 年，储蓄率由 50.7% 下降到 46.8%，投资率由 47% 下降到 43.5%。从 2008 年前后开始，我国国民储蓄率及居民储蓄率都表现出了明显的下降趋势。与 2008 年相比，2022 年国民储蓄率下降了 3.2 个百分点。资本形成取决于国民储蓄，随着储蓄率的降低，资本积累相应减少，必然导致投资率的下降（见图 10-4）。一些学者根据国内外的发展经验，考虑我国所处的发展阶段，提出较好的投资与消费比例关系应该是：投资率一般不应高于 40%，消费率不应低于 60%。我们也可以把它看成一个合意的需求结构。但是，鉴于我国经济发展的特征不同，这个结构纠偏和调整过程仍可能是缓慢的。2011—2022 年，我国投资率每年下降 0.35 个百分点，也就是到"十五五"

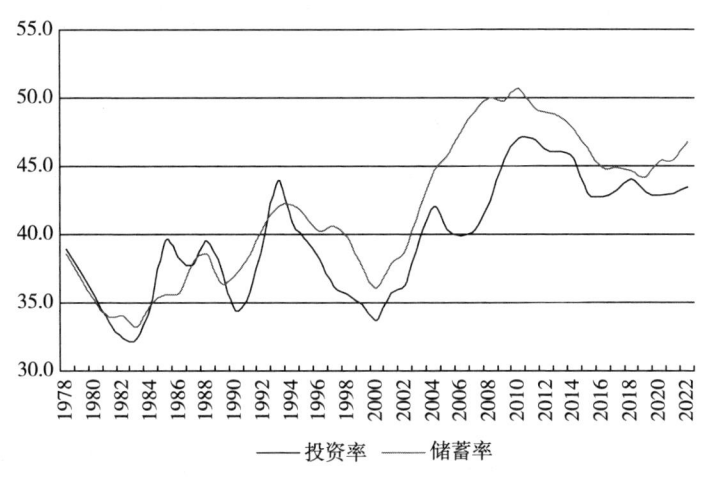

第十章 基本实现社会主义现代化时期的投资（2023—2035年） | 373

末期，投资率可以下降到40%左右。

图 10-4 1978—2022年储蓄率和投资率（%）

资料来源：《中国统计摘要2023年》。

二、工业化迈入全面深化阶段的投资方向

（一）工业化进入后期阶段

钱纳里、库兹涅兹等人基于多国的案例，得出了经济发展阶段和工业化发展阶段的经验性判断，进而给出了工业化的"标准结构"。不同学者对发展阶段的划分不尽相同，其中具有代表性的是钱纳里和赛尔奎的方法，他们将经济发展阶段划分为前工业化、工业化实现和后工业化三个阶段，其中工业化实现阶段又分为初期、中期、后期三个时期。判断依据主要有人均收入水平、三次产业结构、就业结构、城市化水平等标准。

具体而言，进入工业化后期的标志是：农业在三次产业结构中的比重小于10%，而且第二产业的比重仍然大于第三产业；农业就业人口比重为10-30%；城市化水平为60%~75%。完成工业化进入后工业化阶段的主要标志是：人均GDP超过11170万美元（2005年美元，购买力平价）；农业在三次产业结构中的比重小于10%，而且第三产业的比重高于第二产业；农业就业人口比重小于10%；城市化水平超过75%。

中国社会科学院工业经济研究所参照上述方法，选择人均GDP、三次产业产值结构、制造业增加值占总商品增加值的比例、人口的城市化率和第一产业就业人员占比为基本指标，将工业化过程分为前工业化时期、工业化初期、工业化中期、工业化后期以及后工业化时期五个大的阶段，工业化初期、中期和后期又分为前半阶段和后半阶段，再结合相关理论研究和国际经验估计确定了工业化不同阶段的标志值，在此基础上构造一个工业化水平综合指数。

如果一个国家工业化综合指数为 0，则表示该国处于前工业化阶段，综合指数值大于 0 小于 33 则表示处于工业化初期，综合指数值大于等于 33 小于 66 则表示处于工业化中期，综合指数值大于等于 66 小于等于 99 则表示处于工业化后期，综合指数值大于等于 100 则表示处于后工业化阶段[①]。在工业化初期、中期和后期三个阶段，如果综合指数未超过该阶段的中间值，则表示处于相应阶段的前半期阶段，而综合指数超过该阶段中间值，则表示处于相应阶段的后半阶段。

依照工业化综合指数可以判断出，到"十一五"末，我国进入了工业化后期前半阶段，到"十二五"末，我国进入了工业化后期后半阶段，到"十三五"末，我国基本实现了工业化，2020—2030 年，从基本实现工业化向全面实现工业化推进。在 2030 年前后全面实现工业化。2030 年以后，我国的人均 GDP、三次产业结构、制造业占比、人口城镇化率、非农就业占比等指标都会处于后工业化阶段[②]。

（二）工业化不断深化时期的投资

保持制造业比重基本稳定。我国制造业比重具有"过早"下降的特征。美、德、日、韩等国家都是在人均 GDP 达到较高水平时，制造业比重才开始下降，而我国在 2011 年人均 GDP4972 美元，比重达 32.1% 时就快速下降，2020 年下降到 26.2%，不到十年就下降了近 6 个百分点。目前我国人均 GDP 尚未达到高收入国家标准，但已提前进入制造业比重过快下降阶段。制造业为农业现代化提供了支撑，为现代服务业发展提供了载体，制造业比重持续

---

① 中国社会科学院工经所：《中国工业发展报告（2008 年）》，经济管理出版社 2009 年版，第 22～23 页。

② 黄群慧："从高速度工业化向高质量工业化转变"，《人民日报》2017 年 11 月 26 日。

下降，会拖累经济增长，影响城镇就业，还可能导致产业空心化，削弱我国经济抗风险能力和国际竞争力，可能影响中国式现代化进程的顺利进行。要从要素保障、创新驱动、数字化转型等方面着手增加制造业投入，扭转制造业比重过早下滑的局面。

根据工业化的趋势确定重点。在新一轮科技革命和产业变革的引领下，制造业正在由过去的机械化、自动化、批量化生产转向数字化、智能化、网络化、绿色化等新业态，先进制造技术的应用极大提升了传统产业的劳动生产率和附加值。要加快工业数据要素市场培育，产业数字化与数字产业化齐头并进，以工艺、装备为核心，依托制造单元、车间、工厂、供应链等载体，构建虚实融合、知识驱动、动态优化、安全高效、绿色低碳的制造系统[1]。要有步骤地形成"碳排放—碳回收"闭环，通过产业布局、园区规划和生产流程设计，形成企业小循环、产业中循环、区域大循环的循环经济发展格局。

培育具有核心竞争力的产业。目前，美国在微电子、计算机、激光、生物工程、核能利用和新材料等方面居领先地位，德国在精密机械制造、汽车、电气设备、机床等领域优势突出，而日本侧重光学、电子、电器、汽车等领域。目前，中国的尖端科技主要集中在信息、重工业、核技术等方面。像芯片这类半导体产业、航空产业等等，都是比较显眼的短板。经过几十年的发展，我国制造业的效率只相当于美国的19.8%、日本的21.3%、德国的24.8%[2]。中国制造业的利润率仅占全球的2.6%，而美国占12.2%[3]。要围绕产业链部署创新链，加强制造业产业基础、产业链短板和堵点环节重点投入，提高我国产业基础高级化和产业链现代化水平。

保障产业链供应链安全稳定。我国一些关键装备、原材料、核心零部件严重依赖进口，不仅成本高昂，而且面临断供风险和安全隐患。尤其是单一来源地对外依存度超过50%的工业中间品，供应链缺乏弹性，容易受制于人。中间品市场面临双向挤压，发达国家和跨国公司收紧全球供应链并吸引制造回流，东南亚、南亚等国凭借低成本优势分散了加工组装品的市场份

---

[1] 史丹、杨丹辉："新发展阶段中国工业的三大新使命"，《光明日报》2022年3月18日。
[2] 中国社科院副院长李扬2017年年初在"首届中国企业改革发展论坛"的演讲。
[3] 工信部副部长王江平在2019中国500强企业高峰论坛上的演讲。

额，导致我国市场对外部供应链的锁定能力持续下降，供应链外迁风险加大。未来要大力推进跨区域的供应链网络和产业生态建设，形成在关键时刻和极端情况下实现自我循环、经济正常运转的循环畅通产业链条。尤其是在断链风险较大的领域，完善必要的产能备份和多元化供给方案，增强产业链供应链弹性韧性。

三、城镇化格局变化和品质提升投资增加

（一）新型城镇化的变化特征

城镇化率仍有上升空间。2022年，我国常住人口城镇化率65.2%，2012—2022年间年均增加1.21个百分点，年均增加2000多万城镇人口（见图10-5）。分省区来看，上海（89.3%）、北京（87.6%）和天津（85.1%）的城镇化率已经达到80%以上，达到70%以上的还有广东（74.8%）、江苏（74.4%）、浙江（73.4%）和重庆（70.9%），上述省市已经进入城镇化发达和自我完善阶段，其余的25个省区均处于城镇化加速发展阶段。发达国家的经验表明，当城市化率达到75%~80%，城市化进程才进入尾声，因此，我国未来的城镇化率从整体来看还有15~20个百分点的上升空间，分不同地区来看，大多数省区提升空间也会很大。

城镇化率增长逐步放缓。从不同城镇化阶段用时看，进入城镇化中后期，城镇化后续各阶段所用时间逐渐拉长。典型国家在城镇化处于50%~55%阶段用时平均为5.2年，之后，城镇化处于55%~60%、60%~65%和65%~70%阶段，平均用时分别延长1.5年、2.1年和4.6年[①]。从全国的情况看，城镇化速度进入持续放缓期，年均增速由"十一五"的3.05%，下降到"十二五"的2.35%，再下降到"十三五"的2.19%，"十四五"前两年年均增速只有1%（见图10-5）。新增城镇人口由2010年的2400万人下降到2022年的651万人。从目前城镇化率已超过70%的广东、浙江来看，广东60%~65%和65%~70%阶段分别用时5年和9年；浙江

---

① 国家发改委国土所：《"十四五"时期新型城镇化空间布局调整优化研究》，国家发改委宏观院2019年度重点课题。

第十章 基本实现社会主义现代化时期的投资（2023—2035年） | 377

50%～55%阶段用时4年，后面三个阶段均用时5年。

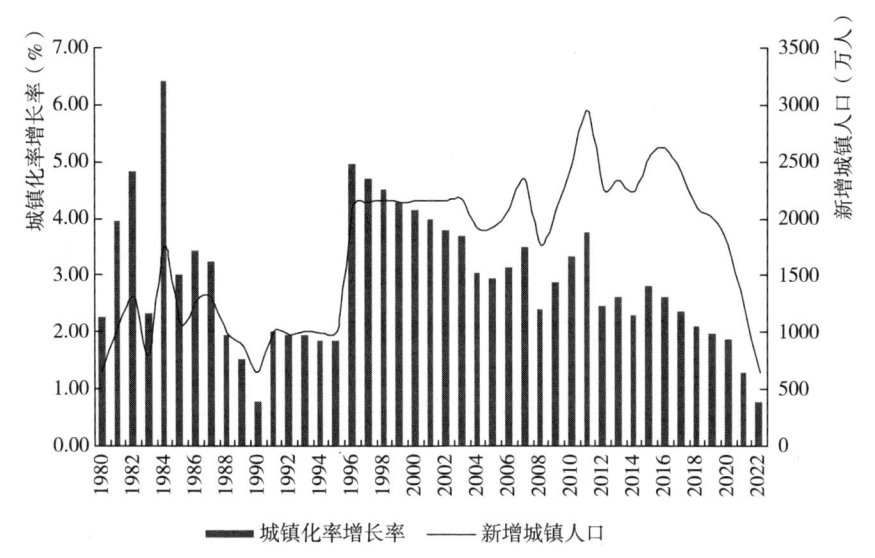

图10-5 1980—2022年全国城镇化率增长率和新增城镇人口（%、万人）

资料来源：《2023年中国统计摘要》。

城镇格局进入加速分化期。2020年，我国12个城市群有常住人口9.1亿人，占全国总人口的64.6%。长三角和中原城市群是人口最多的两大城市群，2020年常住人口均超1.4亿人，占全国人口份额均超10%。城市群已经成为城镇化发展的新路径，为经济增长增添了新的动力。从中心城市向周围辐射的城市群已经形成。副省级以上的"头部城市"进一步强化，GDP前20位城市人口、GDP占全国比重均明显上升。2021年，15个新一线城市GDP均超过万亿元，有11个城市常住人口超千万。地级城市发展呈现持续分化态势，表现较好的城市包括沿海制造业城市、新兴人口大市，同时，一些地级市出现衰退。2010—2020年，在1870个有数据的县城里，有1196个县城人口减少，人口流出县城的经济和人口承载力相对较弱[①]。

"城市病"等问题集中爆发。城镇化中后期既是城市交通拥堵问题最严重时期，也是治理交通拥堵的关键窗口期。城市脆弱性突显，洪涝灾害、疫

---

① 梁宏亮，温雅兰："上千个县城人口流失，如何走差异化发展之路？"，《每日经济新闻》2023年5月31日。

病流行对大城市冲击较大，市政基础设施等生命线工程建设明显滞后，无法应对突发灾难的打击。棚户区建筑和卫生条件不达标，缺少基本的儿童生长和发展环境，可能导致大规模的卫生健康、公共安全等问题。高品质居住、游憩、康养空间资源短缺，不利于高素质人口聚集。大城市中心城区人口密度过大，既带来"高楼综合征"、交通拥堵和汽车尾气等环境重负，也带来"上学难""就医难"等公共服务供给的匮乏。未来亟需疏解城市功能、改善环境质量、重塑城市风貌，走内涵式、集约型、绿色化的高质量发展路子。

（二）适应城镇化趋势的投资特征

城镇布局体系优化将推动投资新的聚集。城市发展将会呈现"两端聚集"的发展态势。产业和人口向优势区域集中，形成以城市群为主要形态的增长动力源，增强中心城市和城市群的经济和人口承载能力。国家中心城市、省级副中心城市集聚能力进一步提升，投资必然会向优势区域集中。都市圈的基础设施互联互通、公共服务共建共享以及特色产业协同发展投资也将大幅度增加。在吸引外出务工人员返乡创业以及强化对周边农村的辐射带动方面，县城的重要性日益突出。与此同时，一些中小城市将全面收缩，收缩型城市将减少城市土地开发，人口向中心城区集中，加大城市更新、环境治理、功能提升力度，发展特色产业，建设"小而精"的宜居城市。

农业转移人口市民化将激发投资活力。构建完善的农业转移人口培训体系。抓住"稳定居所"这一关键环节，保障性住房供给模式和布局将得到优化，能够提供多种类型的安全、清洁、可支付住房。在开发区和工业园区、大型居住区建设以及城中村改造时，将安排建设用地集中建设公租房。大城市将按照城市建设标准配套建设供水、供气、供热、污水处理等基础设施和教育、养老、医疗卫生、文化体育、社区服务等公共服务设施。城市将以提高农业转移人口素质和就业竞争力为导向，加大公共财政对劳动就业、职业技能培训等与农业转移人口紧密相关的就业服务投入。

城镇化高质量发展将衍生更多投资需求。城镇化进入高质量发展阶段，人们对城市就业环境、生活条件、空间品质有了更高的需求，将重点解决城市空间蔓延增长、环境质量下降、道路交通拥堵、停车难等问题；解决城市脆弱性突显、洪涝和疫情灾害等对城市冲击较大、市政基础设施等生命线工程建设滞后问题；解决城市空间品质不高，距离绿色宜居、智慧人文等满足人民对美好生活向往的建设不足问题。高标准建设城市生态系统，建设城市森林、重要湿地、大型公园，打造高效紧凑、功能混合的人居空间形态。推进老旧小区改造，完善社区综合服务设施，增加养老空间数量，增强城市的包容性和融合性。加快新型基础设施建设，加强数字经济与城市建设运营融合发展，促进城市智慧化升级。建设供水、供电、燃气、交通等生命线应急保障系统，打造韧性城市。

城市建设进入存量投资主导时代。我国已经步入城镇化较快发展的中后期，城市发展进入城市更新的重要时期，由大规模增量建设转为存量提质改造和增量结构调整并重。城市更新投资将实现由"开发方式"向"经营模式"转变，促进项目收益平衡模式从一次性收益平衡转向持续的运营收益平衡，从单纯开发建设模式向全生命周期发展模式转变。针对城市更新项目缺少自我造血机制、可持续更新模式难以建立等问题，探索以运营为主导的"策划、规划、设计、建设、运营一体化"模式。通过大片区统筹平衡、跨片区组合平衡、区内自求平衡、政府引导的多元化投入改造等模式实现资金平衡。加强轨道交通场站与周边用地一体化规划及场站用地综合利用，实现轨道交通特别是市郊铁路建设与城市更新有机融合。

四、区域一体化发展新格局下的投资协同

区域发展战略引领一体化发展。党中央、国务院多次强调要继续实施区域发展总体战略，提出区域政策和区域规划要完善、创新，特别强调要缩小政策单元，重视跨区域、次区域规划，提高区域政策精准性。逐步形成的京津冀、长江经济带、粤港澳大湾区、长三角一体化、黄河流域和成渝地区双城经济圈"四群两带"的空间和区域发展格局，覆盖了城市群、都市圈、经济带、经济圈、湾区经济、流域经济等不同空间形态，在推动高质量发展的区域经济布局中承担着不同领域和方面的试验、示范、辐射和带动功能，将不同的区域板块和纵横连贯、统筹联动的重要轴带相耦合。

区域发展呈现竞争性良好格局。改革开放以来，我国区域发展经历了以提升竞争力为目标实施沿海率先发展的非均衡发展阶段，以及新世纪开始的

以缩小东西部发展差距为重点的四大板块总体发展战略阶段。党的二十大报告将区域协调发展战略提升到十分重要的地位，这个战略既不同于以往，也有别于国外所谓的"均衡战略"，追求的目标也不单纯是地区差距的缩小，更重要的是突出地区合力和竞争力，既鼓励地区之间合作和对口帮扶，又鼓励地区之间适度竞争，特别是强调打破市场分割，推动区域一体化。通过区域竞争合作，形成发达地区带动不发达地区、城市带动乡村、中心城市引领城市群继而带动区域发展的协调发展新模式。

基础设施投资将根据国家区域战略格局的调整，以城市群、都市圈为重点，加强互联互通、协同发展、共建共享。构建与国土空间开发格局高度结合的综合运输通道体系，加强横贯东西、纵贯南北的运输通道建设，拓展区域开发轴线，高效连接全国主要城市群。加快推进城市群城际交通发展，打造城市群核心城市间、与周边城市间1小时交通圈。以都市圈同城化通勤为目标，加快推进城际铁路网建设，推动市域铁路向周边中小城市延伸，率先在都市圈实现公交化客运服务。推动港航资源整合，优化港口布局，健全一体化发展机制，增强服务全国和区域发展能力。完善电网主干网架结构，提升互联互通水平，提高区域电力交换和供应保障能力。推进跨省跨区输电，推动实施一批特高压输电工程，建设一批油气产能、管网等重点项目。在"一带一路"框架下，继续基础设施的国际互联互通，构建更为紧密和畅通的跨国基础设施联通网络。

促进资本等要素有序自由流动。当前，劳动力、资本等生产要素跨区域流动还受到多重约束。一方面，中西部农村转移到东部城镇就业的人口，还难以在就业地落户并享受与当地居民相同的基本公共服务，仍没有完全实现市民化；另一方面，东部的资本、技术和人才进入中西部也往往受到营商环境不佳、交易成本较高等因素制约。要通过深化改革、加快全国统一市场建设，促进要素有序自由流动，发挥市场机制在促进区域协调发展中的积极作用。要破除限制生产要素自由流动的各种体制障碍，打破地区封锁和垄断，促进生产要素跨区域有序自由流动，形成有利于推动区域协调发展的市场环境。改善中西部当地的配套能力和人力资本条件，促进跨区域的产业转移承接。

五、人口老龄化进入加速期的投资需求猛增

养老设施建设的紧迫性显著增加。我国老年人口规模巨大，2022年底，全国60周岁及以上老年人口2.8亿人，占总人口的19.8%，其中65周岁及以上老年人口2.1亿人，占总人口的14.9%，已经进入深度老龄化社会。高龄化现象日益凸显，2021年，80岁以上高龄老年人口达到3000万。空巢老人规模快速扩大，据调查，我国老年人口中空巢老人占比目前已超过一半，部分大城市和农村地区，空巢老年人比例甚至超过70%。空巢和高龄失能叠加，加剧了老人的生活困境和家庭的精神煎熬。老年抚养比增加以及儿童抚养比下降，两者之间的差距正迅速接近，抚养负担增加主要体现在养老上。由于逐步增加的养老照护负担，必须把更多的公共资源投入到养老事业上，增加老年人的幸福感获得感。

养老基础设施建设仍然薄弱。已有的养老基础设施规模和质量不足以满足快速增加的老年人口需求，基础设施不适应人口老龄化速度及老龄社会发展进程的矛盾越来越突出。老年照料服务设施严重缺乏，尤其是生活不能自理老人的服务需求难以得到基本满足。我国老年人口中丧失基本生活自理能力，并需要和愿意入住照料养老机构的至少占6%，但我国目前具有照料护理功能的养老服务设施数量极少。养老服务质量不优、发展不平衡的问题依然存在。基本养老服务体系、社区居家养老服务网络、养老基础设施服务水平仍需完善。农村养老服务发展较为缓慢，特殊困难老年人群基本养老服务保障仍需加强。医养、康养结合不紧密，养老医疗服务供给不充分、结构不合理。

满足多样化多层次养老需求。加快提升城乡无障碍设施的系统性、完整性和包容性，继续推动城镇老旧小区改造加装电梯，增设或改造提升养老、助餐等各类社区服务设施，加快街道养老服务中心、社区养老服务站等基础设施建设，因地制宜增加适老化活动场所。加大既有住宅的出入口、楼梯、公共走道、加装电梯等公用部分的适老化改造以及养老服务智能化系统工程建设。加快实施老年人居家适老化改造工程。建立不同医疗机构之间定位明确、分工协作、上下联动的康复医疗服务网络。依托社区卫生服务机构、乡镇卫生院或养老机构，改造升级一批社区嵌入式医养结合基础设施，重点为

失能、失智老年人提供集中或居家医养结合服务。大力发展公建民营、民办公助等公私合作模式,为社会资本进入创造有利条件。

六、涉及国家安全投资的重要性显著提升

(一)新形势下提高投资的安全保障功能

国际局势错综复杂和极端自然灾害频发凸显关键基础设施安全发展的重要性。以美国为首的西方国家将我国视为最大威胁和对国际秩序的长期挑战,从经济、政治和军事等领域对我国实施讹诈、遏制、封锁和极限施压。台海、南海局势不断恶化,中美地缘冲突升级的风险加剧。全球气候变暖,暴雨洪涝、高温干旱等自然灾害更频繁、更极端。世界经济论坛《全球风险报告》连续五年将极端天气事件列为影响人类社会最为重要的风险因素。我国是世界上自然灾害最为严重的国家之一,70% 以上的城市、50% 以上的人口分布在气象、地震、地质、海洋等灾害的高风险地区。基础设施是应对突发事件和抵御外部风险的重要屏障,提高关键基础设施安全发展能力和水平势在必行。

易被攻击和脆弱性带来关键基础设施安全发展的巨大挑战。关键基础设施是国家重要的战略资源,大多具有网络型和枢纽型特征,攻击局部就会对整个系统以至国民经济产生重大不利影响,且短期内很难恢复。俄乌冲突爆发以来,北溪天然气管道、克里米亚大桥被炸毁,大量城市供电、供水基础设施遭到破坏,对我国有着极为重要的警示意义。美国中央情报局 APT-C-39 组织对我国航空航天、科研机构、互联网公司及政府机构等关键领域进行了长达十多年的网络渗透与攻击,有些并未得到有效防御。暴雨洪涝、干旱高温等自然灾害造成电力通信中断、道路桥梁损毁、城市内涝,对人民的生命财产造成重大损失。2022 年 8 月,受持续高温干旱影响,电力大省四川被迫对 19 个地市州所有工业电力用户实施生产全停。极端情况下关键基础设施的安全发展是需要认真研究的重大战略问题。

(二)织牢关键基础设施安全发展防护网

加强设施全生命周期安全体系建设。将安全和韧性理念贯穿关键基础设

施规划、设计、建设、运维和管理的全过程。在建设规划和项目可研中，增加应对网络攻击、恐怖袭击、自然灾害和军事威胁的内容，并增加相应预算。建立系统化、自动化、智能化的基础设施健康监测、分析、预警、评估系统。加强基础设施网络的日常巡护，增强在极端条件下快速恢复能力。对关键基础设施进行压力测试，掌握亟需优先处理的重大事项，通过风险评估找出威胁源，迭代安全措施，并检验安全措施有效性。

提升战略性资源供给设施安全保障水平。加快推进城市群、重点地区、重要口岸、主要产业及能源基地、自然灾害多发地区多通道、多方式、多路径建设。积极寻求与更多的能源资源生产国建立互惠合作关系，实现运输路径的多元化及安全通畅。加强与利益相关国的合作，构建情报共享、突发事件应急协调、安全风险评估机制，保护跨国油气管道、电力输送通道、海底电缆等关键基础设施。培育具有国际化视野、拥有海外资源和国际化人才、通晓国际规则和惯例的优秀海外保安公司。

不断强化军事化防御手段和建设方案。通过北斗+移动通信等方式，对灾害苗头实施预警和管理控制。在生产线、仓储和运输系统关键节点，广泛部署分布式压力传感器、有毒气体化学传感器，实时监测油气、仓库危险爆炸物品的泄漏。在电厂、变电站、炼油厂、油库、桥梁、机场、港口建立必要的对空防御系统和对地安防系统。

提升关键信息基础设施应对冲击的能力。基于可信计算、人工智能、大数据分析、密码等核心技术，构建安全防护框架。结合威胁情报、态势感知，及时发现和处置未知威胁，提高主动免疫和防御能力。加强关键系统、数据库的本地容灾、异地灾备、云灾备建设，保障数据信息的机密、完整、可用。模拟互联网基础设施等关键基础设施遭入侵、断服等场景，举行"网络中国"系列演习，检验和提高国家应对网络攻击的能力。

七、全面绿色低碳转型发展对投资提出新要求

（一）生态保护和低碳发展成为重要战略选择

实现碳达峰碳中和的新要求。2022年7月，世界气象组织（WMO）表

示，像本次欧洲热浪这样的极端高温未来将频繁出现，且这一气候恶化趋势将至少持续到 2060 年。2020 年 9 月，中国向国际社会作出"力争 2030 年前实现碳达峰、2060 年前实现碳中和"的庄严承诺。2021 年，《中共中央 国务院关于完整准确全面贯彻新发展理念做好碳达峰碳中和工作的意见》和《2030 年前碳达峰行动方案》相继发布，我国碳达峰碳中和工作有了时间表、路线图和施工图。实施"双碳"目标，将为能源结构的深度调整和安全高效利用拓展空间，为传统产业的低碳转型和战略性新兴产业加快发展提供机遇，为巩固生态系统碳汇能力和提升生态系统碳汇增量创造条件，为生态文明建设走向深入提供系统性的解决方案。

推进经济社会全面绿色低碳转型发展。绿色发展是生态文明建设的根本路径，系统准确全面贯彻落实新发展理念，持续推动绿色低碳转型发展，是解决我国资源和生态环境问题的根本之举，也是实现高质量发展、可持续发展的重要支撑[1]。我国是全球最大的碳排放国，2022 年，我国二氧化碳排放量为 114.8 亿吨，占全球碳排放总量的 30.6%，碳减排压力巨大[2]。我国特有的能源资源禀赋和能源消费构成，使能源消费二氧化碳排放强度比世界平均水平高出 30% 以上。根据 BP（2021）资料计算，2020 年中国燃煤发电量比重分别比美国、日本和全球平均高出 43.5、33.5 和 28.1 个百分点。由于产业结构和用电结构差异，中国单位 GDP 电耗是美国的 2.8 倍[3]。未来要以经济社会发展全面绿色转型为引领，以能源绿色低碳发展为关键，以实现减污降碳协同增效为抓手，加快形成节约资源和保护环境的产业结构、生产方式、生活方式、空间格局，着力构建绿色低碳循环发展的能源体系、生产体系、流通体系和消费体系。

（二）准确把握生态和低碳投资方向

适应生态化、绿色化、低碳化和集约化发展需要，要对现有设施进行更新改造，也需要在新建项目中实现绿色发展，同时，要进一步完善生态环保

---

[1] 覃志红："新时代生态文明建设的新特征新要求"，中国社会科学网 – 中国社会科学报 2022 年 3 月 1 日。

[2] IEA：《2022 年二氧化碳排放报告》。

[3] 周宏春："碳达峰碳中和目标引领中国经济社会发展全面绿色转型"，https://baijiahao.baidu.com/s?id=1732127442729002619&wfr=spider&for=pc。

基础设施。

构建绿色低碳能源系统。近年来，全球能源结构加快调整，新能源技术水平和经济性大幅提升，风能和太阳能利用实现跃升发展。能源生产逐步向集中式与分散式并重转变，系统模式由大基地大网络为主逐步向与微电网、智能微网并行转变，推动新能源利用效率提升、经济成本下降。新型储能和氢能有望规模化发展并带动能源系统形态根本性变革，构建新能源占比逐渐提高的新型电力系统蓄势待发，能源转型技术路线和发展模式趋于多元化[①]。应协同推进能源低碳转型与供给保障，促进能源系统调整以适应新能源大规模发展，推动形成绿色发展方式和生活方式。

建设绿色交通运输体系。交通运输是碳排放的重要领域之一，推动交通运输行业绿色低碳转型对于加快建设交通强国具有十分重要的意义。要以提升交通运输装备能效利用水平为基础，以优化交通运输用能结构、提高交通运输组织效率为关键，加快形成绿色低碳交通运输方式，推进低碳交通运输体系建设，让交通更加环保、出行更加低碳。大力发展多式联运，提高铁路、水路在大宗货物和中长距离运输中的承运比重。推进港口岸电设施、船舶受电设施改造和机场桥载电源使用。推广燃料电池汽车，探索构建氢能配套设施网络。在交通大通道示范建设"电走廊""氢走廊"。

加快生态环境基础设施建设。生态环境基础设施建设是提高人民群众满意度、获得感、幸福感的民生工程，是加快推进生态文明建设的重要支撑。未来要在水土流失重点治理区域，加强小流域综合治理和坡耕地综合整治，在北方防沙带、西南石漠化地区，合理调整土地利用结构，加强防护林体系建设、草原修复、水土流失综合治理、退耕还林还草、土地综合整治。以增绿增质增效为主攻方向，多途径、多方式增加绿色资源总量。把生态环境基础设施建设作为改善生态环境质量的重要举措，构建集污水、垃圾、固体废物、危险废物、医疗废物处理处置设施等于一体的生态环境基础设施体系，形成由城市向建制镇和乡村延伸覆盖的生态环境基础设施网络。

新型基础设施绿色低碳发展。随着人们进入数字化社会，对网络、计算、存储资源需求飞速增长，新型基础设施面临着突出的节能降耗压力。目

---

① 国家发改委、国家能源局：《"十四五"现代能源体系规划》。

前，全国数据中心超过 8 万个，2021 年，耗电 3166 亿度，占全国总电耗的 2.6%，超过上海市的用电，是三峡发电量的两倍，每年相当于排放 1.22 亿吨的二氧化碳[①]。通信基站是信息基础设施能耗的第二大户，2022 年，我国 5G 基站达到 231.2 万个，大规模部署的 5G 基站带来的能耗增速较快。未来在数据中心领域，应以自建可再生能源电站或购买绿证等方式，实现能源绿色供给。在 5G 基站方面，分别从网络、主设备和配套基础设施等层面全面推进绿色基站建设。

八、面临世纪疫情冲击的公共卫生投资方向

（一）重大传染病的发展趋势

传染病是人类文明进步的副产品。地球上的哺乳类动物有 5500 种，它们身上携带的病毒就有 32 万种。这些病毒随着我们与自然、与野生动物接触的增多，就会被释放出来。原始社会"老死不相往来"，部落与部落之间缺乏交流，人口稀少，传染病反倒不易传播。随着文明时代的来临，人口逐渐密集，贸易、战争逐步增加，传染病开始有了传播的舞台。由于经济全球化深入发展，交往增加，交通更便利，人员和货物流动加快，传染性疾病也日益走向全球化，一些传染性疾病能够在短时间内扩散至其他国家，演变成国际公共卫生事件。传染性疾病会对世界人民生命健康产生直接威胁，还可能对各国经济、社会、文化乃至政治、军事安全产生广泛影响，对全球治理体系和各国治理能力提出严峻考验。

全球新发流行传染病呈增加趋势。从 20 世纪 70 年代以来，几乎每年都有新发传染病被发现，其中病毒性疾病是新发传染病的主要类型。全球冠状病毒就曾出现三次大爆发，分别是 2001 年 11 月的 SARS 病毒，2012 年在中东、非洲等地的 MERS 病毒以及 2019 年底的新冠病毒。根据世卫组织的统计，截至 2022 年 5 月，2019 年底开始的新冠疫情，全球累计报告确诊病例超 7.6 亿人，死亡病例超过 690 万人。另外，人类历史上曾分别在 1918 年、1957 年、1968 年和 2009 年暴发 4 次甲型流感病毒，共导致全球数百万人死

---

① 李毅中："新兴产业不都是低能耗，数据中心是碳排放大户"，新浪财经 2022 年 8 月 2 日。

亡。此外，虫媒病毒也是主要新发再生传染病病原体类型，如1978—2014年登革病毒在中国累计感染超过70万人。

病毒演化变异仍将持续很长时间。通常情况下，虽然病毒继续变异，但随着接种疫苗和感染获得的免疫力增强，它引起的疾病的严重程度会逐渐降低。但是，根据世卫组织的判断，在最糟糕的情况下，一种致病性更强、传播性更高的变异迟早还会出现，面对这种新的威胁，人们对重症和死亡的保护，即先前接种疫苗或感染所获得的保护力将迅速减弱。由于新冠病毒每个主要变异株都是独立进化的，基本上无法预测下一个毒株会以何种方式突变，其传染性和致病性是强还是弱，唯一能够确定的是病毒将继续演化。科学只有总结已经发生的病毒演化轨迹对我们的启示，为下一次必将到来的新变异做好准备。

（二）公共卫生应急设施发展重点

弥补重大呼吸系统疾病防治的短板弱项。探索建设国家生物安全科学与产业创新中心，为更多科学家创造科研交流和资源共享的平台。新冠疫情防控中，一些地方的公共卫生临床中心或传染病医院发挥了定点收治的重要作用，但重大疫情发生时，这些场所的基础设施远远不能满足传染病患者收治需求。2022年底，全国二级以上医疗机构共有血液透析单元15.1万个，床旁血滤机（CRRT）1.97万台，体外膜肺氧合仪（ECMO）2300余台，有创呼吸机11.6万台，无创呼吸机7.66万台，监护仪97.1万台，高流量吸氧仪3.82万台[1]。应对疫情暴发的能力仍然很弱，且地区间、城市间分布极为不均。医疗单位在新建住院大楼时，要以"平疫结合"的思维设计建造医疗基础设施，满足病区转换需求。针对空调通风系统、给排水系统等配套设施，制定新的建筑设计标准，实现医疗建筑高效利用。要大规模扩充相应重症救治设施设备，保障爆发性就医需要。

发挥应急医学与战略储备中心的核心作用。人口密度大、对外联系度高的城市，最易成为新发突发传染病的汇聚点和扩散点，当前没有任何一个千万级人口规模的城市，能够为突发疫情储备足够的空间、物资和专业人

---

[1] 白剑锋："扩充医疗资源 增加医疗供给"，《人民日报》2022年12月27日。

员。在全国布局建设区域性应急医学与战略储备中心，以有效应对突发重大公共卫生事件[1]。应急医学与战略储备中心应定位为生物安全中心、科学中心和创新中心，以集中收治新发突发传染病患者、提高区域内传染病防控和应对能力为基本职能，解决当前综合性医院应急收治能力挖潜难，传染病医院规模小、生存难等问题。

亟需加强科技应急支撑体系建设。我国历经数次重大突发公共卫生事件，基本形成了突发公共卫生事件科技应急支撑体系。然而，在基础研究领域、源头技术方面积累不足，生物安全关键核心技术产品、医疗器械的国产化率较低[2]。应对突发公共卫生事件相关的药物疫苗研发能力、诊断试剂生产能力、防护装备储备能力、医疗器械供应能力还需要进一步提升。数据资源中心、生物安全实验室等科研基础设施建设的差距和短板凸显。未来要摸清公共卫生事件科技实力，从基础性生物实验技术、高等级生物安全实验室防护设施、重要医疗救治和检测设备等方面找准"卡脖子"环节，确定科研主攻方向，重视研发快速反应技术平台和生物资源信息共享平台[3]。

第四节　投资调控和改革的基本趋势和重点方向

一、优化投资调控方法和手段

（一）投资调控的工具

1. 管理工具

管理工具主要包括法律法规、战略规划、产业政策、土地政策、就业

---

[1] 刘志勇："重大疫情防控要补哪些短板"，《健康报》2020年7月30日。

[2] 夏俊杰、杨明："关于科技在应对重大突发公共卫生事件中发挥统筹协同作用的思考"，《中国科学院院刊》2020年第35期。

[3] 陈婷、王磊、李丽娟等："从科技角度落实生物安全法 提升应对公共卫生安全能力探讨"，《中国公共卫生》2021年第37期。

政策等。管理工具的突出特征是相对稳定（最稳定的状态是法律），工具的使用力度不依投资形势而变化。如城市规划、市场准入，就不应依投资需求过热或过冷来要求投资项目遵从或不遵从相关规则。尽量保持管理工具的稳定，除了能够给市场中众多分散决策的投资者以相对稳定的市场预期，约束政府可能的经济人行为外，还有一个重要原因：这些工具所规范的领域基本上属于涉及时间较长、范围较宽、公共利益比较显著的领域，保持这些管理工具的相对稳定有利于维护和增进公共利益，而维护和增进公共利益是政府之所以存在的法理基础。

2. 调控工具

现阶段的调控工具主要包括财政政策、货币政策（包括信贷政策）、汇率政策、价格政策、年度计划等。其中，财政政策、货币政策、汇率政策相对价格政策和年度计划而言，操作起来灵活且空间较大，年度计划具有一定灵活性但调控作用相对较小。货币政策相对其他调控政策在操作空间、可微调性、及时性、影响面等方面，具有明显优势，是市场经济体制中调控宏观经济最主要的政策工具。

（二）投资调控政策趋势

面对风高浪急的国际环境和艰巨繁重的国内改革发展稳定任务，传统的调控方式已经不再适用，需要用更宽广的视野、更长远的眼光创新投资调控政策框架和调节方式。

综合运用多种政策工具和手段。实现稳增长和防风险等多重目标之间的动态平衡，需要探索不同投资政策之间的组合和协调机制。不应过于关注单一经济政策的短期逆周期调控效果，应更加关注经济政策组合的长期跨周期调控效果，合理利用宏观经济政策组合，针对短期应急、中期区间掌控和长期跨周期目标等具体要求，采取多种政策工具组合来实施跨周期调控。以国家发展规划为战略导向，以财政政策和货币政策为主要手段，就业、产业、投资、消费、环保、区域等政策紧密配合的战略要求，实现投资政策"目标优化、分工合理、高效协同"；运用多种政策组合，促进达成区域协调发展、共同富裕和"双碳"目标等。

做好宏观政策跨周期调节。跨周期调节将成为未来一段时期我国宏观调控的主题，也是投资调控的主题。2021年7月，中共中央政治局会议提出跨周期调节，指出要做好宏观政策跨周期调节，保持宏观政策连续性、稳定性、可持续性。12月，中央经济工作会议进一步强调跨周期和逆周期宏观调控政策要有机结合。与传统的逆周期调节相比，跨周期调节不局限于对短期经济波动的应对，注重从中长期视角判断投资和经济运行形势，增强政策的前瞻性，防止宏观政策反复变化，使宏观政策更加平稳，稳定合理预期。既要在经济周期收缩阶段保持刺激经济增长的积极政策，又要保证利用跨周期调控来对经济收缩阶段和扩张阶段进行有机衔接；既要保持逆周期调控中的经济稳定增长，又要利用跨周期调控来防控系统性金融风险。

促进调控与改革的紧密结合。传统投资调控以调节总需求为核心，而新时期的投资调控则是供给与需求并重，是以深化供给侧结构性改革为主线，同时注重与需求侧管理相配合。经济体制改革在我国已实施多年，不及时推行进一步触及经济体制核心问题的改革，难以从根本上解决影响经济持续健康发展的问题。十八届三中全会提出"使市场在资源配置中起决定性作用和更好发挥政府作用"的重大理论观点，引领我国社会主义市场经济进入一个新的阶段。要进一步推进"放管服"改革，围绕市场主体需求优化服务，营造更好营商环境。政府不是简单强化投资调控的力度，而是通过改革坚定做减法，让"越位"的"归位"，同时让"缺位"的"到位"，更好把握住投资调控的度，持续激发微观主体活力。

用精准调控促进结构转型。投资与发展是一个由非均衡走向均衡，打破旧均衡重建新均衡的螺旋上升过程，解决结构性问题是重建更高水平均衡的关键。过去一段时期，我们在面对一定程度的供需失衡、金融和实体经济失衡、房地产和实体经济失衡的情况下，保持经济总体稳定主要就是靠分类施策、精准调控。新时期我国经济转型仍在持续，市场主体更趋多元，结构性矛盾可能更加复杂，对政策的针对性精准性提出了更高要求。必须坚持分类施策，在化解结构性矛盾过程中推动经济发展质量总体提升。例如，利用"量价并举"的新型结构性货币政策工具向国民经济重点领域和薄弱环节定向投放低成本资金，进一步落实"精准滴灌"的目标任务；实施新的组合式税费支持政策，发挥专项债带动社会资本投资的作用，促进稳增长、调结构。

用好数字化工具和手段。随着数字时代到来，用好大数据等实时监测工具，可以快速准确识别不同主体面临的问题和挑战，更好开展投资的精准调控，对调控政策落实产生"加速器"作用。将数字技术广泛应用于投资调控决策、经济社会发展分析、投资监督管理、财政预算管理等方面，全面提升政府经济调节数字化水平。推进政府履职和政务运行数字化转型，统筹推动各行业各领域政务应用系统集约建设、互联互通、协同联动，创新行政管理和服务方式。充分发挥数字技术创新变革优势，优化业务流程，创新协同方式，推动政府履职效能持续优化。强化审管协同，打通审批和监管业务信息系统，形成事前事中事后一体化监管能力。充分发挥全国一体化政务服务平台作用，促进政务服务标准化、规范化、便利化水平持续提升。强化政府部门数据管理职责，明确数据归集、共享、开放、应用、安全、存储、归档等责任，形成推动数据开放共享的高效运行机制。

二、创新投融资的体制机制

（一）投资体制机制的新特征

我国经济已经进入高质量发展新阶段，要加快完善社会主义市场经济体制，这一时期的投资增长有了新的要求：即社会投资者自主性强、创新力强、自律性强、风险约束性强；投资适应消费升级的能力强，能够推动实现供求体系的动态平衡；投资可以促进新产业、新技术、新业态、新模式不断涌现，向高端化、绿色化、智能化、融合化方向发展；投资有利于实现关键核心技术自主可控，促进产业链供应链现代化水平提升；投资有助于拓展新的国家战略空间，提高区域经济协同度和一体化水平；储蓄向投资转化平稳畅通，有效助力实体经济发展；用较少的投资获得更大的增长，投资质量效益不断提高等。

投资增长机制是通过各构成要素之间相互联系和作用及其功能发挥，促进投资增长的方式、方法和路径。投资内生增长机制则是促进形成更多内部因素作用、更多内力推动的投资增长方式、方法和路径。与传统意义的投资增长机制不同，强调"内生"的投资增长机制突出了市场化、稳定性、长期性、法治化、规范化、可预期、自律性、约束性等特征，突出了市场主体的自觉性、投资活动的自主性、需求因素的引领性、国内市场的主导性。投资增长机制不是主要依赖行政意志、政府组织、政策外力推动投资扩张，而是以市场为基础、以自主为要求、以自由为目标、以需求为导向、以内循环为主体、以创新为动力、以改革为路径、以法治为保障，推动实现投资自主、持续、健康发展的方式、方法、手段和路径。

（二）体制机制改革方向

只有改革才能破除体制机制弊端，激发市场主体活力，消除不利于资源合理配置和有效利用的因素，形成有利于创新发展的环境，建立风险防控和行为约束机制。

1. 健全投资主体激励机制，激发市场主体活力动力

健全投资激励机制的关键是进一步深化改革，不再满足复制西方，不能只是小修小补，要通过消除体制机制弊端，形成与以往不一样的制度优势，只有这样才能真正增强投资的活力。

深入推进土地制度改革。在建设用地指标总量控制的前提下，明确建设用地指标跨地区流转规则，允许人口吸引力较强的中心城市与有结余建设用地指标的中小城市进行交易，提高建设用地跨地区流转的交易和配置效率，完善地区间利益分配机制。探索新市民宅基地建设用地指标异地直接流转制度，即如果农村人口流动到其他城市，宅基地建设用地指标可以直接带到现在就业和居住的城市使用，而不需要将指标先转让给当地政府。允许非房地产企事业单位、农村集体组织、住房经营机构、社区股份合作公司和原村民等主体参与居住用地供给。总结推广农村集体建设用地建设租赁住房试点经验，逐步放开农村集体建设用地建设保障性住房、共有产权房和商品住宅。适度放活宅基地使用权，允许农村宅基地部分转让给城镇居民，实现农村居民出宅基地，城镇居民出资金，共同建设新城镇的新局面。

完善利益分享与补偿机制。建立利益共享的投资合作机制，对于可能产生较大收益的区域性重大投资项目，不受项目所在地的限制，可实行联合投资，按投资比例分配收益。按照"市场引导、公平开放、优势互补、互利共赢"的原则，共同搞好产业的空间布局，实现要素的空间优化配置，尽可能避免遍地开花、布局分散带来的环境和资源破坏的问题。推动建立起流域横向生态补偿机制，鼓励各地积极开展综合生态价值核算计量等多元化生态补偿机制创新探索，鼓励生态受益地区与生态保护地区、流域下游与流域上游通过资金补偿、对口协作、产业转移、人才培训、共建园区等方式建立横向补偿关系。推动中央和省级资源开发企业在资源产地设立分支机构，允许当地国有资本及民营资本通过合资合作方式参与资源勘探开发、管输、净化、销售，分享资源开发红利。

充分调动改革的积极性。鼓励地方政府、企业和社会力量敢为天下先，大胆地实践，大胆地尝试，特别是在金融体系创新、土地管理体制等方面作出更加积极的尝试。改革的模式、路径、体制、机制不设统一的模板，允许基层政府探索适合本地需要的自选动作。上级政府应更多俯下身子，倾听基层的呼吁，掌握实际情况，同时，对基层遇到的困难和问题予以帮助。要在组织制度上给予改革者有力的保障，对改革创新未能实现预期目标，但勤勉尽责、未谋取私利的，不作负面评价，依法免除相关责任。改革不是以加强管理的名义制造出新的条条框框捆住人们的手脚，而是要给市场主体真正松绑，留下发挥的空间和余地。改革也不能以缩短审批时间作为成功的标志，而应该以符合公众利益要求为标准，涉及外部性的审批环节甚至应该更严格、有更多的时间讨论与优化。

2. 完善商品和要素市场体系，促进资本自由流动和优化配置

充分发挥市场的识别、优选的独特作用，完善支持投资高质量发展的利益导向和资源配置功能，引导要素积极进入国民经济关键领域，增强供给结构对需求变化的适应性和灵活性。

发挥价格机制的引领作用。通过价格机制的作用，使投资向能够产生最优产出的领域流动，提高资本使用效率，优化资源配置。推进能源价格市场化和资源价格改革，完善节能环保价格政策，健全交通运价机制，全面实施

居民用水、用电、用气等阶梯价格制度。完善资源性产品定价机制，建立资源开发生态环境损害补偿制度。政府制定价格的范围限定在重要公用事业、公益性服务和自然垄断经营的商品和服务，政府制定价格要提高透明度，接受社会监督。引导市场主体依法合理行使要素定价自主权，推动政府定价机制由制定具体价格水平向制定定价规则转变。

推动环境权益市场交易。推动建立排污权、节能量（用能权）、水权等环境权益交易市场。在重点流域和大气污染防治重点领域，合理推进跨行政区域排污权交易，扩大排污权有偿使用和交易试点。加强排污权交易制度建设和政策创新，制定完善排污权核定和市场化价格形成机制，推动建立区域性及全国性排污权交易市场。建立和完善节能量（用能权）、水权交易市场。加快全国碳市场建设，选择优势明显的试点地区建立全国统一碳市场，统一规则，建立相应的注册登记系统、交易系统、清算结算系统等公共基础设施，满足配额分配履约、交易划转、资金结算、信息披露、市场监管等方面的需求。

优化资本要素市场化配置。坚持市场化、法治化改革方向，改革完善股票市场发行、交易、退市等制度。鼓励和引导上市公司现金分红。完善主板、中小企业板、创业板和新三板市场建设。加快发展债券市场。稳步扩大债券市场规模，丰富债券市场品种，推进债券市场互联互通。统一公司信用类债券信息披露标准，完善债券违约处置机制。加强债券市场评级机构统一准入管理，规范信用评级行业发展。增加有效金融服务供给。完善金融机构市场化法治化退出机制。稳步推进人民币国际化和人民币资本项目可兑换。逐步放宽外资金融机构准入条件，推进境内金融机构参与国际金融市场交易。

建立统一的市场体系。进一步清除各种显性和隐性的市场壁垒，促进生产要素跨区域有序自由流动，提高资源配置效率和公平性。积极推进区域资本、技术、人力资源和土地要素市场建设，建设区域性产权交易平台、技术和人力资源市场，推进城乡土地市场一体化，促进土地使用权有效流转和优化配置。推进区域市场信用体系建设，制订和完善法规和标准，共同打造信用信息大平台。加快改革户籍制度，逐步取消依附在户籍上的福利特权和针对非户籍人口的歧视性规定，提高社会保障统筹层次，加快完善各类社会保险跨地区转移接续机制，进一步完善财政转移支付体系，更多考虑常住人口基本公共服务均等化的要求。

3. 深化法治保障体系建设，建立公平竞争的市场环境

投资者需要保持足够的信心，有创新和创业的意愿，有一个稳定的预期，这就需要有一个良好的法律制度体系，要推进投融资制度化、规范化、程序化，保障投资者的权益，创造公平竞争的条件。

完善支持民营经济的法制体系。进一步梳理涉及民营经济发展的地方性法规和规章，加强规范性文件备案审查，完善重大事项请示报告制度，对那些与上位法和中央决策部署不适应、不协调、不一致，体现所有制差别和不适应民营经济发展的政策与管理规定，及时予以修改或者废止，构建对所有企业一视同仁的法制体系与制度平台。充分考虑非公有制经济特点，严格区分经济纠纷与经济犯罪的界限、企业正当融资与非法集资的界限、民营企业参与国有企业兼并重组中涉及的经济纠纷与恶意侵占国有资产的界限。准确把握经济违法行为入刑标准，准确认定经济纠纷和经济犯罪的性质，防范刑事执法介入经济纠纷，防止选择性司法。加大知识产权侵权行为惩治力度，提高知识产权侵权法定赔偿上限，提高知识产权侵权成本。

营造公开公平公正的市场环境。在市场准入、审批许可、招标投标、军民融合等方面，营造统一、公平、开放、透明的市场环境。适时开展招标投标法、政府采购法、反不正当竞争法、反垄断法等法律法规的执法检查，推动涉及市场公平竞争的法律法规的贯彻落实。加强计划和预算审查监督，督促政府及相关部门推进产业政策由差异化、选择性向普惠化、功能性转变，在重大投资项目建设、财政补贴、专项资金安排上，对国有企业和民营企业一视同仁，平等对待，给民营企业发展创造充足的市场空间。把稳政策、稳预期摆在更加重要的位置上，保持政策连续性和稳定性。针对企业在改革发展中存在的矛盾和问题，区分不同情况，科学合理、实事求是、分门别类解决问题，不搞一律关停、一关了之。

提高地方政府的公信力。坚持以人民为中心的理念，坚持权为民所用、情为民所系、利为民所谋，为政府决策效率提高创造民意条件。坚持政府职能法定原则，依法界定和科学规范政府职能，防止政府职能转变中的随意

性。完善行政组织和行政程序法律制度，推进机构、职能、权限、程序、责任法定化。大力推进法治政府和政务诚信建设，各级政府要严格兑现政策承诺，认真履行在招商引资、政府与社会资本合作等活动中与投资主体依法签订的各类合同。因国家利益、公共利益或者其他法定事由需要改变政府承诺和合同约定的，要严格依照法定权限和程序进行，并对投资人的财产损失依法予以补偿。对因政府违约等导致企业和公民财产权受到损害等情形，进一步完善赔偿、投诉和救济机制，畅通投诉和救济渠道。

完善市场准入制度。着力放开市场准入，取消对民间资本单独设置的附加条件和歧视性条款，除法律法规有明确规定外的重点事项和重大建设任务一律向民间资本开放，取消相关领域的最低注册资本、股东结构、股份比例等限制。与此同时，设置严格的技术、环保、能耗、安全等方面的市场准入门槛，对不符合经济社会发展要求的项目进行限制。加快制定修订能耗、水耗、用地、碳排放、污染物排放、安全生产等技术标准，实施能效和排污强度"领跑者"制度，鼓励各地区结合实际依法制定更加严格的地方标准，提高产业准入的能耗、物耗、水耗和生态环保标准，以及投资强度、土地产出率等指标要求。

4. 健全投资风险防范机制，持续化解财政和金融风险

投资增长是有约束的增长，是管理者和投资者都有风险防范意识的增长。如果忽视投资风险防范机制的建立，投资增长的基础就会不牢，过程就会被打断。要把防范和化解系统性风险摆在突出的位置，把安全贯穿投资增长的各领域和全过程。

建立社会资本的约束机制。房地产、平台经济、影视业、金融业等与民生紧密相关的行业，资本的肆意妄为往往会给整个社会带来灾难。恒大的破产事件证明，由于经营管理不善、盲目多元化扩张、企业家缺乏社会责任，以及在地方政府和金融机构的合力推动下，微观审慎管理可能流于形式，大型企业有可能成为债务的黑洞或陷阱，造成严重的社会风险暴露。必须严厉追究企业股东、实际控制人的法律责任，将个人所有财产作为偿还债务的渠道之一。金融机构要有效履行风险控制和监管职责，及时识别和控制信用风险。广大投资者在进行投资时也需要加强风险意识。

完善政府投资的约束机制。明确相关决策主体的责任，凡是涉及政府投资的决策、实施、监管各环节的政府管理部门、项目单位、中介服务机构和项目参建单位，以及与其有关的党政领导干部和工作人员，均需对与政府投资相关的行为承担相应责任。完善决策责任追究机制，可以根据问题的严重程度，针对不同部门的特点，建立不同的责任追究制度，各责任追究制度的实施细则，与相关部门如纪检、执法机构协调，形成一个相对权威的责任追究组织，并赋予相应的权利。逐步推行重大政府投资决策失误行为的"行政问责"制度。

建立地方政府的破产制度。要对地方政府及其债务融资行为产生有效的约束，就必须探索建立地方政府的破产制度。首先，将市、县、镇等地方政府及其城投公司纳入申请破产保护范围；其次，中央政府明确向地方政府发出不完全救助的信号，由省级政府负责市县政府的债务重组，申请破产的地方政府的财政收支要由省级政府监管，同时，中央政府有条件地给予资助，帮助地方政府偿还原有债务，并在之后的转移支付中扣减；再次，兼顾到大多数债权人的利益，破产后果应由地方政府、当地居民与债权人共同承担，同时，要保证地方政府基本行政职能的正常运作。

5. 建立完善的制度体系，促进公共服务领域资本规范发展

发挥好政府及其公营机构的主导作用。基本公共服务领域非常需要"国家队"。在公共服务领域，真正的短板是经济效益低、社会效益高的基本服务、适宜技术、普遍服务，而这些领域，恰恰是利润最低甚至是不盈利的、公益性的，是私人资本不会投入而需要政府增加投入的。

避免私人资本掏空公立机构的资源。私人资本的过多介入客观上就会导致更多优质资源为资本服务，导致优质资源向金字塔顶部进一步集中，出现一批贵族医院、学校，把好医生、教师引向专科化、贵族化，把过去为大多数人服务的机构变成为少数人服务。必须对私人高端医疗、教育机构进行数量和规模控制，特别是要限制营利性机构的发展，避免私立机构搜刮公立机构人才、把公立机构架空。

谨慎对待公共领域的PPP和公立机构改制。社会资本的目标是逐利，目前的法制体系、管理能力和意愿，无法做到真正的非营利性。鼓励社会资本

进入公立机构，唯一的结果是资本利用公立机构多年来积累的优质资源谋取超额利润，用公立机构的优质资源、人员牟利。这既会造成国有资产的损失，又会破坏公立机构的体系完整和综合服务功能，还会加重居民负担。

三、完善地方政府投融资模式

模式是一种相对稳态的体制架构，反映主体之间的合理分工、协调活动与利益平衡。模式属于生产关系的范畴，必须适应生产力发展的客观要求。随着经济的发展与环境的变化，原来的投融资模式由新变旧，就不得不做出改变或调整，建立新的模式以适应投资和经济发展的需要。当地方政府投融资模式适应投资发展的客观要求，对投资就起到推动作用；反之，则会阻碍投资的健康发展。因此，地方政府投融资模式创新是阶段性的，只有进行时，没有完成时。

（一）地方政府投融资模式需要系统设计

地方政府投融资模式不可能由单一工具或渠道构成，而是由多种公共资源、投资主体、开发和运营方式以及投融资工具构成的组合体。其中，政府背景公司是平台和载体，是投融资模式的枢纽；政府公共资源是融资的基础，是投融资模式得以顺畅运行的引擎；开发和运营方式是平衡成本收益、增加投资回报、吸引社会资本参与的重要条件，是投融资模式的核心；各类市场化投融资工具的有效运用是投融资模式的源泉；政府监管和民众监督相结合是投融资模式健康可持续发展的基石。适应未来一个时期中国式现代化投资与建设的需要，应形成"五位一体"的地方政府投融资模式：特殊目的政府投资公司 + 公共资源和存量资产 + 项目综合开发和持续运营 + 股权和债权相结合的融资工具 + 自上而下的监管和自下而上的监督（见图10-6）。

模式创新是一个复杂和系统的改革过程。第一，处理好激励与约束的关系。既要形成适宜地方政府投融资生存和发展的良好环境和空间，同时，也要形成地方政府投融资合理增长和优化配置的制度约束。激励和约束应辩证统一在经济周期的不同阶段，片面强调激励或约束都是不可取的，只会削弱地方政府投融资模式的生命力与持续性。第二，处理好顶层设计和底层设计的关系。地方政府的积极参与和主动担当，是中央政府战略意图真正落到实处的关键。光是强调中央政府的积极性，而没有地方政府的能动性，模式的推进就不会顺利。一方面要根据地方政府投融资发展规律和趋势设计总体模式，另一方面要根据不同规模、不同发展阶段城市（地区）特征，设计具体模式鼓励多元化的具体实践。第三，处理好新与旧的关系。急于打破既有的模式，却把其中有用的要素一起抛弃；急于建立全新的融资模式，但现有的体制环境又不兼容，会导致地方政府投融资的深层次矛盾依旧。因此，对地方政府融资模式的变革，要处理好"新与旧""破与立""变与不变"的关系，既要体现出发展的连续性，又要体现出创新的突破性。

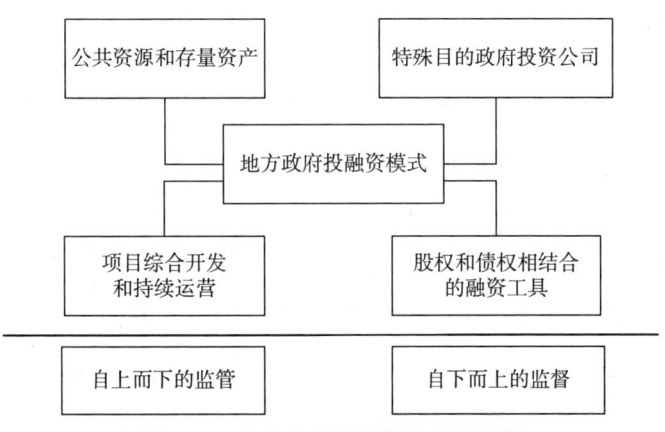

图 10-6 地方政府投融资模式新框架

（二）继续发挥好融资平台的主体作用

从国外经验看，承载政府投融资功能的融资平台从未离开过人们的视线。无论是中央政府，还是地方政府，都需要发挥融资平台在基础设施和公共服务领域投资、融资、建设、运营的作用。地方政府融资平台在我国经济发展中发挥了积极的作用，没有必要因为出现了一些问题就一棒子打死，而应该更好发挥其优势，防范其风险。新预算法和43号文之后，融资平台仍然是一个现实的存在，城市发展需要谋划并实施一大批基础性、系统性和长远性的重大项目，很多项目无法直接吸引资金落地实施，需要政府投资公司发挥牵头、组织和兜底作用，高质量推进基础设施项目投资建设和全过程运营管理。

整合与规范地方融资平台公司。平台的市场化转型不是"去平台",也不是"去政府信用",而是要让政府融资平台真正回归本位——成为合格的"政府投资的代理人"。目前,全国城投公司数量过多、过滥是一个严重问题,由于信用等级参差不齐,反而产生"劣币驱逐良币"效应,削弱地方政府融资能力,破坏金融市场稳定。应由中央政府统筹,制定各地城投公司数量压缩计划,按照城市人口和经济总量设定门槛,将全国政府融资平台数量限制在 1000～2000 家,加快这些平台向国有资本投资和运营公司转制,统一由省级国资委进行监管。其他经济小市(县)不再单独设立政府平台公司,或将其政府投融资职能上收到上级政府平台公司,其基本公共服务投资主要由上级专项转移支付资金解决。

(三)探索可持续的公共资源生财道路

通过法律形式明确房产税、与土地相关的专项税以及针对房产(财产)的特别收费作为地方政府的主体财源,形成地方政府稳定财源及对土地出让收入的部分替代。实施"政府归政府""市场归市场"的房地产发展策略,即政府对基本住房需求提供保障性供给,中心城区、热点地区完全由市场定价,政府将获得的级差地租收益用于反哺公益性设施建设。实施税收(收费)增量融资(Tax Increasing Financing,TIF),即地方政府将特定规划区域内未来开发建设所产生的基础设施和公共服务收益,以及土地增值或产业发展带来的税收增量,用作基础设施债务融资的偿还来源,募集区域开发、城市更新等方面的资金,实现土地财政向股权财政的转变。

鉴于已经积累了大量基础设施存量资产,应通过资产重整和资本运营,实现存量资产的功能活化和高效利用,提升项目和区域的整体价值,为城镇化和工业化提供新的资金来源。鼓励各类企业通过进场交易、协议转让、无偿划转、资产置换、联合整合等方式,盘活长期闲置的存量资产。吸引社会资本参与盘活城市老旧资产资源,通过精准定位、提升品质、完善用途等进一步丰富存量资产功能、提升资产效益。发挥基础设施 REITs 独特作用,促进旧基建摆脱粗放式发展,新基建扩大有效投资,形成良好的投资循环。鼓励具备长期稳定经营性收益的存量项目采用 PPP 模式盘活存量资产,提升运营效率和服务水平。

（四）创新债权和股权融资工具

第一，推动地方债发行制度改革。新预算法规定，省级政府是地方政府专项债券的发行主体，各市、县、区政府需要使用专项债券的，由省级政府代为发行并转贷市县使用；但与此同时，偿债责任又是地市县政府的。发债主体和偿债主体不一致，不利于落实主体责任意识、强化债务风险约束。要在法律层面有条件地赋予地市和县级政府举债融资的资格，进而在制度规范上明确举债规模和程序。建立由中央政府确定地方债券总量、市场调控型的地方债制度，根据各级政府的财力与负债情况，由省、市、县级政府各自发行地方债。

第二，探索地方政府股权投资方式。政府投资引导基金是指由政府部门作为发起人，利用财政性资金的杠杆放大作用，吸引社会资本而成立的政策性基金，具有产业引导、市场化股权投资运作、基金中的基金、委托管理、注重让利等特征，对吸引社会资本、支持创业投资和重点产业孵化具有重要的引导作用。要拓展创业投资引导基金、产业投资基金等模式，与社会出资人共同出资新设，或参股符合要求的已有基金。坚持市场化运作、委托专业团队管理，政府部门要减少行政干预，增强基金管理者在具体投资项目上的自主决策权；采取基金章程等法律协议方式明确基金投资方向，建立考核监督机制，确保基金投向符合政府的政策意图。

（五）实现项目综合开发和持久运营

探索"横向到边、纵向到底"的开发方式[①]。统筹考虑各类型项目，将商业项目与公益项目统筹考虑，融合到一个"项目篮子"里面去开发建设，利用片区开发的综合收益来平衡土地出让收益的不足。加强轨道交通场站与周边用地一体化规划及场站用地综合利用，实现轨道交通特别是市郊铁路建设与城市更新有机融合，通过轨道交通场站一体化建设，带动周边存量资源提质增效。以生态保护和环境治理为基础，以区域综合开发为载体，采取产业链延伸、联合经营、组合开发等方式，推动公益性较强、收益性较差的生态

---

① "横向到边"是指尽量拓展开发边界，推动片区开发或跨区域开发；"纵向到底"是指尽量延伸开发时序，实现项目的全生命周期建设和运营。

环境治理项目与收益较好的关联产业有效融合，统筹推进，一体化实施。拓展资源补偿项目（RCP）融资模式，即授权项目公司进行投融资，然后用高收益的资源开发项目补偿公益性项目的投资。

推动由"开发方式"向"经营模式"转变，针对地方政府公共投资项目缺少自我造血机制、可持续更新模式难以建立等问题，探索以运营为主导的"策划、规划、设计、建设、运营一体化"模式，促进项目收益平衡模式从一次性收益平衡转向持续的运营收益平衡，从单纯开发建设模式向全生命周期发展模式转变。引入实力强、资源广、经验丰富的社会力量作为运营商，对项目实施整体规划、分步实施、商业运作。引入优质产业，提升地区产业品牌和价值，围绕产业结构调整、商业业态优化、营销模式创新、区域品牌塑造等进行全方位改造升级，拓展新场景应用、挖掘新消费潜力，为项目投融资提供优质现金流和持久税源。

（六）完善自上而下的监管和自下而上的监督

我国地方官员的政治晋升和公共资源获得很大程度上来自于上级政府，对地方政府的激励和约束更多也来自上级政府，而不是当地居民和市场主体；因此，地方政府的投融资（包括债务融资）决策过程主要依赖"自上而下"的权力制衡，而排挤"自下而上"的民众参与和利益表达过程。由于地方政府以及政府背景企业数量众多，信息不对称，监管成本很高，中央甚至省级政府都没有能力对市县一级政府债务融资活动进行有效的监管，管不了也管不好；与此同时，当地地方人大、社区和民众却缺乏话语权以及相应的约束能力。

要从源头加强债务监管，在法律层面强化地方人大和基层民众在地方债务监管中的主体地位和责任义务，提高其话语权和决策权。未来地方政府必须公开包括债务在内的全部政府财政收支状况，将地方政府债务收支情况纳入预算管理，报同级人大批准。探索实行债务听证制度，一定规模以上的发债和借债，要举行听证会，听取当地民众的意见。把债务风险作为政府投资考核的重要指标，对债务违约情况严重的城市（地区）实行地方债、政策性开发性金融工具限批。建立明确的地方政府债务危机处置规则，分清中央政府和地方政府在债务处置中的法律责任和义务，增强地方政府的危机意识，避免由中央政府兜底产生的道德风险。

附　录

附录一 附表

表1　投资和GDP增长情况（现价）

年份	全社会投资（亿元）	GDP（亿元）	全社会投资增长率（%）	GDP增长率（%）	投资率（%）	投资对GDP的增长弹性	ICOR（投资/GDP增量）
1952	54.0	679.0	—	—	7.9	—	—
1953	114.5	824.0	112.0	21.4	13.9	5.2	0.79
1954	128.4	859.0	12.1	4.2	14.9	2.9	3.67
1955	131.6	910.0	2.5	5.9	14.5	0.4	2.58
1956	201.1	1028.0	52.8	13.0	19.6	4.1	1.70
1957	189.0	1068.0	−6.0	3.9	17.7	−1.5	4.73
1958	348.8	1307.0	84.5	22.4	26.7	3.8	1.46
1959	460.0	1439.0	31.9	10.1	32.0	3.2	3.49
1960	520.7	1457.0	13.2	1.3	35.7	10.5	28.93
1961	195.1	1220.0	−62.5	−16.3	16.0	3.8	−0.82
1962	109.1	1149.0	−44.1	−5.8	9.5	7.6	−1.54
1963	145.8	1233.0	33.7	7.3	11.8	4.6	1.74
1964	207.4	1454.0	42.2	17.9	14.3	2.4	0.94
1965	271.1	1716.0	30.7	18.0	15.8	1.7	1.03
1966	318.5	1868.0	17.5	8.9	17.1	2.0	2.10
1967	234.7	1773.0	−26.3	−5.1	13.2	5.2	−2.47
1968	189.5	1723.1	−19.3	−2.8	11.0	6.8	−3.80
1969	308.7	1937.9	62.9	12.5	15.9	5.0	1.44
1970	460.1	2252.7	49.1	16.2	20.4	3.0	1.46
1971	521.6	2426.4	13.4	7.7	21.5	1.7	3.00
1972	516.0	2518.1	−1.1	3.8	20.5	−0.3	5.63
1973	547.7	2720.9	6.1	8.1	20.1	0.8	2.70
1974	579.0	2789.9	5.7	2.5	20.8	2.3	8.39
1975	681.2	2997.3	17.6	7.4	22.7	2.4	3.28
1976	654.9	2943.7	−3.9	−1.8	22.2	2.2	−12.22
1977	685.4	3201.9	4.6	8.8	21.4	0.5	2.65
1978	835.9	3678.0	22.0	14.9	22.7	1.5	1.76

续表

年份	全社会投资（亿元）	GDP（亿元）	全社会投资增长率（%）	GDP增长率（%）	投资率（%）	投资对GDP的增长弹性	ICOR（投资/GDP增量）
1979	874.2	4100.0	4.6	11.5	21.3	0.4	2.07
1980	910.9	4587.0	4.2	11.9	19.9	0.4	1.87
1981	961.0	4936.0	5.5	7.6	19.5	0.7	2.75
1982	1230.4	5373.0	28.0	8.9	22.9	3.2	2.82
1983	1430.1	6021.0	16.2	12.1	23.8	1.3	2.21
1984	1832.9	7278.0	28.2	20.9	25.2	1.3	1.46
1985	2543.2	9099.0	38.8	25.0	28.0	1.5	1.40
1986	3120.6	10376.0	22.7	14.0	30.1	1.6	2.44
1987	3791.7	12174.0	21.5	17.3	31.1	1.2	2.11
1988	4753.8	15180.0	25.4	24.7	31.3	1.0	1.58
1989	4410.4	17179.0	−7.2	13.2	25.7	−0.5	2.21
1990	4517.0	18873.0	2.4	9.9	23.9	0.2	2.67
1991	5594.5	22005.0	23.9	16.6	25.4	1.4	1.79
1992	8080.1	27194.0	44.4	23.6	29.7	1.9	1.56
1993	13072.3	35673.0	61.8	31.2	36.6	2.0	1.54
1994	17042.1	48637.0	30.4	36.3	35.0	0.8	1.31
1995	20019.3	61339.0	17.5	26.1	32.6	0.7	1.58
1996	22974.0	71813.0	14.8	17.1	32.0	0.9	2.19
1997	24941.1	79715.0	8.6	11.0	31.3	0.8	3.16
1998	28406.2	85195.0	13.9	6.9	33.3	2.0	5.18
1999	29854.7	90564.0	5.1	6.3	33.0	0.8	5.56
2000	32917.7	100280.0	10.3	10.7	32.8	1.0	3.39
2001	37213.5	110863.0	13.1	10.6	33.6	1.2	3.52
2002	43499.9	121717.0	16.9	9.8	35.7	1.7	4.01
2003	53841.2	137422.0	23.8	12.9	39.2	1.8	3.43
2004	66235.0	161840.0	23.0	17.8	40.9	1.3	2.71
2005	80993.6	183719.0	22.3	13.5	44.1	1.6	3.70
2006	97583.1	219438.0	20.5	19.4	44.5	1.1	2.73
2007	118323.2	270092.0	21.3	23.1	43.8	0.9	2.34

续表

年份	全社会投资（亿元）	GDP（亿元）	全社会投资增长率（%）	GDP增长率（%）	投资率（%）	投资对GDP的增长弹性	ICOR（投资/GDP增量）
2008	144586.8	319244.0	22.2	18.2	45.3	1.2	2.94
2009	181760.4	348518.0	25.7	9.2	52.2	2.8	6.21
2010	218833.6	412119.0	20.4	18.2	53.1	1.1	3.44
2011	238782.1	487940.0	9.1	18.4	48.9	0.5	3.15
2012	281683.8	538580.0	18.0	10.4	52.3	1.7	5.56
2013	329318.3	592963.0	16.9	10.1	55.5	1.7	6.06
2014	373636.9	643563.0	13.5	8.5	58.1	1.6	7.38
2015	405927.7	688858.0	8.6	7.0	58.9	1.2	8.96
2016	434363.5	746395.0	7.0	8.4	58.2	0.8	7.55
2017	461283.7	832036.0	6.2	11.5	55.4	0.5	5.39
2018	488499.4	919281.0	5.9	10.5	53.1	0.6	5.60
2019	513608.3	986515.0	5.1	7.3	52.1	0.7	7.64
2020	527270.3	1013567.0	2.7	2.7	52.0	1.0	19.49
2021	552884.0	1149237.0	4.9	13.4	48.1	0.4	4.08
2022	579555.5	1210207.0	4.9	5.3	47.9	0.9	9.51

注：1952—1979年全社会投资根据国有投资的一定比例估算。
资料来源：《新中国60年》；《中国固定资产投资统计数典（1950—2000）》；《中国统计摘要2023年》。

表2　　投资和GDP增长情况（2022年可比价）

年份	全社会投资（亿元）	GDP（亿元）	投资增长率（%）	GDP增长率（%）	投资率（%）	投资对GDP的增长弹性	ICOR（投资/GDP增量）
1952	326.9	5807.8			5.6		
1953	701.5	6713.8	114.6	15.6	10.4	7.3	0.77
1954	792.0	6995.7	12.9	4.2	11.3	3.1	2.81
1955	848.2	7471.5	7.1	6.8	11.4	1.0	1.78
1956	1300.2	8592.2	53.3	15	15.1	3.6	1.16
1957	1276.1	9030.4	−1.9	5.1	14.1	−0.4	2.91
1958	2347.8	10953.8	84.0	21.3	21.4	3.9	1.22
1959	2856.3	11917.8	21.7	8.8	24.0	2.5	2.96
1960	3242.9	11882.0	13.5	−0.3	27.3	−45.1	−90.70
1961	1237.1	8638.2	−61.9	−27.3	14.3	2.3	−0.38

续表

年份	全社会投资（亿元）	GDP（亿元）	投资增长率（%）	GDP增长率（%）	投资率（%）	投资对GDP的增长弹性	ICOR（投资/GDP增量）
1962	644.8	8154.5	−47.9	−5.6	7.9	8.5	−1.33
1963	822.4	8986.2	27.5	10.2	9.2	2.7	0.99
1964	1194.5	10630.7	45.2	18.3	11.2	2.5	0.73
1965	1615.1	12438.0	35.2	17	13.0	2.1	0.89
1966	1936.1	13768.8	19.9	10.7	14.1	1.9	1.45
1967	1422.1	12984.0	−26.5	−5.7	11.0	4.7	−1.81
1968	1188.7	12451.7	−16.4	−4.1	9.5	4.0	−2.23
1969	1982.0	14556.0	66.7	16.9	13.6	3.9	0.94
1970	2957.5	17379.8	49.2	19.4	17.0	2.5	1.05
1971	3319.9	18596.4	12.3	7	17.9	1.8	2.73
1972	3245.1	19303.1	−2.3	3.8	16.8	−0.6	4.59
1973	3440.7	20828.0	6.0	7.9	16.5	0.8	2.26
1974	3630.3	21307.1	5.5	2.3	17.0	2.4	7.58
1975	4220.4	23160.8	16.3	8.7	18.2	1.9	2.28
1976	4029.5	22790.2	−4.5	−1.6	17.7	2.8	−10.87
1977	4158.6	24522.3	3.2	7.6	17.0	0.4	2.40
1978	5046.7	27391.4	21.4	11.7	18.4	1.8	1.76
1979	5164.4	29473.1	2.3	7.6	17.5	0.3	2.48
1980	5224.1	31772.0	1.2	7.8	16.4	0.1	2.27
1981	5340.9	33424.2	2.2	5.2	16.0	0.4	3.23
1982	6684.4	36465.8	25.2	9.1	18.3	2.8	2.20
1983	7587.0	40440.6	13.5	10.9	18.8	1.2	1.91
1984	9350.0	46587.5	23.2	15.2	20.1	1.5	1.52
1985	12102.2	52876.8	29.4	13.5	22.9	2.2	1.92
1986	13956.7	57530.0	15.3	8.8	24.3	1.7	3.00
1987	16119.9	64203.5	15.5	11.6	25.1	1.3	2.42
1988	17806.3	71458.5	10.5	11.3	24.9	0.9	2.45
1989	15225.8	74388.3	−14.5	4.1	20.5	−3.5	5.20
1990	14438.7	77215.0	−5.2	3.8	18.7	−1.4	5.11
1991	16331.5	84318.8	13.1	9.2	19.4	1.4	2.30
1992	20457.5	96292.1	25.3	14.2	21.2	1.8	1.71

续表

年份	全社会投资（亿元）	GDP（亿元）	投资增长率（%）	GDP增长率（%）	投资率（%）	投资对GDP的增长弹性	ICOR（投资/GDP增量）
1993	26142.9	109773.0	27.8	14	23.8	2.0	1.94
1994	30871.3	124153.2	18.1	13.1	24.9	1.4	2.15
1995	34244.0	137685.9	10.9	10.9	24.9	1.0	2.53
1996	37786.7	151454.5	10.3	10	24.9	1.0	2.74
1997	40336.4	165539.8	6.7	9.3	24.4	0.7	2.86
1998	46032.5	178451.9	14.1	7.8	25.8	1.8	3.57
1999	48574.1	192014.2	5.5	7.6	25.3	0.7	3.58
2000	52974.9	208143.4	9.1	8.4	25.5	1.1	3.28
2001	59649.6	225419.3	12.6	8.3	26.5	1.5	3.45
2002	69586.9	245932.5	16.7	9.1	28.3	1.8	3.39
2003	84275.8	270525.8	21.1	10	31.2	2.1	3.43
2004	98177.5	297848.9	16.5	10.1	33.0	1.6	3.59
2005	118163.0	331505.8	20.4	11.3	35.6	1.8	3.51
2006	140261.8	373607.0	18.7	12.7	37.5	1.5	3.33
2007	163688.8	426659.2	16.7	14.2	38.4	1.2	3.09
2008	183674.9	467618.5	12.2	9.6	39.3	1.3	4.48
2009	236576.0	510639.4	28.8	9.2	46.3	3.1	5.50
2010	274932.3	563745.9	16.2	10.4	48.8	1.6	5.18
2011	281420.8	616174.3	2.4	9.3	45.7	0.3	5.37
2012	328371.3	663619.7	16.7	7.7	49.5	2.2	6.92
2013	382752.7	714718.4	16.6	7.7	53.6	2.2	7.49
2014	432101.8	767607.5	12.9	7.4	56.3	1.7	8.17
2015	478050.3	821340.1	10.6	7	58.2	1.5	8.90
2016	514626.1	877191.2	7.7	6.8	58.7	1.1	9.21
2017	516560.2	937717.4	0.4	6.9	55.1	0.1	8.53
2018	519010.6	1000544.5	0.5	6.7	51.9	0.1	8.26
2019	531859.4	1060577.1	2.5	6	50.1	0.4	8.86
2020	545461.5	1083909.8	2.6	2.2	50.3	1.2	23.38
2021	558008.6	1174958.3	2.3	8.4	47.5	1.2	6.13
2022	579555.5	1210207.0	3.9	3	47.9	1.2	16.44

资料来源：同表1。

表3　　　　　　　　　　支出法GDP构成

	消费率（%）	投资率（%）	净出口率（%）	储蓄率（%）	ICOR
1978	61.4	38.9	−0.3	38.6	—
1979	63.2	37.3	−0.5	36.8	3.42
1980	64.8	35.5	−0.3	35.2	3.27
1981	66.1	33.5	0.3	33.9	4.35
1982	65.9	32.4	1.7	34.1	3.75
1983	66.8	32.4	0.8	33.2	3.02
1984	65.1	34.9	0.0	34.9	2.02
1985	64.5	39.5	−4.0	35.5	1.98
1986	64.2	38.2	−2.4	35.8	3.09
1987	62.1	37.8	0.1	37.9	2.55
1988	61.5	39.5	−1.0	38.5	1.99
1989	63.6	37.5	−1.1	36.4	3.21
1990	62.9	34.4	2.7	37.1	3.84
1991	61.5	35.7	2.8	38.5	2.58
1992	59.4	39.6	1.0	40.6	2.08
1993	57.9	44.0	−1.9	42.1	1.84
1994	57.9	40.8	1.3	42.1	1.54
1995	58.8	39.6	1.6	41.2	1.91
1996	59.8	38.2	2.0	40.2	2.61
1997	59.4	36.2	4.4	40.6	3.66
1998	60.2	35.6	4.2	39.8	5.57
1999	62.3	34.9	2.8	37.7	5.93
2000	63.9	33.7	2.4	36.1	3.54
2001	62.2	35.7	2.1	37.8	3.78
2002	61.2	36.3	2.5	38.8	4.09
2003	58.1	39.7	2.2	41.9	3.48
2004	55.4	42.0	2.6	44.6	2.84
2005	54.3	40.3	5.4	45.7	2.93
2006	52.5	39.9	7.6	47.5	2.88
2007	50.9	40.4	8.7	49.1	2.15
2008	50.0	42.4	7.6	50.0	2.84

续表

	消费率（%）	投资率（%）	净出口率（%）	储蓄率（%）	ICOR
2009	50.2	45.5	4.3	49.8	5.34
2010	49.3	47.0	3.7	50.7	3.15
2011	50.6	47.0	2.4	49.4	3.01
2012	51.1	46.2	2.7	48.9	4.53
2013	51.4	46.1	2.5	48.6	4.80
2014	52.3	45.6	2.1	47.7	5.87
2015	53.7	43.0	3.3	46.3	6.54
2016	55.1	42.7	2.2	44.9	5.91
2017	55.1	43.2	1.8	44.9	4.31
2018	55.3	44.0	0.8	44.7	4.64
2019	55.8	43.1	1.2	44.2	5.69
2020	54.7	42.9	2.5	45.3	12.59
2021	54.5	43.0	2.6	45.5	4.14
2022	53.2	43.5	3.3	46.8	8.77

资料来源：《中国统计摘要2023年》。

表4　　　　　　　　　　　　基本建设投资

	投资完成额（亿元）			增长率（%）		
	基本建设	更新改造	房地产开发	基本建设	更新改造	房地产开发
1952	43.5			85.7		
1953	90.4	1.1		107.6		
1954	99.0	3.6		9.5	213.9	
1955	100.3	4.8		1.3	35.2	
1956	155.2	5.5		54.7	13.9	
1957	143.3	7.9		−7.7	42.3	
1958	269	10.0		87.7	27.2	
1959	349.7	18.3		30	81.9	
1960	388.6	27.8		11.1	52.4	
1961	127.4	28.6		−67.2	2.7	
1962	71.2	16.0		−44.1	−44.1	
1963	98.1	18.5		37.7	15.5	
1964	144.1	21.7		46.8	17.7	
1965	179.6	37.2		24.6	71.3	

续表

	投资完成额（亿元）			增长率（%）		
	基本建设	更新改造	房地产开发	基本建设	更新改造	房地产开发
1966	209.4	45.3		16.6	21.7	
1967	140.1	47.5		−33.1	4.8	
1968	113.0	38.5		−19.3	−19	
1969	200.8	46.0		77.6	19.7	
1970	312.5	55.5		55.6	20.5	
1971	340.8	76.4		9.1	37.7	
1972	327.9	84.8		−3.8	10.9	
1973	338.1	100.0		3.1	17.9	
1974	347.7	115.4		2.8	15.5	
1975	409.3	135.6		17.7	17.4	
1976	376.4	147.5		−8	8.8	
1977	382.3	165.9		1.6	12.5	
1978	500.9	167.7		31	1.1	
1979	523.4	175.8		4.5	4.9	
1980	558.8	187.0		6.8	6.3	
1981	442.9	195.3		−20.8	20.1	
1982	555.5	250.3		25.4	28.2	
1983	594.1	291.1		6.9	16.3	
1984	743.1	309.2		25.1	6.2	
1985	1074.3	449.1		44.6	45.2	
1986	1176.1	619.2	100.9	9.5	37.9	
1987	1343.1	758.5	149.8	14.2	22.5	48.5
1988	1574.3	980.5	257.2	17.2	29.3	71.6
1989	1551.7	788.7	272.6	−1.4	−19.6	6
1990	1703.8	830.1	253.2	9.8	5.2	−7.1
1991	2115.8	1023.2	336.1	24.2	23.3	32.7
1992	3012.6	1461.1	731.2	42.4	42.8	117.5
1993	4615.5	2195.8	1937.5	53.2	50.3	164.9
1994	6436.7	2918.6	2554.0	39.5	32.9	31.8
1995	7403.6	3299.3	3149.0	15.0	13.0	23.3

资料来源：《中国固定资产投资统计数典（1950—2000）》。

表5　　　　　　　　固定资产投资完成额（亿元）

指标	2003	2004	2005	2006	2007	2008	2009
固定资产投资	45812	59028	75095	93369	117464	148738	193920
制造业	10744	14657	20407	26336	35477	46368	58706
基础设施	11535	13586	16519	20503	24092	30111	43693
交通运输	5669	7092	8860	11224	12997	15700	23271
铁路运输业	706	846	1268	1967	2493	4073	6661
道路运输业	3608	4666	5581	6482	6927	7412	10558
水利和城建	4220	4891	6098	7507	9276	12279	17879
水利管理业	722	750	838	916	1106	1420	2218
环境管理业	264	259	319	420	591	729	1197
公共设施管理	3235	3882	4942	6171	7579	10130	14464
信息服务	1646	1604	1561	1772	1819	2131	2543
社会领域	2311	2781	3244	3695	4160	4858	7066
科技	282	312	425	465	521	718	1084
教育	1474	1803	1967	2129	2221	2355	3242
卫生、社会保障	358	447	592	708	809	1066	1698
文化、体育	480	531	686	858	1130	1437	2125
房地产业	11105	14547	17098	21586	28619	35914	43128
公共管理	1841	2166	2438	2656	2768	3239	4034

指标	2010	2011	2012	2013	2014	2015	2016
固定资产投资	243798	302396	364854	435747	501265	551590	596501
制造业	74485	102566	124404	147584	166898	180233	187836
基础设施	52610	54461	63191	77208	93301	110170	128594
交通运输	27883	27766	30881	36329	42890	48975	53628
铁路运输业	7442	5915	6129	6691	7681	7730	7748
道路运输业	12277	16077	17466	20503	24513	28614	32937
水利和城建	22334	24521	29618	37663	46224	55679	68647
水利管理业	2935	3413	4386	5119	5990	7250	8725
环境管理业	1540	1602	1080	1426	1808	2249	3146
公共设施管理	17011	20037	24152	31118	38427	46180	56776
信息服务	2393	2174	2691	3216	4187	5516	6318

续表

指标	2010	2011	2012	2013	2014	2015	2016
社会领域	8283	9376	11493	13764	16871	19622	23435
科技	1269	1680	2476	3133	4219	4752	5568
教育	3718	3890	4608	5400	6706	7723	9324
卫生、社会保障	1959	2330	2617	3138	3991	5175	6282
文化、体育	2606	3156	4268	5225	6174	6724	7830
房地产业	57633	75664	92639	111380	123558	126706	135284
公共管理	4762	5648	6047	5874	7199	7851	8188

指标	2017	2018	2019	2020	2021	2022
固定资产投资	631684	668953	705077	725524	761075	799890
制造业	193616	212010	218582	213773	242632	264712
基础设施	150278	155654	160900	163470	162353	179210
交通运输	61186	63572	65734	66654	67720	73883
铁路运输业	8006	7598	7590	7423	7289	7420
道路运输业	40303	43608	47533	48388	47808	49577
水利和城建	82105	84814	87274	87449	86399	95298
水利管理业	10021	9530	9663	10098	10229	11620
环境管理业	3822	5465	7499	8143	7932	8408
公共设施管理	68262	69969	70178	69196	68296	75194
信息服务	6987	7267	7892	9367	8234	10029
社会领域	27142	30407	34402	38484	42584	47271
科技	5932	6739	7945	8215	9406	11382
教育	11083	11881	13984	15704	17541	18489
卫生、社会保障	7327	7942	8363	10605	12673	15980
文化、体育	8732	10583	12054	12175	12370	12803
房地产业	139733	151331	165253	173516	182192	166888
公共管理	7931	6503	5489	5138	3175	4512

注：2017年以后数据用增长率推算。

资料来源：国家统计局网站。

表6　　　　　　　　　　固定资产投资部门构成（%）

占比	2003	2004	2005	2006	2007	2008	2009	2010
固定资产投资	100.0	100.0	100.0	100.0	100.0	100.0	100.0	100.0
制造业	23.5	24.8	27.2	28.2	30.2	31.2	30.3	30.6
基础设施	25.2	23.0	22.0	22.0	20.5	20.2	22.5	21.6
交通运输	12.4	12.0	11.8	12.0	11.1	10.6	12.0	11.4
铁路运输业	1.5	1.4	1.7	2.1	2.1	2.7	3.4	3.1
道路运输业	7.9	7.9	7.4	6.9	5.9	5.0	5.4	5.0
水利和城建	9.2	8.3	8.1	8.0	7.9	8.3	9.2	9.2
水利管理业	1.6	1.3	1.1	1.0	0.9	1.0	1.1	1.2
环境管理业	0.6	0.4	0.4	0.4	0.5	0.5	0.6	0.6
公共设施管理	7.1	6.6	6.6	6.6	6.5	6.8	7.5	7.0
信息服务	3.6	2.7	2.1	1.9	1.5	1.4	1.3	1.0
社会领域	5.0	4.7	4.3	4.0	3.5	3.3	3.6	3.4
科技	0.6	0.5	0.6	0.5	0.4	0.5	0.6	0.5
教育	3.2	3.1	2.6	2.3	1.9	1.6	1.7	1.5
卫生、社会保障	0.8	0.8	0.8	0.8	0.7	0.7	0.9	0.8
文化、体育	1.0	0.9	0.9	0.9	1.0	1.0	1.1	1.1
房地产业	24.2	24.6	22.8	23.1	24.4	24.1	22.2	23.6
公共管理	4.0	3.7	3.2	2.8	2.4	2.2	2.1	2.0

占比	2011	2012	2013	2014	2015	2016	2017	2018
固定资产投资	100.0	100.0	100.0	100.0	100.0	100.0	100.0	100.0
制造业	33.9	34.1	33.9	33.3	32.7	31.5	30.7	31.7
基础设施	18.0	17.3	17.7	18.6	20.0	21.6	23.8	23.3
交通运输	9.2	8.5	8.3	8.6	8.9	9.0	9.7	9.5
铁路运输业	2.0	1.7	1.5	1.5	1.4	1.3	1.3	1.1
道路运输业	5.3	4.8	4.7	4.9	5.2	5.5	6.4	6.5
水利和城建	8.1	8.1	8.6	9.2	10.1	11.5	13.0	12.7
水利管理业	1.1	1.2	1.2	1.2	1.3	1.5	1.6	1.4
环境管理业	0.5	0.3	0.3	0.4	0.4	0.5	0.6	0.8
公共设施管理	6.6	6.6	7.1	7.7	8.4	9.5	10.8	10.5
信息服务	0.7	0.7	0.7	0.8	1.0	1.1	1.1	1.1

续表

占比	2011	2012	2013	2014	2015	2016	2017	2018
社会领域	3.1	3.2	3.2	3.4	3.6	3.9	4.3	4.5
科技	0.6	0.7	0.7	0.8	0.9	0.9	0.9	1.0
教育	1.3	1.3	1.2	1.3	1.4	1.6	1.8	1.8
卫生、社会保障	0.8	0.7	0.7	0.8	0.9	1.1	1.2	1.2
文化、体育	1.0	1.2	1.2	1.2	1.2	1.3	1.4	1.6
房地产业	25.0	25.4	25.6	24.6	23.0	22.7	22.1	22.6
公共管理	1.9	1.7	1.3	1.4	1.4	1.4	1.3	1.0

占比	2019	2020	2021	2022
固定资产投资	100.0	100.0	100.0	100.0
制造业	31.0	29.5	31.9	33.1
基础设施	22.8	22.5	21.3	22.4
交通运输	9.3	9.2	8.9	9.2
铁路运输业	1.1	1.0	1.0	0.9
道路运输业	6.7	6.7	6.3	6.2
水利和城建	12.4	12.1	11.4	11.9
水利管理业	1.4	1.4	1.3	1.5
环境管理业	1.1	1.1	1.0	1.1
公共设施管理	10.0	9.5	9.0	9.4
信息服务	1.1	1.3	1.1	1.3
社会领域	4.9	5.3	5.6	5.9
科技	1.1	1.1	1.2	1.4
教育	2.0	2.2	2.3	2.3
卫生、社会保障	1.2	1.5	1.7	2.0
文化、体育	1.7	1.7	1.6	1.6
房地产业	23.4	23.9	23.9	20.9
公共管理	0.8	0.7	0.4	0.6

资料来源：同上。

表7　　按行业分城市市政公用设施建设固定资产投资（亿元）

	投资总额	供水	燃气	集中供热	公共交通	道路桥梁	排水	防洪	园林绿化	市容环境卫生	其他
1978	12	4.7				2.9					4.4
1979	14.2	3.4	0.6		1.8	3.1	1.2	0.1	0.4	0.1	3.4
1980	14.4	6.7				7					0.7
1981	19.5	4.2	1.8		2.6	4	2	0.2	0.9	0.7	3.2
1982	27.2	5.6	2		3.1	5.4	2.8	0.3	1.1	0.9	5.9
1983	28.2	5.2	3.2		2.8	6.5	3.3	0.4	1.2	0.9	4.7
1984	41.7	6.3	4.8		4.7	12.2	4.3	0.5	2	0.9	5.9
1985	64	8.1	8.2		6	18.6	5.6	0.9	3.3	2	11.3
1986	80.1	14.3	12.5	1.6	5.6	20.5	6	1.6	3.4	2.8	11.9
1987	90.3	17.2	10.9	2.1	5.5	27.1	8.8	1.4	3.4	2.1	11.9
1988	113.2	23.1	11.2	2.8	6	35.6	10	1.6	3.4	2.6	16.9
1989	107	22.2	12.3	3.3	7.7	30.1	9.7	1.2	2.8	2.8	14.8
1990	121.2	24.8	19.4	4.5	9.1	31.3	9.6	1.3	2.9	2.9	15.4
1991	170.9	30.2	24.8	6.4	9.8	51.8	16.1	2.1	4.9	3.6	21.3
1992	283.2	47.7	25.9	11	14.9	90.6	20.9	2.9	7.2	6.5	55.6
1993	521.8	69.9	34.8	10.7	22.1	191.8	37	5.9	13.2	10.6	125.8
1994	666	90.3	32.5	13.4	25	279.8	38.3	8	18.2	10.9	149.7
1995	807.6	112.4	32.9	13.8	30.9	291.6	48	9.5	22.5	13.6	232.5
1996	948.6	126.1	48.3	15.7	38.8	354.2	66.8	9.1	27.5	12.5	249.7
1997	1142.7	128.3	76	25.1	43.2	432.4	90.1	15.5	45.1	20.9	266.1
1998	1477.6	161	82	37.3	86.1	616.2	154.5	35.8	78.4	36.7	189.6
1999	1590.8	146.7	72.1	53.6	103.1	660.1	142	43	107.1	37.1	226
2000	1890.7	142.4	70.9	67.8	155.7	737.7	149.3	41.9	143.2	84.3	297.5
2001	2351.9	169.4	75.5	82	194.9	856.4	224.5	70.5	163.2	50.6	466.6
2002	3123.2	170.9	88.4	121.4	293.8	1182.2	275	135.1	239.5	64.8	551
2003	4462.4	181.8	133.5	145.8	281.9	2041.4	375.2	124.5	321.9	96	760.4
2004	4762.2	225.1	148.3	173.4	328.5	2128.7	352.3	100.3	359.5	107.8	838.4
2005	5602.2	225.6	142.4	220.2	476.7	2543.2	368	120	411.3	147.8	947
2006	5765.1	205.1	155	223.6	604	2999.9	331.5	87.1	429	175.8	554.3
2007	6418.9	233	160.1	230	852.4	2989	410	141.4	525.6	141.8	735.6
2008	7368.1	295.4	163.5	269.7	1037.2	3584.1	496	119.6	649.8	222	530.8
2009	10641.6	368.8	182.2	368.7	1737.6	4950.6	729.8	148.6	914.9	316.5	923.9
2010	13364	426.8	290.8	433.2	1812.6	6695.7	901.6	194.4	1355.1	301.6	952.2
2011	13934.3	431.8	331.4	437.6	1937.1	7079.1	770.1	243.8	1546.2	384.1	773.1

续表

	投资总额	供水	燃气	集中供热	公共交通	道路桥梁	排水	防洪	园林绿化	市容环境卫生	其他
2012	15296	410.4	414.5	630.3	2064.5	7402.5	704.5	249.2	1798.7	296.5	1325.5
2013	16349.8	524.7	425.6	596	2455.1	8355.6	778.9		1647.4	408.4	1158
2014	16245	475.3	416	575.4	3221.2	7643.9	900		1817.6	494.8	700.9
2015	16204	619.9	350.5	516.8	3707.1	7414	982.7		1594.7	398	620.7
2016	17460	545.8	408.9	481.9	4079.5	7564.3	1222.5		1670.1	445.2	747
2017	19327	580.1	445.7	584.2	5045.2	6996.7	1343.6		1759.6	508.1	1391
2018	20123	543	295.1	420	6046.9	6922.4	1529.9		1854.7	470.5	1421.4
2019	20126	560.1	242.7	333	5855.6	7655.3	1562.4		1844.8	557.4	956.9
2020	22284	749.4	238.6	393.8	6420.8	7814.3	2114.8		1626.3	862.6	1609.6
2021	23372	770.6	229.6	397.3	6339	8644.5	2078.8		1638.6	727.1	2007.3

资料来源：《中国城市建设统计年鉴2021年》。

附录二 重要政策性文件

1. 1952年《基本建设工作暂行办法》

1952年1月9日，中财委发布《基本建设工作暂行办法》。针对基本建设工作中存在的分散性、盲目性、效率不高和管理混乱等情况，强调了有计划的集中管理的重要性，并规定了基本建设工作中应当遵守的原则。这是新中国制定的第一个比较完整的有关基本建设管理程序的文件。其主要内容如下。

第一，凡固定资产扩大再生产的新建、改建、恢复工程及与之连带的工作为基本建设。建设单位分为"限额以上""限额以下"两种。并按总投资划分为甲、乙、丙、丁四类。

第二，凡有基本建设工作者，均应设立基本建设专责机构，同生产部门严格分开。工作的进行应采用合同制与经济核算制。

第三，设计文件为基本建设工作的依据，所有建设单位在施工以前必须依照规定的设计工作步骤与内容完成必需的设计文件。设计工作分为"初步设计""技术设计""施工详图"三个步骤，依次进行。

第四，各建设单位的施工工作，应依照批准的设计文件及基本建设计划进行，未经批准者，不得进行施工。对于请领款项、供应材料、工程组织等，应予严密管理，并应与建设进度相配合。遵守设计时所规定的施工标准，避免浪费工料及粗制滥造，影响工程质量。

第五，基本建设的财务预算，依照建设单位的隶属关系分别按中央与大行政区两个系统编制、审核与拨付。指定专业银行按照计划监督拨付。

第六，建设单位每项工程竣工时，依照技术设计随时会同专业银行验收，全部工程竣工或告一段落，并移交生产（或使用）部门开始使用时，应作总的正式验收交接。编造工程决算，经财政部审核批准后转为固定资产。

第七，基本建设计划必须符合国家一定时期的政治、经济任务，其内容包括勘察、设计、施工等各项工作计划，并分年分季编制。

2. 1958年《改进计划管理体制的规定》

为了适应工农业生产大跃进的形势和管理体制改进的情况，并使社会主义经济的计划管理制度简明易行，以便充分发挥各方面的积极性，多快好省地建设社会主义，1958年9月24日，中共中央、国务院发布了《改进计划管理体制的规定》，总的精神是实行统一计划、分级管理、加强协作、共同负责的原则，强调扩大地方的管理权限。

具体内容包括：①国家计划必须统一，各地方、各部门的经济、文化的建设都应当纳入全国统一计划之内。全国的年度计划和远景计划的编制、地区经济的合理布局和全国计划的综合平衡，由中央计划机关负责进行。②在国家统一计划的前提下，实行分级管理的计划制度，以充分发挥地方的积极性。③实行在中央集中领导下，以地区综合平衡为基础的、专业部门和地区相结合的计划管理制度，以贯彻执行计划工作中的群众路线。自下而上地逐级编制计划和进行综合平衡。在保证重点和保证完成国家计划的条件下，应当发扬共产主义精神，加强协作，互相支援，共同发展。重大的经常的协作关系应当纳入计划，进行管理。④计划的编制程序和计划表格应该力求简化，统计应该力求确实。计划编制办法、工业产品分级管理的目录、物资分配的办法和基本建设项目的审批办法等，分别由各有关部门负责制定。

3. 1961年《调整管理体制的若干暂行规定》

1961年1月20日，中共中央发布了《调整管理体制的若干暂行规定》，提出根据党中央的"大权独揽、小权分散"的民主集中制原则，根据三年大跃进的经验和调整、巩固、充实、提高的方针，对管理体制进行调整。《若干暂行规定》共八项：第一，经济管理大权应该集中到中央、中央局和省（市、自治区）委三级。第二，1958年以来，各省（市、自治区）和中央各部下放给专、县、公社和企业的人权、财权、商权、工权，放得不适当的，一律收回。第三，中央各部直属企业的各项权力，归中央主管各部，国防工业一律由国防工委领导，全国铁路由铁道部管理。第四，凡需在全国范围组织平衡的重要物资，均由中央统一管理、分配。第五，财权集中，各级预算及收支要平衡。第六，货币发行权归中央。第七，国家规定的劳动计划，各部门、各地方不许突破。第八，生产、基建、收购、财务、文教、劳动等工作，执行全国一盘棋，上下一本账，不得层层加码。

4. 1975年《基本建设大包干试行办法》

1975年5月15日，国家建委颁发了《基本建设投资大包干试行办法（草案）》，主要内容如下。

（1）包干的内容、范围和形式。包干的内容是，对建设规模、竣工日期、工程质量和投资总额实行包干。包干的范围包括从委托设计、土地征购、施工、材料、设备购置、生产准备、试运转到交付使用。包干的形式可以采用不同的形式，由指挥部包干、施工企业包干、建设单位包干，也可由县、市、区实行地区包干。

（2）包干依据。包干项目以国家批准的初步设计和概算为依据。民用建设工程也可以标准设计和造价指标为依据。

（3）物资供应。物资供应体制应按生产者直接掌握生产资料的原则进行改革。包干单位需要的设备、材料，由各级基本建设主管部门负责组织平衡分配。各部委直属、直供项目，应按预算定额将材料指标拨给包干单位。

（4）经济核算。要建立经济核算制，坚持按基本建设程序办事，坚持实行"设计有概算，施工有预算，竣工有决算"的三算制度。设计单位要加强概算工作，施工企业要加强预算和决算工作。

（5）基本建设计划与拨款。在编制包干项目年度基本建设计划时，所列投资累计不得超过概算，也不得留有缺口，各地建设银行要协助包干单位落实包干依据和投资，坚持按程序、按计划、按概（预）算、按进度拨款，保证包干工程的资金供应，并监督资金的合理使用。

5. 1984年《关于改革建筑业和基本建设管理体制若干问题的暂行规定》

1984年9月18日，国务院颁布《关于改革建筑业和基本建设管理体制若干问题的暂行规定》，就有关问题作如下规定。

（1）全面推行建设项目投资包干责任制。新建项目都要实行投资包干制。有些新建项目如煤炭、火电等，实行按新增单位生产能力造价包干。住宅建设按平方米造价或小区综合造价包干。凡实行投资包干的项目，都要在协议或合同中，明确"包""保"双方的责任。

（2）大力推行工程招标承包制。改革单纯用行政手段分配建设任务的老办法，实行招标投标。由发包单位择优选定勘察设计单位、建筑安装企业。要鼓励竞争，防止垄断。经审查具备投标资格的，不论是国营或集体单位，不论来自哪个地区、哪个部门，都可以参加投标。项目的主管部门和当地政府，对于外部门、外地区中标的单位，要提供方便，不得制造困难。

（3）建立工程承包公司，专门组织工业交通等生产性项目的建设。各部门、各地区都要组建若干个具有法人地位、独立经营、自负盈亏的工程承包公司，并使之逐步成为组织项目建设的主要形式。工程承包公司所需周转资金，由建设银行贷款。工程承包公司可跨部门、跨地区承包建设任务。

（4）建立城市综合开发公司，对城市土地、房屋实行综合开发。有条件的城市和大型工矿区要逐步建立若干个这一类的开发公司，实行独立经营、自负盈亏。通过招标组织市政、公用、动力、通信等基础设施和房屋建设以及相应配套设施的建设。所需周转资金，由建设银行贷款。综合开发公司对土地的开发建设和房屋建筑、工程设施实行有偿转让和出售。

（5）勘察设计要向企业化、社会化方向发展，全面推行技术经济承包责任制。勘察设计单位承担任务一律要签订承包合同，按照国家规定的收费标准收取勘察设计费，实行企业化经营，独立核算，自负盈亏。

6. 1984年《关于国家预算内基本建设投资全部由拨款改为贷款的暂行规定》

1984年12月14日，国家计委、财政部、中国人民建设银行颁布了《关于国家预算内基本建设投资全部由拨款改为贷款的暂行规定》，决定从1985年起，凡是由国家预算安排的基本建设投资全部由财政拨款改为银行贷款（简称"拨改贷"）。基本建设部门和建设单位要认真执行国家的方针政策和基本建设计划，执行基本建设程序，实行投资包干经济责任制，缩短建设周期，提高工作质量，降低工程造价，节约建设资金，提高投资效益，按期归还贷款。

"拨改贷"基本建设投资计划，实行分级管理。"拨改贷"投资总额和分部门、分地区投资额由国家确定。"拨改贷"投资安排的基本建设项目，大中型项目按隶属关系，分别由国务院各部门和各地区提出安排意见，经国家计委综合平衡后确定，并列入国家基本建设大中型项目计划；小型项目按隶属关系，分别由国务院各部门和各地区确定。各级计划部门在安排建设项目时，要充分听取同级建设银行的意见。

实行"拨改贷"以后，原来的"国家预算直接安排的投资"渠道相应取消。"拨改贷"投资与利用银行存款和地方财政专项资金安排的基本建设贷款，在资金渠道上应分别管理，不相混同。

"拨改贷"投资安排的基本建设项目，必须纳入国家五年和年度基建计划。按照建设项目隶属关系和计划安排权限，国务院各部门和各地区安排的项目，其"拨改贷"的资金，分别由中央财政预算和地方财政预算拨给。与此相应，建设银行收回的贷款，其中属于中央预算安排的，上交中央财政；属于地方预算安排的，原则上交地方财政部门。

7. 1988年《关于投资管理体制的近期改革方案》

1988年7月16日，国务院原则同意国家计委制定的《关于投资管理体制的近期改革方案》。方案从以下几个方面提出了具体的改革的思路。

对重大的长期的建设投资实行分层管理,加重地方的重点建设责任。总的原则是,面向全国的重要的建设工程,由中央或中央为主承担;区域性的重点建设工程和一般性的建设工程,由地方承担。即实行中央、省区市两级配置,两级调控。

扩大企业的投资决策权,使企业成为一般性建设的投资主体。企业进行必要的扩大再生产,在服从国家中长期计划、行业规划和国家有关法规的前提下,有权自主地筹措资金和物资,有权自主地支配应得的投资收益。

建立中央基本建设基金制,保证重点建设有稳定的资金来源。基本建设基金由以下部分组成:①已经开征的能源交通重点建设基金中中央使用部分;②已经开征的建筑税中中央使用部分;③铁道部包干收入中用于预算内基本建设部分;④国家预算内"拨改贷"投资收回的本息(利息部分扣除建设银行业务支出);⑤财政定额拨款。

成立投资公司,用经济办法对投资进行管理。中央一级成立能源、交通、原材料、机电轻纺、农业、林业六个国家专业投资公司,负责管理和经营本行业中央投资的经营性项目(包括基本建设项目和技术改造项目)的固定资产投资。能源、交通、原材料、机电轻纺四个投资公司由国家计委归口领导,行业归口主管部门参与指导;农业、林业投资公司由国家计委与部门归口领导,以国家计委为主。

简政放权,改进投资计划管理。对投资活动实行多种计划管理形式,减少国家计委对投资活动的直接管理。国家专业投资公司建立以后,国家计委不再直接管理项目投资。经营性投资由国家计委切块给各专业投资公司,由投资公司按计划承包新增生产能力,自主经营。非经营性投资,小型项目,财经、文教部门的,按核定的基数包给部门,中直、国务院其他部门的,按归口管理部门切块分配,投资切块后,一定几年不变;大中型项目仍按项目安排。

强化投资主体自我约束机制,改善宏观调控体系。改革建设项目领导体制,实行包干责任制,经营性投资实行有偿使用,实行年度投资规模和在建总规模的双重控制等措施。

实行招投标制,充分发挥市场和竞争机制的作用。全面实行招标、投标制,新建项目不涉及特定地区或不受资源限制的,都要通过招标选定建设地点；建设项目的设计、工程承包、设备供应和施工，都要通过招标、投标择优选定，不得按行政办法分配任务。大型项目的招标、投标必须在全国进行，部门、地区不得封锁。

8. 1993年《中共中央关于建立社会主义市场经济体制若干问题的决定》

1993年11月14日，中共十四届三中全会通过了《中共中央关于建立社会主义市场经济体制若干问题的决定》，该决定明确提出要深化投资体制改革的要求。具体措施是：逐步建立法人投资和银行信贷的风险责任，将全社会投资项目分为三类，建立依据项目类型确定融资渠道的机制。

竞争性项目投资由企业自主决策，自担风险，所需贷款由商业银行自主决定，自负盈亏。用项目登记备案制代替现行的行政审批制，把这方面的投融资活动推向市场，国家用产业政策予以引导。基础性项目建设要鼓励和吸引各方投资参与。地方负责地区性的基础设施建设。国家重大建设项目，按照统一规划，由国家开发银行等政策性银行，通过财政投融资和金融债券等渠道筹资，采取控股、参股和政策性优惠贷款等多种形式进行；企业法人对筹划、筹资、建设直至生产经营、归还贷款本息以及资产保值增值全过程负责。社会公益性项目建设，要广泛吸收社会各界资金，根据中央和地方事权划分，由政府通过财政统筹安排。

9. 2001年《国家计委关于促进和引导民间投资的若干意见》

为了充分调动和发挥民间投资者的积极性，支持民间投资健康发展，2001年12月11日，国家计委制定了《关于促进和引导民间投资的若干意见》，主要内容如下。

逐步放宽投资领域。除国家有特殊规定的以外，凡是鼓励和允许外商投资进入的领域，均鼓励和允许民间投资进入；在实行优惠政策的投资领域，其优惠政策对民间投资同样适用；鼓励和引导民间投资以独资、合作、联营、参股、特许经营等方式，参与经营性的基础设施和公益事业项目建设。

积极拓宽融资渠道。国有商业银行要把支持民间投资作为信贷工作的重要内容，制定有针对性的贷款政策和管理办法；股份制商业银行、城市商业银行和农村信用合作社，应把民间投资者作为重要服务对象；鼓励建立为民间投资服务的信用担保和贷款担保机构；证券监管部门要在健全完善核准制的基础上，为民间投资项目上市融资提供平等的机会。

实行公平合理的税费政策。调整不公平的税赋，取消不合理的收费，切实减轻民间投资者的负担；对尚处于创业阶段的民间投资者可以给予一定的减免税支持；各级政府应积极创造条件，通过财政贴息、设立担保基金和投资补贴等形式，引导民间资本投向高新技术、基础设施和公益事业，支持民间投资者到西部地区投资。

建立社会化服务体系。鼓励建立为民间投资者服务的商会、行业协会等自律性组织，发展为民间投资者提供政策、法律、财会、技术、管理和市场信息等服务的中介组织，帮助民间投资者建立规范的产权制度、财会制度和人员培训制度。

10. 2002年《关于加快市政公用行业市场化进程的意见》

为了促进市政公用行业的发展，提高市政公用行业运行效率，建设部于2002年12月27日发布了《关于加快市政公用行业市场化进程的意见》，内容包括：

开放市政公用行业市场。鼓励社会资金、外国资本采取独资、合资、合作等多种形式，参与市政公用设施的建设，形成多元化的投资结构；允许跨地区、跨行业参与市政公用企业经营；通过招标发包方式选择市政设施、园林绿化、环境卫生等非经营性设施日常养护作业单位或承包单位；市政公用行业的工程设计、施工和监理、设备生产和供应等必须从主业中剥离出来，纳入建设市场统一管理，实行公开招标和投标。

建立市政公用行业特许经营制度。市政公用行业实行特许经营的范围包括：城市供水、供气、供热、污水处理、垃圾处理及公共交通等直接关系社会公共利益和涉及有限公共资源配置的行业。

转变政府管理方式。城市人民政府负责本行政区域内特许经营权的授予工作；市政公用行业主管部门要进一步转变管理方式，从直接管理转变为宏观管理，从管行业转变为管市场，从对企业负责转变为对公众负责、对社会负责。建设部负责对全国推进市政公用行业市场化进程和建立特许经营制度的工作进行宏观指导；各省、自治区、直辖市建设行政主管部门负责对所管辖的行政区域内的市政公用行业实施特许经营制度工作进行监督和指导。

11. 2003年《中共中央关于完善社会主义市场经济体制若干问题的决定》

2003年10月14日，中共十六届三中全会作出了《中共中央关于完善社会主义市场经济体制若干问题的决定》，这是新时期指导经济建设和改革的纲领性文件，对指导投融资体制改革具有重要意义。

放宽市场准入，允许非公有资本进入法律法规未禁入的基础设施、公用事业及其他行业和领域。非公有制企业在投融资、税收、土地使用和对外贸易等方面，与其他企业享受同等待遇。公有制经济和非公有制经济相互融合、平等竞争成为未来投融资改革的重要内容。加快推进和完善垄断行业改革。对垄断行业要放宽市场准入，引入竞争机制。有条件的企业要积极推行投资主体多元化。继续推进和完善电信、电力、民航等行业的改革重组。加快推进铁道、邮政和城市公用事业等改革，实行政企分开、政资分开、政事分开。

大力发展资本和其他要素市场。积极推进资本市场的改革开放和稳定发展，扩大直接融资。建立多层次资本市场体系，完善资本市场结构，丰富资本市场产品。规范和发展主板市场，推进风险投资和创业板市场建设。积极拓展债券市场，完善和规范发行程序，扩大公司债券发行规模。大力发展机构投资者，拓宽合规资金入市渠道。建立统一互联的证券市场，完善交易、登记和结算体系。加快发展土地、技术、劳动力等要素市场。规范发展产权交易。积极发展财产、人身保险和再保险市场。稳步发展期货市场。

深化投资体制改革。进一步确立企业的投资主体地位，实行谁投资、谁决策、谁受益、谁承担风险。国家只审批关系经济安全、影响环境资源、涉及整体布局的重大项目和政府投资项目及限制类项目，其他项目由审批制改为备案制，由投资主体自行决策，依法办理用地、资源、环保、安全等许可手续。对必须审批的项目，要合理划分中央和地方权限，扩大大型企业集团投资决策权，完善咨询论证制度，减少环节，提高效率。健全政府投资决策和项目法人约束机制。国家主要通过规划和政策指导、信息发布以及规范市场准入，引导社会投资方向，抑制无序竞争和盲目重复建设。

12. 2004年《国务院关于投资体制改革的决定》

改革开放以来，国家对原有的投资体制进行了一系列改革，但投资体制还存在不少问题，特别是企业的投资决策权没有完全落实，市场配置资源的基础性作用尚未得到充分发挥，政府投资决策的科学化、民主化水平需要进一步提高，投资宏观调控和监管的有效性需要增强。2004年7月16日，国务院发布了《关于投资体制改革的决定》。主要内容包括如下。

拓宽企业自主投资空间。对于企业不使用政府投资建设的项目，一律不再实行审批制，区别不同情况实行核准制和备案制。

颁布政府核准投资目录。《政府核准的投资项目目录》由国务院投资主管部门会同有关部门研究提出，报国务院批准后实施。未经国务院批准，各地区、各部门不得擅自增减《目录》规定的范围。

加快推行"代建制"。对非经营性政府投资项目推行"代建制"。"代建制"突破了政府工程旧有方式，政府投资行为受到了规范。

改进投资调控方式。充分发挥市场配置资源的基础性作用，灵活运用投资补助、贴息、价格、利率、税收等多种手段，引导社会投资、优化投资的产业结构和地区结构。

建立政府投资责任追究制。工程咨询、投资项目决策、设计、施工、监理等部门和单位，都应有相应的责任约束，对不遵守法律法规给国家造成重大损失的，要依法追究有关责任人的行政和法律责任。

13. 2005年《关于鼓励支持和引导个体私营等非公有制经济发展的若干意见》

2005年2月19日，国务院发布了《关于鼓励支持和引导个体私营等非公有制经济发展的若干意见》，着力消除影响非公有制经济发展的体制性障碍，确立平等的市场主体地位；加强和改进政府监督管理和服务，为非公有制经济发展创造良好环境；引导非公有制企业依法经营、诚实守信、健全管理，不断提高自身素质，促进非公有制经济持续健康发展。

放宽非公有制经济市场准入。贯彻平等准入、公平待遇原则。允许非公有资本进入法律法规未禁入的行业和领域。允许外资进入的行业和领域，也允许国内非公有资本进入，并放宽股权比例限制等方面的条件。在投资核准、融资服务、财税政策、土地使用、对外贸易和经济技术合作等方面，对非公有制企业与其他所有制企业一视同仁，实行同等待遇。

加大对非公有制经济的财税金融支持。逐步扩大国家有关促进中小企业发展专项资金规模，省级人民政府及有条件的市、县应在本级财政预算中设立相应的专项资金。加快设立国家中小企业发展基金。研究完善有关税收扶持政策。有效发挥贷款利率浮动政策的作用，改进信贷考核和奖惩管理方式，提高对非公有制企业的贷款比重。在加快完善中小企业板块和推进制度创新的基础上，分步推进创业板市场，健全证券公司代办股份转让系统的功能。

完善对非公有制经济的社会服务。加大对中介服务机构的支持力度，坚持社会化、专业化、市场化原则，不断完善社会服务体系。支持发展创业辅导、筹资融资、市场开拓、技术支持、认证认可、信息服务、管理咨询、人才培训等各类社会中介服务机构。加快建立适合非公有制中小企业特点的信用征集体系、评级发布制度以及失信惩戒机制。

14. 2010年《国务院关于鼓励和引导民间投资健康发展的若干意见》

2010年5月7日，国务院发布了《关于鼓励和引导民间投资健康发展的若干意见》，鼓励、支持和引导非公有制经济发展，进一步鼓励和引导民间投资。

深入贯彻落实《国务院关于鼓励支持和引导个体私营等非公有制经济发展的若干意见》（国发〔2005〕3号）等一系列政策措施，鼓励和引导民间资本进入法律法规未明确禁止准入的行业和领域。规范设置投资准入门槛，创造公平竞争、平等准入的市场环境。市场准入标准和优惠扶持政策要公开透明，对各类投资主体同等对待，不得单对民间资本设置附加条件。

引导和鼓励民营企业利用产权市场组合民间资本，促进产权合理流动，开展跨地区、跨行业兼并重组。鼓励和支持民间资本在国内合理流动，实现产业有序梯度转移，参与西部大开发、东北地区等老工业基地振兴、中部地区崛起以及新农村建设和扶贫开发。支持有条件的民营企业通过联合重组等方式做大做强，发展成为特色突出、市场竞争力强的集团化公司。

贯彻落实鼓励企业增加研发投入的税收优惠政策，鼓励民营企业增加研发投入，提高自主创新能力，掌握拥有自主知识产权的核心技术。帮助民营企业建立工程技术研究中心、技术开发中心，增加技术储备，搞好技术人才培训。支持民营企业参与国家重大科技计划项目和技术攻关，不断提高企业技术水平和研发能力。

清理和修改不利于民间投资发展的法规政策规定，切实保护民间投资的合法权益，培育和维护平等竞争的投资环境。在制订涉及民间投资的法律、法规和政策时，要听取有关商会和民营企业的意见和建议，充分反映民营企业的合理要求。

15. 2014年《国家发展改革委关于开展政府和社会资本合作的指导意见》

2014年12月2日，国家发展改革委印发《关于开展政府和社会资本合作的指导意见》，指出PPP模式主要适用于政府负有提供责任又适宜市场化运作的公共服务、基础设施类项目。燃气、供电、供水、供热、污水及垃圾处理等市政设施，公路、铁路、机场、城市轨道交通等交通设施，医疗、旅游、教育培训、健康养老等公共服务项目，以及水利、资源环境和生态保护等项目均可推行PPP模式。各地的新建市政工程以及新型城镇化试点项目，应优先考虑采用PPP模式建设。

对于具有明确的收费基础，并且经营收费能够完全覆盖投资成本的项目，可通过政府授予特许经营权，采用建设—运营—移交（BOT）、建设—拥有—运营—移交（BOOT）等模式推进。对于经营收费不足以覆盖投资成本、需政府补贴部分资金或资源的项目，可通过政府授予特许经营权附加部分补贴或直接投资参股等措施，采用建设—运营—移交（BOT）、建设—拥有—运营（BOO）等模式推进。

强化政府和社会资本合作的政策保障。完善投资回报机制。深化价格管理体制改革，对于涉及中央定价的PPP项目，可适当向地方下放价格管理权限。依法依规为准经营性、非经营性项目配置土地、物业、广告等经营资源，为稳定投资回报、吸引社会投资创造条件。加强政府投资引导。优化政府投资方向,通过投资补助、基金注资、担保补贴、贷款贴息等多种方式,优先支持引入社会资本的项目。合理分配政府投资资金,优先保障配套投入,确保PPP项目如期、高效投产运营。

16. 2014年《加强地方政府性债务管理的意见》

2014年10月2日,国务院发布《加强地方政府性债务管理的意见》(国发〔2014〕43号),落实新预算法相关规定,建立借、用、还相统一的地方政府性债务管理机制,坚决制止违规举债,切实防范化解财政金融风险。

43号文明确了举债主体、举债方式、举债规模以及举债程序,进一步规范了地方政府债务资金的使用,并通过建立风险预警和完善应急处置等落实偿债责任,着力解决地方政府性债务"怎么借、怎么管、怎么还"的问题。

经国务院批准,省级政府可以适度举债,市县确需举债的只能由省级代为举借。政府债务只能通过政府及其部门举借,不得通过企事业单位等举借。

地方政府举债采取政府债券方式。对没有收益的公益性事业发展举借的一般债务,发行一般债券融资,主要靠一般公共预算收入偿还;对有一定收益的公益性事业发展举借的专项债务,发行专项债券融资,以对应的政府性基金或专项收入偿还。地方政府债务实行限额管理。一般债务和专项债务规模纳入限额管理,由国务院确定并报全国人大或其常委会批准。地方政府在国务院批准的分地区限额内举借债务,必须报本级人大或其常委会批准。

落实地方政府偿债责任。43号文明确指出,划清政府与企业、中央与地方的偿债责任。分清政府债务和企业债务的边界,切实做到谁借谁还,风险自担。地方政府对其债务负有偿还责任,中央政府实行不救助原则。

建立风险预警机制和完善应急处置预案。定期评估各地区债务风险状况,对债务高风险地区进行风险预警。当地方政府难以自行偿还债务时,及时启动应急处置预案和责任追究机制。此外,还要完善政府综合财务报告、考核问责、政府信用体系建设、债权人约束等各项配套制度。

17. 2015年《基础设施和公用事业特许经营管理办法》

为鼓励和引导社会资本参与基础设施和公用事业建设运营,提高公共服务质量和效率,保护特许经营者合法权益,保障社会公共利益和公共安全,促进经济社会持续健康发展,2015年4月25日,由国家发展改革委、财政部、住建部等6部门发布了《基础设施和公用事业特许经营管理办法》,对基础设施和公用事业特许经营的适用范围、实施程序、政策支持等作了较为全面详细的规定。

一是扩大了适用领域。实施特许经营的领域包括能源、交通运输、水利、环境保护、市政工程等基础设施和公用事业领域。二是明确了特许经营期限。对于投资规模大、回报周期长的基础设施和公用事业特许经营项目,由政府或者其授权部门与特许经营者根据项目实际情况,可约定超过30年规定的特许经营期限。三是健全了政策措施。强调要完善特许经营价格和收费机制,政府可根据协议给予必要的财政补贴,并简化规划选址、用地、项目核准等手续。四是强化融资支持。提出允许对特许经营项目开展预期收益质押贷款,鼓励以设立产业基金等形式入股提供项目资本金,支持项目公司成立私募基金,发行项目收益票据、资产支持票据、企业债、公司债等拓宽融资渠道。五是严格履约监督。《办法》明确,要严格履行合同,实施联合惩戒,以保障特许经营者合法权益,稳定市场预期,吸引和扩大社会有效投资。

18. 2016年《关于深化投融资体制改革的意见》

2016年7月5日,中共中央、国务院《关于深化投融资体制改革的意见》正式公布实施。这是改革开放30多年来以中共中央名义发布的第一个投融资体制改革方面的文件,是继2004年国务院发布的投资体制改革决定后的又一重要文件,不仅包含了投资活动的内容,也包含了融资方面的一些内容,是投融资领域推进供给侧结构性改革的纲领性文件。具体包括以下内容。

改善企业投资管理。坚持企业投资核准范围最小化,原则上由企业依法依规自主决策投资行为。在一定领域、区域内先行试点企业投资项目承诺制,探索创新以政策性条件引导、企业信用承诺、监管有效约束为核心的管理模式。建立投资项目"三个清单"管理制度。及时修订并公布政府核准的投资项目目录,实行企业投资项目管理负面清单制度,除目录范围内的项目外，一律实行备案制，由企业按照有关规定向备案机关备案。

完善政府投资体制。政府投资资金按项目安排，以直接投资方式为主。对确需支持的经营性项目，主要采取资本金注入方式投入，也可适当采取投资补助、贷款贴息等方式进行引导。编制三年滚动政府投资计划，明确计划期内的重大项目，并与中期财政规划相衔接，统筹安排、规范使用各类政府投资资金。加强政府投资项目建设管理，严格投资概算、建设标准、建设工期等要求。严格按照项目建设进度下达投资计划，确保政府投资及时发挥效益。

畅通项目融资渠道。依托多层次资本市场体系，拓宽投资项目融资渠道，支持有真实经济活动支撑的资产证券化，盘活存量资产，优化金融资源配置，更好地服务投资兴业。在国家批准的业务范围内，政策性、开发性金融机构要加大对城镇棚户区改造、生态环保、城乡基础设施建设、科技创新等重大项目和工程的资金支持力度。鼓励通过债权、股权、资产支持等多种方式，支持重大基础设施、重大民生工程、新型城镇化等领域的项目建设。

提升综合服务水平。探索建立并逐步推行投资项目审批首问负责制，投资主管部门或审批协调机构作为首家受理单位"一站式"受理、"全流程"服务，一家负责到底。充分发挥发展规划、产业政策、行业标准等对投资活动的引导作用，并为监管提供依据。依托投资项目在线审批监管平台，加强项目建设全过程监管，确保项目合法开工、建设过程合规有序。

19. 2016年《企业投资项目核准和备案管理条例》

为了规范政府对企业投资项目的核准和备案行为，加快转变政府的投资管理职能，落实企业投资自主权制定，国务院于2016年12月14日发布了《企业投资项目核准和备案管理条例》。《条例》进一步规范了政府对企业投资项目的核准和备案行为。

一是规范项目核准行为。《条例》规定，对关系国家安全、涉及全国重大生产力布局、战略性资源开发和重大公共利益等企业投资项目实行核准管理，其他项目一律实行备案管理。企业办理项目核准手续，仅需提交项目申请书以及法律、行政法规规定作为前置条件的相关手续证明文件；核准机关从是否危害国家安全，是否符合相关发展建设规划、技术标准和产业政策，是否合理开发并有效利用资源以及是否对重大公共利益产生不利影响等四个方面进行审查，审核期限原则上不超过20个工作日。

二是规范项目备案行为。为了防止项目备案成为变相行政许可，《条例》规定，实行备案管理的项目，企业应当在开工建设前将企业基本情况、项目名称、建设地点、建设规模、建设内容、项目总投资额和项目符合产业政策的声明等四个方面的信息告知备案机关，并对信息的真实性负责；备案机关收到全部信息即为备案。备案机关发现已备案项目属于产业政策禁止投资建设或者实行核准管理的，应当及时告知企业予以纠正或者依法办理核准手续，并通知有关部门。

三是加强事中事后监管。《条例》规定，核准机关、备案机关以及其他相关部门应当加强事中事后监管，落实监管责任，采取在线监测、现场核查等方式，加强对项目实施的监督检查；企业应当如实报送项目开工建设、建设进度、竣工的基本信息；核准机关、备案机关以及其他有关部门应当建立项目信息共享机制；企业在项目核准、备案以及项目实施中的违法行为及其处理信息，通过国家社会信用信息平台向社会公示。

四是优化服务。为提高透明度，方便企业办事，《条例》规定，项目核准、备案原则上通过国家建立的项目在线监管平台办理；核准机关、备案机关应当通过项目在线监管平台列明与项目有关的产业政策，公开项目核准的办理流程、办理时限等，并为企业提供相关咨询服务。

五是严格责任追究。《条例》对企业未办理项目核准手续开工建设或者未按照核准的建设地点、建设规模、建设内容等进行建设的，未按照规定备案或者向备案机关提供虚假信息、投资建设产业政策禁止投资建设项目的，以及核准机关、备案机关及其工作人员玩忽职守、滥用职权、徇私舞弊的行为，规定了明确的法律责任。

20. 2017年《关于进一步规范地方政府举债融资行为的通知》

2017年4月26日，财政部等6部委发布了《关于进一步规范地方政府举债融资行为的通知》，提出加快政府职能转变，处理好政府和市场的关系，进一步规范融资平台公司融资行为管理，推动融资平台公司尽快转型为市场化运营的国有企业，依法合规开展市场化融资，地方政府及其所属部门不得干预融资平台公司日常运营和市场化融资。地方政府不得将公益性资产、储备土地注入融资平台公司，不得承诺将储备土地预期出让收入作为融资平台公司偿债资金来源，不得利用政府性资源干预金融机构正常经营行为。

金融机构应当依法合规支持融资平台公司市场化融资，服务实体经济发展。严格规范融资管理，切实加强风险识别和防范，落实企业举债准入条件，按商业化原则履行相关程序，审慎评估举债人财务能力和还款来源。金融机构为融资平台公司等企业提供融资时，不得要求或接受地方政府及其所属部门以担保函、承诺函、安慰函等任何形式提供担保。对地方政府违法违规举债担保形成的债务，按照《国务院办公厅关于印发地方政府性债务风险应急处置预案的通知》等依法妥善处理。

规范政府与社会资本方的合作行为。地方政府不得以借贷资金出资设立各类投资基金，严禁地方政府利用PPP、政府出资的各类投资基金等方式违法违规变相举债，除国务院另有规定外，地方政府及其所属部门参与PPP项目、设立政府出资的各类投资基金时，不得以任何方式承诺回购社会资本方的投资本金，不得以任何方式承担社会资本方的投资本金损失，不得以任何方式向社会资本方承诺最低收益，不得对有限合伙制基金等任何股权投资方式额外附加条款变相举债。

21. 2019年《政府投资条例》

为了充分发挥政府投资作用，提高政府投资效益，规范政府投资行为，激发社会投资活力，2019年4月14日，国务院发布了《政府投资条例》，规定了以下内容。

一是明确界定政府投资范围，确保政府投资聚焦重点、精准发力。政府投资资金应当投向市场不能有效配置资源的公共领域项目，以非经营性项目为主；国家建立政府投资范围定期评估调整机制，不断优化政府投资方向和结构。

二是明确政府投资的主要原则和基本要求。政府投资应当科学决策、规范管理、注重绩效、公开透明，并与经济社会发展水平和财政收支状况相适应；政府及其有关部门不得违法违规举借债务筹措政府投资资金；安排政府投资资金应当平等对待各类投资主体。

三是规范和优化政府投资决策程序,确保政府投资科学决策。进一步规范政府投资项目审批制度,重大政府投资项目应当履行中介服务机构评估、公众参与、专家评议、风险评估等程序;强化投资概算的约束力。

四是明确政府投资年度计划的相关要求。国务院投资主管部门、国务院其他有关部门以及县级以上地方人民政府有关部门按照规定编制政府投资年度计划,明确项目名称、建设内容及规模、建设工期等事项,政府投资年度计划应当和本级预算相衔接。

五是严格项目实施和事中事后监管。政府投资项目开工建设应当符合规定的建设条件,并按照批准的内容实施;政府投资项目所需资金应当按规定确保落实到位,建设投资原则上不得超过经核定的投资概算;政府投资项目应当合理确定并严格执行建设工期,按规定进行竣工验收,并在竣工验收合格后办理竣工财务决算;加强对政府投资项目实施情况的监督检查,建立信息共享机制;政府投资年度计划、项目审批和实施等信息应当依法公开。

22. 2021年《国务院关于进一步深化预算管理制度改革的意见》

2021年3月7日,国务院印发了《国务院关于进一步深化预算管理制度改革的意见》,强调了实施项目全生命周期管理,预算支出全部以项目形式纳入预算项目库,未入库项目一律不得安排预算。强化中期财政规划对年度预算的约束。健全地方政府依法适度举债机制,坚决遏制隐性债务增量,稳妥化解隐性债务存量。《意见》提出了地方融资平台公司的破产问题,这在制度层面是一个突破。

《意见》提出要健全地方政府依法适度举债机制。健全地方政府债务限额确定机制,一般债务限额与一般公共预算收入相匹配,专项债务限额与政府性基金预算收入及项目收益相匹配。完善专项债券管理机制,专项债券必须用于有一定收益的公益性建设项目,建立健全专项债券项目全生命周期收支平衡机制,实现融资规模与项目收益相平衡,专项债券期限要与项目期限相匹配,专项债券项目对应的政府性基金收入、专项收入应当及时足额缴入国库,保障专项债券到期本息偿付。完善以债务率为主的政府债务风险评估指标体系,综合评估政府偿债能力。

《意见》提出要防范化解地方政府隐性债务风险。把防范化解地方政府隐性债务风险作为重要的政治纪律和政治规矩，坚决遏制隐性债务增量，妥善处置和化解隐性债务存量。完善常态化监控机制，进一步加强日常监督管理，决不允许新增隐性债务上新项目、铺新摊子。严禁地方政府以企业债务形式增加隐性债务。严禁地方政府通过金融机构违规融资或变相举债。金融机构要审慎合规经营，尽职调查，严格把关，严禁要求或接受地方党委、人大、政府及其部门出具担保性质文件或者签署担保性质协议。清理规范地方融资平台公司，剥离其政府融资职能，对失去清偿能力的要依法实施破产重整或清算。

23. 2023年《中共中央 国务院关于促进民营经济发展壮大的意见》

2023年7月14日，《中共中央 国务院关于促进民营经济发展壮大的意见》发布，提出加快营造市场化、法治化、国际化一流营商环境，优化民营经济发展环境，依法保护民营企业产权和企业家权益，全面构建亲清政商关系，使各种所有制经济依法平等使用生产要素、公平参与市场竞争、同等受到法律保护，引导民营企业通过自身改革发展、合规经营、转型升级不断提升发展质量，促进民营经济做大做优做强。

《意见》提出持续优化民营经济发展环境，破除市场准入壁垒。各地区各部门不得以备案、注册、年检、认定、认证、指定、要求设立分公司等形式设定或变相设定准入障碍。清理规范行政审批、许可、备案等政务服务事项的前置条件和审批标准，不得将政务服务事项转为中介服务事项，没有法律法规依据不得在政务服务前要求企业自行检测、检验、认证、鉴定、公证或提供证明等。

全面落实公平竞争政策制度。强化竞争政策基础地位，健全公平竞争制度框架和政策实施机制，坚持对各类所有制企业一视同仁、平等对待。强化制止滥用行政权力排除限制竞争的反垄断执法。未经公平竞争不得授予经营者特许经营权，不得限定经营、购买、使用特定经营者提供的商品和服务。定期推出市场干预行为负面清单，及时清理废除妨碍统一市场和公平竞争的政策。

完善拖欠账款常态化预防和清理机制。健全防范化解拖欠中小企业账款长效机制，机关、事业单位和大型企业不得以内部人员变更、履行内部付款流程，或在合同未作约定情况下以等待竣工验收批复、决算审计等为由，拒绝或延迟支付中小企业和个体工商户款项。建立拖欠账款定期披露、劝告指导、主动执法制度。强化商业汇票信息披露，完善票据市场信用约束机制。完善拖欠账款投诉处理和信用监督机制，加强对恶意拖欠账款案例的曝光。

依法保护民营企业产权和企业家权益。防止和纠正利用行政或刑事手段干预经济纠纷，以及执法司法中的地方保护主义。进一步规范涉产权强制性措施，避免超权限、超范围、超数额、超时限查封扣押冻结财产。对不宜查封扣押冻结的经营性涉案财物，在保证侦查活动正常进行的同时，可以允许有关当事人继续合理使用，并采取必要的保值保管措施。完善涉企案件申诉、再审等机制，健全冤错案件有效防范和常态化纠正机制。

引导完善治理结构和管理制度。支持引导民营企业完善法人治理结构、规范股东行为、强化内部监督，实现治理规范、有效制衡、合规经营。依法推动实现企业法人财产与出资人个人或家族财产分离，明晰企业产权结构。研究构建风险评估体系和提示机制，对严重影响企业运营并可能引发社会稳定风险的情形提前预警。支持民营企业加强风险防范管理，引导建立覆盖企业战略、规划、投融资、市场运营等各领域的全面风险管理体系。

附录三　投资经典案例

1. 深圳沙角B电厂开启BOT模式

BOT是国际上通用的基础设施融资模式，其操作的典型形式是：项目所在地政府通过特许权协议，在规定的时间内，将项目授予一家或几家公司或私人企业组成的项目公司，由项目公司负责投融资、建设、运营和维护，特许期满，项目公司将特许权项目的设施无偿移交给政府部门。

BOT在我国的运作是从电力行业开始的，当时的主要目的是为了吸引外资。第一个BOT项目是1984年由广东省政府授权香港合和实业有限公司开发建设的深圳沙角火力发电B厂，该项目也是我国第一家引进外资兴建的电厂。1980年，深圳经济特区成立，电力短缺的问题非常突出。深圳市没有发电厂，全靠广东省的大电网供电，尽管广东省给予深圳每天近100万度左右的特殊照顾,但是只能满足深圳70%用电需求,电力成为制约深圳经济发展的瓶颈。

1983年,深圳着手与外商洽谈引进外资建设电厂的有关工作,然而,当时外商对中国的开放政策普遍持观望态度,对于电厂这样投资大、回收期长的项目,投资者更是望而却步,香港投资商胡应湘提出用BOT模式和深圳市合作建立火力发电厂。为促进合作,1984年6月14日,深圳市人民政府决定成立深圳经济特区电力开发公司,作为深圳与外商合作兴建沙角B电厂的合作单位,参加谈判、签约、建设及生产运行管理等工作。1985年3月,深圳经济特区电力开发公司和香港合和电力有限公司正式签订了建设合同。1999年9月,10年合作期满,我国第一个BOT项目画上了圆满的句号。

沙角B电厂的成功为我国BOT融资方式的引进提供了宝贵的经验。1993年,国家计委制定"八五"期间引进外资政策中,提出引入BOT融资。次年,我国对利用外资政策进行重大调整,在基础设施方面,由限制外商直接投资转向引导,BOT模式开始得到政府的高度重视。同时,国家计委选择了广西来宾B电厂、成都第六水厂、长沙望城电厂、广东电白高速公路、武汉军山长江大桥等5个项目作为BOT试点项目。1995年8月,国家计委、电力部和交通部联合下发了《关于试办外商投资特许权项目审批管理有关问题的通知》,正式提出了BOT的概念,确定在建设规模为2×30万千瓦及以上火力发电厂、25万千瓦以下水力发电厂、30~80公里高等级公路、1000米以上独立桥梁和独立隧道及城市供水厂等项目中先进行试点。

在此前后,各地政府积极运作BOT项目,主要用于发展收费公路、发电厂、水利设施、地铁、桥梁、隧道和环线高架等基础设施,BOOT、BTO、BOO等类似BOT方式的建设模式也在不断发展。为增加其规范性,各地制定了一系列地方法规。1994年2月,上海市颁布了第一部BOT操作规章——《上海市延安东路隧道专营管理办法》。此后又颁布了诸如两桥一隧、奉浦大桥、大场自来水处理厂、沪嘉高速公路、徐浦大桥、延安高架路等多个专营管理办法。

2. 民营资本采用BOT方式建设泉州刺桐大桥

泉州市境内横跨晋江的刺桐大桥,是福建省特大型公路桥梁之一,也是国内最早引入本土民营资本、采用 BOT 方式建设的路桥项目。20 世纪 90 年代初期，福建省泉州市只有一座跨越晋江的大桥——泉州大桥，为缓解交通压力，1994 年初，泉州市决定再建一座跨江大桥。由于泉州市政府财力十分有限，因而决定对外招商。1994 年，由泉州市 15 家民企参股组成的名流公司出资 60%，政府资金占 40%，组建"刺桐大桥投资开发有限公司"，全权负责大桥建设，经营期限 30 年（包括建设期），期满后无偿移交给政府。

1997 年 1 月，大桥正式投入运营，比规定的 3 年工期节省了近一半的时间，工程质量达到全优。刺桐大桥建成后，迅速成为连接泉州晋江、石狮和鲤城三大经济中心干线公路网的枢纽，并在分流国道 324 线的过境车辆、改善晋江南北岸交通、促进晋江南岸的开发中发挥了重要的作用。自 1997 年通车以来，刺桐大桥车流量迅速上升，不仅取得良好的社会效益，而且经济效益也出现高峰期。车辆通行收入由 1997 年的 2371 万元增至 2006 年的 8100 万元。

刺桐大桥的建设，实现了以较小量国有资金引导较大量民营企业资金投资于原认为只能由政府兴办的基础设施建设，成为以内地民营资本为主的 BOT 投资模式的国内首例，开创了本土民营经济主体为主组建特殊项目公司（SPV）投资基础设施项目建设的先河。以刺桐大桥特许经营权质押贷款和按揭式还本付息的模式，为我国长期受困的大型基础设施建设融资提供了良好的示范和借鉴。

但是，由于法律、契约层面的缺陷，以及缺乏关于法律制度规范，也增加了民营企业的交易成本和运作困难。名流公司曾向政府申请大桥周围的土地开发权，但在政府看来，契约仅限于刺桐大桥的建设和运营，并没有涉及土地开发。自此政府和民企的关系开始出现裂痕。之后，泉州政府又用名流公司创新的融资方式，自己修建了后渚大桥、晋江大桥等大桥。随着国务院大力提倡民生项目惠普工程，政府修建的大桥一律实行免费。这些新建设的大桥对刺桐大桥来说，逐渐形成了竞争，分流了车流量，2013 年，刺桐大桥的通车费用降至 4200 万元[①]。

刺桐大桥项目长期存在的问题，给 PPP 模式带来了很多启示。当初，政

---

① "内地首个 PPP 项目调查：刺桐大桥'刺痛'了谁？"，http://www.nbd.com.cn。

府和民营企业缺乏实质性的协议与合同，民营企业承担了绝大多数的风险和责任，留下了许多的问题难以解决。后期，政府试图改变合作的模式及规则，增加了民营企业的运营成本。在PPP运行过程中，如何维护好民营企业的利益，同时保障公共利益是一个难题。要给予民营企业一定的盈利空间，也要明确公私双方的责任与义务，提前设计好争端解决机制，只有这样才能创造良好的环境，增强民营投资者的积极性。

3. 怒江水电开发更多考虑生态保护因素

怒江发源于西藏高原唐古拉山，流经西藏、云南，进入缅甸，最后汇入印度洋。它在中国境内全长2018公里。这条有东方大峡谷之称的河流是联合国确认的世界文化遗产。

2003年6月，中国华电集团公司、云南省开发投资有限公司、云南电力集团水电建设有限公司、云南怒江电力集团有限公司在昆明签订协议，共同出资设立公司，全面启动怒江流域水电资源开发。同年8月，国家发展和改革委员会在北京主持召开《怒江中下游水电规划报告》审查会，会议通过了怒江中下游"两库十三级"梯级开发方案，总装机容量2132万千瓦，年发电量1029.6亿千瓦时。该报告认为，怒江干流中下游河段全长742千米，天然落差1578米，水能资源十分丰富，是我国重要的水电基地之一。与另外12大水电基地相比，其技术可开发容量居第6位，可开发容量居第2位。如果建成，经济效益显而易见，比三峡工程规模1820万千瓦还要大，是三峡年发电量的1.2倍，而工程静态总投资只有896.4亿元。

该规划报告一出，就遭到有关方面的质疑。参加会议的原环保总局代表不予签字，指出怒江是除雅鲁藏布江外唯一相对完整的生态江河，建议作为一个原生环境予以保留，不予开发。从2003年开始，关于怒江水电开发工程的争论就一直没有停息。绿家园志愿者、自然之友、云南大众流域等环保NGO利用网络、沙龙、论坛、图片展、参加国际会议等方式，积极倡导保护怒江，引起国内外各界对怒江建坝事件的关注与讨论。2004年2月，国务院主要领导在《怒江中下游水电规划报告》上批示："对这类引起社会高度关注，且有环保方面不同意见的大型水电工程，应慎重研究，科学决策。"怒江水电工程被紧急叫停。

反对建坝言论主要有：怒江的自然生态系统、沿江形成的多元人文系统一旦破坏将无法挽回。奔腾的河流将被一连串水库取代，成为相对静止的水系，损害了河流的整体性和动态性，改变了河流是"天然地表水流"性质，对水生态系统造成不可逆转的破坏。农村和贫困地区从大水电站受益少。怒江大坝最近的邻居、多年前动工兴建的漫湾水电站曾经喊出"漫湾发电之日，也就是百姓富裕之时"的口号。但是，从1993年大坝正式发电以来，当地住民的生活并无明显改善。

支持建坝言论主要有：怒江干流已经有了水电项目，不是"自然河流"。怒江水电开发有多方面的综合效益，可以使两岸人民获得新的谋生手段，不再需要破坏植被和陡坡种植，可以走出恶性循环。维护怒江的自然性未必是最好的，按照生态规律建造新的人工生态系统可能比原生系统有更高的生产力，产出更大经济效益、生态效益和社会效益。建坝后，大部分河段水流没有改变，部分河段只改变了水流速度，没有从根本上改变或破坏水流动的性质。采取生态保护措施，可使对生态的损害降到最小程度。建坝开发水电是怒江社会经济发展的最好途径。

针对怒江水电工程的不同意见

反对建坝者——环保组织	赞成建坝者——地方政府、水电企业
中国最后一条自然流淌河流	因怒江干流上游已于20世纪90年代建成两座水电站大坝，怒江已经不再是自然流淌的河流
怒江处于活动断裂带，地震频发，身处泥石流重灾区，多暴雨	怒江流域仍属区域构造相对稳定的地区。规划中的全部电站大坝都避开了怒江断裂带
"三江并流"于2003年被联合国列入世界自然遗产名录，在该地区进行水电开发和梯级电站建设与世界自然遗产保护的宗旨不符	"三江并流"列入世界遗产地的范围只有1.7万平方公里，与目前"一库四级"坝址还有较大距离
"三江并流"地区面积不到国土面积的0.4%，却拥有全国25%以上的高等植物和动物，有77种国家级保护动物，是世界级的物种基因库	"三江并流"怒江片区的核心区域在海拔2500米以上，但怒江水电开发规划最高程为1570米，因此不会对其产生大的影响
农村和贫困地区从大水电站受益少。怒江大坝最近的邻居、多年前动工兴建的漫湾水电站就是先例	水电开发有多方面的综合效益，可以使两岸人民获得新的谋生手段，更好地保护怒江的生态环境

虽然争论不断，但在怒江上修建大坝的准备工作却从未真正停止。2008

年3月，国家发展改革委发布的《可再生能源发展"十一五"规划》明确表示，将开发怒江六库、赛格水电站。后受制环保争议，未获环保部门批准。2008年，六库水电站在国家发展改革委尚未正式核准的情况下悄然动工，并以建设社会主义新农村为名，对上游的村庄进行了移民。2010年3月，怒江州给国家发展改革委的《关于怒江发展问题研究工作情况报告》明确表明，希望国家尽快批准怒江中下游水电规划"一库四级"优先开发方案，正式核准六库电站。2013年1月，《国家能源发展"十二五"规划》提出，我国在"十二五"将积极发展水电，怒江水电基地建设赫然在列，其中重点开工建设怒江松塔水电站，深入论证、有序启动怒江干流六库、马吉、亚碧罗、赛格等项目。目前，有关怒江水电发展与保护的争论仍在继续。

4. 深圳磁悬浮项目的民主决策过程

自2008年深圳轨道8号线获得国家发改委批准，关于是否采用磁悬浮技术的争议就从未休止。2009年初，来自盐田区发改局的一则消息显示，地铁8号线已纳入《深圳市城市轨道交通建设规划（2011—2020）》。按照规划，地铁8号线是集上下班通勤、游客输送、观光旅游和商圈联络线四项功能为一体的独特线路。该线路暂设17座车站，1个车辆段，主线全长30.4公里，有莲塘到仙湖、大梅沙到东部华侨城两条支线，总长约9公里，以高架为主。地铁8号线的功能定位为联系罗湖区与盐田区沙头角、盐田港区、大小梅沙片区，提供中心城区与盐田组团之间的快速交通服务。

地铁8号线的建设进程，并未如许多人想象得那般顺利。几乎与8号线规划获批的消息同时，2009年的深圳"两会"期间，来自深圳地铁集团的人大代表提出了建设8号线的另外一种可能——磁悬浮[①]。提案认为，应用磁悬浮技术可以减少征地拆迁成本，和其他地上的轻轨比，磁悬浮技术噪音非常小，可以在楼宇间穿行，能够更好地展现东部海滨景观的特色，带动东部旅游业的发展。

对于轨道8号线采用中低速磁悬浮和高架（地面）模式，赞成者认为，中低速磁悬浮具有低噪音、低震动的特点，可以实现大坡度和急转弯，比较

---

① "8号线磁悬浮的4年之争"，《南方日报》2013年6月20日。

适合沿线地形地势。理论和实测的情况都表明，磁浮列车与传统轮轨列车的电磁水平是同等级别的。而且，现在的技术已经能将电磁波完全屏蔽，磁浮交通可以做到比轮轨更低的电磁辐射水平。地铁三期轮轨工程的地下段的造价在8亿元左右，过高的造价和巨大的运营成本将使轨道交通的建设难以为继。地面或高架的建设成本不到地下的二分之一，车站的用电也只有地下的一半。8号线不管采用什么技术应该都会是一条以高架敷设为主的轨道交通线。

工程沿线居民对于深圳政府大力修建轨道交通等民生工程没有异议，但是，对于以高架形式建设磁悬浮项目，不少持反对意见。根据一项民间调查，82.6%的当地居民拒绝采用磁悬浮技术；另一项官方调查也表明，至少有2万名当地居民持同样的态度。在一份"莲塘居民关于反对深圳地铁8号线磁悬浮方案的报告"中，沿线居民列出了8项反对的理由，首当其冲的是磁悬浮辐射危害健康的问题。2014年7月，数百市民穿着写有标语的统一T恤，在深圳地铁大厦门前集体拉横幅，抗议政府在居民区修建磁悬浮高架地铁，原因是噪音扰民，且辐射对人体有害。

2009—2014年，地铁8号线的建设一直停留在纸面上。深圳市政府对这个项目表现了极大的宽容态度，在盐田的党代表工作室、民意表达工作室，常年有居民可以以成文形式对磁悬浮项目表达反对态度。在围绕地铁8号线的争议中，市民表现出极大的关切，释放出参与公共项目决策的巨大热情。有市民提出建设性意见：涉及城市交通的重大决策，是否能够启动听证程序，以公开的利弊权衡来凝聚共识，让好的想法更快转化为好的结果。这不仅是深圳完善社会治理多年形成的成果，也是一座城市走向成熟的标志。

5.上海地方政府融资平台

上海是我国最早成立政府融资平台公司的城市。1986年，上海久事公司成立，负责"九四专项"[①]所需资金的统一筹措、安排和综合放款。久事公司

[①] 1986年8月，国务院以国函第94号文批准上海采取自借自还的方式扩大利用外资规模的方案，该方案被称为"九四专项"。

成立后，第一批融到 32 亿美元的外资。其中，14 亿美元用于城市基础设施建设，先后建设了南浦大桥、地铁一号线、虹桥机场改造、20 万门程控电话、河流污水治理等 5 个项目；13 亿美元用于工业，一共建设了 256 个项目（如引进新型设备）；5 亿美元用于其他贸易，建设了一批旅游宾馆。上海的城市面貌得以改善。久事公司开创了政府借助平台公司实施市场化融资之先河，为上海城市建设投融资积累了丰富的经验。

1992 年，上海城市建设投资开发总公司成立。作为上海的第二家投融资平台公司，城投公司比久事公司成立晚 5 年。但在某些方面，城投的理念又比久事公司先进了一步。城投公司在城建资金的筹措上，除了城建规费、财政资金、银行借款、市场债券股票之外，还有重要一项，那就是土地收入——土地有偿使用和批租收入用于城市建设部分。1988 年 8 月，上海推出了首个土地批租项目，1992 年起，土地批租大规模展开，资金源源不断注入几大投融资平台。到 2000 年底，上海通过土地批租共筹措资金 1000 多亿元，大大加快了上海城市建设步伐，尤其是上海的旧区改造。

2000 年 4 月，上海久事公司携手上海城投，投资组建申通地铁集团，负责上海的轨道交通建设融资。同年，上海市政资产经营发展有限公司、上海水务资产经营发展有限公司和上海交通投资集团有限公司成立，它们与上海城投共同构成城建资金筹措与管理的"1+3"架构，进一步强化了城建资产的市场化运作。20 世纪 90 年代以来，为了推动浦东开发，上海市政府成立了陆家嘴集团、金桥集团、外高桥集团、张江集团等四大开发公司。截至"十五"期末，这四大开发公司承担了浦东新区 80% 以上的招商引资任务，共筹集开发建设资金 500 多亿元。为了推动虹桥商务区建设，2006 年，上海又成立了申虹公司，三大股东分别为上海机场集团、上海久事和上海市土地储备中心（上海地产集团有限公司），其职责是对虹桥枢纽规划范围区域实施专项土地储备，负责征地动迁和基础性开发。2007 年，国盛（集团）有限公司成立，其定位是上海国资重大产业投资平台、资产运营平台和市场化融资平台。

除了城市基础设施建设，在应用资本手段在区域甚至全国形成产业带动效应方面，上海亦走在全国前列。上海创投、上海金融发展投资基金均定位于此。上海创投成立于 1999 年，公司采取"基金的基金"模式，组建基金

（投资）公司17个、基金管理公司逾20个，募集和管理的创业资本达30亿元。上海创投通过专业的基金管理公司对17个基金（投资）公司进行专业化管理。2004年起，连续三年受上海市政府"科教兴市"推进办公室委托，负责管理上海重大产业科技攻关项目资金。而上海金融发展投资基金则由上海国际集团和中国国际金融有限公司于2009年7月共同发起成立，是经国务院同意、国家发改委批准试点的国内首家以金融产业为主要投资对象的产业基金。上海金融发展投资基金面向全国，积极参与金融和其他优势产业的投资、重组、改制及上市，投资领域包括银行、证券、保险、信托、金融服务等金融行业，以及新能源、矿产资源、优势制造业、消费品和现代农业等领域，其中金融业投资比重不低于50%。

上海不仅是中国地方政府投融资平台建设的发源之地，也是各种创新型融资模式的引领之地。其突出特点在于以政府为主导，以城市的阶段性建设发展为目标，通过内部资金循环实现整体可持续发展。无论是久事、城投、申通，还是四大区域开发公司、上海创投，各类平台公司都依据城市建设需求而成立，充分体现了政府的城市建设、产业结构调整意图。同时，在政府的系统规划下，各家公司通过各类别项目在不同平台公司之间的调配协调，得以平衡资金投入数量和节奏，防控债务风险[①]。上海在创新型融资方式的大胆尝试亦走在全国前列。除了城建规费、财政资金、银行借款、市场债券股票之外，土地收入的利用、社会化资本引进、以上市公司为重点的资产重组和资本运作的推进等各类创新性融资方式，都是上海率先推出。此外，从1998年开始，上海便对政府投资领域逐步进行分类界定，明确政府投资主要集中于非竞争性的公益性项目，退出一般竞争性领域，并确定将有盈利的基础设施项目逐步推向市场，进行公开招商，实现社会化融资；对于逐渐退出融资功能的平台公司，积极培育造血能力，适时转型，保障平台公司的持续发展。

6. 产业园区投融资模式

1999年8月，浦东新区管理委员会决定在张江高科技园区内建设1平

[①] 王道军、赵边沁："上海投融资平台20年运营脉络图"，http://www.sina.com.cn。

方公里的张江技术创新区（简称"张江技创区"），上海市浦东新区管理委员会代表政府委托张江高科用三年的时间在该区域内建设环境美、标准高的孵化用房、市政配套设施；张江高科按照相关协议约定，在政府必要的监管下，负责经营管理"张江技创区"，吸引海内外大学、企事业单位，在该区域内设立研发机构和高科技创新企业；政府和张江高科均需按照相关协议约定履行相应义务并享有相应权利。

政府以支付约定租金的方式，合理保证张江高科的回报。租用期限20年，租用期限内即1999年开始至2018年，向企业支付租金，平均每年支付的租金相当于估算总投资额的7%。若开发建设的费用经决算审计与估算总投资发生差异，政府支付的租金将做相应的调整。若在租用期内由于通货膨胀，国家上调银行贷款利率，政府将相应提高年租金。政府也需按照协议约定审批投资与建设事宜，协助张江高科解决开发建设中的有关困难和问题。

张江高科如期完成"张江技创区"开发建设工作。2002年，张江高科如期完成了"张江技创区"的市政配套及房产开发任务，建成的建筑及公共设施面积约10.2万平方米，其中包括孵化楼、创业公寓、写字楼、体育休闲配套设施等，为入驻的中小高科技企业的孵化和发展提供了平台。实现了国家生物医药产业和国家软件产业的创业基地运营目标。引进了中科院上海浦东科技园、科技部科技成果转化基地、浦东火炬创业园、上海高校科技产业园、国家中药标准化中心、上海股权托管交易中心、英特尔、联想等多家创业孵化企业入驻科技创新区。

经过多年的发展，张江高科技园区逐步改变了以工业地产开发运营为主导的"高投资、重资产、慢周转"模式，向"股权化、证券化、品牌化"转型，寻求科技地产与产业投资的有机融合、协同发展。截至2016年底，张江高科服务的租赁客户800余家，主要以高科技企业总部、研发中心、中小企业为主。与此同时，2016年张江高科新增投资7.9亿元，其中，投资包括喜马拉雅、天天果园等一批独角兽项目，公司直接投资的康德莱药业和全资子公司张江浩成通过子基金投资的步长医药均成功在上海主板上市，由此形成了投资的良性滚动循环，为科技园区的可持续发展提供了支撑。

7. 北京地铁4号线PPP模式

2005年2月，北京市政府与香港地铁公司、北京首都创业集团共同签署了北京地铁4号线PPP项目的《特许经营协议》，由社会投资方香港地铁公司、北京首都创业集团与北京市政府出资的基础设施投资有限公司合作共同成立特许经营公司，参与北京地铁4号线的融资、建设和运营过程[①]。该特许经营公司的总投资约为46亿元人民币，注册资本15亿元人民币，其中香港地铁有限公司和北京首都创业集团有限公司占绝大部分比重，各占总资本的49%，北京市基础设施投资有限公司占2%，约2/3的资金来源于无追索权银行贷款。

北京地铁4号线的特许经营期为30年，项目总投资约153亿元人民币，根据协议，其中70%约107亿元由北京市政府出资，用于征地拆迁和土建工程等方面的建设，其余30%约46亿元由特许经营公司出资，用于车辆、信号、自动售检票系统等机电设备的建设，并在特许经营期内的30年里负责4号线的日常运营、管理、维护和更新。建设期内市政府有权监督特许经营公司是否按时按质完成建设，同时，由于地铁是公共设施，如果发生涉及公共安全的紧急事件，市政府必须介入以保护人民和公共财产的利益。

当地铁建成后，特许经营公司与北京地铁4号线投资有限公司签订资产租赁协议，获得由北京市政府出资建设的地铁部分的使用权。在30年的特许经营期内，特许经营公司的收益主要是票款收入和站内商业经营等其他收入，其中地铁票价仍由北京市政府统一制定，若票价低于特许经营公司指定盈利票价，市政府会补贴差价。当特许经营期期满时，特许经营公司必须将整个北京地铁4号线完好、无偿地转交给北京市政府。在特许经营期内，特许经营权不允许转让，如果特许经营公司发生严重违反相关法律法规和特许经营协议的情况，北京市政府有权采取相应的措施。

在北京地铁4号线的公私合营模式中，政府投资与社会投资的比例明确。4号线公益性部分和盈利性部分的划分比例被确定为7∶3。整个项目投

[①] 赵先立、李子君："地铁经济中的公私合作——北京地铁4号线项目的运营、经验和意义"，《城市观察》2012年第5期。

资中 30% 由社会投资完成，采用公私合作方式解决项目融资问题，剩余 70% 投资仍由政府财力解决。政府投资与社会投资比例的确定，体现了公私合作模式中各方的平等与公平。在项目初期，政府只向特许公司免收或者收取少量象征意义的租金，促进项目尽快成熟。项目成熟期，如果实际客流超出预测客流一定比例，政府投资方将适当提高租金，收回政府投资，避免特许公司利用公共财产产生超额利润。

北京地铁 14 号线采取了与 4 号线大致相同的 PPP 模式，但在具体操作方法上，地铁 14 号线有了一定改进。4 号线对 B 部分投资超支和节约由企业承担，而 14 号线在投资控制中采取了"多退少补"机制，依照工程竣工后的审计结果与目标引资额的差额计算，从而有利于引导社会投资者对项目足额投资，重视工程质量。由于客流预测受多种因素影响，政企双方都面临预测准确性风险。因此，14 号线委托第三方机构共同完成客流预测工作，设置客流变化风险分担方式，如果客流低于预期，风险由政府承担，保证企业基本收益；如果出现高客流，设置了超额客流票款收入分成机制。

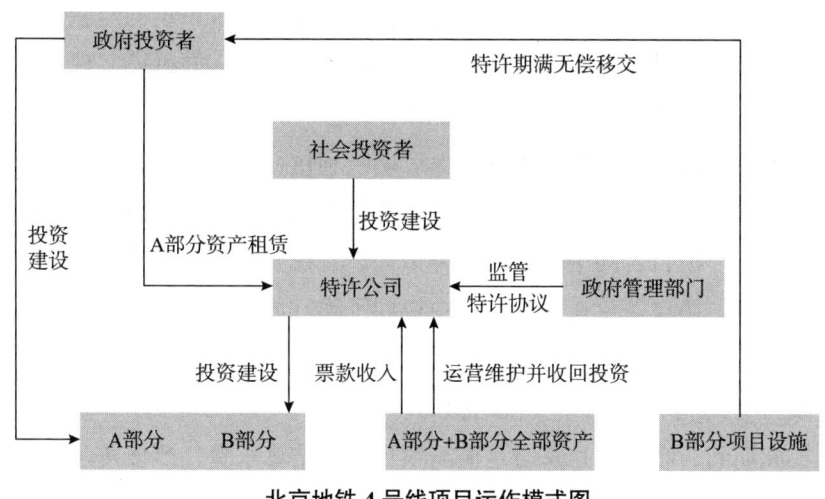

北京地铁 4 号线项目运作模式图

8. 国家发改委发布的 PPP 典型案例：合肥市王小郢污水处理厂资产权益转让项目

合肥市王小郢污水处理厂是安徽省第一座大型城市污水处理厂，也是当时全国规模最大的氧化沟工艺污水处理厂。项目分两期建设，日处理能力合计 30.5 吨，建设总投资约 3.2 亿元。

项目的运作模式是：经公开招标确定的中标人依法成立项目公司。市建委与项目公司签署《特许权协议》，代表市政府授予项目公司污水处理厂的特许经营权，特许期限 23 年；合肥城建投公司与项目公司签署《资产转让协议》，落实项目转让款的支付和资产移交事宜；市污水处理管理处与项目公司签署《污水处理服务协议》，结算水费并进行监管。

项目采用 TOT（转让—运营—移交）模式，通过国际公开招标转让王小郢污水厂资产权益。特许经营期内，项目公司提供达标的污水处理服务，向政府收取污水处理费。特许经营期结束后，项目公司将该污水厂内设施完好、无偿移交给合肥市政府指定单位。

王小郢项目整个运作过程规范有序，对潜在投资人产生了很大的吸引力，实现了充分的竞争。开标现场所有投标人的报价均远超底价，最高报价接近底价的 1.8 倍。从引入投资人的实力和水平来看，柏林水务集团是世界七大水务集团之一，拥有 130 多年运营管理城市给排水系统的经验。通过招标，合肥市既引进了外资，又引入了先进的国际经验，同时还实现了国有资产的最大增值，为合肥市城市建设筹措了资金。

合理的项目结构与合同条款确保后期顺利执行王小郢项目的结构设计对接了国际国内资本市场的要求，符合水务行业的一般规律，得到广大投资人的普遍认可。项目合同中规定的商务条件、对权利义务和风险分配的约定比较公平合理，协议条款在执行过程中得到了很好的贯彻，为项目顺利执行奠定了基础。

践行契约精神对 PPP 项目的执行至关重要。王小郢项目迄今已运作十年，在此期间，政府每月及时足额与项目公司结算水费，严格按照法规和协议要求进行监管，并按照协议规定的调价公式对水价进行了四次调整。此外，双方还根据协议完成了提标改造等一系列工程。合肥市政府和项目公司对契约精神的践行保障了项目的长期执行。

9. 京东方和地方政府股权投资

2008 年，面板行业由日韩和中国台湾地区企业主导，大陆企业的市场占有率可以忽略不计。2012年，我国进口显示面板总值高达500亿美元，仅次于集成电路、石油和铁矿石。到了2020年，大陆企业在全球市场的占有率已接近四成，成为世界第一，彻底摆脱了依赖进口的局面，涌现出了一批京东方那样的重量级企业。

在显示面板企业的发展过程中，地方政府的投资发挥了关键作用。根据京东方2020年第三季度的报告，前六大股东均是北京、合肥、重庆三地国资背景的投资公司，包括北京国有资本经营管理中心、北京电子控股、合肥建投和重庆渝富等，合计占股比例为23.8%。

2005年，京东方在北京亦庄开发区建设的5代线是国内的第二条5代线，收购自韩国企业，投资规模很大。当时在香港上市计划失败了，可生产线已经开始建设，各种设备的订单也已经下了，于是在北京市政府与国开行的协调下，9家银行组成银团，由建设银行北京分行牵头，贷款给京东方7.4亿美元。北京市政府也提供了28亿元的借款，以北京市国资委的全资公司——北京工业发展投资管理有限公司为借款主体。

2008年，京东方决定在成都建设4.5代线，第一次试水新的融资模式。这条生产线总投资34亿元，其中向成都市两家城投公司定向增发股票18亿元，剩余16亿元采用银团贷款方式，由国开行牵头。两家城投公司分别是市政府的全资公司成都工业投资集团（成都产业投资集团）和高新区管委会的全资公司成都高新投资集团。

京东方准备投资建设的一条可生产大屏幕的6代线，给了合肥市与京东方合作的机会。2008年，合肥地方预算可支配收入只有161亿元，想建一条投资175亿元的6代线，非常困难，经济和政治决策风险都很大。但是，当时的合肥市领导班子下定决心，融资方案仍然采用京东方在成都项目中用过的股票定向增发。因为投资金额太大、合肥市政府财力不足，所以，这次增发对象不限于政府，也面向社会资本。但合肥市政府承诺出资60亿元，并承诺若社会资本参与不足、定向增发不顺利时，兜底出资90亿元。最终6代线生产出了中国大陆第一台32寸液晶屏幕，也让合肥成为我国光电显示产业的中心。

在快速扩张阶段，京东方采取了"扩充资本金+银团贷款"的基本融资方式。地方政府融资平台既可以参与京东方股票定向增发扩充其资本金，也可以用土地使用权收益入股。2014年，京东方做了最大一笔股票定向增发，总额449亿元，用于北京、重庆、合肥的产线建设。增发的参与者中前三位都是当地的政府融资平台。2015年以后，京东方筹资过程中还利用了政府产业投资基金。

10. 生态环境导向开发模式（EOD）

EOD（Ecology-Oriented Development）是以生态保护和环境治理为基础，以特色产业运营为支撑，以区域综合开发为载体，采取产业链延伸、联合经营、组合开发等方式，推动收益性差的生态环境治理项目与收益较好的关联产业有效融合。

EOD模式的优势在于项目总体打包开发。打包范围非常广，已建、在建或未建项目，公益、准公益性或经营性项目，或者一、二、三产项目，都可以进行总体打包、拼盘开发。打包的资金多元化，PPP、社会资本、中央预算内补助等均可用于EOD项目开发。不足部分还可以由政策性银行解决。可以助力片区开发，推动由传统的"融资平台+土地财政"模式转向"EOD+片区开发"模式。

EOD项目操作模式就是通过生态网络建设、环境修复、基础设施配套以及产业配套建设促使该区域及周边的土地升值，并为产业引入和人口流入提供良好的生态基底。一方面以产业发展增加居民收入、企业利润和政府税收，另一方面依靠人口流入带来政府税收的增加及区域经济的发展，最终实现生态建设、经济发展、社会生活三者协调发展。

EOD项目主要应用在以下领域：废弃矿山修复，农业农村综合开发，水环境综合治理，重点流域治理。EOD模式下行业跨度大，且不同行业专业要求高，生态环境治理、修复和生态网络构建需要专业的环保企业完成；基础设施配套、产业配套及生活配套的建设需要综合能力较强的建筑企业；后期产业导入、物业管理需要综合能力较强的运营商进入。

国内首个流域生态环境治理的EOD项目是蓟运河（蓟州段）全域水系治理、生态修复、环境提升及产业综合开发。该项目的创新性在于在国内首次将EOD模式应用到整个流域生态环境治理中。项目工期为20年，中标额约为65亿元。

11. 以公共交通为导向的土地开发模式（TOD）

TOD（Transit-Oriented Development）模式可以理解为以公共交通为导向的土地开发模式，通常以公共交通站点为中心，以 400～800 米（约 5～10 分钟步行路程）为半径，对范围内的土地进行综合开发，建成包括交通、商业、办公、住宅等多种功能集聚的发展区域。

香港一直以公交都市作为城市发展战略，并在 20 世纪 70 年代开始大规模兴建地铁时，以 TOD 理念推行"轨道+物业"模式，逐步形成了政府、轨交企业、地产商以及市民共赢的局面。通过采用"轨道+物业"模式，香港地铁公司提高了建设融资的能力，有效增加了轨道交通的客流，实现了轨道交通运营和物业开发的全面盈利。目前，香港地铁站点 500 米范围覆盖了全港 45% 的人口和 75%～78% 的工作岗位，市民的工作、生活集中在站点周边地区，可以享受高水平的公共交通服务，也能够获得更多便于居住和就业的区域选项。香港公交出行率约 90%，在全球名列前茅，成为真正意义上的公交都市。

近几年，随着对 TOD 认识的日益加深，内地城市已把 TOD 从投融资压力倒逼的被动举措上升为主动通过 TOD 战略实现城市高质量发展的主动作为。例如，成都市政府提出 TOD 模式是轨道交通时代城市发展的一场思想解放运动，是城市开发理念的更新和城市运营方式的重构，要通过 TOD 开发推动城市的生产空间集约集聚、生活空间多元复合、生态空间自然和谐、动能空间重组扩张。

成都 TOD 项目综合开发积极构建时尚消费到商务服务、教育文体、医疗健康、社区居住服务、产业聚落等"十大消费场景"，进一步明确了成都未来美好生活的"幸福密码"——在有限的空间规划里最大程度促进人的居住生活、商务办公、休闲游憩的有机融合。成都在 TOD 项目内共启动实施 1.9 万套保障性租赁住房，在 TOD 项目内打造青年潮流品质住房，同时复合居住、商务办公、综合商业、公交系统等，形成具有完备城市功能的"mini"城市。这意味着，以后租住在这里的青年人，将实现"下楼就是地铁站，出门就是商业综合体"格局。

根据成都 TOD"137"圈层理论，将在每个 TOD 项目半径 700 米非核心区内进行低密度开发，布局住宅、公园等生活生态场景，从而营造"从城市到自然"的诗意栖居。TOD针对各个功能组团的地下全部由公共步行系统联通，通过分散布置的下沉公园，与地面慢行系统立体相连，并通过公共通道直接连接地上建筑，完美地利用好地上与地下的多余空间。在这里安家后，每天可以通过地下公共通道，直接步行到地铁站，想要购物的时候还可以从地下直达商业区的购物中心，还能从商业区周边布局的下沉庭院上到地面。

12. 基础设施REITs

基础设施REITs是基础设施领域不动产投资信托基金的简称。基础设施REITs是指依法向社会投资者公开募集资金形成基金财产，通过基础设施资产支持证券等特殊目的载体持有基础设施项目，由基金管理人等主动管理运营上述基础设施项目，并将产生的绝大部分收益分配给投资者的标准化金融产品。

基础设施REITs是在证券交易所公开发行交易，通过证券化方式将具有持续、稳定收益的存量基础设施资产或权益，转化为流动性较强的、可上市交易的标准化、权益型、强制分红的封闭式公募基金，其实质是成熟的基础设施项目的上市，是存量资产的盘活。

2020年4月，中国证监会、国家发展改革委联合发布《关于推进基础设施领域不动产投资信托基金（REITs）试点相关工作的通知》，正式启动基础设施公募REITs试点工作。"十四五"规划纲要明确提出"推动基础设施领域不动产投资信托基金（REITs）健康发展，有效盘活存量资产，形成存量资产和新增投资的良性循环"。

截至2022年11月底，我国市场上已发行24只公募REITs，其中22只已上市，募集资金超过750亿元，总市值约830亿元。底层资产涉及高速公路、产业园区、仓储物流、环保水务、清洁能源、保障性租赁住房等多种类型，规模最大的为高速公路基础设施类REITs和园区基础设施类REITs，资产范畴呈现不断扩大趋势。从区域上看，公募REITs主要分布在长江经济带、粤港澳大湾区、京津冀等重点区域和经济发达地区，并逐渐向全国范围扩张。

基础设施REITs是国际通行的配置资产，具有流动性较高、收益相对稳定、安全性较强等特点，能有效盘活存量资产，填补当前金融产品空白，拓宽社会资本投资渠道，提升直接融资比重，增强资本市场服务实体经济质效。短期看有利于广泛筹集项目资本金，降低债务风险，是稳投资、补短板的有效政策工具；长期看有利于完善储蓄转化投资机制，降低实体经济杠杆，推动基础设施投融资市场化、规范化健康发展。

基础设施REITs具有更加严格的适用条件，要求项目权属清晰，已通过竣工验收。具有成熟的经营模式及市场化运营能力，已产生持续、稳定的收益及现金流，投资回报良好。基础设施REITs难点在于：优质资产不足且上市种类较单一；公众投资者参与程度较低，产品流动性不足；回收资金用途未明确区分，扩募机制不完善。另外，不具备税收中性，税收优惠政策不够。

附录四　投资大事记

1950年

3月3日，政务院颁布《关于统一国家财政经济工作的决定》，以遏制通货膨胀，稳定物价，实现国家财政收支平衡。

4月1日，政务院发布《关于统一管理一九五〇年度财政收支的决定》，统一全国财政收支、物资和现金管理。

5月8日，中财委试编出《1950年国民经济计划概要》，统筹各方面的投资。

8月20日，中财委在北京召开全国计划会议，主要讨论1951年计划和三年奋斗目标。

11月15日，全国财政会议决定采取消减经济建设和文化建设投资，实行预算制度以控制支出，增加公粮附加，征收契税等措施，保证战争需要。

1951年

2月12日，全国工业会议确定了1951年度工业生产和基本建设安排，并专门讨论了关于防止和克服基本建设中的盲目性问题。

2月25日，全国财政会议通过了划分财政收支系统的方案，1951年度先实行中央、大行政区、省（市）三级财政体制。

5月4日，政务院发布《关于划分中央与地方在财政工作上管理职权的决定》，就中央与大行政区沟通的有关事项进行了明确。

5月31日，财政部作出决定，自6月1日起由交通银行办理基本建设投资拨款。

11月5日，中财委发布《中央与地方共同投资的基本建设计划及资金管理规定的指示》。

1952年

1月9日，中财委发布《基本建设工作程序暂行办法》，这是建国后第一个全国性的有关基本建设管理程序的文件。

6月20日，荆江分洪工程完工，分洪区蓄水量达60亿立方米。

7月1日，成渝铁路（成都至重庆）建成通车，全长505公里。这是新中国成立后建成的第一条铁路干线。

12月22日，中共中央发出《编制1953年计划及长期计划纲要若干问题的指示》，提出必须按照中央的"边打、边稳、边建"的方针来从事国家经济建设。

1953年

1月1日，我国开始执行发展国民经济的第一个五年计划。

5月15日，中苏两国在莫斯科签订了《关于苏维埃社会主义共和国联盟政府援助中华人民共和国中央人民政府发展中国国民经济的协定》，规定到1959年，苏联将帮助中国新建和改建141项规模巨大的工程。此后，又增加15个项目，共计156项。

9月4日，中共中央发出《城市建设中几个问题的指示》，要求工业建设比重较大的城市拟定城市总体规划草案，报中央审查。

11月5日，政务院会议通过《国家建设征用土地办法》。

12月26日，鞍山钢铁公司三大工程——大型轧钢厂、无缝钢管厂、七号炼铁炉举行开工生产典礼。

1954年

3月12日，中共中央同意成立黄河规划委员会，开始集中大批力量，在苏联专家帮助下，编制黄河综合规划文件。

4月20日，中共中央成立编制五年计划纲要工作小组，开始全面编制工作。

6月10日，建筑工程部召开第一次城市建设会议，提出在"一五"计划期间，城市建设必须把力量集中在重点工业城市，以保证这些重要工业建设的顺利完成。

6月18日，中共中央批准成立中国人民建设银行。

11月8日，国家建设委员会成立。

1955年

3月15日，重工业部召开基本建设会议，认为必须加强基本建设工作中的通盘筹划和相互协作，反对执行计划的保守倾向和工作中的本位主义。

7月4日，中共中央发布《关于厉行节约的决定》，中央要求，次要的和附属的各种建筑工程，能削减者应当削减，不能削减者，也应降低设计标准和工程造价。

7月30日，一届全国人大二次会议通过中华人民共和国发展国民经济的第一个五年计划，集中主要力量进行以苏联帮助我国设计的"156"个建设项目为中心的、由限额以上的694个建设单位组成的经济建设。

1956年

2月3日，国务院颁布《基本建设拨款暂行条例（草案）》，这是第一个由国务院颁发的基本建设拨款法规。

2月22日，国家建委在北京召开全国第一次基本建设会议，第一次提出了基本建设"多、快、好、省"的要求。

5月8日，国务院常务会议通过并发布《加强新工业区和新工业城市建设工作几个问题的决定》，提出新工业区、新工业城市必须进行区域规划。

5月8日，国务院常务会议通过并发布《加强设计工作的决定》。

8月26日，国务院发出《基本建设统计工作的指示》。

11月6日，国务院对各省（市、自治区）和各部委发布了《严格审查与控制1956年基本建设的紧急指标》。

1957年

2月15日，中共中央发出《关于1957年开展增产节约运动的指示》。

4月12日，国务院全体会议批准1957年计划方针是：在安排消费同积累的时候，首先保证必要的消费；在安排基本建设的时候，尽量地注意到各部门投资比例的适当。

12月25日，康藏公路与青藏公路全线通车。

1958年

3月21日，中共中央在成都召开工作会议，正式提出了"鼓足干劲，力争上游，多快好省地建设社会主义"的总路线。

4月5日，中共中央发出《关于协作和平衡的几项规定》，对基本建设程序作了一些改变。

5月23日，国家计委向中共中央报送了《关于第二个五年计划的意见书》。

8月28日，中共中央、国务院发出了《关于改进限额以上基本建设项目设计任务书审批办法的规定》。

9月24日，中共中央、国务院发布《改进计划管理体制的规定》，总的精神是要求实行统一计划、分级管理、加强协作、共同负责的原则，强调扩大地方的管理权限。

1959年

5月20日，国务院颁布了《改进基本建设财务管理制度的几项补充规定》。

6月13日，中共中央发出《调整1959年主要物资分配和基本建设计划的紧急指示》，对主要物资的分配计划进行了压缩。

7月31日，中共中央作出《当前财政金融工作方面的几项决定》。

12月22日，中共中央批准并转发了国家计委、财政部、人民银行《加强综合财政计划工作的报告》。

1960年

7月16日，苏联政府突然通知我国政府，决定在一个月内撤走全部在华专家，撕毁了几百个协定和合同，停止供应许多重要设备和物资。

8月14日，中共中央发出《开展以保粮、保钢为中心的增产节约运动的指示》。

8月15日，国家计委、国家建委向中共中央提出缩短1960年基本建设战线的具体意见。

10月15日，中共中央同意并批转了建工部《解决城市住宅问题的报告》，提出力争在三五年内基本缓和居住紧张的局面。

1961年

1月14～18日，中共八届九中全会召开，正式通过对国民经济实行"调整、巩固、充实、提高"的方针，国民经济转入调整的轨道。

1月20日，中共中央作出《调整管理体制的若干暂行规定》，重点强调集中统一。

2月10日，国务院作出《当前紧缩财政支出、控制货币投放的补充规定》。

4月2日，国家计委提出对1961年基本建设计划进行调整，压缩预算内投资和施工项目。

4月9日，中共中央批准《国防工业部门1961年基本建设计划安排的报告》，确保

"两弹一星"的研究试制和小批生产的重点项目。

5月25日，中共中央批准国家计委、财政部提出的《停建项目的处理办法》，要求将停建项目的人员、设备和材料，有计划地用于国家计划内的建设项目。

10月7日，中共中央将国家计委提出的《改进计划工作的几项规定》批转各级计委试行，提出计划的安排应当注意抓住重点，同时照顾前后左右。

1962年

3月20日，中共中央发出《关于严禁各地进行计划外工程的通知》。

5月31日，国务院发布《关于加强基本建设计划管理的几项规定（草案）》，提出了统一计划、分级管理的原则。

10月6日，中共中央、国务院发布《当前城市工作若干问题的指示》，规定从1963年起，将工商业附加税、公用事业附加税和城市房地产税，作为城市维护的固定资金来源。

11月27日，国家计委写出《十年计划工作经验总结》，提出加强和改进计划工作的意见。

1963年

3月16日，国务院全体会议通过了《统计工作试行条例》，指出统计是计划的基础，是国家对国民经济实行计划管理的重要工具。

3月28日，国家计委颁布《计划工作条例》。

12月2日，中共中央、国务院发布《关于加强基本建设拨款监督工作的指示》，提出必须严格按照国家计划和基本建设程序监督拨款。

1964年

8月15日，中共中央书记处讨论三线建设问题。

8月17日，中共中央、国务院同意国家经委的报告，决定在工业、交通部分行业试办托拉斯。

9月28日，国务院成立三线建设支援和检查小组。

11月5日，国家经委、国家计委联合通知，决定从1965年开始，从企业上缴的固定资产基本折旧基金中，抽出一部分以预算拨款的方式，进行固定资产更新。

1965年

2月26日，中共中央、国务院作出《关于西南三线建设体制问题的决定》，成立西南三线建设委员会,以加强对三线建设的领导。

3月26日,中共中央决定基本建设项目暂时一律不再增加,已批准增加的项目要重新审查。

5月9日,中共中央批准国家建委《关于调整1965年基本建设计划的报告》,批示指出,基本建设规模已经不小,对计划进行适当调整是必要的。

8月28日,国务院颁发试行《改进设计工作的若干规定(草案)》。

10月13日,全国计划会议召开,提出根据积极备战、加快国防工业和内地建设的方针,安排国民经济计划。

1966年

1月1日,兰新铁路(兰州至乌鲁木齐)全线交付正式运营,全长1903公里。

2月15日,国家建委颁发《重点建设项目管理办法》,规定从1966年起,国家建委直接抓一批重点建设项目。

4月20日,河南林县红旗渠竣工通水典礼举行,总干渠和干渠全长171.5公里。

5月9日,国家计委、国家建委向中共中央提出《关于老基地、老企业支援新厂建设的几点建议》。

7月25日,中共中央西北局三线建设委员会在兰州召开西北三线建设座谈会,总结了三线建设的经验,提出抢时间、争速度,加快三线建设。

1967年

8月20日,中共中央作出《关于进一步实行节约闹革命,控制社会集团购买力,加强资金、物资和物价管理的若干规定》。

8月31日,国家计委、国家建委批准第二汽车制造厂建设方案。

1968年

3月6日,国家计委、国家建委和国防工办联合召开全国小三线建设工作会议。

4月9日,国家计委、国家建委、财政部军管会联合发出《关于抓好当前基本建设工作的通知》。

8月5日,国家计委编制出《1968年基本建设计划(草案)》。

12月29日,南京长江大桥全面建成通车,铁路桥长6772米,公路桥长4588米,是当时我国自行设计建造的最大的铁路、公路两用桥。

1969 年

6月10日，国家建委、建工部和建材部合并为国家基本建设委员会。

10月1日，由我国自主设计、自主施工的第一条地下铁道——北京地下铁道一期工程401线建成通车，实现我国城市轨道交通史零的突破。

10月28日，国务院批转一机部《加速第二汽车厂建设的报告》。

1970 年

2月28日，中共中央在北京召开各省、自治区、直辖市和各部代表参加的基本建设座谈会。

7月1日，成昆铁路（成都至昆明）建成通车，全长1091公里。

8月23日，中共九届二中全会批准了国务院《关于全国计划会议和1970年国民经济计划的报告》。

12月25日，中共中央批准兴建长江葛洲坝水利枢纽工程。

1971 年

2月19日，国务院召开全国基本建设会议，提出基本建设要集中力量打歼灭战，狠抓三线建设。

4月16日，国务院批转国家计委、财政部《开展清产核资工作的报告》。

1972 年

2月5日，中共中央、国务院批准国家计委《关于进口成套化纤、化肥技术设备的报告》，这一年，共批准进口14套化纤、化肥设备。

3月31日，财政部改进财务收支包干办法，规定地方财政收支的安排和执行，要坚持收支平衡的原则。

4月18日，国务院为了加强基本建设财务管理和监督，决定恢复建设银行。

5月13日，国务院批准试行国家计委、国家建委、财政部《加强基本建设管理的几项意见》，要求积极进行基本建设投资大包干的试点。

8月21日，毛泽东、周恩来批准从联邦德国、日本进口一米七轧机。

1973 年

2月26日，全国计划会议讨论了《坚持统一计划，加强经济管理的决定》。

8月21日，国家建委颁发《基本建设项目竣工验收暂行规定》。

11月，根治海河工程经过10年奋战取得胜利，子牙河、大清河、永定河、北运河及南运河5大水系得到普遍治理。

12月22日，国家计委、国家建委、财政部发出《加强城市维护费管理工作的通知》。

1974年

1月22日，国务院批转国家计委、国家建委、财政部《做好进口成套设备项目建设工作的报告》。

9月15日，黄河青铜峡水利枢纽工程基本建成。

9月29日，胜利油田在山东渤海湾地区建成。

12月11日，国务院重申严格控制基本建设拨款和各项支出。

1975年

2月4日，我国当时发电能力最大的水力发电站——刘家峡水电站建成发电。

5月14日，国家计委、财政部颁布《小型技术措施贷款暂行办法》。

5月15日，国家建委颁布《基本建设大包干试行办法》，对包干的范围、形式和内容进行了规定。

7月1日，新中国第一条电气化铁路——宝成铁路（宝鸡至成都）建成通车，全长676公里。

8月18日，国务院讨论《关于加快工业发展的若干问题》。

1976年

2月6日，国家计委、国家建委提出集中力量保投产、保重点项目建设。

3月26日，国家计委部署编制单项新技术引进计划，选择一批短期内难以解决的技术关键项目，抓紧组织引进。

7月6日，滇藏公路（云南下关至西藏芒康）建成通车，全长716公里。

1977年

1月31日，国务院、中央军委通知进一步加强人防工程建设计划管理。

4月8日，国家计委、国家建委、财政部发出《安排好地方施工企业基本建设投资的通知》。

7月17日，中共中央政治局原则批准国家计委向国务院提出的今后8年引进新技术和成套设备的规划。

10月27日，国家建委发布《保证基本建设工程质量的若干规定》。

12月1日，中共中央、国务院批准并下达了国家计委《关于1976—1985年国民经济发展十年规划纲要（修订草案）》。

1978年

2月1日，财政部、国家建委颁发《基本建设项目竣工决算编制办法》，强化基本建设项目竣工验收管理。

5月29日，国务院批转财政部《加强基本建设拨款管理工作的报告》，规定了建设银行的管理职能和机构设置。

7月6日至9月9日，国务院召开务虚会，研究加快四个现代化建设问题，强调要放手利用国外资金，大量引进国外先进技术设备。

9月29日，国家计委、国家建委、财政部颁发试行《加强基本建设概、预、决算管理工作的几项规定》，提出了设计概算、施工图预算和竣工决算工作要点。

10月19日，国务院批转国家建委《关于加快城市住宅建设的报告》，提出要加快住宅建设，到1985年城市人均居住面积要达到5平方米。

12月18日至22日，党的十一届三中全会召开，作出把党和国家工作中心转移到经济建设上来、实行改革开放的历史性决策。

12月23日，上海宝山钢铁厂开工建设。

1979年

1月31日，中共中央、国务院决定在广东蛇口建立全国第一个对外开放工业区——蛇口工业区。

4月20日，国家建委发布《建筑安装工程合同试行条例》和《勘察设计合同试行条例》，并提出了基本建设推行合同制的意见。

5月16日，国家计委、国家建委部署做好基本建设前期工作，要求必须以国家长远计划为依据，认真做好项目论证和选址工作。

7月15日，中共中央、国务院同意在广东省的深圳、珠海、汕头三市和福建省的厦门试办出口特区。1980年5月，中共中央、国务院决定将深圳、珠海、汕头和厦门这四个出口特区改称为经济特区。

8月28日，国务院批转《关于基本建设投资试行贷款办法的报告》和《基本建设贷款试行条例》，决定国家预算内基本建设投资试行"拨改贷"政策，逐步由财政拨款改为中国人民建设银行贷款。

1980 年

4月2日，邓小平同志发表《关于建筑业和住宅问题的谈话》，明确了房子是可以买卖的。

8月20日，国家计委、国家建委、财政部、国务院清理基本建设在建项目办公室决定抓紧清理、压缩全国基本建设在建工作量。

8月21日，国家计委提出制定长远规划的一些基本设想，对综合平衡中遇到的突出问题提出了解决意见。

11月1日，国家计委、国家建委、国家经委、国务院环境保护领导小组决定，基本建设项目、技措项目要严格执行"三同时"，即一切新建、改建、扩建和技术改造工程，对其中防止污染和其他公害的设施，必须与主体工程实行同时设计、同时施工、同时投产。

11月18日，国务院批转国家计委、国家建委、财政部和建设银行《关于实行基本建设拨款改贷款的报告》，决定从1981年起，凡是实行独立核算、有还款能力的企业，都应全面推行基建拨款改贷款的制度，"拨改贷"实施力度进一步加大。

1981 年

1月29日，国家建委颁发《城市规划编制审批暂行办法》《城市规划定额指标暂行规定》，对城市总体规划、详细规划的内容以及编制、审批程序作了规定。

3月3日，国务院颁发《加强基本建设计划管理，控制基本建设规模的若干规定》，提出基本建设规模严格控制的具体办法。

5月13日，国家计委、国家建委、国家经委、国务院环境保护领导小组颁发《基本建设项目环境保护管理办法》，指出建设单位及其主管部门应该对基本建设项目的环境保护负责。

1982 年

1月18日，国务院作出《对现有企业有重点、有步骤地进行技术改造的决定》，提出要改变过去以新建企业作为扩大再生产主要手段的做法。

5月1日，国家计委、国家建委、财政部发布《进一步实行基本建设拨款改贷款的通知》，从扩大贷款范围、改进贷款项目计划安排等方面明确了推进办法。

11月26日，中央财经领导小组扩大会议讨论了加强固定资产投资管理的问题，提出总规模必须控制，使用方向必须得当。

12月1日，中共中央、国务院决定征集国家能源交通重点建设基金。

12月10日，五届全国人大五次会议通过"六五"计划。这是继"一五"计划之后的一个比较完备的计划。

1983 年

1月21日,国家计委提出《改进和加强计划管理的意见》,提出编制全国固定资产投资计划,制定建设前期工作计划,准备一批重点建设的预备项目等指导意见。

6月20日,国家计委、国家经委、国家统计局制定《更新改造措施与基本建设划分的暂行规定》。

8月8日,国务院颁布《建设工程勘察设计合同条例》和《建筑安装工程承包合同条例》。

9月21日,国家计委等部门制定《利用外资计划管理试行办法》,对外资计划管理范围、全国利用外资规模等方面的内容进行了规定。

1984 年

5月4日,中共中央、国务院批转了《沿海部分城市座谈会纪要》,决定全部开放沿海港口城市。

9月18日,国务院批准《关于改革建筑业和基本建设管理体制若干问题的暂行规定》,决定全面推行建设项目投资包干责任制,大力推行工程招标承包制,勘察设计全面推行技术经济承包责任制。

10月4日,国务院批转国家计委《关于改进计划体制的若干暂行规定》,将固定资产投资管理方式分为指令性与指导性计划,实现了对传统计划体制的显著突破。

12月14日,国家计委、财政部、建设银行发布《关于国家预算内基本建设投资全部由拨款改为贷款的暂行规定》,全面推行"拨改贷"改革。

1985 年

2月8日,国务院公布《中华人民共和国城市维护建设税暂行条例》,扩大和稳定城市维护建设资金的来源。

4月8日,国务院发出《控制固定资产投资规模的通知》,严格控制计划外投资。

11月22日,财政部、建设银行颁发《国营城市建设综合开发公司财务管理暂行规定》,对国营城市建设综合开发公司的设立标准、经营职责和资金来源等进行了规定。

1986 年

1月3日,国务院发布了《中华人民共和国银行管理暂行条例》,对中央银行、专业银行和其他金融机构的职能、机构、业务、权益进行了严格规定。

3月,《中华人民共和国国民经济和社会发展第七个五年计划》提交六届人大四次会议审议批准。

3月11日,国家计委提出《加强工程建设标准定额工作的意见》,为设计、施工、竣工验收提供了科学依据。

6月10日,国务院常务会议讨论了《关于控制固定资产投资规模的若干规定》。

6月25日,六届全国人大常委会第十六次会议通过《中华人民共和国土地管理法》,确立了以土地公有制为基础、耕地保护为目标、用途管制为核心的土地管理基本制度。

7月9日,国务院颁布《控制固定资产投资规模的若干规定》,指出控制固定资产投资规模、调整投资结构,是保证经济体制改革顺利进行、促进国民经济健康发展的重要保证。

1987 年

1月2日,国家计委、城乡建设部、国家统计局制定《加强商品房屋建设计划管理的暂行规定》,明确了商品房建设的计划管理方式,加强对开发公司的管理以及商品房建设的资金来源等内容。

2月10日,国务院决定发行国家重点建设债券和重点企业债券。

3月27日,国务院发布《企业债券管理暂行条例》,为企业直接融资开辟了新渠道。

3月30日,国务院发布《关于放宽固定资产投资审批权限和简化审批手续的通知》,进一步简政放权,放宽审批权限,简化审批手续。

12月1日,深圳经济特区启动全国首次国有土地使用权拍卖。

1988 年

3月18日,国务院发出《关于进一步扩大沿海经济开放区范围的通知》,决定适当扩大沿海经济开放区。

6月25日,国务院颁布《中华人民共和国私营企业暂行条例》,确认私营经济是社会主义公有制经济的补充,国家保护私营企业的合法权益。

7月16日,国务院发布《关于印发投资管理体制近期改革方案的通知》,在扩大企业投资决策权、建立基本建设基金制、成立国家和地方专业投资公司、充分发挥市场和竞争机制作用等方面提出改革意见,是改革开放之后第一个系统全面的投资管理体制改革方案。

8月24日,国务院办公厅复函国家计委,同意成立国家能源投资公司、国家交通投资公司、国家原材料投资公司、国家机电轻纺投资公司、国家农业投资公司、国家林业投资公司。

9月24日，国务院发布《关于清理固定资产投资在建项目、压缩投资规模、调整投资结构的通知》，决定开展一次全社会固定资产投资清理工作。

10月3日，中共中央、国务院作出《关于清理整顿公司的决定》，这次清理整顿的重点是1986年下半年以来成立的公司，特别是综合性、金融性和流通领域的公司。

1989年

1月，葛洲坝水利枢纽工程全部建成。

3月20日，政府工作报告提出"坚决贯彻治理整顿和深化改革的方针"，要求从1989年起，用两年或者更长一些的时间，努力实现治理整顿所要达到的目标，即消除经济过热，遏制通货膨胀，压缩投资规模，逐步缓解供求矛盾。

5月12日，国务院发布《关于加强国有土地使用权有偿出让收入管理的通知》，明确了土地使用权有偿出让收入在中央和地方的分成比例，并规定留给地方财政的60%主要用于城市建设和土地开发，专款专用，初步开启了城市建设的土地融资模式。

9月24日，国务院发出《关于清理固定资产投资在建项目、压缩投资规模、调控投资结构的通知》，决定开展一次全社会固定资产投资的清理工作。

10月12日，国务院发出《关于全面彻底清查楼堂馆所的通知》，要求各地区各部门对在建和拟建的项目分期分批进行清查。

10月30日，中共十三届五中全会通过《关于进一步治理整顿和深化改革的决定》，将治理整顿的时间延长为三年或者更长一点的时间。

1990年

3月21日，政府工作报告提出，为了解决市场销售疲软问题，国务院决定在坚持财政金融"双紧"方针的前提下，从多方面采取措施缓解矛盾，包括适当增加一些投资，主要用于计划内重点项目和企业技改。

4月12日，中共中央政治局会议原则通过国务院提交的浦东开发开放方案。上海浦东新区成为我国首个国家级新区。

5月19日，国务院发布《城镇国有土地使用权出让和转让暂行条例》，明确了划拨和出让两种土地提供方式。

5月31日，国务院批转国家计委和清理固定资产投资项目领导小组《关于1990年继续搞好清理固定资产投资项目工作的报告》，要求各地予以高度重视，采取措施继续抓紧抓好。

11月26日，新中国成立以来在中国大陆开业的第一家证券交易所——上海证券交易所正式成立。

1991 年

2月25日，全国人大七届三次会议审议批准《中华人民共和国国民经济和社会发展十年规划和第八个五年计划纲要》，提出国民生产总值到本世纪末比1980年翻两番，全国人民生活从温饱达到小康。

3月6日，国务院发出《关于批准国家高新技术产业开发区和有关政策规定的通知》，决定继1988年批准北京市新技术产业开发试验区之后，再批准21个高新技术产业开发区为国家高新技术产业开发区。

4月16日，国务院发布《固定资产投资方向调节税暂行条例》，开征"固定资产投资方向调节税"。

12月15日，秦山核电站并网发电。这是新中国第一座自行设计建造的30万千瓦的核电站。

1992 年

4月3日，全国人大七届五次会议表决通过《国务院关于提请审议兴建长江三峡工程的议案》。

6月18日，中共中央、国务院决定开放长江沿岸的芜湖、九江、岳阳、武汉和重庆5个城市。沿江开放对于带动整个长江流域地区经济的迅速发展，对于我国全方位对外开放新格局的形成起到重要推动作用。

11月9日，国家计委发布《关于建设项目实行业主责任制的暂行规定》。

12月30日，建设部发布《工程建设施工招标投标管理办法》，进一步完善招标投标制度。

1993 年

6月24日，中共中央、国务院发出《关于当前经济情况和加强宏观调控的意见》，提出了16条措施，开始了以整顿金融秩序为重点、治理通货膨胀为首要任务的宏观调控。

11月14日，中共十四届三中全会通过《关于建立社会主义市场经济体制若干问题的决定》，确立了社会主义市场经济体制的基本框架，指出要使市场在国家宏观调控下对资源配置起基础性作用。

12月15日，国务院发布《关于实行分税制财政管理体制的决定》，决定改革地方财政包干体制，实行分税制财政管理体制，建立起中央与地方规范的分配关系，适当提高中央财政收入的比重，增强中央政府的调控能力。

12月25日，国务院发布《关于金融体制改革的决定》，实行政策性金融与商业性金融分离，组建国家开发银行、中国农业发展银行和中国进出口银行三大政策性银行，国家各专业银行尽快转变为国有商业银行。

1994年

1月1日，国家实行普遍的银行结汇售汇制，取消外汇双重汇率，建立起以市场供求为基础的有管理的单一的浮动汇率制度。

3月22日，八届全国人大第二次会议通过《中华人民共和国预算法》。

3月27日，国务院印发《关于组建国家开发银行的通知》，决定组建国家开发银行，作为政策性金融机构，将6个国家专业投资公司并入国家开发银行。

4月12日，国务院印发《90年代国家产业政策纲要》，这是我国第一部完整的产业政策文件。

1995年

1月16日，外经贸部发布《关于以BOT方式吸引外商投资有关问题的通知》。

5月6日，中共中央、国务院作出《关于加速科学技术进步的决定》，确定实施科教兴国战略。

6月20日，国家计委、国家经贸委、外经贸部联合发布《外商投资产业指导目录》。

7月12日，国务院批转国家计委、财政部、国家经贸委《关于将部分企业"拨改贷"资金本息余额转为国家资本金意见的通知》，启动"贷改投"工作。

8月21日，国家计委、电力工业部和交通部发布《关于试办外商投资特许权项目审批管理有关问题的通知》，国家计委选择广西来宾B电厂、成都第六水厂、长沙电厂和广东电白高速公路等项目开展BOT方式试点。

1996年

1月20日，国家计委发布《关于实行建设项目法人责任制的暂行规定》，要求国有单位经营性基本建设大中型项目在建设阶段必须组建项目法人，实行项目法人责任制。

3月5日至17日，八届全国人大四次会议在北京举行，会议通过了《关于国民经济和社会发展"九五"计划和2010年远景目标纲要及关于〈纲要〉报告的决议》。

6月28日，中国人民银行发布《贷款通则》。

8月23日，国务院发布《关于固定资产投资项目试行资本金制度的通知》，对经营性投资项目试行资本金制度。

1997 年

4月15日，中共中央、国务院印发《关于进一步加强土地管理切实保护耕地的通知》，正式确立土地用途管理制度。

6月4日，国家科技领导小组第三次会议决定制定和实施《国家重点基础研究发展规划》。随后，科技部组织实施国家重点基础研究发展计划（又称"九七三计划"）。

8月18日，国家计委发布《国家基本建设大中型项目实行招标投标的暂行规定》，要求国有大中型项目实现全过程招标。

11月1日，八届全国人大常委会第二十八次会议通过《中华人民共和国建筑法》，调整和规范各类建筑活动。

11月8日，长江三峡水利枢纽工程成功实现大江截流。

1998 年

2月20日，中共中央、国务院转发了国家计划委员会《关于应对东南亚金融危机，保持国民经济快速健康发展的意见》，提出应对国外市场动荡的应急措施，要立足扩大国内需求，发挥国内市场的巨大潜力。

7月，中央政府转发了国家发展计划委员会《关于今年上半年经济运行情况和下半年工作建议》，正式决定开始实施旨在扩大需求的积极的财政政策。

7月3日，国务院发布《关于进一步深化城镇住房制度改革加快住房建设的通知》，宣布从1998年下半年开始，全国城镇停止住房实物分配，逐步实行住房分配货币化。

8月29日，九届全国人大常委会第四次会议审议通过国务院提交的《关于增发1998年国债和调整中央财政预算方案》，同意增发1000亿元国债，用于加快基础设施建设，应对亚洲金融危机。长期建设国债发行一直到2004年，共发行9100亿元。

12月27日，国务院发布《土地管理法实施条例》。

12月29日，九届全国人大常委会第六次会议通过《中华人民共和国证券法》。

1999 年

6月8日，中共中央召开扶贫开发工作会议，发布了《关于进一步加强扶贫开发工作的决定》。经过7年的扶贫攻坚，到2000年，除少数地区外，全国农村贫困人口的温饱问题基本解决。

8月30日，九届全国人大常委会第十一次会议通过《中华人民共和国招标投标法》。

9月19日至22日，中共十五届四中全会在北京举行。全会审议通过了《中共中央关于国有企业改革和发展若干重大问题的决定》，对国有经济布局进行了"有进有退"的战略性调整,向国有经济需要控制的领域集中。

9月22日,中共十五届四中全会明确提出:国家实施西部大开发战略,支持中西部地区和少数民族地区加快发展。11月,中央经济工作会议宣布实施西部大开发战略。

2000年

1月16日,国务院发布《关于成立国务院西部地区开发领导小组的决定》。

6月13日,中共中央、国务院印发《关于促进小城镇健康发展的若干意见》。

7月31日,国务院办公厅转发国家发展计划委员会《国家重大建设项目稽察办法》。

11月8日,贵州省洪家渡水电站、引子渡水电站、乌江渡水电站扩机工程同时开工建设,我国西电东送工程全面启动。

2001年

3月5日至15日,九届全国人大四次会议在北京举行,会议表决通过了关于国民经济和社会发展第十个五年计划纲要及其报告的决议。

5月24日至25日,中央扶贫开发工作会议召开,指出在20世纪末基本解决农村贫困人口温饱问题的战略目标已基本实现。6月13日,国务院印发了《中国农村扶贫开发纲要(2001—2010年)》。

6月15日,中国、俄罗斯、哈萨克斯坦、吉尔吉斯斯坦、塔吉克斯坦、乌兹别克斯坦6国元首共同签署《上海合作组织成立宣言》,正式建立上海合作组织。

12月11日,国家发展计划委员会发布《关于促进和引导民间投资的若干意见》,提出要逐步放宽投资领域,鼓励和引导民间投资。

12月11日,中国正式成为世界贸易组织成员,中国对外开放进入新的阶段。

2002年

1月10日,国务院西部开发办公室召开退耕还林工作电视电话会议,确定全面启动退耕还林工程。4月11日,国务院发出《关于进一步完善退耕还林政策措施的若干意见》。

5月9日,国土资源部发布《招标拍卖挂牌出让国有土地使用权规定》,明确商业、旅游、娱乐和商品住宅等各类经营性用地的使用权,必须以招标、拍卖或者挂牌方式进行公开交易。

6月29日,九届全国人大常委会第二十八次会议通过《中华人民共和国政府采购法》。

7月4日,西气东输一线工程(新疆轮南至上海)开工典礼举行。此后又建设了西气东输二线工程、三线工程。

10月28日，九届全国人大常委会第三十次会议通过《中华人民共和国环境影响评价法》。

12月27日，南水北调工程正式开工。

12月27日，建设部发布《关于加快市政公用行业市场化进程的意见》。

2003 年

8月12日，国务院下发《关于促进房地产市场持续健康发展的通知》，首次明确提出房地产业关联度高，带动力强，已经成为国民经济的支柱产业。

8月27日，十届全国人大常委会第四次会议通过《中华人民共和国行政许可法》。

10月5日，中共中央、国务院发布《关于实施东北地区等老工业基地振兴战略的若干意见》。

10月11日至14日，中共十六届三中全会召开，通过《中共中央关于完善社会主义市场经济体制若干问题的决定》。

10月28日，十届全国人大常委会第五次会议通过《中华人民共和国证券投资基金法》。

2004 年

3月19日，建设部发布《市政公用事业特许经营管理办法》。

7月16日，国务院发布《关于投资体制改革的决定》，按照"谁投资、谁决策、谁受益、谁承担风险"的原则，确立企业投资主体地位，对企业投资项目实行核准制和备案制，对政府投资项目实行审批制，奠定了现行投资管理体制的基础。

9月15日，国家发展改革委发布《企业投资项目核准暂行办法》和《国家发展改革委委托投资咨询评估管理办法》。

10月9日，国家发展改革委发布《外商投资项目核准暂行管理办法》和《境外投资项目核准暂行管理办法》。

11月25日，国家发展改革委发布《关于实行企业投资项目备案制指导意见的通知》。

12月2日，国家环境保护总局、国家发展改革委发布《关于加强建设项目环境影响评价分级审批的通知》。

8月31日，国土资源部、监察部联合下发了《关于继续开展经营性土地使用权招标拍卖挂牌出让情况执法监察工作的通知》，要求所有经营性土地一律都要公开竞价出让，协议出让经营性国有土地使用权被彻底叫停，随之而来的是土地出让收入的快速上涨。

2005 年

2月19日，国务院发布《关于鼓励支持和引导个体私营等非公有制经济发展的若干意见》，简称"非公36条"。这是新中国成立后第一份以国务院名义发布的鼓励支持和引导非公有制经济发展的政策文件。

3月26日，国务院办公厅下发《关于切实稳定住房价格的通知》，提出抑制住房价格过快上涨的八项措施，简称"国八条"。

4月28日，国务院出台"加强房地产市场引导和调控的八条措施"，即"新国八条"，显示了中央政府调控楼市的决心。

6月8日，国家发展改革委发布《中央预算内投资补助和贴息项目管理暂行办法》。

7月21日，经国务院批准，我国开始实行以市场供求为基础、参考一篮子货币进行调节、有管理的浮动汇率制度。

7月26日，财政部发布《中央预算内固定资产投资贴息资金财政财务管理暂行办法》和《中央预算内固定资产投资补助资金财政财务管理暂行办法》。

12月31日，中共中央、国务院发出《关于推进社会主义新农村建设的若干意见》，提出要按照"生产发展、生活宽裕、乡风文明、村容整洁、管理民主"的要求，协调推进农村各方面建设。

2006 年

1月26日，中共中央、国务院作出《关于实施科技规划纲要增强自主创新能力的决定》，提出全面提升国家竞争力，为建设创新型国家而奋斗。

3月14日，十届全国人大四次会议表决通过了关于国民经济和社会发展第十一个五年规划纲要的决议，决定批准这个规划纲要。

4月15日，中共中央、国务院发布《关于促进中部地区崛起的若干意见》。

5月20日，长江三峡大坝全线建成。

5月24日，国务院常务会议通过有针对性的六项措施，简称"国六条"，将调整住房供应结构作为调控着力点。

5月26日，国务院发出《关于推进天津滨海新区开发开放有关问题的意见》。

7月1日，青藏铁路全线通车。

8月6日，国务院发布《关于加强节能工作的决定》。

8月31日，国务院发布《关于加强土地调控有关问题的通知》，将国有土地使用权出让总价款全额纳入地方预算，实行收支两条线管理。

2007 年

3月5日至16日，十届全国人大五次会议召开，通过《物权法》，强调国家保障一切市场主体的平等法律地位和发展权利。

3月19日，国务院发出《关于加快发展服务业的若干意见》，提出要加快发展服务业，提高服务业在三次产业结构中的比重，尽快使服务业成为国民经济的主导产业。

6月7日，国家发展和改革委员会批准重庆市和成都市设立全国统筹城乡综合配套改革试验区。

8月30日，十届全国人大常委会第二十九次会议通过《中华人民共和国反垄断法》。

2008 年

2月29日，北京首都国际机场3号航站楼正式投入运营，该航站楼总体建筑面积近100万平方米。

4月18日，京沪高速铁路（北京南站至上海虹桥站）全线开工，全长1318公里。

11月5日，国务院常务会议召开，针对由美国次贷危机引发的国际金融危机，会议决定实行积极的财政政策和适度宽松的货币政策，确定了进一步扩大内需促进经济平稳较快增长的十项措施，以及4万亿元的中央政府投资计划。

12月8日至10日，中央经济工作会议召开，针对国际金融危机快速蔓延对我国经济的影响，强调必须把保持经济平稳较快发展作为经济工作的首要任务。

2009 年

1月14日，国务院常务会议审议通过《汽车产业调整振兴规划》，此后陆续审议通过了钢铁、纺织、装备制造、船舶工业、电子信息、轻工、石化、有色金属和物流业等产业调整振兴规划，统称为十大产业调整振兴规划。

3月16日，商务部发布《境外投资管理办法》，下放境外投资核准权限。

4月14日，国务院发出《关于推进上海加快发展现代服务业和先进制造业建设国际金融中心和国际航运中心的意见》。

5月25日，国务院发布《关于调整固定资产投资项目资本金比例的通知》，一方面降低基础设施、基础产业、民生工程等项目资本金比例，另一方面提高"两高一资"等项目的资本金比例。

6月17日，国务院常务会议召开，强调要坚定不移地继续实施积极的财政政策和适度宽松的货币政策，全面贯彻落实好应对国际金融危机的一揽子计划。

9月11日，《国务院关于进一步实施东北地区等老工业基地振兴战略的若干意见》提出了推进东北地区等老工业基地全面振兴的9大类、28条意见。

9月26日，国务院批转10部委《关于抑制部分行业产能过剩和重复建设引导产业健康发展的若干意见》，坚决抑制部分行业的产能过剩和重复建设，引导新兴产业有序发展。

10月23日，中国创业板举行开板仪式，首批28家公司股票于当月30日集中在深交所挂牌上市。

2010年

1月1日，中国—东盟自由贸易区正式启动，这是世界上人口最多的自由贸易区。

4月11日，国务院发布《关于坚决遏制部分城市房价过快上涨的通知》，被称为"新国十条"。该年的楼市调控力度之强为历史罕见。

5月7日，国务院发布《关于鼓励和引导民间投资健康发展的若干意见》，又称"民间投资36条"，是改革开放以来国务院出台的第一份专门针对民间投资发展、管理和调控的综合性政策文件。

5月，中央新疆工作会议上正式批准霍尔果斯、喀什设立经济特区。其中喀什为当时最大的经济特区。

10月10日，国务院发布《关于加快培育和发展战略性新兴产业的决定》。

12月21日，国务院发布《全国主体功能区规划》。

2011年

1月19日，国务院常务会议审议通过《国有土地上房屋征收与补偿条例（草案）》，决定取消行政强制拆迁。

1月26日，国务院召开常务会议，明确房价过高、上涨过快的城市，在一定时期内，要从严制定和执行住房限购措施。

2月3日，国务院办公厅印发《关于建立外国投资者并购境内企业安全审查制度的通知》，规范和促进外资并购持续健康发展。

2月24日，全国保障性安居工程工作会议在北京召开，要求建设完成1000万套保障性住房。

3月14日，十一届全国人大四次会议审查通过了《中华人民共和国国民经济和社会发展第十二个五年规划纲要（草案）》，决定批准这个规划纲要。

5月27日，中共中央、国务院印发《中国农村扶贫开发纲要（2011—2020年）》。

9月30日，国务院办公厅发布《关于保障性安居工程建设和管理的指导意见》。

10月20日，财政部发布《2011年地方政府自行发债试点办法》，上海市、浙江省、广东省、深圳市成为地方政府自行发债试点。

11月20日，国务院常务会议通过《中华人民共和国招标投标法实施条例》。

2012年

1月1日，营业税改增值税的试点工作正式在上海开展，8月起，试点范围更扩展至北京、天津、广东等十个省市。营改增是推动经济结构调整、促进发展转型的一项重大改革。

3月28日，国务院常务会议决定设立温州市金融综合改革试验区。7月，国务院批准珠三角金融改革创新综合实验区总体方案。12月，《福建省泉州市金融服务实体经济综合改革试验区总体方案》获得国家批准。

8月16日，国家发展改革委发布《重大固定资产投资项目社会稳定风险评估暂行办法》。

8月22日，国务院常务会议决定取消和调整行政审批项目314项，重点对投资领域、社会事业和非行政许可审批项目进行清理。

8月31日，《国务院关于大力实施促进中部地区崛起战略的若干意见》出台。

9月12日，国务院常务会议通过《关于促进外贸稳定增长的若干意见》，确定了加快出口退税进度、扩大融资规模等8条政策措施。

12月4日，中共中央政治局召开会议，强调按照稳中求进的工作总基调，加强和改善宏观调控，着力稳增长、调结构、抓改革、惠民生。

2013年

5月15日，国务院发布《关于取消和下放一批行政审批项目等事项的决定》，取消了13类企业投资项目的核准事项，下放了12类企业投资项目的核准权限。

7月19日，中国人民银行宣布，自7月20日起全面放开金融机构贷款利率管制，我国利率市场化向前迈出重要一步。

9月6日，国务院发布《关于加强城市基础设施建设的意见》，这是改革开放以来首次以国务院名义就城市基础设施建设发布文件。

9月29日，中国（上海）自由贸易试验区正式挂牌。

10月6日，国务院印发《关于化解产能严重过剩矛盾的指导意见》，提出通过五年努力，化解产能严重过剩矛盾工作取得重要进展。

11月12日，中共十八届三中全会审议通过了《中共中央关于全面深化改革若干重大问题的决定》，提出要使市场在资源配置中起决定性作用和更好发挥政府作用。

12月10日，中央经济工作会议首次提出，中国经济面临增长速度换挡期、结构调整阵痛期、前期刺激政、策消化期"三期叠加"的状况，要理性对待经济发展的新常态。

12月12日，中央城镇化工作会议召开，提出要以人为本，推进以人为核心的城镇化。

12月13日，国务院发布《政府核准的投资项目目录（2013年本）》，缩小核准范围，取消和下放部分核准事项。

2014 年

2月18日，国务院印发《注册资本登记制度改革方案》，推进工商注册制度便利化。

3月1日，国家发展改革委发布《中央预算内直接投资项目管理办法》。

5月14日，国家发展改革委发布《政府核准投资项目管理办法》。

6月4日，国务院印发《关于促进市场公平竞争维护市场正常秩序的若干意见》。

8月31日，十二届全国人大常委会第十次会议审议通过《中华人民共和国预算法》修正案。

9月21日，国务院发布《关于加强地方政府性债务管理的意见》，全面规范地方政府性债务管理，并提出推广使用政府和社会资本合作模式。

11月16日，国务院发布《关于创新重点领域投融资机制鼓励社会投资的指导意见》。

12月2日，国家发展改革委发布《关于开展政府和社会资本合作的指导意见》。

2015 年

3月28日，经国务院授权，国家发展改革委、外交部、商务部联合发布《推动共建丝绸之路经济带和21世纪海上丝绸之路的愿景与行动》。

4月25日，经国务院同意，国家发展改革委、财政部、住房城乡建设部等部门发布《基础设施和公用事业特许经营管理办法》。

4月30日，中共中央政治局审议通过《京津冀协同发展规划纲要》。

5月19日，国务院印发《中国制造2025》。

5月19日，国务院办公厅转发财政部、发展改革委、人民银行《关于在公共服务领域推广政府和社会资本合作模式指导意见的通知》。

10月2日，国务院发布《关于实行市场准入负面清单制度的意见》，市场准入负面清单以外的行业、领域、业务等，各类市场主体皆可依法平等进入。

10月12日，中共中央、国务院出台《关于推进价格机制改革的若干意见》，明确推进价格机制改革的路线图、时间表。

10月13日，国务院印发《关于"先照后证"改革后加强事中事后监管的意见》，标志着商事制度改革"放、管、服"三位一体总体框架初步构筑完成。

11月29日，中共中央、国务院印发《关于打赢脱贫攻坚战的决定》，成为指导脱贫攻坚的纲领性文件。

12月6日，国务院出台《关于加快实施自由贸易区战略的若干意见》。

12月18日至21日，中央经济工作会议在北京举行，会议强调着力加强结构性改革，在适度扩大总需求的同时，去产能、去库存、去杠杆、降成本、补短板，提高供给体系质量和效率，提高投资有效性，加快培育新的发展动能。

2016年

2月6日，国务院发布《关于深入推进新型城镇化建设的若干意见》，在推进农业转移人口市民化、辐射带动新农村等方面提出了具体的政策举措。

3月16日，十二届全国人大四次会议审查通过了《中华人民共和国国民经济和社会发展第十三个五年规划纲要》。

3月24日，财政部、国家税务总局发布《关于全面推开营业税改征增值税试点的通知》，自2016年5月1日起，在全国范围内全面推开营改增试点。

5月30日，中共中央、国务院发布《长江经济带发展规划纲要》。

7月5日，中共中央、国务院发布《关于深化投融资体制改革的意见》，确定了投融资体制改革的顶层设计。

8月10日，国家发展改革委发布《关于切实做好传统基础设施领域政府和社会资本合作有关工作的通知》。

8月16日，国务院印发《关于推进中央与地方财政事权和支出责任划分改革的指导意见》，明确了财政事权和支出责任划分改革的主要内容。

9月22日，国务院印发《关于积极稳妥降低企业杠杆率的意见》，提出通过标本兼治、综合施策，积极稳妥降低企业杠杆率。

11月27日，国家发展改革委发布《固定资产投资项目节能审查办法》，明确提出能耗总量和强度"双控"管理要求。

12月14日至16日，中央经济工作会议在北京召开，会议指出，要坚持"房子是用来住的、不是用来炒的"定位。

12月21日，国家发展改革委、中国证监会联合发布《关于推进传统基础设施领域政府和社会资本合作（PPP）项目资产证券化相关工作的通知》。

2017年

2月28日，中央财经领导小组第十五次会议强调，要充分考虑到房地产市场特点，深入研究短期和长期相结合的长效机制和基础性制度安排。

3月8日，国家发展改革委发布《企业投资项目核准和备案管理办法》。

4月1日，中共中央、国务院印发通知，决定设立河北雄安新区。

4月26日，财政部等6部委发布《关于进一步规范地方政府举债融资行为的通知》，提出加强融资平台公司融资管理，进一步健全规范的地方政府举债融资机制。

5月28日，财政部发布《关于坚决制止地方以政府购买服务名义违法违规融资的通知》，严禁利用或虚构政府购买服务合同违法违规融资。

7月3日，国家发展改革委发布《关于加快运用PPP模式盘活基础设施存量资产有关工作的通知》。

7月14日至15日，全国金融工作会议举行，会议强调金融是国家重要的核心竞争力，金融安全是国家安全的重要组成部分。决定设立国务院金融稳定发展委员会。

7月18日，住房城乡建设部、国家发展改革委等部门发布《关于在人口净流入的大中城市加快发展住房租赁市场的通知》，加快推进租赁住房建设，培育和发展住房租赁市场。

9月1日，国务院办公厅发布《关于进一步激发民间有效投资活力促进经济持续健康发展的指导意见》。

9月11日，我国首条民营资本控股高铁——杭绍台高铁PPP项目在浙江杭州签约。

2018年

1月2日、6月26日，中共中央、国务院先后印发《关于实施乡村振兴战略的意见》《乡村振兴战略规划（2018—2022年）》。

1月4日，国家发展改革委印发《企业投资项目事中事后监管办法》。

4月11日，中共中央、国务院印发《关于支持海南全面深化改革开放的指导意见》，建设自由贸易试验区和中国特色自由贸易港。9月24日，国务院印发《中国（海南）自由贸易试验区总体方案》。

4月27日，人民银行、银保监会、证监会、外汇局联合印发《关于规范金融机构资产管理业务的指导意见》，被称为"资管新规"，从而为规范金融机构资产管理业务、防范化解金融风险和推动金融更好服务实体经济创造了更好的制度条件。

6月16日，中共中央、国务院印发《关于全面加强生态环境保护坚决打好污染防治攻坚战的意见》。

7月12日，中共中央、国务院印发《粤港澳大湾区发展规划纲要》，推动建设富有活力和国际竞争力的一流湾区和世界级城市群，打造高质量发展的典范。

7月25日，国务院印发《关于加快推进全国一体化在线政务服务平台建设的指导意见》。

7月31日，中共中央政治局召开会议，提出做好"六稳"工作，即稳就业、稳金融、稳外贸、稳外资、稳投资、稳预期。

9月20日，中央全面深化改革委员会审议通过《关于推动高质量发展的意见》。

10月10日，中央财经委员会第三次会议决定全面启动规划建设川藏铁路。

10月11日，国务院办公厅发布《关于保持基础设施领域补短板力度的指导意见》。

10月23日，港珠澳大桥开通仪式在广东珠海举行。

11月18日，中共中央、国务院印发《关于建立更加有效的区域协调发展新机制的意见》。

12月21日，《市场准入负面清单（2018年版）》发布，标志着我国全面实施市场准入负面清单制度。

2019年

2月12日，国家发展改革委等15部门联合印发《全国投资项目在线审批监管平台投资审批管理事项统一名称和申请材料清单》，提高投资审批"一网通办"水平。

2月18日，中共中央、国务院印发《粤港澳大湾区发展规划纲要》。

3月15日，十三届全国人大二次会议通过《中华人民共和国外商投资法》，自2020年1月1日起施行，原来的"外资三法"同时废止。

4月14日，国务院公布《政府投资条例》，明确界定政府投资范围，规范政府投资决策程序，优化政府投资报批流程，严格项目实施和事中事后监管。

5月2日，中共中央、国务院印发《关于新时代推进西部大开发形成新格局的指导意见》，提出强化举措抓重点、补短板、强弱项，形成大保护、大开放、高质量发展的新格局。

5月9日，中共中央、国务院印发《关于建立国土空间规划体系并监督实施的若干意见》，将主体功能区规划、土地利用规划、城乡规划等空间规划融合为统一的国土空间规划，实现"多规合一"。

5月30日，中共中央、国务院印发《长江三角洲区域一体化发展规划纲要》。

7月30日，中央政治局召开会议，提出加快推进信息网络等新型基础设施建设。

11月20日，国务院印发《关于加强固定资产投资项目资本金管理的通知》，进一步完善投资项目资本金制度，适当调整部分基础设施项目最低资本金比例。

2020年

2月14日，中央全面深化改革委员会第十二次会议指出，要以整体优化、协同融合为导向，统筹存量和增量、传统和新型基础设施发展，打造集约高效、经济适用、智能绿色、安全可靠的现代化基础设施体系。

4月17日，中央政治局会议提出，在加大"六稳"工作力度的同时，全面落实"六保"任务，即保居民就业、保基本民生、保市场主体、保粮食能源安全、保产业链供应链稳定、保基层运转。

4月23日，中共中央、国务院印发《关于支持浦东新区高水平改革开放打造社会主义现代化建设引领区的意见》。

5月14日，中共中央政治局常委会会议首次提出深化供给侧结构性改革，充分发挥我国超大规模市场优势和内需潜力，构建国内国际双循环相互促进的新发展格局。

5月18日，中共中央、国务院印发的《关于新时代加快完善社会主义市场经济体制的意见》提出：完善宏观经济治理体制，进一步提高宏观经济治理能力，首次使用"宏观经济治理"的概念。

6月1日，中共中央、国务院印发《海南自由贸易港建设总体方案》，大幅放宽海南自由贸易港市场准入，实行以"零关税"为基本特征的自由化便利化制度安排。

8月20日，住房和城乡建设部、人民银行在北京召开重点房地产企业座谈会，明确重点房地产企业资金监测和融资管理规则，为房地产企业财务指标划定"三道红线"。

10月11日，中共中央办公厅、国务院办公厅印发《深圳建设中国特色社会主义先行示范区综合改革试点实施方案（2020—2025年）》。

11月15日，中国与东盟十国及日本、韩国、澳大利亚、新西兰共同签署《区域全面经济伙伴关系协定（RCEP）》。

11月18日，中共中央、国务院印发《成渝地区双城经济圈建设规划纲要》。

12月16日，中共中央、国务院印发《关于实现巩固拓展脱贫攻坚成果同乡村振兴有效衔接的意见》，

12月16日至18日，中央经济工作会议首次提出强化反垄断和防止资本无序扩张。

2021年

3月7日，国务院印发《关于进一步深化预算管理制度改革的意见》。

3月11日，十三届全国人大四次会议表决通过了关于国民经济和社会发展第十四个五年规划和2035年远景目标纲要的决议。

4月23日，中共中央、国务院印发《横琴粤澳深度合作区建设总体方案》。

5月20日，中共中央、国务院印发《关于支持浙江高质量发展建设共同富裕示范区的意见》。

6月21日，首批9个基础设施公募REITs试点项目在沪深证券交易所挂牌上市，标志着我国基础设施REITs市场正式建立。

7月31日，中共中央政治局会议分析经济形势、部署下半年经济工作时提出，要做好宏观政策跨周期调节，保持宏观政策连续性、稳定性、可持续性。

9月17日，中共中央、国务院印发《关于新时代推动中部地区高质量发展的意见》。

9月22日，中共中央、国务院印发《关于完整准确全面贯彻新发展理念做好碳达峰碳中和工作的意见》，10月24日，国务院印发《2030年前碳达峰行动方案》。

10月1日，中共中央、国务院印发《关于加快构建新发展格局的意见》，提出加快实现科技自立自强、促进国民经济循环畅通等政策措施。

10月8日，中共中央、国务院印发《黄河流域生态保护和高质量发展规划纲要》。

12月27日，国家发展改革委、商务部联合发布《外商投资准入特别管理措施（负面清单）（2021年版）》。

2022年

1月18日，国务院印发《关于支持贵州在新时代西部大开发上闯新路的意见》。

3月12日，国家发展改革委、商务部印发《市场准入负面清单（2022年版）》，严格落实"全国一张清单"管理要求，切实履行政府监管责任。

5月19日，国务院办公厅发布《关于进一步盘活存量资产扩大有效投资的意见》，合理扩大有效投资，降低政府债务风险。

5月24日，国务院印发《扎实稳住经济一揽子政策措施》，提出六个方面33项具体政策措施及分工安排。

6月7日，国务院批复《"十四五"新型城镇化实施方案》，明确了"十四五"时期深入推进以人为核心的新型城镇化战略的目标任务和政策举措。

6月30日，国务院常务会议确定政策性开发性金融工具支持重大项目的举措，更好发挥引导作用，疏通货币政策传导机制，扩大有效投资。

10月28日，经国务院同意，国家发展改革委发布《关于进一步完善政策环境加大力度支持民间投资发展的意见》，提出支持民间投资发展21项具体措施。

12月6日，中共中央政治局召开会议，强调经济工作要稳字当头、稳中求进。宏观政策要稳健有效，继续实施积极的财政政策和稳健的货币政策。

12月14日，中共中央、国务院印发《扩大内需战略规划纲要（2022—2035年）》，提出要牢牢把握扩大内需这个战略基点，加快培育完整内需体系，为全面建设社会主义现代化国家奠定坚实基础。

2023年

6月16日，《关于金融支持全面推进乡村振兴 加快建设农业强国的指导意见》印发。

7月4日,《住房城乡建设部关于扎实有序推进城市更新工作的通知》发布,提出健全城市更新多元投融资机制,创新市场化投融资模式。

7月14日,中共中央、国务院印发《关于促进民营经济发展壮大的意见》,提出优化民营经济发展环境,依法保护民营企业产权和企业家权益。

7月21日,国务院常务会议审议通过《关于在超大特大城市积极稳步推进城中村改造的指导意见》,提出在超大特大城市积极稳步实施城中村改造。

8月13日,国务院印发《关于进一步优化外商投资环境加大吸引外商投资力度的意见》,提出进一步优化外商投资环境,提高投资促进工作水平。

9月12日,中共中央、国务院印发《关于支持福建探索海峡两岸融合发展新路 建设两岸融合发展示范区的意见》。

10月18日,中国宣布了支持高质量共建"一带一路"的八项行动。在"建设开放型世界经济"行动方面,提及将全面取消制造业领域外资准入限制措施。

11月8日,国家发展改革委、财政部发布《关于规范实施政府和社会资本合作新机制的指导意见》,要求政府和社会资本合作应全部采取特许经营模式实施。

参考文献

[1] 曹尔阶,等. 新中国投资史纲. 北京:中国财政经济出版社,1992.

[2] 彭敏. 当代中国的基本建设(上). 北京:当代中国出版社,2019.

[3] 刘国光,等. 中国十个五年计划研究报告. 北京:人民出版社,2006.

[4] 汪海波. 中国产业结构演变史(1949—2019). 北京:中国社会科学出版社,2020.

[5] 汪海波,刘立峰. 中国经济70年. 太原:山西经济出版社,2019.

[6] 郑有贵. 中华人民共和国经济史(1949—2019). 北京:当代中国出版社,2019.

[7] 薄一波. 若干重大决策与事件的回顾(上)(下). 北京:中共中央党校出版社,1991.

[8] 曾培炎. 中国投资建设50年. 北京:中国计划出版社,1999.

[9] 高培勇,等. 中国经济70年. 北京:经济科学出版社,2019.

[10] 武力. 中华人民共和国经济史. 北京:中国时代经济出版社,2010.

[11] 武力. 中国发展道路. 长沙:湖南人民出版社,2012.

[12] 周道炯. 1949—1987 中华人民共和国固定资产投资管理大事记. 北京:中国财政经济出版社,1989.

[13] 董辅礽. 中华人民共和国经济史. 北京:经济科学出版社,1999.

[14] 丛书编写组. 实施区域发展战略. 北京:中国计划出版社,2020.

[15] 王国刚,等. 中国金融70年. 北京:经济科学出版社,2019.

[16] 1949—1952 中华人民共和国经济档案资料选编(基本建设投资和建筑业卷)》. 北京:中国社会科学出版社,1989.

[17] 刘立峰. 政府投资学. 北京:科学出版社,2018.

[18] 努力成为世界主要科学中心和创新高地. 求是,2021-3-15.

[19] 黄汉权. 新中国产业结构发展演变历程及启示. 金融时报,2019-9-16.

[20] 朱冬. 全球供应链重构大幕开启,处在两个极端的企业最受伤. 中外管理,2019-7-8.

[21] 石建勋. 全面理解构建新发展格局的深刻内涵. 光明日报,2020-9-21.

[22] 齐英,崔也光. 在构建新发展格局中发挥国企带动作用. 经济日报,2020-11-17.

[23] 杨永胜. 发挥国有经济战略支撑作用. 学习时报,2020-12-16.

[24] 李锦.国有企业应在新发展格局构建中发挥重要作用.经济参考报,2020-9-8.

[25] 刘建飞.何谓"百年未有之大变局".瞭望新闻周刊,2019-3-13.

[26] 易信.新一轮科技革命和产业变革 为经济增长注入新动能.时事资料手册,2019(5).

[27] 倪世雄.中美关系再出发:新的思考与展望.学术前沿,2019(2).

[28] 陈道富.深化我国投融资改革的痛点、难点和建议.中国经济时报,2018-11-22.

[29] 惠宁,刘鑫鑫.新中国70年产业结构演进、政策调整及其经验启示.西北大学学报(哲学社会科学版),2019(11).

[30] 张辉.中国产业结构高度化下的产业驱动机制.经济学动态,2015(12).

[31] 武力,李扬.新世纪三个五年计划(规划)的回顾与思考.中共党史研究,2015(7).

[32] 武力.中国共产党关于积累与消费关系的认识与实践.学术前沿,2021(8).

[33] 郭旭红,武力.新中国产业结构演变述论(1949—2016).中国经济史研究,2018(1).

[34] 高培勇.新中国财税体制的演进历程、历史逻辑及时代潮流.光明日报,2019-9-24.

[35] 何爱国.发展取向的三次转型:十一个五年规划的回顾与前瞻.东吴学术,2010(3).

[36] 董志凯.新中国固定资产投资历史研究述评.第七届国史学术年会论文集,2007-6-28.

[37] 汪海波.中国产业结构演变史略(上篇).中国经济报告,2020(5).

[38] 国务院发展研究中心"宏观调控创新"课题组.适应新常态、面向市场主体的宏观调控创新——对党的十八大以来我国宏观调控创新的认识.管理世界,2022(3).

[39] 刘伟,陈彦斌.新时代宏观经济治理的发展脉络和鲜明特点.经济日报,2021-10-12.

[40] 张晓东,等.发挥REITs在盘活存量资产中的独特作用.中国金融,2023(3).

[41] 吴初国,等.新时代我国矿产资源安全的总体态势.中国矿业,2021(6).

[42] 夏俊杰,杨明.关于科技在应对重大突发公共卫生事件中发挥统筹协同作用的思考.中国科学院院刊,2020(35).

[43] 陈婷,王磊,李丽娟,等.从科技角度落实生物安全法 提升应对公共卫生安全能

力探讨. 中国公共卫生，2021（37）.

[44] 吴初国，等. 新时代我国矿产资源安全的总体态势. 中国矿业，2021（6）.

[45] 覃志红. 新时代生态文明建设的新特征新要求. 中国社会科学网–中国社会科学报，2022-3-1.

[46] 齐曙光. 数字化与绿色化深度融合推动新型基础设施低碳发展. 国家发改委网站 2021-12-09.

[47] 苹果手机印度造，可能没那么简单. 中国新闻周刊，2023-4-24.

[48] 重大疫情防控要补哪些短板. 健康报，2020-7-30.

[49] 瞻望中国防灾减灾发展的进路. 西安科普网，2022-06-06.

[50] 触目惊心！今年全球自然灾害频发！严重程度达数十年之最. 腾讯网，2021-10-14.

[51] 以构建新发展格局为引领统筹推进国有经济战略布局. 新华网，2021-1-28.

[52] 胡敏. 关注完善宏观调控跨周期设计和调节的新表述. 新浪财经，2020-7-31.

[53] 动荡中的全球治理体系：机遇与挑战. 人民网–国际，2019-4-18.

[54] 大变局下，中国面临的机遇、压力与挑战. 人民论坛网，2019-8-12.

[55] 卜永光. 世界大变局，西方国家治理逻辑走向异化. 半月谈网，2020-1-6.

[56] 张恒. 工业发展阶段推动中国矿业和地勘业进入长达20年的下跌通道. https://3g.163.com/dy/article/DBT8FOV20519F33O.html.

[57] 周宏春. 碳达峰碳中和目标引领中国经济社会发展全面绿色转型. https://baijiahao.baidu.com/s?id=1732127442729002619&wfr=spider&for=pc.

[58] 世界银行，国务院发展研究中心. 2030年的中国：建设现代、和谐、有创造力的高收入社会（中文版），中国财政经济出版社，2013.

[59] 郭启全. 三大举措落实关键信息基础设施安全保护. https://m.gmw.cn/baijia/2021-10/26/35262615.html.2021-11-08.

[60] 俞克群. 应对新形势，强化我国关键信息基础设施安全保护. https://baijiahao.baidu.com/s?id=1718305583901357527&wfr=spider&for=pc.2021-12-05.

[61] 吴明曦. "灰色战争"开打！这些要地亟须重兵把守. https://m.thepaper.cn/baijiahao_18685899.2022-06-22.

[62] 康健梅. "三五"、"四五"时期的国民经济. 河北师范大学，2003年硕士论文.

[63] 中北智汇. 基础设施建设如何实现"绿色化"？. https://gov.sohu.com/

a/527077344.2022-03-04.

[64] 楼继伟.面向2035的财政改革与发展.http://jer.whu.edu.cn/jjgc/7/2021-03-10/4994.html.2021-03-10.

[65] 中国重症医学如何引领世界？.新京报，2021-9-28.

[66] 历次五年计划（规划）.

[67] 中国固定资产投资统计数典（1950—2000）.北京：中国统计出版社，2002.

[68] 各年《中国统计年鉴》《中国统计摘要》.

[69] 各年《中国城市建设统计年鉴》.